フィクションが現実となるとき

How Fantasy Becomes Reality

Information and Entertainment Media
in Everyday Life, Revised and Expanded ed.

日常生活にひそむ
メディアの影響と心理

カレン・E・ディル-シャックルフォード［著］
川端美樹［訳］

誠信書房

教え子たちに

日本語版への序文

私は十八歳のとき、大学に進学し、親元を離れて生まれて初めて一人暮らしをすることになった。そのとき、両親は私を大学まで車で送ってくれた。その大学で最初に出会ったのは、マリコ・タダという、十八歳の日系アメリカ人の学生だった。私はマリコと親友になり、長年経った今でも私たちは良い友達同士だ。私が日本文化について知っていることの多くは、マリコと彼女の家族から学んだ。一人の人間がある文化全体について語ることはできないかもしれないが、友人の経験は尊重したい。

二〇〇〇年代の始め、私はＮＨＫと仕事をする機会を得た。ＮＨＫはノースカロライナにある私の研究室を訪れ、暴力的なビデオゲームの影響に関する番組のために、私の博士論文についての再現シーンを撮影した。これらが、私の日本と日本文化に関する個人的な経験である。

私は自分の著書『フィクションが現実となるとき』が日本語に翻訳されることに心を躍らせている。まず、私は本書について少し述べたい。この本は、私がアメリカの大学で十年以上教鞭をとった後に書いたものである。今回の翻訳は、二〇一六年に出版された第二版を基にしている。その当時、メディアの影響について何年も研究してきた一社会科学者として、私はメディアに関する多くの動向が気になっていた。その一つは、自分の生活におけるメディアの役割に、人々がまったく無自覚のように思えるということだった。

メディアでは、ほとんどの場合、多くの語りあるいは物語を基にしたコンテンツが伝えられている。物語というのは、私たちの考え方の基本である。私たちは常に物語を通して学んでいるが、必ずしも意識的にそのことに気づいていない。そのため、学ぶ内容が否定的な意味合いを持っていると、人はそれを受け入れない傾向がある。本書の初版が出版されてから何年もの間、私が行ってきた仕事のほとんどは、人々がメディアで伝えられた物語に接することで、どのように学び、成長するかという研究に捧げられてきた。それには社会的な内容の、そして人間関係に関する物語が含まれる。その研究で、私はメディアを用いたポジティブな学びについて焦点を当ててきた。私の最新の著書は、シンシア・ヴィネイとの共著で、オックスフォード大学出版局から出る予定の*Finding Truth in Fiction*（「フィクションに真実を見出す」）というタイトルの本である。この新しい本と『フィクションが現実となるとき』は、人がメディア接触経験をする際、私たちの脳の中ではかなり多くのことが起こっているという見方を共有している。それらの多くは、無意識のうちに起こるか、あるいは理解しないよう動機づけられるため、私たちはその背後にある心理について研究で明らかにする必要がある。知識は力であり、人間の心理に関する情報は、私たちのメディア経験や人生をより良くするために用いることができる。

日米のメディアと研究について述べると、私は*Oxford Handbook of Media Psychology*（「オックスフォード・メディア心理学ハンドブック」）の編集を依頼されたとき、その本に文化的多様性を加える必要があると考えた。特にいくつもの理由から、日本や韓国といったアジアからの視点が欲しいと考えた。そこで、私は知り合いの研究者である坂元章教授[訳註1]に、日本のメディア心理学について、そのハンドブックの一章を書いてもらえないかと依頼した。

二〇一三年に出版された「オックスフォード・メディア心理学ハンドブック」の章で、坂元教授が日本のメディア心理学について書いたことを、ここで少し取り上げてみたい。日本ではメディア・テクノロジーが多く生み出されてきたため、それらを学ぶことに多くの興味が集まっている。しかし、メディア心理学に関する研究は、少なくともアメリカと比べると日本ではあまり多くなく（Sakamoto, 2013）、また日本ではアメリカのメディア心理学の研究が参考にされることが多いそうである。坂元教授が強調しているもう一つの点は、日本の研究をもっと英語に翻訳する必要性である。翻訳しなければ、それらの研究の多くは、英語を使用している国々では知られないままである。この点については、私も同感である。だからこそ、「オックスフォード・メディア心理学ハンドブック」の編集時に、多文化からの視点を重視したのだ。

英語を母国語として話す多くの人々にとって、日本語を学ぶことは、英語に近い他の言語を学ぶことより難しい。その逆も真だろう。これが、英語で書かれた研究の日本語訳と、日本語で書かれた研究の英語訳が存在すべき理由だ。願わくは、人間の翻訳者を助ける技術的な翻訳ツールがもっとできたら、それがさらに簡単になるだろう。

そんななか、川端美樹教授が『フィクションが現実となるとき』を翻訳することを思いつき、労力をかけて翻訳の出版を実現してくださったことにとても感謝している。読者の皆さんに本書を楽しんでいただき、本書が議論のきっかけを作ることを大いに期待している。

Best Wishes（幸運を願って）　アメリカ・ノースカロライナにて

カレン・E・ディル-シャックルフォード

訳註1：お茶の水女子大学教授。

序文

『フィクションが現実となるとき』の第二版へようこそ。初版の執筆時は二〇〇八年だったが、今この文章を書いているのは二〇一五年の秋である。その間にメディアの状況と私の人生には、多くの出来事が起こった。メディアの状況についていえば、その変化は猛烈な勢いで続いている。私の息子ジェイソンは現在十代だが、友達の間で今何が人気になっているか、いつも私に教えてくれる。私たちはヴァインやユーチューブの面白い動画を彼のiPadで見て過ごす。たとえば彼の最近のお気に入りは、スーパー・カフェという、バットマンとスーパーマンがコーヒーを飲みながらおしゃべりをするシーンが出てくる動画である。娘のレーガンと私は猫の動画を見て一緒に笑い、「怒った猫」の声の物まねをする。

ジェイソンはハイスクールに通い始めたし、レーガンはもうすぐ小学校を卒業する。二〇〇八年以降、私は離婚して再婚し、名前が変わった。夫であるリー・シャックルフォードとは知り合って二十五年近くになるが、彼は劇作家で脚本家、そして大学教授でもある。彼は私の人生に多くの喜びや冒険をもたらしてくれた。

『フィクションが現実となるとき』の初版を執筆していたとき、私は学部生に教え始めてからちょうど十年以上が経ち、メディアにおける暴力についてもの申したいことがたくさんあった。人々が、メディアで見ているものが自分の人生に与える影響はゼロだ、と私に言うのにどんなにうんざりしていたことか。いつも彼らがそう言うときに感じる、軽蔑の念とその感情的なエネルギーに、私はイライラし始めていた。多くの人が、取り入れたものが自分の精神の一部になるという単純なことを理解できないことが、私には信じられなかった。それは、常に単純な仕組みで起こるものでもないし、メディアは薬を飲んだときのようにただ一つの効果をもたらすものでもない。しかし、メディアのメッセージについて考えることが、何らかの形で私たちの一部となるのだ。

さて、第二版の準備をしながら、カリフォルニアにあるフィールディング大学院大学サンタバーバラ校の教授として、私はこの五年間、成人の大学院生のみを教えてきた。そして新しく興味深い研究も行っている。私はまた、「オックスフォード・メディア心理学ハンドブック」（二〇一三）の編集も行った。初版を出したときと現在の間の六年間に、私の考え方も変わってきた。私はいつも、メディアには良い影響があると考えてきたが、この第二版ではその事実を強調したいと考えた。またこの六年間に、メディア接触の肯定的・否定的な結果の相違を示す、より多くの研究を行う機会にも恵まれた。それらについては本書で記述している。私は共同研究者たちとともに、映画の中の音楽から、ソーシャルメディアでの禁酒サポート、娯楽教育のために演劇を用いること、心理的援助のメディエーションを教えるためにポッドキャストを使うことまで、あらゆる類の研究を行ってきた。私たちは娯楽雑誌の社会問題に関する良い、そして悪い記事が、どのように読者の心に重要な違いをもたらすかを示してきた。私たちはまた、メディアでのアフリカ系アメリカ人の男性の描かれ方が、私たちがアフリカ系アメリカ人の男性に対してどう反応するかに大きな影響を与えることを実証した。

私はさらにメディア効果、あるいはメディアの影響という話題が、いかに人々を分断しがちであるかについても書いてきた。人々は、メディアを愛する人と憎む人という誤った集団に分かれる傾向がある。ある人々はメディアについて良いことだけを言いがちだし、また別の人々はメディアについて悪いことしか強調しない。これはとても残念なことだ。なぜなら私たちは皆、メディアの選択肢は幅広く多様であり、すべてが悪い、または良い結果をもたらすことは到底ありえないということを、確実に理解できるからだ。

論理的にいって、メディアへの接触が肯定的な結果をもたらすと信じているなら、否定的な結果をもたらしうるということも信じなければならない。どうしてこんなに複雑なものが、肯定的な結果のみを、または否定的な結果のみをもたらすというのか。それでは単に筋が通らない。メディアは人々と同じぐらい多様である。本書の中で説明したように、私たちは脅威を感じると反発する。そして、私たちは対立しがちでもある。もうその段階は乗り越え、メディアを理解する新しい時代に移ろう。メディアの選択にはとても意味があり、人生に多くの形で影響を与えうる（あるものは肯定的な、また別のものは否定的な、そしてあるものはそれらの入り混じった）という知識を持ちながら。その秘訣は、何でも受け入れる心を持ち、意識的に考え、自分で選択をすることだ。あなたが誰であれ、どのような考えを持つ人であれ、本書を読んでくださることに感謝したい。

カレン・E・ディル-シャックルフォード

謝辞

私はまず、何年も一緒に仕事をしてきたオックスフォード大学出版局のスタッフに感謝したい。本書は私たちが共に行う三つ目のプロジェクトであり、今後も彼らと共にもっと冒険をしたいと願っている。オックスフォード大学出版局の人々は皆例外なく素晴らしかった。私はロリ・ハンドルマンに感謝したい。彼女がいなければ本書は存在しなかっただろう。そしてアビィ・グロスとモリー・バリコフにも感謝したい。彼女たちにはこの第二版でお世話になった。

社会心理学とメディア心理学の教授として、私は教師であり、指導者であり、そして研究者である。これらの役割はすべて人間関係で成り立っている。それらは皆共生的なものである。私はすべての教え子たち、指導者たち、そして共同研究者たちに感謝する。私はクレイグ・アンダーソンとラス・グリーンに感謝したい。彼らは、私がまだとても青い見習い研究者（とても青い見習いの人間でもあったのは言うまでもない）のときから、やる気を与え続けてくれた。それは現在でもまだ続いている。私は、ブラッド・ブッシュマンに大変感謝している。彼は初版の編集上のアドバイスをしてくれた。またメリンダ・バージェス、キャサリン・ラーセン、サム・オシャーソン、シンシア・ヴィニー、エリザベス・ブラウン、そしてブルース・バーソローにも、この新版のさまざまな部分に意見をくれたことに感謝したい。

教え子の学生たちには、いくら感謝してもしきれない。本書は彼らに捧げる。名前を一人一人挙げないのは、誰か一人の名前を書き忘れて、無視してしまいたくないからである。（この決断については私の判断に任せてほしい。とても負けず嫌いの人々の競争心を煽りたくはない。すぐに収拾がつかなくなるからだ！）冗談抜きで、彼ら全員が、私の人生に多くをもたらしてくれた。それを私がどんなに高く評価しているかは、言葉では表しきれない。

私の家族や友人たち、あなた方皆に、私の愛と感謝を捧げる。両親には、初版が出たときに何冊もたくさん買ってくれたことに感謝したい。子どもたちには、私に刺激を与えてくれ、生まれてきたことで、私の人生をとても興味深いものにしてくれたことにお礼を言いたい。夫のリーには、私への愛と尊敬と支えに、そしてただ最高の夫でいてくれることに感謝している。また本書の内容に触発された、多くの会話に付き合ってくれたことにお礼を言いたい。そしてリー、初版を四回も読んでくれてありがとう。

目次

第1章　フィクションと現実――メディアが社会的現実を作る

今、歴史上の現時点において、アメリカ人はマスメディアの虜である。このメディアとの関係が順調なときは、あまたの恋愛関係のように、私たちは意中の相手をバラ色の眼鏡を通して見ているため、最後には自分を傷つけるような相手の欠点に気づかない。一方、私たちがマスメディアに魅了されるのも無理もない。その関係は相性の良い相手との恋愛と似ていて、私たちは背後に常に存在する細かい問題点から目を背けてしまうからである。問題について何とかしなければと思いながら、私たちは一時しのぎの対応を繰り返し、うまくいくようにと願うことしかしない。しかし、もしこれが有害無益なものでなく、私たちを高めていく関係になるなら、何とかする必要があるだろう。

メディアとの良い関係がもたらす価値も見逃せない。私たちがこんなにメディアやその中で出会う物語や人々に惹かれるのも当然である。メディアの中の物語や情報は、人生や生活の意味の理解を助けてくれるからだ。

本書はもっぱらメディアの影響について述べている。その内容とは、メディアが私たちにとってどのように重要か、そしていかに落とし穴を避けて、メディアがもたらす恩恵をうまく利用するかについてである。本書全体を通して、私はこれまで社会科学者たちがマスメディアに関する心理について明らかにしたことを述べながら、広角レンズで見たような幅広い視点で、私たちの文化におけるメディアの役割を見ていく。メディアは厳密にいってどのように私たちを変え、形作るのか。その過程で私たちが能動的に果たせる役割は何だろうか。

本書では、マスメディアは私たちの生活に絶え間なく幅広い影響を与えており、その影響には意味があるということを、基本的な前提としている。メディアは、私たちの行動に影響を与える唯一の要因でないことは明らかだが、その影響は重要だ。本書の始めの部分で、私は次のような根強い対立的な考えが存在する理由を探る。もしメディアの影響力がそれほど大きいのなら、なぜ多くの人はメディア接触からほとんど影響を受けていないという印象を持っているのか。この疑問への結論を出す前に、私たちのメディアの利用の仕方と、メディアが私たちを利用する仕方について、より多くの知識を持つための具体的な提案をしていく。メディアには多くの便利な用途や良い影響があるため、それらについても探る。そうすれば、メディアの可能性についても最大限に活かすことができるからだ。

リスクと恩恵と言えば、最近はメディア利用についての議論は、ソーシャルメディアに焦点があてられている。自撮りは新たな自己表現の素晴らしい形なのか、または私たちがとてつもなく自己中心的であることの表れなのか。フェイスブックのようなオンライン上のソーシャル・ネットワーキング・サイト（ＳＮＳ）は、他者との触れ合いの範囲をより広げるのか、それとも社会を人づきあいが下手な人ばかりにしてしまうのか。ＳＮＳの見すぎは有害なのか、それとも今やＳＮＳの時代が到来したということなのか。

このような議論では、メディアの問題をめぐる意見が分かれる傾向があり、その立場はメディアを愛する立場と憎む立場に二分される。これは過度に単純化された、還元主義的な考え方だ。メディアは基本的に「悪いもの」でも「良いもの」でもない。メディアは私たちが情報を伝える手段であり、それが肯定的、否定的、中立的、またはそれらが混ざったものと判断されうる。私はあるメディア接触は恩恵をもたらし、またある接触はリスクを伴い、害を与えたりし、また別のものはその両方であったり、良くも悪くもなかったりということを、先入観を持たずに受け入れることを提案したい。良いか悪いかの「どちらか」に肩入れする必要はない。あなたはメディアを用いる状況で生じた問題のそれぞれについて、良い点と悪い点を知的に判断することができる。私の友人が以前こう言っていた。知的な人というのは、どんな議論でもその両側面がわかる人であると。日常生活の中でのメディアの役割について考える際には、是非「どちらかの立場の人」になるより、知的な人になってほしい。一つの音を何度も繰り返し奏でるより、オーケストラを演奏しようではないか。

私が取り組みたいのは、たとえばドン・グラントと私が行った禁酒サポートにおけるソーシャルメディアの役割の研究のようなバランスのとれたアプローチによるメディア研究である。彼と私は、ソーシャルメディアは禁酒サポートを台無しにするのか、また特効薬になるのかといった議論に立ち入らず、単純にソーシャルメディアは禁酒サポートでどのような役割を果たすのかという問いを挙げた。私たちは、対面とソーシャルメディアの禁酒サポート（たとえば、対面やソーシャルメディアによるアルコール依存症からの立ち直りのサポートグループ）を体験した二百人以上の成人に調査を行った。調査の結果、回答者たちは対面のサポートが最も重要な回復サポートの形式であると語っていた。それと同時に、ソーシャルメディアもまた重要であり、ある種のソーシャルメディアによるサポートの経験は、同じことを対面で行うサポートより優れているというのも皆の意見の一致するところであった。興味深いことに、両方のサポートを利用した人は、対面よりもソーシャルメディアの方が禁酒についてより率直になりやすいと感じる傾向があることを、私たちは発見した。さらに（私たちにとって）驚くことに、彼らは酔った状態でソーシャルメディアのサポートグループに参加するよりも、酔って対面のグループに顔を出す方が多かったとも報告していた。

私は日常におけるメディアを用いた、また用いていない生活を取り上げるアプローチが有益だと考える。メディアを不倶戴天の敵としてではなく、また重要か重要でないかでもなく、微妙さや複雑さに富んだ対象として扱うのだ。メディア接触の際には、その有益さを探りつつ、有害さを避けることを勧める。また、どのようなメディアを用いるか、またメディアが何をもたらすかについて意識することも勧めたい。今やメディア利用の新時代が到来しているため、これらの課題は大変理にかなっている。人類の歴史において、メディアの変化のスピードや日常生活への普及は、人間の心理や幸福に決定的な役割を果たす。それでは、次に私たちの生活へのメディアの普及についての議論に移ろう。

誰もがメディアに魅了される

ここ五十年あまり、特に最近の十年間で、アメリカ人の自由な時間の過ごし方には大きな変化が起こっている。アメリカ人の平均的な子どもは、一週間のうち何時間、電子機器の画面をのぞき込んでいると思うか、是非当ててみてほしい。最新の統計では、一週間に約四十五時間、子どもは「画面を見ている」という。結局アメリカの子どもたちは、毎年学校で過ごすよりも長い時間、テレビや映画を見たり、ビデオゲームをしたり、ネットサーフィンをしている。登校や睡眠、身支度や雑事などの基本的な生活時間を考えると、彼らが実に自分の時間のほとんどをメディアを消費するのに費やしているかが容易に見てとれる。自分の時間をどう使うかという選択の余地がある場合は、彼らはほとんど常にメディアを選んでいる。

それでは成人を含めた統計はどうだろう。最近のアメリカの国勢調査（www.census.gov）によると、平均的なアメリカ国民は年に三千七百時間をマスメディア接触に費やしている。もしあなたが平均的なアメリカ人なら、目覚めている間の約三分の二の時間で、いずれかのメディアを利用していることになる。アメリカ人は一年間に、健康管理や衣服に使うよりも多額のお金を娯楽メディアに使っている。ここまで読んで、どんな感想を持っただろう。こんなに長い時間と多くのエネルギーをメディアに捧げていることに、私たちは気づいているだろうか。メディア批評家のマーシャル・マクルーハンが問いかけた有名な質問に、「魚は自分が濡れていることに気づいているのか」というものがある。言い換えれば、おそらく私たちはどんなに自分たちがメディアにどっぷり漬かっているか、それがあまりに当たり前になっているために気づかないのだ。

電子機器の画面を見ることに自由な時間のほとんどが費やされている文化に生きていることが明白な今、メディア接触について、知的にそして批判的に考えることを学ぶ時期がきているのではないだろうか。格言にもあるように、知識は力だ。人が選択の自由を持つ国では、その自由と、選択を導く知恵とを結びつけるべきである。今アメリカでは、メディア利用は大きな転換期にある。生活の中でのメディア利用の占める時間の割合という意味で、また私たちが使えるメディアの形の豊富さという意味でも。そしていかに私たちがメディアに影響されるか、今やその心理の理解の仕方を状況に合わせつつ、このような大きな変化についていくときなのだ。また、娯楽メディアへの接触がどのような利点をもたらすかに関して、私たちはほとんど教えられていない。そして、メディアの恩恵を最大限に活かすことは、人類のさらなる進化のために重要だと私は信じている。これらの論点は、メディア飽和状態の世界で社会的に生きるとはどんなことか、探索しつつ考えるべき多くのことのいくつかにすぎない。その探索を続ける前にまず、一緒に旅の終わりまで探る道のりの地図を見てみよう。

マジカル・ミステリー・ツアーへようこそ

本を読むことは、著者と旅に出ることだと私は考える。著者の思考を読むことは、自分の頭を使いつつ著者の見方を用いて、少しの間その人の目から世界を見ることを意味する。あなたは私とこれから旅に出るところなので、旅の道連れである私についてさらにお話ししよう。

まず、私は社会心理学者である。社会心理学者は通常、どのように人々がお互いに影響し合うかを研究している。私の興味のある専門分野はメディア心理学であり、この分野では、社会的影響がどのように人々の対面的な相互作用でなくマスメディア（テレビ、インターネット、ビデオゲーム、音楽など）を介して伝えられるかについて、理解するための研究が行われている。私が初期に行った研究の多くは、メディアにおける暴力やステレオタイプの描写が、人々にどのような影響を与えるのかを明らかにすることを中心としていた。たとえば、メディアに現れるステレオタイプを見るとき（テレビでアフリカ系アメリカ人女性がメイド役を演じている、あるいは映画の中で女性が「イエス」と考えているのに「ノー」と答えるなど）、多くの場合、その影響は私たちのステレオタイプを強めることになる。一方、非白人がとても敬意を払われ、人間味のある描き方をされているのを見れば、現実世界での彼らへの尊敬の念や理解が深まる機会が増すだろう。これらは社会心理学とメディア心理学が、どのように一体化するかという例である。その社会的側面は、他の人を見てステレオタイプ、あるいは人種について進歩的な例を学ぶことである。ここで起こる社会的相互作用はメディアで伝達されたものである。メディアは媒介手段なので、それを通した相互作用はある人と別の人の**間**に存在する。つまり、そこで二人の人物はお互いに直接触れ合わない。ある人がテレビの番組や映画を見て、その描写を通して他の人たちについて学んだのである。

ポジティブな側面に目を向ければ、*All in the Family*[訳註1]のような画期的なテレビ番組は、視聴者の他の人種の人々に対する考え方や感じ方、行動まで変えることができる。人種の異なる人々が友人同士である番組を見るだけで、視聴者は他の人種の人たちに対してよりポジティブな感情を持つようになり、実際の生活でも他の人種の人々とよりつき合いやすくなるということをご存知だろうか。視聴者は、テレビ番組を見ただけで貴重な人生の教訓を学んだ。それは、アフリカ系アメリカ人と白人は実際に、人種間の壁を乗り越えて友人になれるという教訓である。*All in the Family*は、それゆえ「ただのテレビ番組」ではなく、社会変革のための現実の影響力を持っていた。一部の人はその番組でのジョークの意味を理解できなかったが、多くの人はその裏の意味を読み取っていた。アーチー・バンカーという典型的なステレオタイプを持つ登場人物の意見が、無数の視聴者をポジティブに変化させる、あのような大きな影響を与えるとは誰が予想しただろう。しかし、本当に彼はそれだけの影響力を持っていたのだ。

私たちが有意義に感じる番組や映画は、本当に私たちの世界観を揺るがすことがある。そのような番組や映画は私たちの人生に対する見方を変え、将来どのように生きたいかという人生計画にひらめきを与えるかもしれない。例を挙げれば、ある種の音楽は現実を超越した、また重要性の感覚をもたらす。ニコール・フィネイ、メアリー・ベス・オリバーと私は、映画の中の人物や物語により深く感情移入させるのに音楽が果たす役割について研究した。私たちは、実際に映画音楽が人をその物語により深く没入させ、登場人物とより親しく感じさせる力があるということを発見した。この影響は、論理的な思考では簡単に変わらない感情が音楽によって喚起されるために起こると考えられる。映画音楽はある意味、私たちが見ている内容をどのように感じているかを表している。この研究で私たちは、ある映画音楽がその映画に合っていない場合は、その音楽の感情的なトーンが映画のシーンにうまく合致していた場合と比べて、人はその物語世界にあまりのめり込めないということも明らかにした（私たちはまた、トム・クルーズがシャツを脱げば、多くの女性たちがその物語により深く引き込まれるということも明らかにしたが、映画のプロデューサーたちは、そんなことはすでに知っているだろう）。

本書の内容はマスメディアの社会心理学的研究なので、私は以上のような例を多く取り上げていく。そこには、研究の成果と実際の現実描写の両方が含まれる。それらを通して、マスメディアが私たち個人の生活や文化にポジティブ、ネガティブな両方の面で及ぼす影響力を示していく。たとえば『ショーシャンクの空に』、『カラー・パープル』、*Talk to Me*[訳註2]などの映画は、私たちに抑圧、不公平、そして差別などが支配する力を感じさせる。

訳註1：一九七〇年代に放送された人気コメディドラマ。それまでネットワーク局でタブー視されていたさまざまな社会問題をテーマに取り上げた。なお、本書においてテレビ番組のタイトルは原則、日本での放送が確認できたものは邦題のみを記し、それ以外は原題のみを記した。例外として、日本での放送が確認されないもので、本文で繰り返し言及されるなどの理由で必要と思われるものは、読みやすさを考慮してタイトルを翻訳したものがある。その場合は初出時に原題後の括弧内に翻訳したタイトルを示し、二回目の記載以降は翻訳したタイトルのみを記した。

訳註2：黒人の人気トークショーホストの伝記的映画。なお、本書において映画のタイトルは、日本での公開あるいは映像製品の販売が確認できたものは邦題のみを記し、それ以外のものは原題のみを記した。例外として、日本での公開あるいは映像製品の販売が確認されないもので、本文の理解に必要と思われるものは、タイトルの翻訳を原題後の括弧内に記した。

錯覚から生じる強い劣等感は、しばしば社会的な地位や美貌、人気など私たちが切望してやまないものを持つメディアの中の人々を見ることで呼び起こされる。たとえば、コマーシャルを作る人々が、私たちを本当に利用し欺いている（私たちの幸福やお財布を脅かし、損なうという意味で）ということを認めざるをえないのは嘆かわしい。悲しくみじめな話とはいえ、私たちは事実を直視しなければならない。一方良い知らせは、私たちにも力があり、それは以上のような事実を認めることで発揮されるのだ。本書を読んで、読者が現代のメディアの役割に関して多くの知識や進んだ考えを持ち、毎日のメディア利用で批判的に考えるよう刺激され、読者やその家族にとってメディアの恩恵が最大に活かされるよう私は願っている。

メディア批評が強い意見を生み出す

大学教授は誰でも、自分の博士論文が出版され、良い評価を得ることを望むものだ。私の博士論文が社会心理学の分野で最も評価されている専門ジャーナルに掲載されたとき、私は感激した。できるだけ良い研究を生み出そうと頑張って疲れ果てたが、他の研究者たちが私の努力に気づいてくれればと願っていた。そうしたら、彼らは気づいてくれたのだ。そのうち、皆も気づいてくれたらしい。私の博士論文は、暴力的なビデオゲームが攻撃性に与える影響の分野で最も多く引用された論文となった。その論文が出版されたとき、アメリカ心理学会はプレスリリースを出してくれた。私の電話は二週間の間鳴りやまなかった。ＣＮＮ、『タイム』、そして『ＵＳＡトゥデイ』[訳註3]が私にインタビューをしに来た。日本の放送局（ＮＨＫ）は、ノースカロライナまで取材チームを派遣し、私の博士論文に関するドキュメンタリーを撮りに来た。カリフォルニアのある会社は、研究手法に関するビデオ映像を撮りに来て、それは今やアメリカで一番人気のある心理学入門の教科書の付録となっている。現在でもなお、電話で「あなたの博士論文を読んだところですが……」で始まるインタビュー依頼の電話を受けることがある（そんなとき、私は頭の中で「まあ、お気の毒に！」と言ってしまう。博士論文は一般的にかなり面白みに欠けた内容とされ、私はそのような研究報告を読むのが本当に**好き**な数少ない人間の一人だからである）。

その後数年たち、二回の米国議会での証言の後（その間に二人の子どもが生まれたのはさておき）、私はメディア心理学分野の知見を持つようになり、それは同時に、世界中であらゆる階層や立場の人々に接する機会を私にもたらした。私は自分の研究とメディア心理学について、韓国と南米で講演を行った。自分の大学の教室で教えるように、そしてあるときはテレビカメラの前で、国会議員の前で、またあるときは高校の教室で、教会で、歩道で、トイレの中でも話した。この問題に関しては人々の興味関心が高く意見が分かれるため、私はさまざまな利害関係者から非難されたり神格化されたりした。そして最終的に、社会全体で、私たちがマスメディアの基本的な何かについてまだわかっていないことがあるという確信を得るに至った。私は本書が、日常生活におけるマスメディアの役割やメディアとの良い関係を理解するための対話を、より鋭く活発なものとすることを願っている。

最も効果的な種類のプロパガンダは、プロパガンダと認識されないプロパガンダである。

ジーン・キルボーン *Can't Buy My Love* より

さてここで、娯楽と情報メディアが私たちの生活でかなり重要な位置を占めているのに、メディアの潜在的な影響力やその肯定的、否定的な影響の両方について多くの人が誤解しているという逆説的な点に、より深く焦点を当ててみよう。というのも、ほとんどの人はメディアに影響されていないと思っているからである。メディアの潜在的な影響力を否定するとき、私たちがメディアに操作される度合いも、メディアの恩恵をより深く認識す

訳註3：アメリカの全国紙。

る真の機会を失う度合いも、実は増加する。否定的な面では、あなたは自分が影響されやすいことを知らなければ、つまりまったく影響を受けないと思っていたら、自分を守ろうと考えたり行動したりはしないだろう。同じように肯定的な面では、もしメディアの潜在的な長所を理解していなかったら、その恩恵を最大限に利用する可能性が低くなるだろう。そこには私たちの判断に①架空の物語は私たちの現実観を少しも形作らないと信じ、そして②メディアの存在意義は、私たちを変えるよう働きかけるより、従順に楽しませることだと信じていること、という二つの基本的な誤りがあるのだ。

ジーン・キルボーンは、ベストセラーの本やビデオを多く出し、広告が私たちに影響を与えるさまざまな方法について、幅広く講演している。彼女は賞を獲得した *Killing Us Softly 3* [*1] という映画で、どこへ行っても、人々は常に広告になんて影響されていないと言うし、広告の言うことなどに耳を傾けたことはないし、覚えている広告などないと言うと語っている。「そう言うのは、大抵ＧＡＰ[訳註4]のティーシャツを着ているような人なのです」と彼女は映画の中で皮肉っている。私は彼女の経験と、人がメディアに影響されていることにまったく気づいていないということに、確かに共感する。誰もが広告に影響されなかったら、どのように広告会社があのような莫大な利益を上げていると思うのか。影響されやすい声なき大衆は一体どこにいるのだろう。

私自身の経験は、ジーン・キルボーンのそれとよく似ている。どこへ行っても、人はメディアの暴力にさらされたとしても、攻撃的な考え、行動、感情は高まらないと言う。そしてこれは私の経験にとどまらない。研究でも、人は概して娯楽メディアは自分に何の影響も与えないと信じているという結果が出ている。ある十代のビデオゲームファンは、嫌悪感をほとんど隠さずに、私を見てこう言った。「ただのゲームじゃないか」（裏の意味——おばさん、落ち着けよ。あんたは本当に超ダサいね）。私は二〇〇七年に、米国下院議会の商業・貿易と消費者の保護に関する小委員会[*2]で、メディアにおける性差別主義者と人種差別主義者のステレオタイプの影響について述べ、証言を行った。そこで証言をしていたラップ歌手は、お手上げだといわんばかりに「たかが歌じゃないか」

と言った。最近、友人が学生に私の名前を言ったら、彼は私がメディア暴力の研究をしていることを腹立たしく思っていて、『グランド・セフト・オート』というビデオゲームで私が皆を撃ちまくるバージョンを作りたいと言ったそうである（とりあえず、彼が私を殺される側にしたくなかったことだけは嬉しかった）。人々がメディアの影響を受けるという前提に拒否反応を示す際の熱意には、それが何かを物語っているという手ごたえを感じる。

メディアに影響されているって？　私は違う！

最近メリーランド大学の研究者が、大学生は一般的にメディアを「単なる無害の娯楽」と考えがちであるという研究結果を発表した[*3]。若者は、ビデオゲームに暴力的なシーンか性差別的なステレオタイプがあったら「問題だと思うか」と質問された。ほとんどの若者は、この暴力や性差別的な内容が、人の行動または態度を変化させる可能性はないと信じていた。さらに興味深いことに、最も**多く**ビデオゲームをしている若者は、メディア暴力への接触が何の影響ももたらさないと答える傾向が最も**高かった**のである。物議をかもし、おそらく害があると思われていることをすればするほど、人はそれを正当化する必要に迫られる。またあることが本当に有害でないと思うほど、より気兼ねなく行えるのも事実である。世論調査では、多くのアメリカ人が、メディア接触には害がないと信じているという結果が得られている。例を挙げると、ある調査では、アメリカ人の成人と子どもの五七％が、子どもが暴力的なビデオゲームをすることは「安全」だと答えている[*4]（なるほど、これは心理学的に説明できそうだ。私にはわかる！）。

これらの結果は、研究者が「第三者効果」と呼ぶ概念についての多くの研究成果と一致する。第三者効果とは、

訳註４：ファストファッションのブランド。

人は他者がメディア接触によって影響を受けていると信じる一方、自分自身は影響されていないと考える現象のことである。さらに詳しく調べれば、メディアの影響にさらされているのは基本的に年齢の低い子どもたちだけだ、と多くの人が信じていることがわかるだろう。

それでは研究者たちはどのように考えているのだろうか。こういうと疑問の余地を台無しにしてしまうが、研究者たちは多くの場合、一般の人々がメディアの影響について信じがちなこととは正反対のことを信じている。「そうか、それならはっきりいってメディアはどんな影響を与えるんだ」とあなたは考えるかもしれない。そこで、グラッサーによって報告された、興味深い研究「テレビと現実の社会的構成について」[*5]を見てみよう。グラッサーは、人々は刑事や弁護士についてのテレビ番組をよく見ているにもかかわらず、平均的な人は（おそらく幸いなことに）、実際には警察や司法当局と直接関わった経験がほとんどなく、さらに比較的深刻な犯罪については特に遭遇したことがない、という点に注目した。そこで彼は一般の人々に、アメリカの司法制度の仕組みについていくつかの具体的な質問をした。その結果、彼は人々がテレビで見た通りの物事の仕組みを信じていることを見出し、それは結局一貫して事実とは異なることが、さまざまな実証的な形で明らかになった。たとえばテレビ番組では、刑事は多くの場合すぐにその犯罪が「誰の仕業か」知り、「その犯人を捕まえ」ようと時間を費やす。実際のところ、まったく華やかでない現実の警察の仕事はもっと厄介なものである。事件の多くはきちんと解決しないうえ、「被害者のいない」犯罪があり、騒ぎを起こした酔っぱらいを捕まえるとか書類の作成を行うなどの些末な仕事もある。テレビの中では、刑事の仕事はそれよりずっと格好いい。有名なテレビ番組の『刑事コロンボ』は、誰かと二分間の会話をするだけで犯人がすぐにわかってしまう。同様に、USAネットワークのドラマに登場する、極度の強迫観念症の探偵であるエイドリアン・モンクは、殺人者のサンドイッチの食べ方とか靴ひもの結び方などの突飛な証拠を必ず見つけ出し、その決めゼリフ「彼が犯人だ！」を口にする。そしてモンクは決して間違わない。コロンボも間違えることはない。そして私たちは何を信じるのか。フィクションか現実か。もちろんフィクションである。番組を見るときはいつでも。もし誰かに、どこから警察の仕事についての事実を知ったのか尋ねられたら、「テレビを見て学びました」と言うだろうか。もちろんそうは言わないだろう。私たちはテレビから何を学んだかわかっていないため、そのような考え方がばかげていると思うのだ。

クレイグ・ヘイニーとジョン・マンゾラティもまた、テレビが私たちに、犯罪について広く情報を与えている役割について認めている。彼らの「テレビ犯罪学――刑事司法の現実についてネットワーク局が作り出す錯覚」[*6]という論文では、テレビでの犯罪の描かれ方は、多くの場合実際の犯罪とはかなり異なるということを説明している。たとえば私たちが普段テレビで見る犯罪は、殺人のような暴力的な犯罪を含む路上犯罪である。テレビでは、事務職の人や企業の犯罪はほとんど描かれない。しかしながら、実際にはこれらの（おそらくあまりドラマチックでない）犯罪はテレビに登場するよりもかなり多く起こっており、また反対に路上犯罪や殺人は実際よりもはるかに多くテレビに登場する。その結果として、アメリカ人は、事務職の人々の犯罪に対して関心がないのと対照的に、路上犯罪についてはとても心配してしまうのだ。これは、路上犯罪は蔓延しているが、事務職の犯罪はほとんど起こっていないという現実観を、テレビが作り上げるからである。同様にテレビでの犯罪は、しばしば病的な強欲さが動機になり、狂った犯人が罪を犯すという形で描かれる。実際の世界では、怒りやフラストレーションはもっと現実的な状況で引き起こされる。たとえば長い間失業状態だったために、盗みをはたらくような場合である。これらは、私たちが見て慣れ親しんだ「テレビ的な動機」とは似ても似つかない。私たちは、テレビで見るから現実だと思っている。そして私たちは、実際にはそうであっても、犯罪についてテレビから学んでいるとは思っていないし認めてもいない。これが私たちとマスメディアの関係なのである。

虚構と現実

私がマスメディアに接触することの影響についてさまざまな聴衆と議論する際、いい年の大人は「虚構と現実の違いがわかる」から、メディアの内容には影響されないというコメントをよく耳にする。言い換えれば私たちは、「本当でない」とわかっているから、架空の物語には影響を受けないというのだ。この虚構対現実の議論は、メディアの心理に関する大きな誤解を象徴している。この考え方はあまりにも蔓延しているため、徹底した検討を行う価値がある。

さてここで、「虚構」と「現実」という言葉についてより詳しく見てみよう。大人が虚構と現実の違いがわかるというときは、その人はどのようにそれぞれの言葉を定義しているのか。私が思うに、人が「虚構」というときはフィクションを指している。dictionary.com によると、「フィクション」という言葉には多くの意味がある。フィクションは創作や想像の産物を意味することがある。またフィクションは嘘を意味することもある。物語は真実かフィクションのどちらかに分類され、文学であればノンフィクションかフィクションとなる。ある人が、自分は虚構と現実の違いがわかっているからメディアに影響されないというときは、その人はおそらく、テレビの中の人や状況が企画されたり、作られたりしていることを自分は知っていると言いたいのだろう。たとえば私たちは、テレビドラマ『フレンズ』は、二十代の若者たちの人間関係や彼らに起こる出来事に関する架空の物語だということを知っている。それでは、どんな風にこの物語は事実よりフィクションに基づいたものだといえるのだろう。もちろん大人の視聴者は、このドラマの登場人物は皆俳優や女優で、仕事のために役を演じているということに気づいている。この物語に登場するレイチェルという若い女性は、ジェニファー・アニストンという女優が演じている、というように。登場人物たちが住んでいる「アパート」は、実際にはセットで作られている。

これらの「フレンズ」が交わしている会話は、プロの脚本家が考えたものだ。

つまり『フレンズ』での物語は、脚本家たちの、そして番組のプロデューサーたちの想像の産物だった。私たちがフィクションのテレビ番組を見るときには、基本的に「もし」この登場人物たちが実在の人物で、これらの状況や出来事が実際に起こったらどうかということを想像している。私たちは心の中の目で本当に起こることを想像して、物語を楽しんでいるのだ。完全な嘘で決して起こりえないと思うフィクションを、人はあまり楽しむことができないだろう。実は、私たちがこれらの登場人物やその状況をもっともらしくて重要だと思うほど、彼らやその状況に興味を持つのである。人はその虚構に取り込まれるほど、その番組に惹きつけられるのだ。

それではどこに現実の役割があるのか。そしてこの文脈でのより意味深い「現実」の定義は何なのか。フィクションの物語の現実性は、虚構か創作かではなく、真実味があり、興味をそそられるかどうかで決まる。フィクションの定義の一つは、(再び dictionary.com によると)作り物、または厳密にいえば、実際のものとして通用させるために作られた偽物である。つまりフィクションは、本物として通用させるために作られた物語、という意味も実は持っている。逆説的ではあるが、最も優れた類のフィクションは、現実的で本物だという印象を与える。本当に質のいい虚構やフィクションを経験する喜びの一つは、まさにそれらが「もし、本当だったら」と想像させてくれることである。すなわち、とても興味深く満足させてくれる物語が、あたかも現実になりうると感じさせてくれることなのだ。

娯楽メディアの価値

メディアが日常生活の中で占める位置について誤解していると、私たちは、メディアとの豊かな関係を作る過程で受ける恩恵を、間違って解釈したり不当に低く評価したりしてしまう。一人の科学者として私は長い間、人々のメディアに対する思い入れについてより深く知りたいと考えてきた。なぜ私たちは、メディアなしでは生きられないと思うのだろうか。なぜ私たちは、生活の中の他のいろいろなものではなくメディアを楽しんでいるのだろうか。その答えを得る手がかりの一つは、メディアによる健全な経験から得られる深い意味とその価値を理解することにある。

あなたはこれまでに、自分の人生を変えるような映画を見たことがあるだろうか。ある曲やビデオやストーリー、または他の芸術作品が、超越や価値の感覚を感じさせながら、あなたを新しい場所へ導いてくれたことがあるだろうか。私はそのようなポジティブなメディア体験をしたことが何度もあるし、ほとんどの人も同じだろう。メディア心理学者たちは、本当に良いメディアとは何か、私たちが直感的にわかっていることの裏にある複雑さについて、理解する研究を始めたばかりである。素晴らしい映画や演劇、ゲーム、曲は芸術作品であり、私たちの生活に深い影響を与える。もちろんある種の娯楽メディアに接する経験は、浅くてその価値があまり長続きしないものかもしれない。しかし、また別の娯楽の経験は本当に深いもので、私たちを変え、そしていつまでも忘れられないものになる。

心理学者たちは、メディアで得られる浅い経験と深い経験の違いをこれまでに明らかにしてきた。アメリカ人の偉大な心理学者ウィリアム・ジェームズの研究に立ち戻って、ジェラルド・カプチックという心理学者は、メディアでの浅い経験と深い経験の違いに光を当てる研究を行った。浅いレベルの経験は、カプチックが「ロー・アート（低次元描写）」と呼ぶもので、おそらくただ単に心地良いか、多少面白いイメージを見せてくれるが、深い思考を呼び起こさない描写によるものだ。映画の中でのロー・アートとは、たとえば意外性のない他愛のない会話を指し、それは心地良い経験を与えるかもしれないが、本当に人の心をかき立てるものではない。カプチックは、これらを「情緒的な」働きだと言及している。私の想像だと、これらの情緒的なロー・アートの例としては、「ホールマーク・チャンネル」[訳註5]が思い浮かぶ（ごめんなさい、ホールマーク・チャンネルの皆さん。もちろんあなた方が放送している番組のいくつかは、かなり芸術的なものだと思う）。ロー・アートのもう一つの例は、かわいい子猫のポスターだろう。子猫は確かに情に訴えて単純な快感情を喚起するが、気持ちをかき乱すことはない。実際に私たちは、精神的にいろいろなことがあって疲れ切った一日の終わりに、猫の動画が見たいと言って、いつもとは違ったメディアへの接し方をすることがよくある。もちろんそれに問題はない（私は娘とインターネットで猫の動画を見たり息子と面白い動画を見たりして、よく楽しい時間を過ごしている）。

一方、間違いなく「ハイ・アート（高次元描写）」と分類されうる、別の娯楽メディアもある。どのようなメディア（映画、音楽、ゲーム）であろうと、これらの芸術は、私たちにそのストーリーと通じ合うのに十分な親密さを感じさせ、また私たちを引きつけるのに十分な目新しさを持つ。私たちはまたなるべく多くの刺激も欲し、退屈させられすぎるのも、かといって刺激されすぎるのも望まない。

これらの経験に本当に差が表れるのは、それらの作品が二分された感情を呼び起こすほど複雑な場合である。これらをカプチックは、「ポリヴァレント（多価的）」反応と呼んでいる。「ポリ」は多くのという意味で、「ヴァレンス」とは価値を意味する。私たちは、これらの多価的な、あるいは矛盾した感情を刺激される作品であるほど感動する。また心理的に心をかき立てられる感覚を伴う作品であれば、ロー・アートによる経験よりも思考がさらに刺激され、感情が深まり、心がもっと動かされる。自分が関われる物語があるとき、しかも目新しくて微妙で意欲をかき立てられる場合は、私たちはその経験から意味を感じる。私たちがメディアとこのような関係を持つとき、その芸術は「真実味を持つ」。私たちはその作品に内在するメッセージの「もし」が、本当に起こっていると想像する。最後に、そしてこれが重要な点であるが、私たちは新たな視点から世界を見る経験を得るのだ。

最近私はシュールレアリズム・アートの展覧会に行って、この矛盾した感情と深い意味を感じる経験をした。

訳註5：グリーティングカードで有名なホールマーク社のケーブルテレビ局。家族向けの、最近放送されたテレビドラマなどを放送している。

シュールレアリズムは、日常と非日常を、その両方の意味を問いただしながら対比する。そこで得たのはエネルギーと超越を感じる経験だった。私たちは、同様の意味深い、そして超越した感情を、大好きなゲームの世界から感じることもできるし、小説からも、テレビや音楽から得ることもできる。このような超越した意味深い経験をより深く探索することで、私たちは自分が生きる人生をもっと深く認識することができるのだ。これはおそらく私たちとメディアの関係で最も重要な到達点であり、人間としての最良の経験とは何かをさらに深く理解する手助けとなるだろう。

物語による説得

メディア接触経験を通して意味を見出すこと以外に、他の経験でも私たちは変わることがある。その一つは、物語世界の経験が私たちの思考を変化させる場合である。これまでの研究では、フィクションの物語の説得力は、私たちの信念を変化させるという結果が報告されている。たとえば嘘の情報がフィクションの物語の中に埋め込まれていると、人は実際にその情報を信じるようになることが明らかになっている。ある研究[*7]では、ドイツ人大学生に、『誘拐』という題のフィクションの物語を読ませた。その物語には正しい情報、または間違った情報が挿入されていた。統制群あるいは比較群[訳註6]の学生たちは、それらの情報が挿入されていない物語を読んだ。ここでの正しい情報というのは、運動は人の心臓や肺の機能を強化するという内容だった。間違った情報とはその逆で、運動は人の心臓や肺の機能を弱めるというものであった。読んだ結果、大学生たちはその情報の真偽に関わらず、物語の中の事実情報に説得されるということが示された。ということは、もしあなたが運動は心臓や肺の機能を弱めるというフィクションの物語を読んだら、それが正しいと説得されてしまうのだ。ここではまた、仮眠（スリーパー）効果と呼ばれる現象についても研究されている。それは、フィクションの物語の説得の効果は、その情報源に関する記憶が薄れていくほど、時間とともに強まるという現象である。最初の頃、新しく得た情報で形成された態度に関する学生たちの自信は比較的低かったが、二週間後には、彼らのその情報への確信度は基準の値にまで上昇した。この研究でわかったことは、私たちはフィクションの物語に含まれた間違った情報を、信じるよう説得されてしまうということである。また時間とともに、私たちはこの情報をどこで得たか忘れてしまい、その情報が正しいという自信はさらに強まる。もう一つの例として、ロマンス小説をたくさん読むほど、コンドームを使用することに否定的な態度が強まるということがわかっている。つまり、誤解を招く情報が小説の筋の中に事実として述べられているか、または織り込まれているのだろう。さらに、読者が登場人物と感情的な結びつきを感じるほどその説得力は強まるという。そうすると、もしある読者がその小説の登場人物と感情的な結びつきを感じていて、その登場人物がコンドームを好まなければ、読者自身の態度や行動を変化させる可能性がある。

私の夫であるリー・シャックルフォードと私は、メラニー・グリーン、エリカ・シャラーとクレイグ・ウェッテラーと協力して、舞台演劇の分野における娯楽教育の価値に関する研究を行った。[*8] この研究で私たちは観客に親密なパートナーからの暴力の実際を伝える劇と、その比較対象となる劇、つまり親密なパートナーからの暴力とは関係しない、困難でドラマチックな問題のある人間関係についての劇を見せた。リーは演劇の教授で脚本家でもある。彼は研究チームの助言を受けながら、親密なパートナーからの暴力の劇の脚本を書いた。このような暴力については広く信じられている神話があるが、その劇の脚本はその神話が誤りであると証明する内容だった。どちらの劇を見た観客ともかなりのめり込んで見ていたが、親密なパートナーからの暴力が描かれた劇を見た観客の方が、その問題についてより詳細な知識を持ち、またもう一方の劇を見た観客に比べ、その神話につい

訳註6：実験群と比較するグループ。

て賛成する度合いが低くなる結果が得られた。この研究成果を私たちは「社会変革のための舞台を設ける」というタイトルで発表した。この研究は、フィクションの物語が、重要な社会問題に関する私たちの知識や信念を変える力を持つことを示す一つの例である。演劇に関するこのような類の研究はほとんど行われていないが、娯楽教育については、フィクションの物語を提供する他のジャンル、たとえば文学やラジオ、テレビに関してより詳細な研究が行われている。

人々がフィクションの物語に説得されてしまう理由を説明する重要な理論の一つは、移入（トランスポーテーション）理論と呼ばれる。人は本を読んだり、映画やテレビを見たり、ビデオゲームをするときに感情移入し、引き込まれ、話の中に入り込む、また自分がその物語の一部になったような気さえしてしまう。これはメディアの魅力的な特性の一つである。なぜなら、移入するとは、人が何かに深くのめり込んで時間の感覚を失う、フロー状態になることだからだ。フィクションのストーリーが私たちを感情移入させるとき、私たちは比較的無批判に説得される。それは、移入というのは反論する能力を（質問する能力もまた）低下させ、登場人物とのつながりを強めてそのストーリーの現実感を高めるからだ。[*9] ある物語と関わる経験は、私たちの疑念を一時的に停止させるため、これが、ストーリーの中の考え方に説得されるのを促す。実のところ、私たちはストーリーの中の信念を、無批判であるばかりでなく無意識に信じてしまうと確信する移入理論の研究者もいる。[*10]

フィクションと現実についてのこの議論は、『ギャラクシー・クエスト』[訳註7]という映画の興味深いストーリーの筋を思い起こさせる。『ギャラクシー・クエスト』は、人気のあるSF作品とそのファンについての悪意のないパロディ映画である。それは簡単にいえば、もし『スター・トレック』が現実だったらと問う物語だ。この映画では、SFドラマの登場人物を演じた俳優が、現実の世界で宇宙人と宇宙船に遭遇してしまう。生きるか死ぬかという深刻な状況になったとき、「艦長」役だった俳優は、SFイベント会場で会った、彼の出演したSFドラマの熱狂的で献身的なファンたちに協力を仰ぎ、戦いに参加してもらうのである。ストーリーの最初の部分でファンたちは、宇宙船も乗組員の冒険も実在しないと認識していたことが描かれている。ところが、ファンたちの助けが必要となったとき、艦長は彼らに、フィクションであるはずのこれらの出来事は実在すると告げる。するとファンたちはとても興奮して、最初からずっとわかっていたんだ！　と答えるのである。『スター・トレック』や、同様に人気のあるテレビ番組や映画のファンたちは、このシーンを見て心をくすぐられるだろう。なぜなら、彼らはフィクションの世界が本当に存在してほしいと願うだけでなく、心の底のどこかで、その世界を本当に現実のように感じるという抑えきれない思いを実際に経験したことがあるからだ。我々はスポック[訳註8]が実在してほしいと思っているのだ。そしてフィクションと現実の間には、もう一つの曖昧な領域がある。一九六〇年代に、テレビ番組で小道具として使われていた通信機器やコンピューターディスクは、その時代には現実には存在していなかったが、後になってこれらの道具は、実際のミニディスクや携帯電話などの形で現実のものとなった。

『スター・トレック』といえば、ニシェル・ニコルズというオリジナル・シリーズでウフーラ大尉役を演じた女優が、その番組で作られたもう一つの現実観について、しばしば語っている。『スター・トレック』の物語世界では、登場人物たちは、異人種（異星人）間の調和や平等の考え方を信じていた。宇宙船の将校にはさまざまな人種の人々がいて、それがこの価値観を体現していた。女優ニコルズは、故マーティン・ルーサー・キング牧師に、この番組を降りようかと考えていると話したときに交わした会話について述べている。キング牧師は「辞めてはいけない。あなたがこのフィクションのストーリーの中で敬意を払われる立場にいることは、アメリカ中のアフリカ系アメリカ人に支持され、希望を感じさせているのだから」と答えたという。アフリカ系アメリカ人たちが『スター・トレック』を見たか否かにかかわらず、この番組はアメリカ文化の一部であり、その中にアフリカ系アメリカ人の将校が登場していたということが、公民権運動の真の勝利だったのだ。

訳註7：一九九九年のアメリカ映画。
訳註8：『スター・トレック』の登場人物。

◆どのようにフィクションが現実となるか

マーティン・ルーサー・キング牧師が、アフリカ系アメリカ人女優が人種間関係に与えるポジティブな影響について理解していたことは、フィクションがどのように現実になるかを示すとても良い例である。「もし、アフリカ系アメリカ人の女性が、未来の宇宙船の将校だったら。もし、未来の人たちが、人の肌の色など関係ないかのように振る舞っていたら」。脚本家がこのようなフィクションの物語を書くと、そのテレビ番組を見る人や、見なくてもその番組の存在を知っているだけの人でさえ、その想像力が刺激されるのだ。人種平等主義に関するストーリーに触れることは、現実の世界でこのようなことが起こり**うる**ことを示し、またおそらく、起こる**べき**なのではないかということも示す。だから、あるレベルで私たちは『スター・トレック』が実在しないとわかっているが、別のレベルでは本当に存在すると思うのだ。現実の人々が『スター・トレック』を見て、また『スター・トレック』について聞いただけで、変化してきた。キング牧師はそのことを理解していたのである。

それでは、『フレンズ』はどうだろうか。近年でも最も人気のあったテレビ番組の一つとして、『フレンズ』は私たちのファッションや髪形に影響を与えただけでなく、話し方にも影響を与えた。トロント大学の研究者ら[*11]は、『フレンズ』はアメリカでの言語の使われ方の変容を映し出し、同時にその使われ方に変化をもたらしたと主張している。たとえば、『フレンズ』は、アメリカ人が使う「so」という言葉の新しい使われ方、たとえば「あなたは**完全に**終わっているわ（you are *so* dead）」という場合の「まったく、完全に」という意味を定着させる役目を果たしたといわれている。これはかなり捉えにくいが、メディアの直接的な影響のとても良い例である。人々は毎日『フレンズ』を見て、「so」という言葉の新しい使い方に触れ、真似をし始めた（わあ、私たちはメディアに**完全に**〈*so*〉影響されていますね！）。その変化の背後に、次のような社会的な影響があったことは疑いの余地がない。『フレンズ』の登場人物は皆に格好いいと思われているため、彼らの話し方や癖、服装などを真似することで、おそらく現実の**フレンズ**、つまり友達に格好よく見せることができるという影響だ。

もちろん、この社会的影響は態度や行動にも当てはまる。たとえば『フレンズ』に登場する女優たちは、ハリウッド流の痩せた美人の理想の例である。私が大学の教室で学生に時々見せる教育的なビデオには、『フレンズ』に登場する女性スターたちが「かわいい拒食症の彼女たち」という説明付きで描かれた屋外広告が出てくる。メディアでとても痩せた女性を見ると、男女の視聴者双方に多様な悪影響があることが多くの研究で明らかになっていることを、多分あなたはご存知だろう。その影響とは、摂食障害が増えたり、自分の身体や付き合っている相手に対する不満足感が増したり、罪悪感や羞恥心が強まったり、自分や恋人が美容整形手術を受けることを望む気持ちが高まるというものである。これが、メディアで格好いい人々を見て、彼らを真似したくなるもう一つの例である。あなたは最近の女優たちが、『フレンズ』のスターたちと同じぐらい痩せていると思うだろうか。それともより状況は悪化していると思うだろうか。『ロスト』に登場するエバンジェリン・リリー、『パイレーツ・オブ・カリビアン』に出てくるキーラ・ナイトレイや、『グレイズ・アナトミー恋の解剖学』のキャサリン・ハイグルと『フレンズ』の女性スターたちを比べたらどうだろう。数十年前の人気女優たちと比べたらどうか。

栄養不足の女優やモデルたちをたくさん目にして、自分が太っていて醜いと感じることは、あるメディアメッセージの普及と、そのメッセージの影響の両方の表れである。他にもメディア接触が与える影響の種類は多い。私たちがテレビで見る標準的な人々の生活や習慣に関する見方はどうだろう。あなたは、テレビや映画に出てくる人の家やアパートが、普通の人が住んでいる場所とは似ても似つかないということにお気づきだろうか。もし気づいていなかったら、次にテレビを見るときに、お気に入りの登場人物が借りている部屋をよく見てほしい。そのアパートには、実際の住居に普通はありえないほど凝った建築や設計の要素が見られるだろう。あなたが最初にアパートを借りたとき、引っ越し前にその部屋がどのように見えたか、思い出してみよう。おそらくシンプルな箱型で、普通の天井の高さ、普通の窓、白い壁、それにベージュのカーペットがあるような部屋だろう。テレビや映画では、最も質素な登場人物でさえ、興味深いしゃれたアパートに住んでいる。夫と私は、最近『名探偵モンク』を見ていて、ケチでやりくり上手という設定の登場人物のアパートに、かなり広いウッドフローリングのリビングルームがあり、芸術的な色調のインテリアに加え、キッチンにはとても素敵な古いオーブンがあることに気がついた。このアパートはサンフランシスコにあることになっているので、場所柄からも、実にほとんどの人の平均的な部屋のレベルを超えていることがわかる。『フレンズ』のレイチェルについても同じである。マンハッタンに実際に住む人に、そこでウェイトレスが住むアパートはどんな部屋か聞いてみよう。または、ウェイトレスがマンハッタンでアパートを借りて住むには、何人ぐらいのルームメイトと共同で借りれば生活できるのかも聞いてみてほしい。

社会心理学的に見て、これらは何を意味するのか。テレビを見るとき、私たちは能動的に何かを学んでいるとは思っていないが、実は学んでいるのである。たとえば、『フレンズ』を見て学ぶのは、あなたはウェイトレスとしてマンハッタンの素敵なアパートに住むことができるということだ。ライフスタイルの面でも、テレビに出てくる人々は日中常に興味深い場所に出かけ、友達と面白いおしゃべりをして長い時間過ごしていることに気づいてほしい。『フレンズ』では、これらのおしゃべりはよく彼らの好みのコーヒーショップ「セントラル・パーク」でなされる。『そりゃないぜ⁉フレイジャー』[訳註9]では、登場人物が集まるのは「カフェ・ネルヴォサ」だった。これらを見た結果、他の人の生活は自分の生活よりもっと興味深くて豊かである、というイメージにつながるのだ。私たちは必然的に、自分自身を他者と比較している。これは社会心理学における基本的な前提で、社会的比較理論として知られている。私たちの目の前で繰り広げられる、これらのパターン化され理想化された生活を見るとき、なぜ『そりゃないぜ⁉フレイジャー』のように、魅力的で教養のある多くの女性たちと付き合えないのか、なぜ私の会話は彼のように気が利いていないのか、なぜ私の仕事は彼の仕事のように面白くないのか、なぜ生活のレベルが彼のように高くないのかと私たちは考えるのである。要するに、理想化された生活を見ることは実際の生活を平均以下に思わせ、不満足感や退屈感を感じさせる。この不満足感は私たちの個人的幸福にとっては打撃だが、購買能力を超えたより多くの製品を私たちに買わせたいと思っている広告主たちにとっては有益である。そこで広告主たちは、彼らの製品を買えば私たちが幸せで満たされるという約束を売りにしているのだ。

◆非意図的な結果

ここで私たちは、メディア心理学で重要かつ繰り返し強調されてきたテーマについて考えたい。それは、メディアの極めて本質的な影響は、広告主のためにメディア制作者が私たちの注意を引きたいと考えてしたことが、まったく意図しない結果になりうることだ。制作者たちは、私たちが『そりゃないぜ⁉フレイジャー』を見ることを楽しんでほしいため、主人公を見事に装飾されたアパートに住まわせ、彼に機知に富んだ受け答えをさせ、美しいガールフレンドをあてがうのである。ほとんどの場合、私は制作者たちが視聴者に劣等感を感じさせるため、このようなことをしたとは思っていない（しかしながら、広告主ははっきりした目標がある）。これらの劣等感は、見せかけだけのハリウッドの世界と社会的比較をした、自然な成り行きの意図しない結果である。その世界では見かけがすべてであり、おまけに奥深さや本質は伝えられていない。

訳註9：一九九三年から二〇〇四年に放送されたアメリカのシチュエーション・コメディ。

メディア心理学が進化心理学と出会う、または ダーウィンはハリウッドを予測していなかった

進化心理学によると、無意識にではあるが、私たちは心の奥深くで子孫を増やすよう動機づけられているという。そのため、私たちはその助けとなりそうなものには何にでも必然的に惹きつけられる。たとえば男性は若い女性に惹きつけられるが、それは若い女性たちはより妊娠しやすく、健康な子孫を産みやすいからである。女性は若い男性よりも、子どもを扶養するお金がたくさんある男性に惹かれる。その理由は、年齢の高い男性でも完璧に女性を妊娠させられ、より経験のある男性は子孫を守ったり、養ったりすることに実際に長けていると思われているからだ。さらに、女性は同じ理由で、社会的な支配力を持つ男性に惹かれる。心理学者たちが、恋人募集の個人広告で男性と女性が何を書いているか実際に分析したところ、[*12] 女性は自分の見た目の良さを強調し、一方男性は物質的な財産や社会的な地位を強調していることを見出した。この結果は、進化論の考え方と完全につじつまが合う。

ここで、ハリウッドにこの考え方を当てはめてみると、ダーウィンは役に立たない。考えてみれば、私たち人類は、他の生身の人間たちと相互作用し合うという前提のもとに作られている（「当たり前のことを言うな」という大きな声が天から聞こえてきそうだ）。たとえば、私たちは自分たちの周りの人々の集団の中から相手を選ぶ社会に生きている。確かに、現代のメディアが登場する前は、私たちは多くの場合、自分の生きる地域社会の中で他の人間と出会うしかなかった。今や私たちのほとんどは、本当の人間と会う時間よりも、(悲しいかな) メディアの中でのイメージと触れ合う時間の方が長くなっている。これもほとんどが非意図的であるが、結果として、私たちは無意識のうちに自分の基準をメディアの理想に包囲されて変えてしまっているのだ。

人工的に、また他の目的で作られた人々のイメージを次々と見せられて、私たちはどのように影響されているのだろうか。この状況の社会全体への影響は何なのか。もしそれを知りたければ、本書を読み続けてほしい。これからさらに、心理学者たちが「メディアの影響」と呼ぶものについて、その研究結果を述べていく。実際に、本書ではこれまでもいろいろと述べてきた。さてここで、異性の相手の選び方について行われた、上記の例と関連する研究結果について詳しく見てみよう。アリゾナ州立大学の研究者ら[*13]は、デートサービスで使う記入用紙の評価という建前の目的を伝えて、学部生たちに同性の若者の写真とプロフィールを見せた。実は研究者たちが興味を持っていたのは、写真を見た学生たちの自分自身の「市場価値」の知覚が、競争相手と比較してどのように変化するかを見ることであった。彼らが発見したのは、女性は付き合う相手としての自分自身の市場価値が、魅力的な外見の女性の写真を見ることで、低く感じるようになるという結果であった。男性ではまた違った結果が得られた。若い男性は、社会的支配力の高い若い男性のプロフィール（たとえば、大学新聞の編集をしているリーダーなど）を読んだ後で、自分の市場価値が急降下したように感じた。一言でいえば、人は競争相手が自分より上であるほど、付き合う相手としての自分が望ましくないと思えてしまう。その著者たちによると、過去には自然界が競争相手を提供したが、今はそれに対し、メディアが私たちに「望ましい他者への大量の接触[*14]」をさせているという。実はテレビ画面を一時間見ている間に、今や私たちの先祖たちが一生かかっても見られなかったほどの競争相手を見ているかもしれないのだ。もし私たちが純粋に論理的にのみ行動するのであれば、女性はテレビでアンジェリーナ・ジョリーを見たとき、または男性はビル・ゲイツを見たとき、これらの人たちをひどく不平等な競争相手として心に刻み込み、望ましい相手としての自分自身のイメージが何であれ、彼らに合わせて自分を変えようとはしないだろう。しかし、私たちはそのように作られてはいない。私たちは**見た**相手を競争相手として自分と比較し、意味づけるシステムの下に生み出されたのである。現代のメディアへの接触や、大きな利潤を得るためあらゆる手段を使って私たちの注意を引こうとする企業の欲望に対して、行動の仕方を変えることはない。要するに、私たちはこのようなメディアにどっぷりと漬かった環境の中で、うまく生きていけるようには作られていないのだ。

さらにより深く考えてみよう。ダーウィンと現代の社会学者が、人生の目標は健康な子孫を残すことだと言っていることが正しいと仮定しよう。あまりはっきりと意識していないが、それは無意識の中の奥深いところにある、生きるための動機である。健康な子孫を残すという動機の一部には、競争とそこで自分自身がどの程度の位置にいるのか評価することが含まれる。そのため、もし他の競争相手が身体的に健康であれば、同じぐらい健康であるよう動機づけられる。私たちの競争相手は、私たちと同じ遺伝子プールから生まれていて同じ環境に存在しているため、身体的望ましさを同じ集団の他の候補者と比較することは公平に思える。このシステムの中では、自分自身の健康を維持することは適応的である。なぜならそれが、適切な相手を獲得する可能性を高めるのに役立つからである。さて、ここでこのルールを、近くにいる人たちを競争相手として比べることから、トップ俳優や女優そして大金持ちの経営者と比較することに変えて想像してみよう。私たちはどのようにして自分を世界のトップと比べることができるのだろう。これは自尊心や望ましさの感覚にどんな影響をもたらすのか。状況は極めて厳しい。さらにもう少しその状況を探ってみよう。もし競争相手と同じぐらい望ましくなることが適応的だと仮定したら、そしてそれが自分で選択したことではなく、生物学的に避けられないことであったらどうだろうか。途端に私たちは自分がまったく不十分な人間だと感じ、傷つきやすく影響されやすい状態になる。今や私たちは、痩せてもっと魅力的になる、そしてもっと成功して社会的な権力を得られると約束するセールストークにも影響されやすくなる。おそらく、読者は私が言わんとしていることがわかるだろう。マスメディアは、私たちに最も極端な人々のイメージ、たとえば最も美しく、また最も成功している人を見せる。そのことが私たちの関心を引き、コマーシャルを見させ、そして広告によってある商品をもっと買わせるようになるのだ。現在私たちは、自分が弱くて不十分な人間だと感じている。メディアは次に何をするのか。メディアはもちろん、自分が美しい、また成功していると感じさせてくれる多くの商品やサービスを提供する。厄介なことに、メディアは美味しく見える食べ物のイメージも売り、さらに私たちを太っていて魅力的でないと感じさせ、それがまた悪循環を生み出す。つまりマスメディアは心の奥の欲求の感情を刺激し、欲求を生み出し、それらの欲求に応える製品を売る。しかしこの悪循環に、私たちの多くはついていくのが精いっぱいで、なおかつ努力しても満足はできず、そこから逃げることもできない。私たちは社会全体で、このもがき苦しむ状況を訴えて抵抗するのか。メディアの改善を呼びかけ、少なくとも学校でこの悪循環について子どもたちに教育することを求めるのか。一部の人はするだろうが、ほとんどの場合、私たちはまったく逆のことをしている。概して私たちは、メディアが私たちを操っているという考え方を受け入れないため、欲求を生み出したメディアがその引き起こした問題を解決するという空約束に期待する悪循環に、疑問を挟むことはないのだ。次の節では、なぜそのようなことになってしまうのかを調べよう。

擁護者たち

人々がメディアに影響されていることを熱心に否定する際には、もう一つの興味深い事態が生じる。それは、同じ人々がメディア業界の幹部たちの肩を持つのである。私たちはこのような状況を、メディアの**擁護者**になることと呼んでいる。さて、「擁護者」とは、おかしな類の言葉である。それは、意味するところの正反対を言っているように聞こえるからである。おわかりだと思うが（そしてこれは、NPR[訳註10]の*What Do You Know?*（「あなたは何を知っていますか」）という番組のホスト、マイケル・フェルドマンが、「学校ですでに習ったはずのことだが、ちゃん

訳註10：ナショナル・パブリック・ラジオ、アメリカの公共ラジオ放送局。

と聞いていましたか」と言う部類に入るかもしれない)、キリスト教信者の釈明はキリスト教信者の見方からの主張である。同様に、「メディア擁護者」はメディアの制作者たちの、お金を儲けるためには基本的に何でもするという権利を擁護する。つまり人々は大企業から操作される可能性があるが、それに気づかないだけでなく、その企業が私たちを利用する権利を擁護してしまう。皮肉なことに、これは私たちが操作されていないと感じたいと欲することから生じる。さらにもっと皮肉なことに、私たちが操作されるときは、それに気づかないまま操られている大企業の権利を擁護して、暴利を貪る人たちの完全な手先になってしまう。私たちは彼らにひどい仕打ちをされながら、誰かが疑問を口にしたとたんに彼らを擁護する。これは嘆かわしい状態だ。私はこの偽装行為を見抜くことのできる誰かが、何かをすべきだと考える。私たちはこのメディアの影響力について、そしてメディア擁護者になってしまうことのばかばかしさについて、他の人に教える義務がある。

このことは、私が米国議会の委員会の席で、性差別的なラップの歌詞について専門家として証言をしたときのことを思い出させる。私は打ち合わせ中に「もしお前の娘が十四歳なら、俺はそいつをレイプする」という、本当に悪意があって品のないハードコア・ラップの歌詞を聞いた。一人の下院議員が、適切だと思えばどんな音楽のコンテンツでも作れるという、メディア企業の権利を擁護した。彼はこう言った。「もしその歌が嫌いなら、音楽を止めればいいじゃないか」。私は自分の証言で、「音楽を止めることはできても、文化をなくすことはできません」と答えた。私は後ほど、メディア擁護者とメディア制作者たちについてもっと語っていくが、まず私たちが大企業の儲け主義の犠牲になる悪循環にはまり、さらにメディア擁護者にさえなっていると考える理由について取り上げてみたい。

理由の心理

前にも述べたように、たとえばこれまでに挙げてきた私自身の研究など、メディアの影響にはたくさんのポジティブな種類のものがある。メディア利用には恩恵があるという考えは、一般的に人々に受け入れられている。その一つの例は子どもが『セサミストリート』[訳註11]を見ることで得られる恩恵である。一方、メディアの影響によるリスクの可能性に関しては、そのリスクを受ける可能性を私たちが否定してしまう社会心理学的な根拠について述べていこう。これらの恩恵とリスクについての説明は、大部分がお互いに矛盾せず、多くの場合共存し相互に作用している。私はまた、これらの現象を説明する理由には、私がこれから触れる以外にも間違いなくもっと多くのものが存在することを強調しておきたい。そのうえで本書が、現在の状況がなぜ存在し、これから私たちとメディアの関係の新たな時代に進むにはどうしたらいいかを話し合うきっかけになれば、と心から願っている。

◆認知的不協和

一九五〇年代に、フェスティンガーとカールスミスという社会心理学者[*15]が、何も知らない大学生たちを実験室へ呼び、退屈な繰り返し作業をさせた。そしてその学生のうちの一部は、たった一ドルをもらって、他の学生たちに、彼らがこれから行う実験はとても面白いと嘘をつくよう頼まれた。その他の学生たちは、嘘の代償として二十ドルを受け取った。おかしなことに、これらの嘘を大した理由もなく言わされた学生たちは、少なくともましな代償をもらって嘘をついた学生たちと比べて、この退屈な作業を好きだと答えることになった。なぜその学

訳註11：一九六九年から続く、アメリカの子ども向け教育テレビ番組。

生たちは、突然その退屈な作業がそれほど退屈ではなかったと考えるようになったのだろうか。「認知的不協和」という概念は、認知の矛盾は不快感を引き起こし、私たちはその矛盾を解決するために、正当化という過程を通してその認知を変えるよう、しばしば動機づけられるというものである。他の仲間に嘘をついたがその十分な理由がないとき、私たちは落ち着かなくなり、自分はモラルに反している、または愚かだとさえ思うだろう。私たちはその行為を正当化することで気持ちが落ち着く。この場合は、私たちは嘘の程度を少し弱めて、「まあ、あの作業はそれほど悪くなかったな」と自分に言い聞かせるのだ。

ジークムント・フロイトが（もっと正確にいえば彼の娘のアンナが）もしまだ生きていて、社会心理学者たちの認知的不協和の研究を読んだら、おそらくこれは心理的な防衛機制だと説明してくれただろう。私たちの自我はとても脆いので、人間は自分自身からも自分を守るよう動機づけられる。私たちは、自分が悪い人間だとは思いたくないため、よく正当化を行う。そのやり方はいろいろである。私たちは自分に、他には選択肢がなかったと言い聞かせることができる。たとえば、全体で見ればその行動は悪くなかったと言って自分の行動を矮小化することもできる。自分たちはおおむね善良な人間で、そのうえ他の人たちは自分たちよりひどいということを自分に言い聞かせることができる。私たちは、自分の行為の責任を否定することができる（前述の研究の場合は、実験者が私にやらせたから、という言い訳ができる）。

◆選択の自由は結果からの自由を意味しない

パリ大学の認知的不協和理論の研究者たちが、責任とは選択をした結果だと指摘している。[*16] この研究者たちはパリの大学生たちに、フランスの大学に入学するための新たな選抜プロセスに賛成する文章を書かせた。その際学生たちは、これらの文章を書くことについて、選択の余地がある場合とない場合に分けられた。パリの大学生たちは、一般的に大学への入学で選抜を行うことに反対する万人救済主義者が多く、この態度は彼らの一般的な正義と公平の道徳観念と結びついている。そのためそこで書いた文章は、彼らの信念とは矛盾する。その結果、これらの道徳に反する議論を書くのに選択肢を与えられなかった学生たちは、それをしたことによる不協和を個人の責任を否定することで低減させていた（ここでも、実験者が私に無理やりさせたから、という正当化である）。そのうえ研究者たちは、この個人の責任の否定は、自分の行動を矮小化すること（「大したことじゃない」）よりも強い正当化であると述べている。すべての学生たちは、一度十分に正当化を行ったら、もう自分の行いに対して気まずく（罪の意識や恥の気持ちなど）思わなくなったのである。

さて、それでは認知的不協和の理論は、私たちのメディア行動やそれに関する見方に対してどのように当てはめられるのか。もし、私たちが暇な時間のほとんどをメディア利用に費やし、メディア接触が私たちに強力な影響を与える、つまり態度や感情、行動を変え、またもしそれらの変化が悪影響だったら（ネガティブな身体イメージや、摂食障害の悪化や、攻撃性の増加など）、これらの現象を知ることは明らかに不協和を生じさせる。もし自分の自我を守ろうとするなら、おそらく私たちは正当化に頼るだろう。メディアへの接し方を心配することの正当化は、メディア接触の影響を否定することだ。しかし、これはどんな結果をもたらすのか。もし私たちが自分自身による操作の事実に向き合うことができなければ、大企業の手先になることや、彼らが私たちを操作しようとする多くの企てに影響されやすくなる状況に自分をさらすことになる。逆説的ではあるが、悪い方向へ操作される被害を受けるかもしれないという私たちの無意識の恐れが強いほど、不協和を低減しようとする動機も高くなり、その結果メディアを擁護してしまうのだ。このように考えると、メディア擁護者たちの一部は、おそらく過度に認知的不協和を感じた人、すなわち行動を正当化する最も強い欲求に駆られた人たちだろう（他の人はおそらく、本当に自分が操られていることに無知で、低減すべき不協和を感じていないと思われる）。あるメディア擁護者が熱心に大企業の肩を持っていたら、実際に彼らがしていることは、自分自身で違和感を持つ行動を心理的に正当化して、自我を守っているのである。

正当化以外の選択肢はもちろん、自分の態度や行動を変えることである。私たちを操ろうとする大企業の権利を守って、メディアが私たちに影響を与えていることを否定する代わりに、真実に向き合い、前向きな何かをするために手段を講じようではないか。ただ、それには本当の力が必要となる。強い個性、知性、そして本当の社会変革を起こす精神力である。私たちの多くは、この行動を起こすのに十分な力と知識を持っているだろう。もっとはっきりいえば、本書を読んでいて私の議論についてこられるなら、あなたは私がこのことを話すのに最もふさわしい相手であることに間違いはない。あなたはもしかしたら私と同様、このメディア飽和状態の環境の中で子どもを育てることは、彼らをメディアに操作されやすくすることだと気がつき、その問題について皆がもっと賢くなるときが来たと考えたかもしれない。今や私たちがもっと力を持ち、メディアから操作されないようにすべきときが来たのだ。正当化は結局正当化でしかない。それは単に短期間症状を食い止めるための一時的な措置で、根本的な問題を解決できない。誰かと良くない関係にある場合と同様に、目の前で問題が噴出するまでの間、見て見ぬふりをしていられるだけなのである。

結局、メディアの影響への視点がどんなものであるにせよ、メディア接触の仕方についての選択の自由は、結果からの自由にはならない。すべてを考慮すると、信じるか信じないかにかかわらず、ネガティブな選択は多くの場合ネガティブな結果につながる。同様に賢いメディアの使い方は健全な結果を生む傾向がある。ここでわかるのは、メディア消費について私たちが行う選択に関しては、選択の自由は本来の意味での自由を意味しないということである。簡単にいうと、不十分な選択では私たちは自由を得ることができない。私たちは彼らの罠にはまってしまうのである。立派な親たちが常に子どもに言い続けてきた、「**できる**ことは、必ずしも**すべき**こととは限らない」という言葉がある。たとえばテレビをよく見る幼児はあまり見ない幼児に比べ、小学校への入学時に知っている単語数が少ないという研究結果がある。誤ったメディア接触習慣は、このような子どもたちに自由を与えない。まったく逆に、彼らを失敗する危険にさらしてしまう。一方、良いメディアに触れれば、長い間良い影響を受け続けることになる。たとえば私はマイフィットネスパルという、健康状態や運動を追跡し記録するアプリを使っている。あと何年か経ったら、このアプリがいかに私のためになったか振り返って、感謝することができればと思っている。フィクションを伝えるメディアという観点では、映画、演劇、ショー、そして私が健全な選択肢として考える、他のメディアで伝えられる物語があるが、これらは私たちの人生をより良いものにしてくれる。私は人生でこのような経験ができて嬉しく思う。

◆真実と結果

メディアのネガティブな影響に話を戻すと、メディアが自分にどんなに悪い影響を与えているか人々がはっきりと認識できない理由は、もう一つの種類の選択の知覚からもたらされている。私たちはどのようなメディアに接するかを自由に選択して選んでいると感じている。たとえばテレビ、ゲーム、映画に接するときには、自分で決めて接している。**自分で**決めているのだ。あるビデオゲームを買えとか、この映画を見にいけと誰かに強制されるわけではない。自由に選択していれば、その選択は自分には害を与えないと私たちは信じがちだ。

私たちがメディアへの接触の仕方を自由に選んでいるというのは、どのぐらい真実なのだろうか。アメリカ人の成人のテレビ視聴習慣の調査では、その大半が、自分が望むよりも長時間テレビを見てしまうと答えている。[*17] ちょっと待て。見ようと**思っている**よりも長い時間見てしまう？　なぜそんなことが可能なのか。誰が無理やり見させるのか。もちろん、その言葉の元々の意味のように、誰も彼らに無理やりテレビを見させてはいない。誰も人々をリクライニングチェアーに縛り付けて、彼らの目を強制的に*America's Funniest Home Videos*[訳註12]（「アメリカズ・ファニエスト・ホームビデオ」）に向けさせようとするわけではない。ただ、マスメディアの仕事は私たち

訳註12：一九八九年に始まった、一般の人から投稿された面白いビデオを放送するアメリカABC局の人気番組。

を欺くことである。深い感情レベルで私たちの注意を引こうとする。このレベルでは、実は私たちのテレビ視聴は一〇〇％合理的な選択の結果ではない。極端な例を挙げれば、この議論は、アルコール中毒者が、自分で飲むときを選んでいるから、いつでも好きなときに飲むのを止められる、と言っているのと同じ印象を与える。平均的なアメリカ人が、暇な時間のほとんどが奪われるからといって、メディアに接するのを止めることをどのぐらい「選ぶ」のか。どの程度メディアと接する時間を減らそうとするのか。キューベイとチクセントミハイは、アメリカ中のリビングルームで毎日起こっている現象に気がついた。テレビがついていて、人々はおしゃべりをしている。会話の最中にテレビで何かが起こると、そこにいる人のすべての目が、定位反応と呼ばれる反応でテレビの画面に向く（私たちが突然の物音に振り向くときのように）。テレビは私たちの注意を引くように作られているため、このようなことが起こる。なぜテレビがこのような方法をとるのかは、後ほど説明する。今のところは、マスメディアはずる賢く巧みに、注意を払いたく「ない」ときでさえ私たちの注意を引こうとし、人間の心理の知識を用いているのだと言っておこう。キューベイとチクセントミハイは[*18]、「テレビ依存はただのたとえ話ではない」と題した論文の中で、進化心理学に触れて、次のようにうまく表現している。「おそらく生き残るための闘いの最も皮肉な側面は、生物が自分の切望するものによっていかに簡単に害を及ぼされるかということだ。サケは釣り人の疑似餌によって捕まり、ネズミはチーズで捕まる。気晴らしの娯楽に抑えが効かなくなったことを悟るのは、人生における大きな課題の一つだ」。

そして、自由に選んだものは決して私たちに害を与えないという考えについてはどうだろう。アルコール中毒者の例を再度挙げれば、飲酒は肝臓にダメージを与えたり自分の寿命を縮めたりしない、そして自分は、身体や心に飲酒が与える影響を何とかコントロールできていると決めつけるようなものだ。これは危うい幻想だが、とても抵抗し難い。私たちの面倒な問題を隠す嘘を信じることは、ゴミを敷物の下に掃いて隠すことのように、とても心がそそられる。これがおそらく、タバコ会社の経営者たちが、喫煙は肺癌を引き起こさないと長い間言い続けてきたことを私たちが信じてきた理由である。それを信じることは、真実に向き合うことよりも簡単なのだ。実は、メディアにおける暴力が専門の著名な研究者[*19]の中には、メディアでの暴力への接触と攻撃性の結びつきは、喫煙と肺癌の関係に相当すると指摘する人もいる。ここで再び、アメリカ人の多くがメディアでの暴力への接触と攻撃性の関連を信じていないことと、この論点を結びつけてみよう。彼らの信念は私たちの科学的な証拠とは矛盾するが、それはメディア企業の経営者たちや広告主たちが、私たちに信じてほしいと思っていることなのだ。

自分で自由に選択した習慣に害はないとアメリカ人が信じるのには、また別の理由もある。この理由は、近代以降の世界史の文脈における政治観と関連している。[*20]私たちは操作されることを考えるとき、強引な方法を思い浮かべがちだ。それはたとえば、ファシストの独裁者やテロリストによる冷酷な支配である。ジョージ・オーウェルの**ビッグ・ブラザー**[訳註13]を思い出してほしい。テレビの『新スター・トレック』での強敵ボーグの決まり文句、「抵抗は無駄だ」を思い浮かべてほしい。ヒトラーやスターリン、サダム・フセイン、オサマ・ビン・ラディンや、アメリカ人が二十世紀の中頃にロシアに対して抱いていた一般的な見方を思い出してほしい。誰かが自分を操ろうと思うときは、彼らは堂々とその目的を宣言し、いかに自分たちが強く私たちが無力かを自慢げに断言するため、すぐにわかるというのがその考え方である。

これは実は、映画やテレビ、ビデオゲームでの悪者の描かれ方と似ている（そして、ついでにいえば、プロレスでも同じだ）。『ダイ・ハード』という映画では、私たちは、誰かが善良な人々を操りたいと思っていることに気づいている。悪者はビルを乗っ取り、人々を威嚇し、そのうちの何人かを射殺し、支配力や巨大な利益を得るための陰謀を誇示するからだ。そしてアメリカの真のカウボーイは、無骨で冗談好きな人物で、苦笑いをしながら

訳註13：ジョージ・オーウェルのSF小説『1984』に登場する、すべての人を監視する支配者。

「くそったれ、覚悟しな！」などのちょっとした悪態をつきながら、反撃して敵の武装集団全員を一人で倒すのが常である（図1-1A、図1-1B）。

残虐で冷酷な強盗に勝ち、罪のない被害者に報いるという空想は、人々を惹きつける。それは私も理解できる。嘘ではない。**私は**ブルース・ウィリスになりたい。[訳註14] **私は**銃を撃ち**ながら**、気の利いたセリフで反論し、割れたガラスの上をひるまずに裸足で走りたい。**私は**誰が善良な人で、誰が悪者なのかちゃんと知りたい。また、常に悪いやつらを倒す力を持ちたい。そして格好よくも見せたい。実は、誰かが私たちのお金を奪って操ろうとす

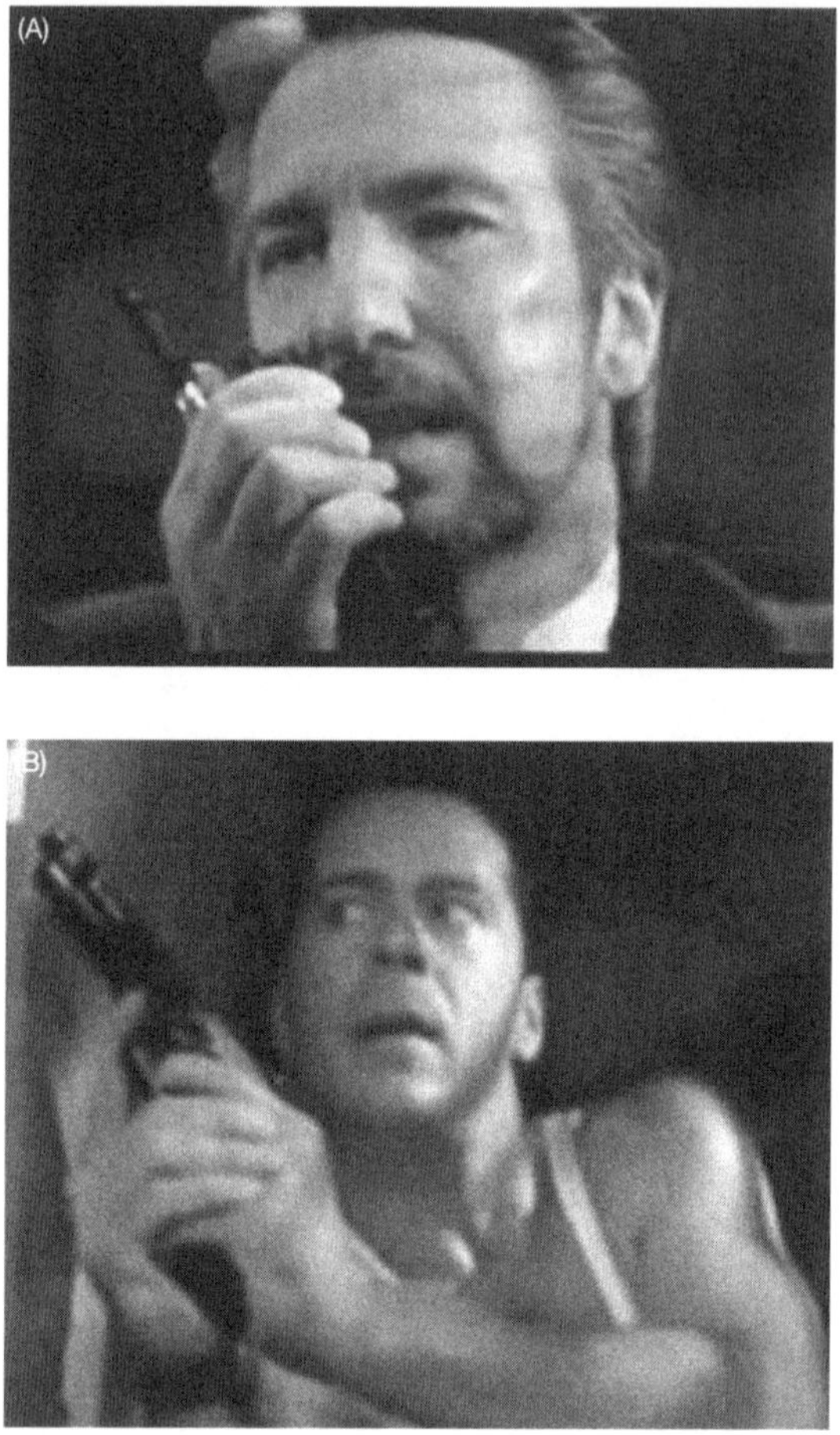

図1-1Aおよび図1-1B　アメリカ人は操作されることについてジョージ・オーウェル風の考えを持っている。それは，もし誰かが人々を操作したければ，映画の『ダイ・ハード』に出てくるお約束の悪役がするように，力ずくでそうするという考えだ。このことは，人々のお金を奪い，考えを変えさせるマスメディアのさりげない形の心理操作に対して人々を無防備にしてしまう（図の写真はアラン・リックマンが演じる『ダイ・ハード』の悪役ハンス・グルーバーと，ブルース・ウィリスが演じるジョン・マクレーン，悪事を止めさせようと活躍する「普通の刑事」）。

る際には、彼らは容赦ないドイツ軍の小部隊やハイテクに精通した有能な助手を連れて、あなたの家に現れるわけではない。真実はもっと平凡だ。通常、彼らは大抵私たちのお気に入りの暇つぶしであるメディアを通して私たちを操ろうとする。彼らはテレビコマーシャルや印刷広告を作り、私たちに自分が不完全だと感じさせ、彼らの商品を買えば幸せになれるという幻想を与える。そして、私たちはそれに抵抗する代わりに、彼らが自分たちを操る権利を懸命に擁護してしまうのである。

マスメディア、自動性、そしてミラーニューロン

一八九〇年にアメリカ人の偉大な心理学者ウィリアム・ジェームズは、「観念運動」の原則について書いた。これは、ある行動について考えるだけで人はそれを行いやすくなるという概念である。研究の結果、私たちは無意識的に周りの人の行動を真似してしまうことが明らかになっている。赤ちゃんはお母さんの微笑みを真似る。もしあなたの彼女が鼻をこすったら、あなたもおそらく無意識のうちに鼻をこするだろう。しかし、もし誰かがそれについて指摘しても、おそらくしていることに気がつかなかったと言うだろう。それは、その行動が意識的なコントロール外で自動的に起こり、私たちはそれに気づかないからである。学者たちは、人間は生まれつき模倣するようにできていると考えている。なぜなら、模倣から適応的な行動を学べば、生き残れる可能性が高まるからである。社会的には、模倣は私たちと他の人を結びつける。その理由は、人は自分と同じことをする人に好意を持つからである。つまり、社会的模倣はしばしば無意識的に行われ、また多くの場合適応的な行動である。

新たな面白い研究によって、私たちが模倣し、また模倣しようとする能力をつかさどる脳の物理的な仕組みが

訳註14：『ダイ・ハード』の主役を演じる俳優。

明らかになった。それは「ミラーニューロン」と呼ばれ、感情や思考を複雑化させたり、行動を模倣しやすくさせたりする。簡単にいえば、他者があることをしているのを見ると、それは直接私たちのミラーニューロンに反映される。実は他の人のある行動は、私たちの脳の中で、自分自身が同じ行動をとったのと同様の反応を誘発する。あなたがボタンを付けることが私の心の中に生じさせるイメージは、私が自分でボタン付けをするときに浮かぶものとよく似ているのだ。科学者たちは、この現象にはいくつかの理由が考えられるとしている。ミラーニューロンは、私たちの共感性を高める。実際のところ、「共感」という単語は元来、行動を直接真似る能力という意味だった。今日、私たちはこの言葉を、別の人が感じるように感じる能力という意味で用いている。私の脳があなたのしていることを映し出すと、私はあなたの考え方がわかるのだ。

さらにミラーニューロンは、私たちが共感したり模倣したりするのを助けるニュートラルな仕組みである。興味深いことに、この模倣は意識的にコントロールできない。私たちはしていることに気づかないのだ。ジョン・バーとタニヤ・チャートランドによると、[*21][*22]人は自分が自律的だと信じたいため、このような考え方を不愉快に感じるという。私たちは絶対に無意識に操られたくはない。これはメディアにどのように当てはめられるか、すぐにわかるだろう。たとえば、テレビで誰かが別の人を殴ったのを見たら、私たちのミラーニューロンは、自分がしたことのように反応する。実はその影響はかなり大きく、私たちが殴るときに使う筋肉が、実際に影響を受けて反応するという証拠もある。無意識のうちにその行為を行いたいと思う気持ちは高まるが、同時に私たちは、このような攻撃性につながる刺激には気づいていない。同様に、なぜ人がメディアの影響を否定するかについても説明する。メディアの影響は時に私たちの自律感を脅かし、また私たちはメディアを通して他の人の行動を見るとき、脳の中で何が起こっているか本当に気づいていないのである。

前述した研究の中で、人がフィクションの物語に埋め込まれている内容に、どのように説得されてしまうかを述べたことを思い出してほしい。私たちは物語の世界に引き込まれ、登場人物に情緒的なつながりを感じ、時に彼らと一体化し、物語の中のメッセージを批判的に読むことができなくなる。フィクションの登場人物の態度や考えに触れることは、私たちがコンドームを使う行為や、運動の健康面での恩恵や、他の態度や行動などに関する考えを変えることがある。ここで言いたいのは、フィクションを通した説得は元来影響力の強いものだということである。私たちは感情的に、無批判的に、疑いの気持ちを一時的に中断して説得を受け、また理論家たちがいうように無意識的に説得されてしまう。時間とともに、私たちはどこからその説得の情報を受け取ったのかを忘れて、その真偽にかかわらず、その信念を持ち続けてしまうのだ。[*23][*24]

私たちは本当に、自分がすることをなぜするのか、わかっていない

この議論を進めるには、常に私のお気に入りのある心理学の研究について、触れずにはいられない。[*25] その研究が私のお気に入りなのは、無意識の模倣の研究のように、多くの人が信じない、あるいは信じられないような、人の心の興味深い部分を教えてくれるからである。今では古典となったこの研究では、心理学者が人々をある部屋に案内し、解決しなければならない課題を与える。二本の糸が天井から下がっていて、課題はその二本の糸を結びつけることである。しかし、立ちながら一本の糸を持つと、もう一本の糸には届かない。どうすればよいのだろうか。部屋にはいろいろな物があり、その中にペンチがあった。その課題の解決方法は、ペンチを一本の糸に結びつけて揺らし、もう一本の糸を持ちながら、揺れてきたペンチをつかんで糸を結びつけることである。この研究に参加した人の半数は、ヒントを与えられた。同じ部屋の中に人が立っていて、金属のネジが糸につながれた振り子のようなものを揺らしているというヒントである（ここでは、振り子の重りとしてペンチが使われることが想定される）。残りの半分の人はヒントを与えられなかった。研究の結果、揺れる振り子のヒントを得た人たちの方が、課題をかなり多く解決していた。ただし、誰も振り子を揺らした人がヒントだと直接的には教えられな

かったということを覚えていてほしい。

ここまでのところはよい。次に研究者たちは、実験参加者にどのように課題を解決したか尋ねた。ここがとても興味深い点である。確かにヒントが助けになっていたという証拠があるにもかかわらず、ほとんど誰もそのヒントが問題を解決したと答えなかったのだ。この人たちは嘘つきか、ずるい人たちなのだろうか。そうではない。彼らは単にヒントを与えられたことを認識しておらず、そのヒントが実質的に解決を助けたという認識もなかったのだ。なぜこのような結果になったのだろう。簡単にいうと、心理学者たちは、人はしばしば自分がしていることを、なぜそうしているかわからないからだと理由づけている。それでは、自分の行動の原因がわからないときに私たちはどうするのか。自分でもっともらしい理由を作り上げてしまうというのがその答えである。

もう一つの例を挙げてみよう。ある別の研究で、[*26] 実験参加者は何足かのパンティストッキングを渡され、どれが一番良いと思うか質問された。参加者は自分で一番だと思うものを選び、その後なぜそれが他のものと比べて一番良いと思ったか説明を求められた。彼らはいろいろな理由を挙げた。より柔らかかったとか、丈夫だったとか、なめらかだったとか。ところが実は、異なるものとして渡されたストッキングはすべて同じブランド、サイズ、材質のものだったのである。また、すべて同じだったにもかかわらず、ほとんどの人が好んだのは、一番右端に置かれたストッキングであることも明らかになった。これは、一般的に人々が一番右側にあるものを好むという傾向によるものである。しかし誰が「そのパンティストッキングがテーブルの一番右端にあるから」と言うだろうか。誰も言わない。彼らはそれが自分の好みを決める理由だということに気づいておらず、なぜそう決めたか聞かれたときに、単に合理的に聞こえる理由を作り上げたのである。残念なことに、これらの合理的であるはずの理由は、すべてでっち上げだったのである。

これらの研究は、私たちがどんなに自分に影響を与える要因について気づいていないかを示している。それらはまた、明らかに説明が間違っている場合でさえ、私たちが自分の動機を確信していることを示している。私たちは常に自分がしていることの理由を認識しているわけではないが、もっともらしく聞こえる理由をでっち上げ、それが絶対に本当だと信じることにすっかり満足してしまうのだ。

私たちが物事を理解するのに影響を与える重要なもう一つの要因は、ダイアナ妃の死後に世間の人々が行った議論によってもわかっている。多くの人が、ダイアナ妃が単なる交通事故で亡くなったことを信じたくなかった。ある人たちは、彼女の死は陰謀の結果だと言った。どうして人々はこのように考えたのだろう。社会心理学者によると、理由はこうだ。人は原因と結果が、同じぐらいの重大さであるべきだと信じる傾向があるという。そのため、ダイアナ妃の死のような重大な出来事は、毎日起こる単なる交通事故という平凡な原因では、論理的に起こりえないと思うのである。同様に人種偏見や摂食障害は、テレビ番組や雑誌の写真のような害のなさそうなものによって生じるはずがない。些細な物事は重大な結果をもたらさない。それが真実ならどんなにいいだろう。しかし真実ではないから、私たちはこのことについて理解し、学校で子どもたちにも教えなければならないのである。

また同時に、心の中で結果を置き換えるとき、私たちはそれについてより強く感じる。私たちは、悪いことが起こら「なかったら」よかったのに、と言うたびにさらに苦痛を感じる。彼が暴力的なビデオゲームであんなに遊ば「なかったら」、他の子どもたちを傷つけることはなかったのに。彼が勉強や音楽の演奏や野球にもっと集中「していれば」、きっと違った結果になったのに。些細な原因を、「そうでなかったらどんなによかったのに」とネガティブな出来事と結びつけるのは、特に嫌な状況である。彼があんなに暴力的なビデオゲームで遊ば「なければ」……ゲームで遊ぶことなんて、他の人を傷つけるという重大でネガティブな結果に結びつくには、なんと取るに足らない原因だろう。なぜそう信じたくないのか、私はよくわかる。私はまたこんなに楽しい時間を与え、悪い習慣は悪い結果をもたらさないと信じさせるものを、売りつけたがる人々についても理解できる。

私は大学院で「人間の推論と社会的判断[*27]」というタイトルの、どのように人が意思決定を行い、その動機や決定を理解するかについてのすべてを学ぶコースの授業を全科目履修した。その授業で私たちは関連研究の成果を数えきれないほど読んだ。私がこれらの研究のすべてから確実に学んだのは、人はしばしば非合理的な決断をするが、その間違った決断に対して、賢い決断に対してと同様の熱意を持つということである。私たちの現時点での理解では、最良の意思決定には頭と心の両方が関係している。とはいえ、人はいまだに間違った決断をしてしまうことがあるし、それもあまり珍しいことではない。高名な社会心理学者フィリップ・ジンバルド[*28]が、「世の中には、心理学を人々の状況を良くするために用いるよりも、人間の心理を理解して儲けようとする人の方が多い」という意味深い言葉を述べた。私は本書を読むことが、心理学を利用してあなたから利益を貪って損をさせる人々に、効果的に対処できる助けとなるよう願う。また本書によって、メディアが与える恩恵に皆がもっと気づいて、人生をより良くするメディアを探し続ける励みになるよう願っている。

第2章　ファンの世界、フィクションそして現実

ファンになることは、あるフィクションを現実にすることに通じる。ファンの世界を通して私たちは新しい見方で新しい世界を探検する。登場人物の目を通してお気に入りのドラマや映画に浸るとき、私たちは代理体験を通して経験をし、友達を作り、哲学について深く考え、現実世界の人間関係と同じようにヒーローやアンチヒーローと関係を結ぶ。後述するが、ファンとお気に入りの登場人物との結びつきは、生身の人間とコンピューター上のアバター（化身）との結びつきによく似ている。

フィクションの物語は現実の世界とは異なる。それらはより明確で、より整然としていて、おそらくよりドラマチックでもあるからだ。そして物語の登場人物は現実の人物と異なり、その人との付き合いに気を遣う必要がなく、あえていえばより魅力的であることも多い。私たちのお気に入りの物語は、過去そして現在の私たちの一部となっている。それを認めるのが恥ずかしくても、また誇りに思っていても、フィクションの物語は私たちの人生で重要な役割を果たしている。

ファンとファンの世界について

次の文章の空欄を、あなたなら何で埋めるだろうか。「私は□の大ファンです」。ファンの世界はテレビ番組（トレッカー[訳註1]）、映画（スター・ウォーズ）、ビデオゲームのシリーズ（コール・オブ・デューティ[訳註2]）、音楽のグループ

（ビートルズ）やジャンル（ラップ）、文学の登場人物（シャーロック・ホームズ）などが主に挙げられる。企業（アップル）のファンにもなれるし、作家（スティーヴン・キング）、俳優（ブラッド・ピット、アンジェリーナ・ジョリー）、スーパー・カップル（ブランジェリーナ）、映画監督（ピーター・ジャクソン）または映画のジャンル（サイエンス・フィクション）のファンになることもできる。

ファンは熱中している人であり、愛着を持つ対象について多くのことを知っている人でもある。「精通する」ことは、『スター・ウォーズ』サーガについてのすべての登場人物とセリフを知っているということを、またファンの間ではよく知られた、原作に描かれていない想像上の「裏話」や「物語」を知っていることを意味する。今日のデジタル用語でいえば、ファンになることはお気に入りの対象に関連する最新情報に通じた「フォロワー」になることも含む。『スター・ウォーズ』のファンは、おそらく『スター・ウォーズ』に関する最新のニュースをフォローしているだろうし、またそれをソーシャルメディア上に投稿するだろう。もしあなたがハリー・ポッターの大ファンだったら、友達とハリー・ポッターのトリビアに関するゲームで対決しようとするかもしれない。しかしファンになることで重要なのは、好きな対象についての詳細をすべて知っているというよりも、むしろ熱狂していることである。あなたは時代物のコスチュームを着て、『ダウントン・アビー——貴族とメイドと相続人（華麗なる英国貴族の館）[訳註3]』のシーズン・プレミア・パーティに参加したいと思っているが、デイジー[訳註4]の夫の父親の名前は思い出せないかもしれない。言い換えれば、ファンであることにはいくつかの異なった意味がある。

メディア心理学者はまた、ファンが単なる受け手と比べてより能動的に関与することから、ファンと受け手を区別する。実はファンであることの重要な部分はその行動の仕方にある。ファンはお気に入りのフィクションの世界で起こることに影響を与えることができる。たとえば、ファンはあるテレビ番組の放送が続くようにロビー活動を行い、見事に成功を収めたことが知られている（『スター・トレック』オリジナルシリーズとそのコミュニティ）。また、そのストーリー展開から俳優や指導役の配置や解雇にまで影響を及ぼすこともある。今日の双方向デジタルメディアの世界では、ファンはさらに、お気に入りのフィクションの制作者側と、意味のあるまた強力な結びつきを持つようになっている。[*1-4]

とはいえ、研究者たちは、ファンであることの主要な点は、もちろんそれが「とても楽しい」ことにあると考えているだろう。ファンはお気に入りの番組を見るのが、そして次の重要な試合や映画の続きを待つのが大好きだ。またソーシャルメディア上で、お気に入りのフィクションのシリーズの最新の出来事について、意見を表明するのも大好きである。たとえばあるファンは、女優のキャリー・フィッシャーが、『スター・ウォーズ』の最新作のために体重を減らすよう頼まれたことについて、ツイッター上で「# carriefisher：何インチでも# StarWarsroyalty どんなサイズでも」とつぶやいていた。

個人的なファンであること

ファンのスタイルには二種類あると私は考える。ここではそれらを**個人的なファン**と**参加型ファン**と呼ぶ。多くの場合、一人である番組やスポーツを見るのは、個人的なファンである。個人的なファンというのは、主に内向きで、その対象に関しての私的な考え、感情、そして行動がそのファン活動の中心となる。たとえばある夏、『バイオグラフィー』という番組を見つけたとしよう。あなたはその番組で俳優、実業家、ギャングやスポーツ選

訳註1：『スター・トレック』のファン。
訳註2：戦争をテーマとしたシューティングゲーム。
訳註3：第一次世界大戦前後の英国が舞台の、貴族と使用人たちの生活を描いたイギリスのテレビドラマシリーズ。
訳註4：『ダウントン・アビー』の登場人物。

手など、興味深い人々に関する伝記物語を見始める。多くの伝記物語は興味深くて、あなたにいろいろなことを深く考えさせる。この番組を視聴することで、あなたは人生観や決断の仕方をより深く理解し、自分の人生に活かそうと思う。

多分これが、『バイオグラフィー』という番組のファンだということだろう。この番組を見ることは、楽しみながら、番組で語られる内容の中心である人生の教訓を能動的に学ぶことだ。この例では、ファン活動は主に個人的なものである。この番組はあなたにとって重要であるが、多くの場合、番組以外の世界では特に「それについて何か行動を起こす」わけではない。多分、その番組から学んだことを友達に話すことはあるかもしれない。たとえばある俳優はどのようにアルコール中毒から立ち直ったのか、ある作家はどのように作品の不採用に耐え抜いて目的を貫くことを学んだのか、なぜある人たちの結婚生活はうまくいかなかったのか、などと話すのである。また、あなたは『バイオグラフィー』が大好きだと言うかもしれないが、それはその番組のホストの服装を真似したいとか、『バイオグラフィー』が大好きな他の多くの人々が参加する集まりに行きたいということを意味しない。それらの行動は、「参加型ファン」の領域である。参加型ファンについては、個人的なファンの行動の中身についてもっと詳しく探った後に述べよう。

◆ファンの心に深くダイビング

心理学者を始めとする研究者たちは、ファンの経験の深層を知りたいと考えている。ファンの心理にそれほど興味が集まる主な理由は、ビデオや映画、テレビ番組を見ることは、現在の私たちの文化において最も多くの関心が集まることだからだ。どのように自分の時間を使うかについて選択肢があったら、私たちがほとんどの場合、メディアの画面を眺めてしまうことは大きな問題だと思う。「大きな問題」とは、恐れや悪い運命を予感して、それにすぐに対応すべきだと言っているのではない。それは、この問題については明らかに追究する価値があるという意味である。私は、メディアを通じて伝えられた物語に私たちが夢中になる心理について、より多くのことを知りたい。まず、第一に「なぜ」という部分についてもっと知りたい。なぜ私たちはこのような経験に惹きつけられるのだろうか。私たちが登場人物や物語に魅了されるときは、心理的にはどのようなことが起こっているのだろうか。

同一視と物語による説得

信じ難いかもしれないが、物語の心理学的研究、すなわち登場人物や物語と私たちの結びつきに関する研究は、まだ始まったばかりである。研究者たちは、娯楽の中心部分は登場人物との結びつきにあるという仮説を立てている。ヴォーダラー、スティーンとチャン[*5]は、娯楽とは没頭することだと定義し、「人が、自分の代理となる存在に同一視する模擬的な経験を通して人間関係を模索し、そしてそれが人間関係についての主観的な経験を生み出す」という。要するに、ファンになることは、模擬的経験の一種であるといえよう。ファンは「あたかも」自分に起こったことのように、物語的なフィクション（言い換えれば映画、テレビ番組、ビデオなど）を経験する。これについてはより詳しく後述する。

私たちがどのように登場人物やフィクションの物語と関わるかを考えるとき、これまで多く研究されてきた要素の一つは、登場人物への同一視である。人々に、どのぐらい深く登場人物と同一視したかと研究者が尋ねると、時にその回答は、同一視のどちらかというと表面的な定義である類似性に集中しがちだ。類似性は、その登場人物がどのくらい「自分に似ている」と思うかの程度であり、人は自分に似ている人々を理解できるから、というのがその根拠である。私たちはまた「希望的な同一視」、すなわち「理想化」としても知られる、自分が見ている登場人物になりたい程度、そして「空想的な同一視」、すなわち物語を見ているときに、自分がその登場人物だと空想することについても研究を行ってきた。

実は研究者たちはこれまでに、登場人物への同一視には多くの定義があることを記してきた。[*6*7] おそらく現時点ではすでに多すぎるほどの定義があるが、まだ研究の進み具合は初期段階にすぎない。個人的には、登場人物との同一視が、たとえば「彼らと同じ」人種、年齢、性別、社会経済的な立場、あるいは生物種でなければ生じないという前提に限らなくなったことは喜ばしいと思う。他の人の場合はどうかわからないが、私の場合はあらゆる面で「自分に似ていない」多くの登場人物に同一視することができる。たとえば私は『Mr.インクレディブル』[訳註5]に出てくるイラスティガール（伸縮自在の柔軟で強靱な肢体のアニメのスーパーヒロイン）と一体感を持ち、『ブルース・オールマイティ』[訳註6]に出てくるモーガン・フリーマン（神を演じる黒人俳優）、また『アイス・エイジ』[訳註7]の毛深いマンモス（レイ・ロマーノが演じている）に同一視することもある。重要なのは、どの程度彼らが表面的に「自分に似ているか」ではなく、どの程度彼らの人間性に私が魅了されるかである（そう、私は「人間性」という言葉を、形を変える生き物、神や毛深いマンモスにあえて使っている）。彼らの普遍的な経験や奮闘は、彼らと一緒に旅をしたいと思わせてくれる。とにかく、映画の世界にうわべだけ「自分に似た」登場人物ばかりしか登場しなかったらどうだろう。誰が中年の白人女性教授の映画ばかり見たがるだろうか（仮題『実際の教授たち。エピソード1――試験採用期間』）おそらく一話か二話ぐらいは面白いが、その後は女性版スーパーヒーローや毛深いマンモスに興味が戻ってしまうだろう。

　ダーラ・グリーンウッドの研究[*8]は、同一視の他の定義の方が類似性より適切だという一つの証拠を示している。彼女は女性のアクションヒーローに詳しい女子学生に、そのアクションヒーローに接した経験と、現実世界での攻撃性について尋ねた。その結果、これらの女子学生の好きな女性アクションヒロインは、『バフィー――恋する十字架』[訳註8]の主人公であることがわかった。同一視については、グリーンウッドによると、行動的な同一視（バフィーと同じように振舞おうと考える）の程度からは、女子学生の攻撃性の高さは予測できないことが明らかになった。しかし、理想化（もっとバフィーのようになりたいと望むこと）の程度によって、攻撃性を予測できることがわかった。つまり、もっとバフィー（またはジーナ[訳註9]など）のようになりたいと思う女子学生は、現実の世界でより攻撃的であることが明らかになったのである。

イガーチュア[*9]は、登場人物への同一視の度合いを測る尺度を作成した。それは、三つの同一視の側面に注目している。その三つとは①感情的共感（登場人物がどのように感じているかを理解すること）、②認知的共感（登場人物の視点から行動を見ること）、③同化（その登場人物になったと感じること）である。これらの同一視の定義は、単なる人口統計学的な類似性と比べてかなり満足のいく内容である。ファンが、自分が見ている登場人物に共感し同化するという考え方は、ファンの経験をよりきちんとした方法で説明している。また、私たちとフィクションとのつながりを探求する他の研究に、どのようにこの同一視の側面の種類が応用できるかもより明確になる。

移入、関与、そして経験の取り込み

前にも述べたように、現在のところ、個人的なファンの経験の理解には、移入と呼ばれる過程が極めて重要な役割を果たしている[*10–13]。ファンが移入すると、物語の世界に没頭し、自分自身や周りの環境から遠ざかる。移入は他の心理学的な概念、たとえば関与や没入、そしてフローと似ている[*14–18]。

研究者たちが同一視や移入、関与などを研究する理由の一つは、これらはすべて物語による説得のメカニズムの要素であると理論化されているからだ。「物語による説得」とは、フィクションの物語の中で経験したことが態度や信念を変える、という事実を表す用語である。言い換えれば、物語に没頭して登場人物に愛着を感じれば感じるほど、自己の感覚を失って、その物語の世界で聞いた考えを信じる確率が高くなる。物語による説得のメ

訳註5：ピクサーの長編アニメーション。
訳註6：ジム・キャリー主演のアメリカのコメディ映画。
訳註7：氷河期に生きる哺乳類を描くアニメーション映画。
訳註8：吸血鬼退治をする女の子が主人公のテレビドラマ。
訳註9：*Xena: Warrior Princess* の女主人公。

カニズムの一つは、物語世界に移入すると反論が抑えられ、登場人物が受け入れている前提を同じように受け入れ、それらの考えに心理的に抗えなくなることである。実際に、物語世界に没頭するファンは、物語世界に抗わず疑念を保留するだけでなく、その世界の前提を暗黙のうちに受け入れると考える人もいる。また一方で、特に他のファンや好みの作品のプロデューサーたちと能動的に関わるファンは、より広い視点から物語を分析し、より批判的にもなりうる。彼らは好みの作品に、自分の視点から見て間違いがあったら文句を言う。彼らはプロデューサーたちに対し、あるときはより真実味のある内容を求め、またあるときはより規範的に正しい内容を求めるなど、より多くのことを要求する[14-20]。

この話は「主張的な（affirmational）」そして「変容的な（transformational）」ファン世界という用語と関連している。これらの用語は『obsession_inc』における「主張的なファンの世界対変容的なファンの世界」（http://obsession-inc.dreamwidth.org/82589.html）という小論で生み出された。一言でいえば、主張的なファンは、プロデューサーたちが見せる作品を基準となるオリジナルとして支持しようとし、一方変容的なファンは、オリジナルから離れたストーリーで二次創作を書いたりして、基準を変容させる役割を果たす。この小論の著者は、男性は主張的な、それに対し女性は変容的なファンの世界にはまりやすい傾向があると述べている。

「関与」という言葉を「没頭」（別名「移入」）の包括的な用語として用いて、ブロックメイヤーら[15]はビデオゲームへの関与と没頭、存在感、フローそして没入などの関連概念との関係について議論している。彼らは「没頭」と「存在感」は共に、通常そのゲーム環境に存在している感覚を指すと言う。「フロー」はゲームに没頭していることを楽しむと同時に、時間の概念が変化するように感じるという意味がある。フローはゲーム環境との融合と考えることができる。最後に、没入と解離は、ゲームプレイヤーがゲームの世界にどんどん深くのめり込んで、意識が変化した状態である。

話を元に戻すと、ブロックメイヤーらは、ゲーマーだと自己申告した男子大学生たちに実験室でゲームをさせた。その後、サクラ（実験協力者）を実験室に入れて、彼らと会話をさせようとした。サクラは、「すみません、あなたは鍵を落としましたか」などと質問した。ゲームにより深く関与していた大学生は、そうでない人に比べて、没入していたゲームの世界から現実に戻るのにより長い時間がかかった。この研究から、お気に入りのゲームをし、大好きな映画を見ることは、「そこに行って」その人に「なりきる」ということに尽きると私は考える。言い換えれば、個人的なファンはとても私的である。物語の世界にいることは、他人の経験ではなく自分自身の経験のように感じるのだ。これは新しい発見である。なぜなら、私たちの文化においては、物語を視聴したりゲームをしたりすることを、受け身的でうわの空の状態だと解釈することがあるからだ。時にはそのような場合もありうるが、そう決めつけるとファンの経験の大部分を無視してしまうことになる。

どこにいるのか。そして誰なのか

ブルダージ[*21]は、ファンがお気に入りの物語の世界に夢中になっているとき、理論上彼らが「どこに」いるのか、という疑問について論じている。あなたがテレビ番組や映画を見て、あるいはゲームをしていて、かなり深くのめり込んでいる場合を想像してほしい。あなたは「どこに」いると感じていただろうか。あなたは自分を「誰だ」と感じていただろうか。あるフィクションに没頭しているとき、私たちはその物語を見ている部屋の中と、その物語世界の時と場所の両方に「存在」しているという人もいる。スキャンネル[*22]はこれらの要因を「二重空間性」（物語への関与の**場所**）と「二重時間性」（物語の関与の**時**）と呼んでいる。

「場所」や「時間」の他に、私たちが「誰か」という疑問もある。登場人物やその世界とつながり、物語に深く入り込んでいるとき、私たちは**誰**になっているのだろうか。カウフマンとリビー[*23]は、人が物語に没入しているときに起こる、物語の登場人物との融合について語っている。この融合を彼らは「経験の取り込み」と呼び、「自主的に物語の登場人物のアイデンティティを取り入れ、その人物の考え、感情、行動、目的や性質を自分自身のものとして真似る、想像上の過程」と定義している。この研究者たちは、経験することはアイデンティティの転換の一種だと説明している。その場合、私たちの自己感覚と登場人物になって経験する程度は反比例の関係になるという。したがって、自分が存在していると感じる物語世界のお気に入りの登場人物を見ることに深く関与しているファンは、その登場人物と融合しているということになる。ファンは登場人物が感じるように感じる。つまり、これは私たちが悲しい映画を見て泣き、怖い映画を見て叫ぶことの理由である。なぜなら私たちは、物語の登場人物がする行動を経験しているからだ。

テレビや映画を見ることは「集中力を必要としない娯楽」である、と報道で耳にすることがある。また、もし誰かが画面を注視しているのを見たら、それは集中していない無気力な活動のように見えるかもしれない。それでも、ファンの経験はその正反対であると私は断言する。物語の世界に「没頭する」ことは、ファンがあたかも自分に起こったことのように、その物語世界を経験することを意味する。ヴォーダラーらの言葉でいえば、移入したファンは、経験のシミュレーター（模擬経験装置）にいるのである。カウフマンとリビーの言葉を借りれば、ファンは「乗り移って経験」している。どんな言葉を用いようと、ファンであることは無気力でも受け身でもなく、頭脳を使う活動を伴うと結論づけることができる。模擬的な経験は、ファンの考えや態度、感情、行動さえも変化させることがある。もしあなたがあたかも自分に起こっているような経験をしていたら、当然その経験は極めて個人的なものになる。

ファンについて話すことは重要なので、そこで人が深く没頭し、深く物語と結びついているときに何が起こるかについて触れていこう。実際の生活では、私たちがつながりを感じる物語とそうでない物語がある。時には期待を裏切られる物語もあり、ドラマだということを思い出して、没頭から「我に返る」こともある。時には物語世界に深くはまることがある。また時には物語に引きこまれず、表面的にしか関われないこともある。

ここまで、私は一人のファンと一人の登場人物という観点から、人と物語の結びつきについて語ってきた。しかし実際には、ファンが複数の登場人物と結びつくことができるのは周知の事実である。私たちは、この登場人物からあの登場人物へと、つながりを切り替えることができる。また私たちは、しばらく物語のある登場人物に深く感情移入した後、少し距離を置いて演じる俳優の人となりを考え、そして多分その役柄や番組の演出について考えたりすることができる。私たちが結ぶ関係は、多様で複雑である。

登場人物について少し距離を置いて考えるとき、またその登場人物を演じる俳優について考えるとき、それは別の意味での登場人物や物語との結びつきになる。あなたはなぜお気に入りの映画の中のあるシーンが大好きか、友達に説明したことがあるだろうか。この点をわかりやすく解説するために、私が大好きなシーンを描写してみよう。映画『ハリー・ポッターと死の秘宝』の中で、親友である二人の登場人物、ハリーとハーマイオニーは、感情を消耗する長い旅に出ていた。二人は交代で、感情を落ち込ませる呪いをかけられた首飾りを身につけなければならない。そこで、魔法がかかっていない方が苦しんでいる方を順番に助けていた。あるシーンで、ハーマイオニーが首飾りをつけて、気持ちが沈んでいた。そのときハリーは彼女を引っ張り上げて立ち上がらせ、ラジオの音楽に合わせて一緒にダンスをし、彼女を笑顔にさせた。彼らがダンスをしながらお互いに抱き合うシーンでは、二人の互いを思う気持ちと強さが見てとれる。そこでは友情と勇気が見事に表現されているため、私はそのシーンが大好きだ。私はまた二人の俳優、ダニエル・ラドクリフとエマ・ワトソンが、そのシーンをとても素晴らしく演じているところも気に入っている。このことについて触れるのは、私たちがお気に入りの物語と関わるときに注目することの良い例だからである。私たちはある登場人物にズームインし、その人物に「なる」。ガラッと変わって、次は他の登場人物の立場になる。また他の点に注目し、最初はその登場人物について、次にその役を演じている俳優について考え、分析する。また私たちは少し距離を置き、作者の視点で、映画監督の視点で、他のファンの視点で見ることもできる。このようないろいろな見方は、豊かで多様である。

私の共同研究者のリサ・スウェインが、あるとき次のように言った。私たちがある登場人物にこんなにも惹かれる理由の一つは、現実の人物が普段の生活でするように、いろいろな要求を押し付けたりしないからだ。私はまた、物語の世界やその登場人物を好きになってしまうのは、私たちが生きる現実の世界に比べて、とてもわかりやすく明解に描かれているからだとも思う。現実世界とフィクションの違いを考えてみてほしい。フィクションでは、現実の生活と比べて、登場人物は必要なだけ続く物語の中で明確な目的を持って行動している。魅力的で能力があり、感情を表現するプロである俳優が登場人物を演じている。この描写は、私たちが毎日の生活で出会う人々には必ずしも当てはまらないだろう（現実の皆さん、ごめんなさい！）。登場人物の言葉は、脚本の専門家によってよく練られている。そのセリフは明快で説得力がある。あなたは登場人物の気持ちにも気がつく。登場人物を外からだけでなく、内面からも見ているからだ。そして、平凡なありふれた日常での登場人物を見ているのではなく、特別な出来事を通して見ている。言い換えれば、物語の人物や世界は、日常の現実世界を大差で打ち負かしてしまう。それはフェアな戦いではない。だから私たちは虚構の登場人物や彼らの世界に魅了されてしまうのだ。彼らは特別な生き方をしている特別な人々であり、私たちに何も要求しないのに、多くを与えてくれるのである。

ファンの世界、フィクションそして現実

さて、ここが、私が大きなメガホンを取り出して、著者として世界中に叫びたいところである。「皆さん、これは本当に重要なんです！」。私たちはなぜ自由な時間のほとんどを、フィクションの物語やその登場人物と関わることに費やすのか、私はメディア心理学者として何年も疑問を持ち続けてきた。なぜ私たちは、こんなにテレビやビデオや映画を見てしまうのだろうか。なぜ私たちは小説を読むのだろうか。なぜ私たちの目は画面を見続けるのか。そう、これが私が探し続けてきた答えであり、他の多くの人が考えることとはまったく異なっている。メディア心理学者として、私が本書を書きたかった主な理由の一つは、大人は虚構と現実の違いがわかるか

ら、どんな形のメディア、映画やテレビ番組、広告、音楽からも絶対に心を動かされたり影響されたりしない、と常に言われ続けてきた経験に基づく。これまで私は、その意見には何か見過ごされている大事な点があるのでは、とずっと不満を感じてきた。そして今、目の前にその大事な点があるのだ。基本的に、私たちが見逃しているのは、大したことに見えないことが大事だということである。見ているように見えるのは、実際にはむしろ経験しているのだ。個人的でないように見えるのが、実は個人的なのだ。これらのことは、なぜ私たちがメディア中毒になるのかという理由の大きな部分を占める。

第一章で説明したように、私たちは、時々メディアに夢中になることが愚かな気がして、そのさまざまな結果の可能性について多少心配してしまうのかもしれない。メディアの影響について聞かれたさまざまな立場の人が、メディアは自分には影響を与えないと私に言ったが、その経験は数えきれないほどだ。このことはロバート・パーマーの歌『恋におぼれて（Addicted To Love）』を思い起こさせるが、彼が歌うのは次のような歌詞である。

お前はそれに免疫があると思いたい
真実に近いのは、いくら得ても十分ではないということ
現実を直視する必要があるということはわかっているだろう
お前は恋愛中毒になっている

真実に近いのは、メディアの魔力に免疫があるというよりも、いくら得ても十分ではないということなのだ。しかし、私たちはそれがなぜか、あるいは何を意味しているかきちんと理解していないと思う。私はこれまで、その過程を理解するためのさまざまな専門的な取り組みについて述べてきた。次に、これらの疑問についてたと

え話を通して探っていこう。

物語へのメタファー

仮にあなたが、あるファンが彼女のお気に入りのシリーズのドラマや映画を見ているところや、お気に入りの作家の作品を読んでいるところを見たとしたら、そこでは大したことは起こっていないように見えるかもしれない。しかし熱心なファンにとって、物語の世界に没頭しているときは、心理的に見るとかなりのことが起きている。もし彼女の脳を、たとえばｆＭＲＩ（機能的磁気共鳴画像法）で調べてみると、脳の神経細胞が活動して、新たな記憶や結びつきを作り始めているだろう。彼女の感情は高まり始めているだろう。彼女のミラーニューロンは、彼女が物語の中に実際に存在する気持ちにさせ、物語の中の行動に関わる手助けをしているだろう。

人々が物語に強く惹かれるように、私たちはメタファー（たとえ話）にも強く惹かれる。物語とメタファーは、データや無機質な事実より、私たちが自分の生きる世界を容易に理解する手助けをしてくれる。その点を念頭において、ファンがお気に入りの物語に没頭しているときに何が起こっているか、いくつかのメタファーを示そう。

◆物語への関与についての映画のメタファー

あなたは、自分が映画や番組に深く没頭している経験を、どのように言い表すだろうか。この経験にふさわしいメタファーの一つは、私が**アバター・メタファー**と呼ぶものである。「アバター」という言葉には多くの意味がある。ヒンドゥー教では、天の神の地上での生まれ変わりを意味する。科学技術の世界では、「アバター」は分身、または画面上での人の像を指す。これらの定義に共通するのは、意識が別の身体に乗り移ることで、心が一時的に他の身体に宿って、その身体を通して世界を経験する点だ。

◆馬と騎手

アバターについて話すとき，私たちは心と身体の問題という昔からの哲学的な論点について考えることになる。「心」はどんなもので，どこにあるのか。そしてどのようにそれは身体と関係しているのか。意識の研究者は，しばしばこの疑問に馬と騎手のメタファーを用いて答えている。このメタファーでは，意識は騎手で身体は馬である。たとえば「私たち自身」は騎手で，そのため理論上は他の馬に乗ることができる。

物語研究に最もふさわしい，「アバター」の限定された定義は，次の通りである。(dictionary.com のアバターの定義5)「(サイエンス・フィクション) 人間と宇宙人のDNAから成る交配種の生き物で，遺伝子的に適合する人間の心によって遠く離れたところから操られる」。ジェームス・キャメロン監督の大作映画『アバター』では，この意味で使われている。この作品では，主人公のジェイク・サリーは歩くことができない。しかしジェイクの身体が後に残されている間，彼の意識は，地球人と惑星パンドラに住む巨大な青い宇宙人ナヴィを掛け合わせた交配種のアバターとつながる。ジェイクは，アバターと医療用端末のような装置で結びつけられている。そこでは彼の脳が電極に接続され，アバターと通じ合っている。ジェイクの身体は残されたままだが，彼の精神はアバターに結びつき，彼はアバターとして考え感じている。意識のメタファーに戻って考えると，騎手（心）は馬（身体）を乗り換えたのだ。

前述したような，経験を取り入れること，二重空間性，没入その他に関わる議論について考えると，これらの心理学的な用語はアバターの経験と共通点が多いことがわかるだろう。物語に没頭するときや物語世界に移入するとき，私たちは自分の個人的なアイデンティティを残してアバターになる。第一章で述べたミラーニューロンの話を参照すると，私たちが他者を注視しているとき，そしてその相手が物語の登場人物の場合は，その人物が私たちのアバターである。その登場人物が考え，感じ，行動すると，私たちの脳もこれらの経験を映し，スクリーンで見ている行動を反映させて、身体に信号を送ることさえもしている。私たちが目で見ていることが、脳の中に正確に映し出される。

ジェイクがアバターに乗り移っているとき、彼の脳は活動しているが、彼の身体は動かない。ジェイクの人間としての自分の感覚は、アバターとしての生活を経験するにつれてだんだん薄れていく。ナヴィという種族は、ネイティブ・アメリカンのように、その土地に精神的に結びついた自然で理想的な生活を送っている。ジェイクはナヴィの世界に強い愛着を感じるようになり、結局はパートナーを見つけてそこに留まり、アバターとして生きようと決心する。

◆メタファーの中のメタファーとしての「絆」

映画『アバター』では、キャメロン監督は、馬と騎手の結びつきに関するもう一つのメタファーを示している。こちらの方は、かなり文字通りのものだ。ナヴィとアバターたちは、「キュー」と呼ばれる神経の束のようなもので結びついている。それは見かけ上は、編まれた長い髪の毛のようなものである。彼らはこのキューを使ってつながり、それをナヴィ語で「絆を結ぶ」と呼んでいる。これらの神経のつながりは親密なもので、恋愛的な結びつき、あるいはナヴィと彼らが乗る生き物（たとえばダイアホース[訳注10]）や、乗って飛ぶ生き物（マウンテン・バンシー[訳注11]）との特別な結びつきの形にもなる。

登場人物と物語との関わりで考えると、「絆」は視聴者と物語世界との神経的なつながりを表現している。それは物理的な神経同士のつながりではない。むしろスクリーン上で起こっていることが、あなたの脳にミラーニューロンを介して映し出されている、という意味での結びつきである（おそらく私たちの脳にはブルートゥースが備わっている？）。その意味では、本当に神経のつながりの一種といえる。物語の世界に没入しているとき、あなたの心はそこで起こっていることを反映して照らし出す。外からはカウチポテト[訳注12]のように見えるが、物語世界と

「絆を結ぶ」ことに深くのめり込んでいることもありうるため、前述の関与の研究でのゲーマーのように、その世界から抜け出して目覚めるのが難しくなっているかもしれない。ファンを物語の世界から目覚めさせるのは、騎手と馬の絆を断ち切るようなことなのである。

◆アバター効果

映画『アバター』の構想について、ジェームス・キャメロン監督は『ロサンゼルス・タイムズ』に次のように語っている。[*24]

他のファンタジーやフィクションの大作『ロード・オブ・ザ・リング』や『スター・ウォーズ』、『スター・トレック』とまともに競争しなければなりません。人々は自分を投影する別の現実を望み、それを豊かにするディテールや、時間を使って見る価値のある映画を求めています。**彼らはどこか別のところで生きたいのです**（強調原著者）。

現在私たちは、キャメロン監督が人を惹きつける別の現実を作り出したいと望んだことが、非常にうまくいったことを知っている。うまく行き過ぎたという人もいるかもしれない。『アバター』が、史上最高の興行収入の映画になりそうなことがわかった（実際になった）のと同じ頃、ニュースでは「アバター効果」という、ファンに関わる現象が報道されるようになった。アバター効果とは、ジェーム

訳註10：馬のような六本足の動物。
訳註11：翼竜のような空中捕食動物。
訳注12：ソファに座ってポテトチップを食べる、座っているだけの怠け者。

ス・キャメロン監督の『アバター』のファンの間で見られた、うつや自殺願望の状態である。ファンたちは、映画で描かれていた人生を体験することができないため、そのような精神状態になったという。あるスウェーデン人のゲームデザイナーは、自分が経験したアバター効果について、CNNの取材で次のように語っていた。

私は本当に惑星パンドラに住みたかったので、精神的に落ち込みました。パンドラは実に完璧な場所に思え、でも今自分が生きている世界、そして私たちが地球にしたことを見ると、憂うつで嫌悪感も覚えました。私は本当に現実逃避をしたかったのです。[*25]

この若者や、明らかに彼のような世界中の何千人もの人が、『アバター』で描かれていた素晴らしい世界に魅了された。彼らは、映画で経験したその哲学や価値観、雰囲気や物とあまりに強く結びつきを感じたため、自分自身の現実よりも物語の世界を好んでいた。もう一度言うが、現実の世界が物語世界のように秩序立っていて明確であることはかなり稀か不可能でさえある。しかも、ファンタジーの世界を作り上げるには莫大なお金や努力が費やされるため、それは素晴らしく見えるが、私たちもわかっているように、それは美しい幻想なのである。

アバター効果を経験したファンを、頭がおかしいと言って、部外者が非難しその愚かさを笑うことは簡単だ。ただ、この説明を読んだ後は、それは単純で無知な考えだということをわかってほしい。このようなファンを非難することは、社会心理学者が基本的な帰属の誤り（the fundamental attribution error）と呼ぶ誤りを犯すことになるかもしれない。その誤りとは、人はその内面のみによって行動を起こすものだと考えて、状況の影響力を無視することだ。もちろん、『アバター』を見たすべての人が、本格的なアバター効果を経験したわけではない。しかし、世界中の何千もの人々が経験したのである。性格や個人差もその反応を左右するが、このような状況や共通の経験について無視することはできない。

他の多くの人は、おそらくアバター効果の、あまり悲惨でない状態を体験したのだろう。想像するに、本当に病的な症状を経験する代わりに、私たちの多くは、単に物語の世界と登場人物に深い愛着を感じているだけなのだ。『アバター』が史上最高の興行収益を上げている映画であれば、その物語世界が、本質的に世界中の何千もの人々を強く惹きつけるものであることはわかる。

あなたはこれまでに映画を見て、その後、映画でかき立てられた感情を長い間持ち続けたことはあるだろうか。映画や本、ゲームに深く没頭した後に我に返って、すでにその物語世界の一部ではないことを一瞬でも寂しく感じたことはないだろうか。ほとんどの人がそんな経験をしていることは間違いないだろう。これが、私たちがお気に入りの本や映画、テレビ番組にお金を出す理由である。なぜなら私たちはその経験を何度も繰り返し体験したいのだ。

BBCミニシリーズのジェーン・オースティン原作『高慢と偏見』[*26]を、私は何度見たかわからない。おそらく何十回と見ているのではないだろうか。私は十六歳のときにその原作を初めて読んだ。もちろん、話の結末もよく知っている。何度も繰り返し見ながら、登場人物の感じる気持ちを感じ、彼らが行く場所へ行った気持ちになり、問題が解決する結末に満足を覚えた。ジェニファー・イーリー（エリザベス・ベネット役）が私のアバターで、コリン・ファース（ミスター・ダーシー役）が彼女に微笑みかけると、私はとても幸せな気分になった。このようなシーンを追体験することを楽しんでいるのは、私だけではないという証拠がある。最近、イギリスに住む誰かが、『高慢と偏見』のミスター・ダーシー役のファースの巨大な銅像を建てた。その像は、ダーシーがミス・エリザベス・ベネットへの恋い焦がれる感情を忘れようとして泳ぎ、水から上がった直後のシーンを模したものだという。ということは、多くの人々がその瞬間を共有したいと熱望したため、イギリスのどこかの湖の中から上がってくる、時代物のコスチューム姿のコリン・ファースの巨大な像が登場したのだ（そしてまた下世話な話になってしまうが、恋わずらいの、びっしょり濡れたコリン・ファースを見るのは永遠の喜びだ）。そのシーンは私たちの脳裏に焼きついていて、感情に裏打ちされている。それはコリンやジェニファーの経験からでなく（彼らは素晴らしい人たちに思えるし、彼らも楽しんでいたらいいなと思う）、彼らが私たちのアバターだったときに私たちが経験したからである。

◆マトリックス再び

『アバター』メタファーを解釈するもう一つの方法は、バーチャル・リアリティ（仮想現実）の一種だと言っておこう。私たちは大文字のＡ（映画『アバター』を象徴している）を、バーチャルか否かに関わらず、もう一つの空間、別の時間へのつながりを表す小文字のａへ変換することができる。この種の仮想現実は、映画『マトリックス』シリーズのなかで描かれている。『マトリックス』シリーズでは、私たちが議論している論点の多くが取り上げられている。たとえば何が現実で何が非現実か、また心（自己）と身体の関係についてである。もし私たちの意識が、別の空間や時間の、別の存在の中で人生経験をしていたら、「私たちはどこにいるのか」という疑問は見かけよりももっと複雑になってくる。

◆心理学実験室でのアバターたち

最近十年ほどの間に、心理学者たちは、アバターすなわち仮想の自分と結びつきを作っているとき、人の心の中で何が起こっているかを研究し始めた。ジム・ブラスコビッチ、ジェレミー・ベイレンソン、ニック・イーらは、アバター経験の後に人がその経験を真似したり、それに同調したりする傾向があるという現象を、プロテウス効果と名づけた。[*27*28]

プロテウス効果とは、デジタル上の人格を操るある個人の行動が、その人格に似たものになってしまう現象を指す。これはデジタル上の自己表現と関連づけられている。

(en.wikipedia.org/wiki/Proteus_effect)

たとえばある研究[*28]では、研究者が実験参加者を、身体的魅力の程度の異なるアバターに振り分けた。そのアバター経験の後、研究者は参加者の自信に関わる行動、すなわち自己開示と対人距離を測定した。その結果、仮想現実でより魅力的なアバターになると、人はその後、より自信を持った行動をするという明らかな影響が現れることを発見した。仮想現実で魅力的なアバターになった人は、あまり魅力的でないアバターになった人よりも、実験後に現実世界で、より自信を持つようになったのだ。他の研究では、アバターの真似をする行動について示している。アバターがキャンディを食べるのを見ると、その日のうちにもっと多くのキャンディを食べてしまう。アバターが運動をするのを見ると、その後さらに運動してしまうかもしれない。もし、このアバターと仮想現実についての研究に興味があったら、ジム・ブラスコビッチとジェレミー・ベイレンソンの *Infinite Reality*[*29]（「無限の現実」）を読むことをお勧めする。きっと目から鱗が落ちることだろう。

これらの結果は、ファンの経験とどのように関連するだろうか。私たちがお気に入りの登場人物や画面上の役者を見ていて、その人物や物語世界に深く没頭していたら、プロテウス効果の経験をしているということだ。そして、見た後にその人物のように「なって」しまうのだろう。そしてこれが、私たちの態度や行動が、没頭している物語に即したものに変わってしまう研究結果が示されている理由である。

私たちは誰だろう？　どこにいるのか？　再考

アバター効果、プロテウス効果とも、ファンと物語の間の結びつきの深まりや、ファンが物語世界との関わりによってどのように変わるかを示している。過剰なメディア接触について、人々がよく口にする恐れの一つは、私たちが画面を必要以上に長い時間見つめることで、対面の（「リアルな」とも言う）人間関係を作らなくなってしまうのでは、というものだ。たとえば、『新スター・トレック』の「倒錯のホログラム・デッキ」[*30]というエピソードでは、バークレイという登場人物が、ホロデックと呼ばれる仮想現実に長時間接し没頭する。彼はその世界で会う人の方が、現実世界の友人や同僚よりも、自分にとってより現実に思えて大切だと言い始める。話の最後では、彼は現実の世界で必要とされているのだと友人たちが説得し、彼自身もそれを認めることになる。エンタープライズ号のカウンセラー、ディアナ・トロイは、バークレイに「幻想の世界に生きるのは、それに支配されさえしなければ普通のことであり、何の問題もない」と言う。

この疑問に答えるには、私が本章で伝えられるよりもっと多くのページが必要となるが、これはじっくり考える価値のあることだ。私が信じているのは、私たちとお気に入りのメディアの世界との深いつながりを、私たちは過小評価しているということだ。それは、メディアの画面を見るのは悪だからやめるべきだと信じているという意味ではない。実のところ、私たちはメディアで伝えられる物語との結びつきの価値も、時に過小評価していると私は確信している。最終的に私たちは、メディア経験の心理を理解する教養のある市民でいる必要がある。それについては本書の最終章でさらに説明する。

いくつかの仮の結論

質問――なぜ私たちは映画、テレビ、本など何であろうと、お気に入りの物語を愛してやまないのだろうか。なぜ私たちは人気の物語の大ファンになるのだろう。一つの答えは、それらの物語での経験は、とても個人的なものだからである。テレビ番組や本を気に入っているとき、私たちは自分の身体を後に残してお気に入りの登場人物、一人に限らず複数の人物の物語に入り込んでいるのだ。カウフマンとリビーは、S・I・ハヤカワ[*31]を引用して、「非常に本質的な意味で良い文学を読んだ人は、読めないあるいは読まない人と比べて、より豊かな人生を送っている。私たちが一つの人生しか経験できないというのは間違いである。それは、もし本を読むことができれば、望む限りの多くの数の、そして多くの種類の人生を生きることができるからだ」と述べている。このことは映画にも当てはまるし、テレビ番組や他の種の物語を伝える媒体にも、同じように当てはまる。私たちは自分自身を物語に投影することが大好きだ。私たちは別の場所や時代に、もう一つの空間や時間に、旅ができるからである。旅に出てその経験から学ぶことは人間の本質である。

さて、「フィクションはどのように現実になるか」という疑問への一つの答えは、私たちはファンタジー（フィクション）を「あたかも」自分がそこにいるかのように経験するから、というものだ。フィクションは、私たちにとって現実なのだ。これは、ファンがこれほど惹きつけられる理由の一つである。個人的なファンは、「乗り移って経験する」という、深い関与のうえに成り立っている。私が「ハリー・ポッターが大好き」と言えるのは、私がハリー・ポッターになったことがあるからだ。私はホグワーツ魔法魔術学校に通い、ロンやハーマイオニーと友達になり、箒に乗って飛んだことがある。私はヴォルデモートと戦って勝ったのだ！

また、私の価値観、態度や理想は、私がハリー・ポッター**だった**ときに影響を受けている。第一章で述べたように、私たちは物語の世界に夢中になっているときには、虚構を意味のあるものと読み取ることができるし、また虚構であっても、その物語なりの現実性を認めている。その現実性は、部分的にはその物語が私たちに登場人物、状況や物事をどのくらい「真実味をもって」見せられるかにかかっている。私たちはテレビや映画を気晴らしに見ることがある。メアリー・ベス・オリバーとアン・バーチ[*32]はこれを「快楽的楽しみ（hedonic enjoyment）」と呼んでいる。また、込み入った内容のドラマを見るとき、複雑な心境になることもしばしばある。これは後者の経験、オリバーとバーチが「深い認知や人生の意味の評価（eudaimonic appreciation）」と呼ぶものであり、自分の価値観と信念を評価するファンの経験から得られる。深い認知や人生の意味の評価は、込み入った筋書きのフィクションのドラマなど、いろいろと考えさせられるメディア内容への反応として発生する。

私の共同研究者クリスティン・ホッパー＝ロセニッキー、シンシア・ヴィニー、リサ・スウェイン、ジェリー・リン・ホッグと私は、[*33]『マッドメン』[訳註13]のファンがどのような深い認知や人生の意味の評価を経験したかを研究した。『マッドメン』は込み入った内容のドラマであり、複雑な心境や感情を生み出し、この番組を見ている際には、快楽的楽しみはあまり感じられない。しかし、熱心なファンのリストの上位に位置することからわかるように、『マッドメン』のファンは、そのドラマをとても楽しんでいる。彼らはなぜ、そんなにのめり込むのだろうか。その理由は、前述の「深い認知や人生の意味の評価」という要因である。『マッドメン』のような複雑な内容のドラマは、ファンが毎日の生活で何が重要なのかを考えさせ、彼らの価値観は何なのか、そして良い人生を生きることはどんなことかなどを学ばせてくれるのだ。いろいろと考えさせるドラマは、私たちが人生の意味についての信念を明確にする手助けさえしてくれる。普段いわれている「テレビを見る」ことのイメージとは、違って聞こえるだろう。

複雑な物語によって呼び起こされた知的で感情的な刺激に加え、このようなメディア内容に接すると、その内容が個人的なものになるという別の側面がある。フィクションの本についてのキース・オートリーの研究[*34]では、この側面について読み取ることができる。オートリーは、フィクションは「事実の二倍真実である」と主張した。それは、フィクションというのは実際の生活をより強調し、明確化しているからである。自分が抱えている未解決の感情を物語世界に置き換えると、自分自身の現実の生活空間の場合より、ある意味では簡単に解決することができる。オートリーが本の中の物語について言っていることは、「深い認知や人生の意味の評価」の感情をもたらす映画やテレビ番組のような視聴覚メディアのストーリーについても同様にいえることである。私たちは他の人や生き物（アバターとの結びつきの意味で）「として」旅をするだけでなく、心の中で同時に自分自身を維持し、何らかの形で自分の経験や感情を持ち続けている。

なぜ私たちはこんなことをするのか。そしてなぜこんなに楽しんでいるのだろう。一つのかなり現実的な可能性は、マシュー・リーバーマンの著書を参照すると見えてくる。リーバーマンの *Social*[訳註14]（「社会的であること」）という本によると、脳の中で特に何も考えていないとき、私たちの思考は、社会的な出来事を考えるという初期設定に戻ってしまうという。これは、社会的であるということは、私たちが生き残り繁栄するための能力の、まさに中心的な部分だからである。私はこの点を、映画やテレビに深く関与する経験に当てはめて考えている。なぜこれほど関わって、時間を使ってしまうのか。私が考える理由は、私たちはこれらの物語世界の社会的な側面を、自分の社会的能力に磨きをかけるために使っているのではないかというものだ。これは、悪い方向に導かれているのではなく、むしろかなり適応的な行動である。複雑な物語世界を、社会生活の模擬経験装置の一種と考えてみてほしい。もしオートリーの研究をこれに当てはめると、私たちは、日常の社会生活では得ることが難しい、深い意識や理解を実際に獲得することができるのだ。自分の人間関係の世界に深く関与している人と、フィクションの人間関係の世界に深く関与している人は、双方ともより人間関係について理解した社会的な人間だと推測することができるだろう。そして私が思うに、これはメディア心理学の分野の研究者、そして世間一般の人々が、人間とファンの世界、そして人間とより幅広いメディア利用との関係に関して、まだ十分に理解していない部分なのだ。

ファンたちは自分のお気に入りのシリーズに夢中になるが、人格を持たないものについては興味を示さない。なぜなら、彼らの物語とのつながりは、明らかに人間的で個人的なものだからである。ファンの一人として見ると、物語世界の中のハリー・ポッターと彼の友人たちは、私のアイデンティティの一部である。なぜなら、彼は

訳註13：一九六〇年代のニューヨークの広告代理店を舞台にしたテレビドラマ。

訳註14：江口泰子（訳）（二〇一五）『21世紀の脳科学――人生を豊かにする3つの「脳力」』講談社。

私の自己意識の一部だからである。彼の世界は私の世界である。だからもし、あなたがハリーやその物語を侮辱したら、私も侮辱されるだろう。それが個人的なファンの中で起こっていることである。さて、次にその愛着を他の人と共有したら何が起こるだろうか。それが参加型ファンたちの物語である。

参加型ファンの世界

参加型ファンになるためには、まず個人的なファンになることから始める必要がある。あなたはある番組やチームや映画のシリーズが大好きで、この愛を他の人と共有したいと思う。私の友人が、自分の息子がクリーブランド・ブラウンズ[訳註15]の大ファンだという話をしてくれた。彼はデンバーへ引っ越して、ブラウンズのファンが集まるバーを見つけたそうである。彼は経験を共有したかった。たとえばアメフトの試合を一緒に見たり、おそろいのジャージを着たり、試合について話したり、食べたり、お酒を飲んだり、楽しんだりするような経験を。エイダリアンら[*35]は、参加型ファンたちを「大文字のFのファンたち」、つまりある対象を好きなだけではない、以下のような人々と呼んだ（第一段落）。

……熱烈で、ファン・フィクションにのめり込み、ファン・イベントに参加し、ストーリーの要約を書き、役割を演じ、コスチュームを作り、言葉を学び、などさらに続く。この種のファンの世界には、熱狂する人々を団結させる情熱がある。人々は秘密を共有することで結びつけられる。秘密といっても、図らずも他の何百万人もの人々と共有しているのだが。

参加型ファンは、ジェンキンスが「大衆の神話」と呼ぶものを共有する。公的なイベント、テーマパーク、またはファンサイトなどのデジタルスペースに他のファンと共に参加するファンは、神話を共有することで他のファンたちと熱意を分かち合うことができる。彼らはストーリー展開について話し、その番組が持つ信条を称賛し、シリーズで次に何が登場するかなどの、ワクワクするゴシップを共有したりする。ファンは自分の興味を共有する他の人たちと一緒にいたい。なぜなら、そうすれば創造力が養われ、楽しくて、自分の大好きなものを称賛することができるからである。あるファンたちは、自分一人でお気に入りの作品やシリーズを楽しむだけでは寂しさを感じる。彼らは他の人たちと一緒に登場人物になりきり、その物語の世界の一部になる。ファンは彼らのお気に入りの物語の所有権を共有している。彼らは、お気に入りの物語は、少なくとも部分的には自分たちが楽しむためのものだと信じている。

社会心理学には、自分の肯定感が高まるため、人は自分の好きなものを好きな他者に惹かれるという対人魅力の理論がある。もし他の人が私の大好きなものが大好きなら、私たちは賢くなった気になり、また洞察力があるように感じ、自分の趣味は良いと感じる。参加型ファンの世界から得られることの一部は、愛着を他者と一緒に分かち合うことがもたらす、社会的肯定感である。

私自身は『ハリー・ポッター』の参加型ファンの共同体の一員であるため、『ウィザーディング・ワールド・オブ・ハリー・ポッター』[訳註16]を見に行こうと、オープン直後の時期に友達のミンディを説得した。『ウィザーディング・ワールド』のテーマパークはフロリダのオーランドにあるが、夏のオーランドは地獄のような場所だとそのとき彼女に指摘すべきだった。華氏九九度[訳註17]の猛暑にもかかわらず、ミンディと私と彼女のティーンエージャーの二人の娘、エミリーとグウェンは、オーランドの灼熱の太陽の下で何時間も過ごした。それもこれも、私たち

訳註15：オハイオ州クリーブランドに本拠地を置くNFLのフットボールチーム。
訳註16：ハリー・ポッターのアトラクション。
訳註17：摂氏約三七度。

が皆ハリー・ポッターに夢中だったからである。実際、あるファンの母親が、オリバンダーの杖の店の出し物を見るために行列に並んでいる最中、舗道の上で気を失って倒れていたことを思い出す。その店で出し物を見れば、その後自分自身の魔法の杖を買うことができるのだ。それでもなお、意識を失っていないファンたちは、強い日差しの中で待ち続けていた。私たちは一緒に「三本の箒」パブでバタービールを飲んだ（信じられないような話だが、三本の箒で私は、デビーおばさんといとこのウィルとケルシーに偶然鉢合わせた。もしかしたら、ポッターマニアは遺伝するのか？）。そのテーマパークの私のお気に入りのアトラクションは、ホグワーツ城のツアーで、それはファンが新しい冒険をするハリー役になり、箒に乗って空を飛ぶファンタジーライドで締めくくられていた。

そしてポッターマニアは生き続ける。『ウィザーディング・ワールド・オブ・ハリー・ポッター』の、期待の集まる新施設がオーランドでオープンしようとしていたとき、ファンたちはそれがいつなのか知りたいと騒いでいた。『オーランド・センチネル』[訳註18]がこう報じた。「新しい特別のアトラクションは『ハリー・ポッターとグリンゴッツからの脱出』であり、ユニバーサル社はこれを『まったく新しいタイプの乗り物で、これまでにない形で観客を物語に引き込む』[*36]と表現している」。そう、私たちは「物語の世界に引き込まれたい」のだ。

もしあなたがプロデューサーだったら、ファンが物語の一部になりたいことを知っていて損はない。ただ、プロデューサーとファンが、次に何が起こるべきかについて意見が食い違っている場合、物語を共有するのは簡単ではない。[*37]ファンたちは熱狂者であると同時に批評家でもある。ファンたちとプロデューサーたちは、子どもを持つ離婚した両親のように、どちらもあるシリーズについてその所有権を主張し合って譲らず、その関係から逃れられない。デジタルメディアの双方向性の時代は、その関係をより複雑にした。ピアソン[*2]は次のように書いている。「デジタル革命はファンの世界に大きな影響を与えた。ファンに力を与え、そして失わせ、プロデューサーと消費者の区別を曖昧にし、巨大な企業と個人のファンの間に象徴的な関係を作り出し、文化の創造に新しい形を生み出した」。

ファンはプロデューサーに対して、筋書きからシリーズの放送中止にまで声をあげて異議を唱える。プロデューサーにとってファンは時に要求が多く、満足させるのが大変に思える。ファンは、プロデューサーは自分たちよりもうまくそのシリーズや番組を制作できないと感じている。デジタル文化が私たち皆を先行きの見えない未来に送り込み、急速に交戦規定が変わってしまった。両者が共に、大変だが取り組みがいのある状況にいることを理解すれば、多分事態は良くなるだろう。一つ確かなのは、プロデューサーにはファンが必要だし、ファンにはプロデューサーが必要なのだ。

人気があり時代を超えて残るファンの共同体

さて、次にファンの世界そのものについて話を進めていこう。時代を超えたファンの共同体はどのようなもので、なぜあるものは消えていき、他のものは残るのだろう。ファンの世界について、アカデミックな分野からの、あるいは一般的な興味が高まっているのを受け、インテレクト出版は *Fan Phenomenon*（「ファン現象」）と呼ばれる本のシリーズを刊行した。そこではそのシリーズについて、「象徴的・カルト的な現象に私たちが魅了され、特定の個人、テレビ番組や映画が人々の意識に入り込む状況に切り込む本へのますます大きくなる要望に応えて登場した」と述べている。「ファン現象」の出版社は、そのシリーズで扱う予定の、時代を超えたファン共同体のリストを挙げている[*38]。

『バフィー――恋する十字架』／『スター・トレック』／『X-ファイル』／『ジェームズ・ボンド』／『ハ

訳註18：オーランドの主要地方紙。

リー・ポッター』／『スター・ウォーズ』／『ドクター・フー』／『ビッグ・リボウスキ』／『シャーロック・ホームズ』／マリリン・モンロー／『ロッキー・ホラー・ショー』／『ロード・オブ・ザ・リング』／『マトリックス』／ゾンビーズ／ジェームズ・ディーン／クエンティン・タランティーノ／アニメ／『バットマン』／『スーパーマン』／ジェーン・オースティン／ディズニー

このリストを分析する前に、他の資料も調べて、以上がファン共同体の状況に関しての共通理解かどうか見てみよう。ポップカルチャーに関するもう一つの由緒ある情報源は、『ニューヨーク・マガジン』の「ヴァルチャー（Vulture）」という文化に関する記事セクションである。その名の由来は、ニューヨークでは舞台や映画、コンサートなどを見に行く人を「教養マニア（Culture Vultures）」と呼ぶことからきている。Vulture.comというウェブサイトでは、「最も熱心なファンたちのトップ25位」を載せている。そのリストの基本になったのは、①ファンの数だけではなく、そのファンたちの熱心さが長い間続いていること、②その現象が現在も見られるという条件である。そのリストを表2-1に示した。

最後に、マッシャブル（Mashable.com）が挙げていた、現在のトップ一〇の大規模インターネット・ファンサイトは、前述した二つのリストと面白い形で重なっている。マッシャブルのリストを表2-2に示す。

あなたのお気に入りのファン対象が、上のリストのどれにも入っていないと言って怒る前に、これらのリストはファンの世界の一部の面しか切り取っていないことを思い出してほしい。インテレクト出版のリストは、長い間根強く続くファンたちに関するものである。ヴァルチャーのリストは、現在熱中度の高いファンたちに注目しているし、マッシャブルは、最近のインターネットでの現象を順位付けしている。これらの順位は、決してあなたのお気に入りの、たとえば『モンティ・パイソン』やセリーナ・ゴメス、『スーパーナチュラル』を否定しているわけではない。

表2-1　Vulture.comによる最も熱心なファンたちのトップ25位（2012年）

順位	ファンの対象	フェイスブックのファン	ファン，フォロワーの呼び名
1	ゲーム・オブ・スローンズ	4,200,000人	ブラザーフッド・ウィズアウト・バナーズ
2	スター・ウォーズ	8,850,000人	ウォージーズ
3	トワイライト・サーガ	35,200,000人	トゥワイ－ハーズ，トワイライターズ
4	ハリー・ポッター	50,700,000人	ポッターヘッズ，ポッタリーズ
5	ジャスティン・ビーバー	46,800,000人	ビリーバーズ
6	ロード・オブ・ザ・リング	10,400,000人	トールキナイツ（原作本），リンガーズ（映画）
7	ハンガー・ゲーム	7,800,000人	トリビューツ
8	レディー・ガガ	53,000,000人	リトル・モンスターズ
9	ドクター・フー	2,700,000人	フーヴィアンズ
10	アレステッド・ディベロプメント	1,600,000人	なし
11	タイラー・ペリー	8,100,000人	なし
12	ジョス・ウェドン	93,000ファンサイト	ウェドナイツ
13	コミ・カレ！！	1,300,000人	ヒューマン・ビーイングズ
14	スター・トレック	5,500,000人	トレッキーズ，トレッカーズ
15	オプラ・ウィンフリー	7,700,000人	なし
16	トゥルーブラッド	10,700,000人	トゥルービーズ
17	ブルース・スプリングスティーン	2,400,000人	ブルース・トランプス
18	ニール・ゲイマン	1,700,000人	ゲイマナイツ
19	インセイン・クラウン・ポッシー	1,000,000人	ジャガロス，ジャガレッツ
20	ケヴィン・スミス	907,000人	なし
21	フィッシュ	578,000人	ファンズ
22	スティーブン・コルベア	2,700,000人	コルベア・ネイション
23	リル・ビー	269,000人	なし
24	リアル・ハウスワイブス	都市によって異なる	なし
25	マッド・メン	2,200,000人	なし

表２－２　Mashable.comによるインターネット上のトップ10ファン世界（2014年）

順位	ファン世界の対象
1	ビヨンセ
2	ゲーム・オブ・スローンズ
3	ウォーキング・デッド
4	ドクター・フー
5	ブレイキング・バッド
6	ベネディクト・カンバーバッチ
7	ダウントン・アビー
8	ハンガー・ゲーム
9	ハウス・オブ・カード 野望の階段
10	マッドメン

しかし、従来からのファンと、現在のファンのリストの重なる部分を分析するのは興味深い。そうすると、インテレクト出版とヴァルチャーのリストでは、五つのファン対象が重複していることがわかる。それらは『スター・トレック』、『ハリー・ポッター』、『スター・ウォーズ』、『ドクター・フー』、そして『ロード・オブ・ザ・リング』である。熱心なファンの歴史は、サイエンス・フィクションとファンタジーにそのルーツがあることを考えれば、この重複はそれほど意外ではない。私が現代のファン世界について考えるとき、まず頭に浮かぶのは、『スター・トレック』である。その理由の一つは、今や有名な、ファンたちが『スター・トレック』を救ったという出来事である。オリジナルシリーズが打ち切りの危機にあったとき、ファンたちが嘆願の手紙を書くキャンペーンで救ったのだ。『スター・トレック』現象は、数十年にわたってそのジャンルを広げている。最近では、一九六〇年代のオリジナルキャストの役を新たな俳優たちが演じることで、また人気が復活している。

インテレクト出版とマッシャブルのリストでは、三つのファン対象が共通している。『ドクター・フー』、『シャーロック・ホームズ』（BBCの番組『シャーロック』でホームズを演じたベネディクト・カンバーバッチ）、そして『ゾンビーズ』（マッシャブルでは『ウォーキング・デッド』）である。最後に、マッシャブルとヴァルチャーのリストで共通しているのは次の通り。『ゲーム・オブ・スローンズ』、『ハンガー・ゲーム』、『マッドメン』、そして『ドクター・フー』である。三つのリストすべてで触れられているのは、『ドクター・フー』のみである（世界中の『ドクター・フー』のファンの皆さん、おめでとう！）。ジェンキンスは、ファンの集会の歴史について論じるなかで、初期の頃に個別の対象のために開催されたファンの集会は、『スター・ウォーズ』や『スター・トレック』を中心として行われることが多く、現在では同じようなタイプのファンの集会は『ハリー・ポッター』に関するものが中心になっているという。[*4] 彼の意見も、私が挙げたファン共同体のリストに関する情報と一致している。同時に、コミコンのようなイベントは、多様なファン世界を受け入れて開催されていることも事実である。

メディアの融合という言葉には、今日私たちが受け取るメッセージは、テレビでもｉＰａｄ、ｉＰｈｏｎｅあるいはパソコンを通しても、皆同じようなものであるという考え方が表されている。私はユーチューブの動画をスマートＴＶで見ることができるし、スマートフォンでテレビ番組を見ることもできる。つまり、手段は内容よりも重要ではない。

この文脈で考えると、今日ではメディアの境界が曖昧になっており、そのようなメディアを通して飛び交うメッセージが新しいファンの世界を作り上げているともいえる。これは新しいメディア時代のファンの世界であり、古い時代のやり方を覆して新たな場所で支持者を得ることができる。例として、インターネット上で、ユーザー作成コンテンツによって多くの支持者を得てスターになった人物について説明しよう。彼の名前はトビー・ターナーといい、トバスカスというあだ名でも呼ばれている。

トビー・ターナーは、ユーチューブの数多くのチャンネルを通してファンを獲得した。特に彼のユーチューブの番組「キュート、ウィン、フェイル（Cute、Win、Fail）」は、ファンがその週にタイトルの三つのカテゴリー（かわいい、勝ち、負け）ごとに、どの動画が一番良かったか投票することができるインタラクティブなものである。彼はまた、ビデオゲームの予告編の内容を、ユーモアたっぷりに解説して歌う音楽を付けた「リテラル・ビデオ」

版を作ったことからも有名である。もし、もっとトビー・ターナーについて知りたければ、knowyourmeme.comで彼の名前（またはあだ名）で検索するか、ただTobyTurner.comをチェックすることをお勧めする。

この新たな種類のファンの世界の特性の例を挙げると、トビー・ターナーは、自ら「ヴァイラル・ソング」[訳註19]と名づけたユーチューブ動画を制作した（ユーチューブで検索してみよう）。物事をメタ的な視点で見事に分析した「ヴァイラル・ソング」は、口コミ動画制作のコツについてトビーが歌う動画で、猫や「セクシーで魅力的な女性たち」、そして教育的な内容を取り上げている（そうすれば、親が子どもたちにその動画を見てもよいと言う）。トビーの動画で教育的な内容とは何だろうか。彼は繰り返しこう歌っている。「君はカシューナッツが果物から採れることを知っているか」と。当時十三歳だった私の息子は、「君はカシューナッツが果物から採れることを知っているか」と一日中何度も繰り返し歌っていたものだ（頭にこびりついて離れないということはあのことだった！）。

私がトビー・ターナーを取り上げたのは、彼はユーチューブチャンネルで人気が出た、新しいタイプの自力で成功した有名人を代表しているからだ。トビーは私の息子の友達の間でとても人気があり、彼らがトバスカスの声を真似て彼のキャッチフレーズ「ブレス・ユア・フェイス（顔をお大事に）[訳註20]」とか、「暗闇の中に、そして赤に、そして白に[訳註21]」を楽しそうに歌っているのを私はこの目で見た。この本を書いている現在、「ヴァイラル・ソング」はユーチューブで千五百五十万回の視聴数がある。[訳註22]もう一つのトビーの作品で、『アサシン・クリード――ブラザーフッド』というゲームの予告編を解説したリテラル・ビデオは、現在四千万回の視聴数を誇っている。[訳註23]「スウィング・マイ・スウォード」という『マインクラフト』というゲームについて歌った動画も、五千万回の視聴数をカウントしている。[訳註24]トビー・ターナーは自力で成功した新たなタイプのスターだ。彼は自分のファンに直接話しかけ、彼らを自分の動画の視聴者と呼んでいる。

興味深いことに、私がグーグルで「トビー・ターナー」と検索すると、最初に出てくる検索結果は「外見」や「ガールフレンド」、「資産」などだ。これは、彼が誰と付き合っているか、どこで彼と実際に会うことができるか、どのぐらい彼がお金を稼いでいるかなどがファンたちの興味の中心であるということを推測させる。トビー・ターナーと「資産」についてさらに検索してみると、「口コミ動画でお金を稼ぐユーチューバーのお金持ちトップ15人」[*39]というサイトがヒットし、そこでトビーは五位となっていた。彼の上位には「ブルーセフォス（BlueXephos）」、「ピューディーパイ（PewDiePie）」、「スモッシュ（Smosh）」、「ジェナ・マーブルス（Jenna Marbles）」がいた。彼らが誰だか知らなくても、恥ずかしく思う必要はない。もしティーンエージャーの息子がいなかったら、私も知らなかっただろう。私たちは新たなメディアの選択肢があふれる世界に生きていて、今こうして話している間にも、それらはさらに違うものに変容しているのである。親たちはおそらく、自分の子どもが今どのようなコンテンツを気に入っているか、見当もつかないのではないか。ましてメディアの使い方について監視したり、ルールを作ったりすることなど到底できないだろう。その一方で、子どもたちは名声や成功について、新たなクリエイティブな方法で観客につながる方法も含め、私たちとは異なる夢を持っているかもしれない。私たちは今や、誰かがユーチューブ、ツイッターやまだ登場していない新たな手段において、十五分間で名声を得る（あるいはそれが千五百万回視聴される）かもしれない世界に生きているのだ。

訳註19：口コミで広がる歌。
訳註20：くしゃみをした人に言う「Bless you（お大事に）」をもじったもの。
訳註21：『スター・トレック』に登場するフレーズをもじったもの。
訳註22：二〇一八年九月三十日現在、約三千七百七十万回の視聴数。
訳註23：二〇一八年九月三十日現在、約四千八百八十二万回の視聴数。
訳註24：二〇一八年九月三十日現在、約七千六百六十六万回の視聴数。

ファン共同体の社会的意味

友達が話してくれたのだが、一九六〇年代に『スター・トレック』が放送され始めた頃、十代のスター・トレック・ファンであることは、世間的には恥ずかしいことか、もっと悪いことだった（殴られたり、つねられたり、悪戯されるくらいの）。俳優のウィリアム・シャトナーが、[訳註25]オタクの『スター・トレック』ファンを馬鹿にした『サタデーナイト・ライブ』の寸劇で、ファンたちに「もっと人生を楽しめ（get a life）」、親の家の地下室から出てこい、と言った有名な話がある。その寸劇は大変話題になり、反発もあったため、シャトナーは後にファンたちへのラブレターであり、『スター・トレック』についてファンが喜びそうなあらゆることを綴った *Get a life* というタイトルの著書を出版した。

最近の研究では、ファンの社会的地位は近年さまざまな意味で向上したとされている。たとえばスタンフィル[*40]は、次のように述べている。「メディア研究の中で、ファンたちが自分たちに向けられていた古いステレオタイプから脱したということは、自明の理となっている。現在では、彼らは理想的でアクティブなメディア消費者の、新たなモデルとして世の中の主流の立場に位置している」。他の学者は、女性あるいは少女のファンは、男性ファンよりもさらに恥や疎外感を感じた経験があるだろうと考えている。たとえば *Fangasm: Supernatural Fangirls*（『ファンガズム――スーパーナチュラルの少女ファンたち』）の著者である、ファン研究者のキャサリン・ラーセンとリン・ズベルニス[*41]は、その本の中で、若くて魅力的な二人の男性が主人公のＳＦドラマの少女ファンとして、恥と誤解に満ちた経験をしたことを書いている。ズベルニスとラーセンはまた、少女ファンとしての経験のポジティブな社会的側面についても語っている。ところで、ファン研究をしている学者でファンでもある人を呼ぶ「アカファン」（アカデミック／ファンの意）という言葉があることにもしここで触れなければ、職務怠慢と言われてしまうだろう。

マット・ヒルの視点は、これらの二つの考え方を含んでいる。ファンであることはいまだに社会的排除の意味合いを少し残しているが、同時にファンである対象を持っていないと、今や何かおかしいのではと思われるようになっている。(何と、『ブレイキング・バッド』や『ゲーム・オブ・スローンズ』を見たことがないとは!)現在では、「ファンについては、ネガティブとポジティブの表現が共存している」と彼は指摘する。[*42] 現代は、ポピュラー・メディアに「夢中になる」べきだという考えと、取りつかれすぎてはいけない、さもないと行きすぎたファンとなり、現実感を失ってしまうという考えによって特徴づけられる時代のようだ。

ファン研究の古典であり、基本の書でもある、ジェンキンスの「収束文化」[*43]によると、ファンの役割は変化しており、プロデューサーと対等でより活動的になっているという。今やファンは、物語のプロデューサーと消費する受け手の間の交流を期待するようになり、企業もファンにすり寄っている。[*4][*44]『コミコン』(Comic-Con)は、その名が意味するように、最初はコミック本のイベントとして始まり、当時はわずか二百人以下の参加者しかいなかった。現在では、コミコンはサンディエゴで毎年開催され、十五万人が長い行列に並び、テントで夜を明かしながら、好みのファン世界を実際に見る興奮を経験するために参加している。コミコンは草の根のイベントから始まり、新たな作品への支持を獲得するための、企業の巨大な商業的イベントに変わったが、まだ多少草の根的な要素も残っている。

ファンの社会的役割の変化についてのこの議論は、行為主体性と信頼性の論点を呼び起こす。ファンたちは物語世界への本物の愛から、時に社会的に疎外されても、ファンの世界にひきつけられる。現在では大企業が、経済的に利益が得られるファンの世界の側面を完全に利用しているため、ある疑問が未解決のままになっている。それ

訳註25:『スター・トレック』でカーク船長を演じた。

は誰が、なぜ、ファンの世界を正当化しているのかという疑問である。ファン世界の主流の人々は、大企業の夢とファンの夢、それとも両方に気づいているのか。今日ではどの程度人為的にファンの愛が作られているのだろうか。

ファンの中には、ファンの世界の商業化を敏感に感じている人もいる。たとえば、わずかな番組制作費で作られていた初期の頃の『ドクター・フー』のファンは（『ドクター・フー』は放映が始まってから五十年以上経つ）、今日の『ドクター・フー』の主流のファンに対して、ある種の反感を感じるかもしれない。おそらく彼らは、ファンであることが格好よくなかった時代のファンの方が、番組が世の中で認められていて『ドクター・フー』のおもちゃが大きな店で売られる時代のファンよりも、正統的なファンだと感じているだろう。

ファンの社会的役割についての議論にはいろいろな意味があるが、スペースの関係上これ以上続けることはできない。ここでは差し当たり、ファンがどのように他のファンと一緒にお気に入りのファン対象を崇め、楽しんでいるか、その例を見ていこう。それらの一部についてはすでに述べているが、まだ触れていないこともある。ここで挙げる例は、多くのファンが行っている行為の大雑把な紹介であり、徹底したものではないということをどうか了解してほしい。

コスプレ

コスプレは「コスチューム・プレイ」の略であり、お気に入りのキャラクターや物語の一部に扮してファン・イベントに参加することを指す。私の友人にコスプレが好きな人がいるため、他人の友人のコスチューム姿の写真を掲載する権利の取得のためにオックスフォード出版の手数を煩わせず、お金もかからずに済んだ。その経費節約案を念頭において、私の夫がクリンゴン（『スター・トレック』に登場するキャラクター）に扮する写真をまず紹介する（図2-1）。ファンは楽しみのためにコスプレをするが、最も本物らしいコスチュームを作ることは大

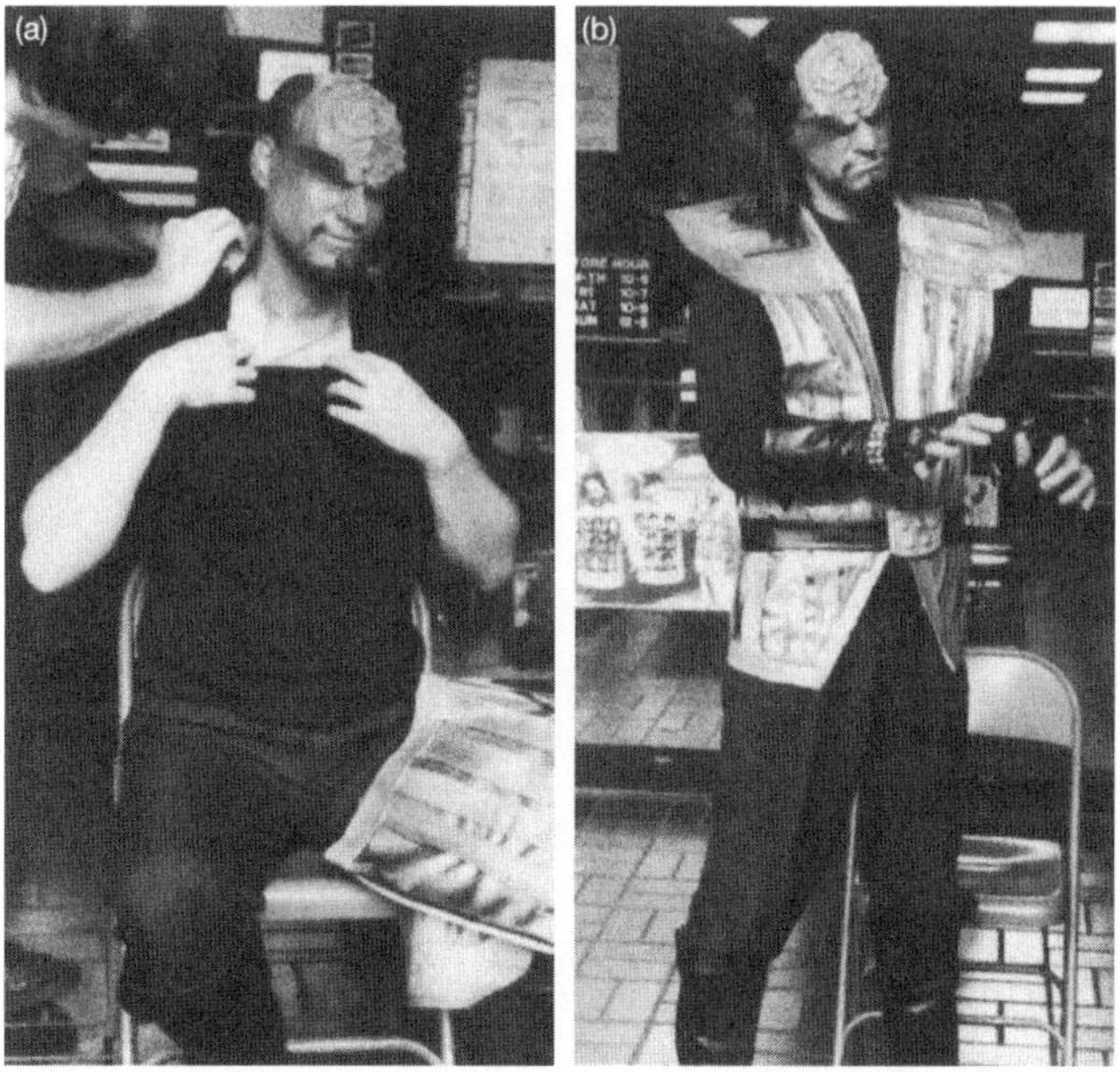

図2-1　コスプレ①　私の夫リーが（a）メイクアップアーティストのリー・ドリューの助けを借りてクリンゴンに変身している，そして（b）『新スター・トレック』のクリンゴンの衣装を身につけたところ。

変でもある。多くのファン・コンテスト・イベントでは、コスチューム・コンテストが行われている。図2-2は私たちの友人で女優のアラナ・ジョーダンをコミコンで撮影した写真である。コスプレは自分が愛するキャラクターになると同時に、大好きな物語世界を理解し共有する他の人と一緒に楽しむ方法でもある。

ファン・フィク

「ファン・フィク（二次創作）」は「ファン・フィクション」の略であり、それは文字通り、物語のキャラクターを用いてファンがフィクションのストーリーを書いたり、物語世界を舞台にした芸術を創ったりすることである。ファン・フィクは、無料でインターネットを通して人々に伝えられる。主な人気のあるファン・フィクのサイトは、*Archive of Our*

図2-2　コスプレ②　友人で，女優のアラナ・ジョーダンが（a）バットガール，そして（b）ゴースト・バスターのコスプレをしているところ。

Own（別名 AO3）と FanFiction.net（http://ebookfriendly.com/fan-fiction-websites/参照）である。FanFiction.net 上に投稿されているテレビ番組のファン・フィクで現在最も数が多いのは、『グリー』（十万五千作品）、『スーパーナチュラル』（九万六千作品）、『ドクター・フー』（六万三千作品）、『バフィー――恋する十字架』（四万八千作品）、BBCの『シャーロック』（四万七千作品）だ。

最近、私の学生シンシア・ヴィニーと私は、『マッドメン』について書かれたファン・フィクの研究を行った。彼女が明らかにしたのは、それらのファン・フィクの半分は異性愛の人間関係についてであり、それらはオリジナルに基づくもの（たとえば登場人物ペギーとピートの関係）、あるいは基づかないもの（登場人物ジョーンとレインの関係）のどちらかであるという結果だった。ほとんどのファン・フィクは、番組の女性主人公ペギー・オルセンについて書かれたものか、次いで男性主人公ドン・ドレイパーについてのものだった。多くのファン・フィクが女性によって書かれていることを考慮すると、女性主人公について書くことは、著者にペギーとの関係を考えさせると思われる。ペギーについてのファン・フィクのテーマは、番組から始まるアイディアを発展させたものであり、たとえば番組の中での出来事（破たんした人間関係など）や、もしそれが別の結果になっていたらと想像するものである。

ファン・フィクの人気ジャンルの一つは、「スラッシュ」と呼ばれている。スラッシュとは、オリジナルとは異なる、同性同士の登場人物の恋愛関係を創作することである。前述したヴィニーの研究の結果、『マッドメン』に関するファン・フィクの二〇％はスラッシュだった。スラッシュの関係で有名な例は、カーク船長／スポック（『スター・トレック』の登場人物たち）、すなわちK／S関係である（スラッシュという言葉はその関係にある二人の登場人物の名前、たとえばK／Sの間のスラッシュマークからきている。K／Sファン・フィクションは ksarchive.com で見ることができる）。K／Sスラッシュでは、ファンはカーク船長とスポックの同性愛関係の芸術作品やストーリーを制作する。ファンはまた、オリジナル作品の中にそのような関係が暗示されているかどうか、たとえば二人の登場人物が見つめ合っている瞬間とか、親密感を感じられる場面を探すのである。
よく取り上げられるもう一つの関係は、ジョンロックとして知られる、ジョン・ワトソンとシャーロック・ホームズの恋愛関係である。ジョンロックスラッシュは、ベネディクト・カンバーバッチ演ずるホームズとマーティン・フリーマン演じるワトソンによる、BBCの『シャーロック』[訳註26]のファン人気が評判になって知られるようになった。ファン・フィクの作者たちは、フェイスブック、レディット[訳註27]、タンブラー、ピンタレスト[訳註28]や、他のソーシャルメディアのウェブサイトにも、ジョンロックの関係について投稿している。

何がファンにファン・フィクを書かせるのだろうか。そこにはたくさんの動機が考えられる。動機の一つは、そのストーリーは誰のものかという議論を思い起こさせる。もしファンがストーリーの行方をコントロールしたいと思ったら、ファンは登場人物について書くことで、自分が望む新たな人間関係や、どのような筋書きにしたいかを選択することができる。ファン・フィクに関するもう一つの見解は、私の同僚のアリクシス・スミスによるものだ。彼女はジョンロックのファン・フィクのライターでもある。レキシー（アリクシス）は、ファンがスラッシュにこれほど惹きつけられる理由は、そのジャンルの露骨な性的描写によって、ファンが登場人物らの間に見る、深く親密な関係を表現することができるからだという。確かに、『スター・トレック』や『シャーロック』に私たちが惹きつけられる要因で説得力があるのは、主要登場人物同士の絆である。ファンたちは、カーク船長とスポックの関係は、『スター・トレック』の世界にファンたちを引き込む中心だと言っている。

同じことは、ホームズとワトソンの関係にもいえる。私の夫リーは二十九歳のとき、オフ・ブロードウェイで *Holmes & Watson*（ホームズ&ワトソン）という舞台に主役として立った（彼は脚本家でもあった）。リーによると、この作品は、ファンたちを何十年もの間虜にしてきた、彼らの人間関係で語られてこなかった部分を中心に展開していた。リーは、ホームズはこれまでワトソンが自分にとってどんなに大切な存在かきちんと表明したことがないと感じ、それがリーの脚本のストーリーの中心部となった。「ジョンロック」のファンたちは、ホームズとワトソンの関係に熱中し、それが表現されることを望んでいる。タンブラーや他のソーシャルメディアサイトではその情熱の強さを見ることができるだろう。

本章から得られること

フィクションは真実を理解させてくれる嘘である。

ピカソの言葉から応用

パブロ・ピカソは次のように言った。「アートは真実を理解させてくれる嘘である」。この言葉を本章の内容に応用して、「フィクションは真実を理解させてくれる嘘である」と言い換えてみたい。本章から得られることの一つは、本、テレビ、映画やビデオゲームなど何を通してであろうと、私たちは自分のお気に入りのファン対象と深い関係を結ぶということである。そしてこの深い関係は、私たちが単なる受動的な受け手ではなく、馬の乗り手であり、身体がアバターとつながって、目の前の画面で見ていることを、その中に入って体験することでもたらされる。ファンの営みは個人的に深い意味を持つ。メディアの画面に見入っている人々を見たら、そして文化的な習慣によって何時間見ているか考えるとき、目に映るよりもっと多くのことがそこで起こっていることを私たちは理解すべきだろう。

訳註26：アメリカ最大級のソーシャルニュースサイト、掲示板。
訳註27：メディアミックスウェブブログサービス。
訳註28：ピンボード風の写真共有ウェブサイト。

第3章　日常生活における古いメディアと新しいメディア
——テレビからソーシャルメディアまで

つい最近、学会である発表者がティーンエージャーの娘の話をした。その日の朝、彼の娘は半狂乱で父親に何度も電話をかけてきたという。彼女は晩にコンサートへ行く予定だったが、朝服を着替えているときに、誤って携帯電話をトイレに落としてしまったそうである。そしてトイレから救い出した携帯電話をヘアードライヤーで乾かそうとしてうまくいかず、パニック状態になった。父親によると、彼女の問題は携帯電話を持たずに出かけるなどとても考えられないというものだった。困惑した父親は、姉の携帯電話を借りたらと助言して、やっと彼女をなだめることができた。彼は娘が携帯電話を持たずに出かけることなど絶対に考えられない、と言ったことがその後も気になり続けていたという。

親ほど大変な仕事は他にない（皆さん同意してくれますか?）。今日、テクノロジーが急速な速さで発達するにつれて、親も子もメディアの問題には苦労し、同時に新しい技術がもたらす楽しさや興奮を大いに喜んでもいる。現在のメディア事情は、間違いなく難しい課題と良い機会の両方をもたらしてくれる。

初めて携帯電話での通話が行われてから、今や四十年以上が経った。今日のアメリカでは、成人の約九〇%とティーンエージャーの約八〇%が携帯電話を所有している。成人の半数弱は、寝るときに携帯電話をベッドのそばに置いている。成人の約三〇%は、携帯電話のない生活は想像できないという。成人の約三分の二は、携帯電話が鳴ったと錯覚して電話に出ようとしたことがあるそうだ。[*1] この空耳で聞こえる呼び出し音や振動音は、さまざまな（そしておかしな）名前で呼ばれてきた。「**フォーセラーム**（*fauxcellarm*：間違った携帯警報）」、「**リンギザエ**

ティ（*ringxiety*：呼び出し音不安）」そして「**ハイポヴィブロコンドリア**（*hypovibrochondria*：携帯憂鬱症）」などである。さらに、おそらくメディアに関する最近のデータでもっと驚くことは、多くの大人が携帯電話を性行為の最中にさえ使うことがあると言っていることである！　しかしこのような新事実は、たとえば携帯メールを打ちながら車を運転するという統計と比べると、無邪気で滑稽に思える。今や私たちは運転中の携帯メール利用はアメリカにおける重大な交通事故急増の原因だということを知っている。また、十代の若者はメールを利用しながらの運転は安全でないことを知っていながら、彼らの多くはそれでもやってしまうだろうと言っている。これはおそらく昔からの問題の再現ともいえる。十代の若者が喫煙や避妊なしの性行為などの高いリスクを冒す問題と変わらない。

あえていうなら、私たちとメディアとの関係には困難がつきものである。メディアは私たちの周りで前代未聞の速さで変化している。一部の人たちはこのことに対して心躍らせているが、他の人たちは主に不安を感じ、またその他の人はどのように感じたらよいかさえまだわかっていない。だいたいの場合、私たちは車のヘッドライトに照らされて立ちすくむ鹿のように、それらが目の前を通り過ぎていくのをじっと見ているだけなのだ。

現代のメディア環境が個人や社会にとってどのような意味を持つかについては、いろいろな問いがあげられている。その共通の関心の一部は、ソーシャルメディアの台頭が、特に若者の社会的スキルを低下させる可能性があるのではという点に集中している。一方、技術の進歩は大きな期待感ももたらす。近年多くのテクノロジーの夢が現実になるのを私たちが目の当たりにしてきたことを考えれば、このような期待が生まれるのも不思議ではない。ここで皆さんにアドバイスしたいのは次の点である。メディアはすべて悪いと言う人を決して信じないこと。また、メディアはすべて良いものだと言う人も決して信じてはいけない。メディアはリスクとチャンスの両方をもたらす。メディアに対する不十分で単純な見方は、最終的にはあなた自身に害をもたらすだろう。メディアを豊かで繊細な理解の仕方で捉えることは、生活を豊かにする。本書を通して、私は現実的かつきめ細かいメディアの使い方について伝え続けるつもりだ。

第一章で述べたように、メディアの優れた使い方で得られるチャンスの一つは、本当に素晴らしい物語がもたらす意味を深く経験し、理解することである。その物語は映画、テレビ、本やビデオゲームのどこで得られたものであろうとかまわない。私のようにあなたもその物語によって涙を流したり、生きる力を感じたり、またまったく新たなやり方で世界を見るような経験をした瞬間があるに違いない。

前に述べたように、メアリー・ベス・オリバーとアン・バーシュは、映画を「楽しむ」ことと「興味深く味わう」ことの違いを明らかにしようとした。時に、私たちのお気に入りの映画には、深いネガティブな感情と同時に、ポジティブな感情を生み出すような、高い評価を得た作品がある。たとえば、あなたは『プライベート・ライアン』や『シンドラーのリスト』を見て「楽しんだ」と言うことに違和感を覚えるかもしれない。「楽しむ」というのは、見るかいがあるというより、むしろ面白い映画に適した言葉だろう。たとえば『シャークネード――サメ台風』のような映画は、人生の意味を熟考するための刺激となるよりも、実際には遊園地の乗り物のような存在として作られたものだ。よく知らない人のために説明すると、インターネット・ムービー・データベースでは『シャークネード――サメ台風』は次のように解説されている。「いつもと異なる台風がロサンゼルスを水没させたとき、何千ものサメが水浸しになった住民を恐怖に陥れ、自然界における史上最強の殺人ザメが、海を、陸を、そして空を支配した」(水を差すわけではないが、この映画は『シャーキケーン』と名づけられるべきだったのでは)[訳註1]。

『グローリー』や『ショーシャンクの空に』のような深い意味を持つ映画は常に私のお気に入りだが、ある晩には昔ながらにテレビで『シャークネード――サメ台風』のような映画を見て、遊園地の乗り物に乗ったような気分になるのも悪くない。また、これまで私は難解な映画をたくさん見てきたが、まだすべてを見つくしたわけではない。それは主に、いつも時間がないとか、とても感情的に負荷がかかる映画を鑑賞するほどには精神的な余裕がないなどの理由で見ていないのだ。「利用と満足」理論によると、私たちは欲求を満たすために能動的にメディア接触を求める。人によって欲求は異なるし、同じ人でも時間とともにその欲求は変化する。なかには恋人と別れたばかりのとき、悲しい歌やロマンチックな曲を聞くと慰められる気がする人もいれば、自分にとってつらい思い出がよみがえるのを避けるため、曲やラジオ局をすぐに切り替えてしまう人もいる。音楽は感情を呼び起こす。そして私たちはその事実を用いて自分の感情を高めたり調整したりしている。もちろん映画も音楽や物語を含んでおり、多くのメッセージを伝えていて、多様な深さのものを見ることができる。テレビやビデオをつける動機の一つは、誰かと一緒にいたいからである。または単なる習慣のこともある。多くの家庭ではテレビがほとんどずっとつけっぱなしになっているが、その理由は、背景に雑音があると心が落ち着き、映像があると気晴らしになる人がいるからである。

時に私たちは、素晴らしい人生とは財産や権力を持つことでなく、周りの人を愛することなのだと自分に言い聞かせるために、『素晴らしき哉、人生!』[訳註2]を見たくなる。またあるときには、現実の生活で起こった大変な出来事のためにイライラしてしまい、ストレス解消のために美しい旋律の曲をかけたり、楽しくて簡単なゲームをしたり、くだらない映画を見たりするかもしれない。誰もがあるときは『シャークネード――サメ台風』を見たくなり、またあるときは『ビジュエルド』[訳註3]をプレイしたくなり、そして『ライフ・イズ・ビューティフル』[訳註4]が見たくなるのだ。もし私たちがもっとメディアの使い方をきちんと理解して、豊かな生活を送れるような選択ができたら、素晴らしいと思う。それは、教育的なテレビ番組だけを見ること、クラシック音楽だけを聞くこと、また冗談の通じないクソまじめな人間になることを意味するのではない。すでに私の好きな有意義な映画については

訳註1:シャーク+ハリケーンの意味。シャークネードはシャーク+トルネードか。
訳註2:フランク・キャプラ監督による一九四六年のアメリカ映画。
訳註3:パズルゲーム。
訳註4:一九九七年のイタリア映画。

述べた。私はまた『俺たちニュースキャスター』（ウィル・フェレル、クリスティナ・アップルゲイト主演）や『デュー・デート――出産まであと5日！　史上最悪のアメリカ横断』（ザック・ガリフィアナキス、ロバート・ダウニィ・Jr主演）といった傑作映画の大ファンだ。この二作品は、抱腹絶倒のとても面白い映画である。ところで、コメディ作品から有意義な何かを得ることができないというわけではない。もちろんできるのだ。そしてまた、すべての真面目な映画は有意義な映画かというと、そういうわけでもない。私はあなたが選ばないようなメディアの選択をするだろうし、あなたは私がしないような選択をするだろう。大切なのは、私たちが自分に正直になって、なぜ、そしてどのぐらいメディアを使うのか、そしていつメディアを消すかも含めて、できるだけ生活の中のメディアの役割を理解することである。

社会的学習とマスメディア

社会的な動物として、私たちは自分と他者を比較し、社会的にどうあるべきかというフィードバックを受けながら育つ。私は他の同い年の子より頭がよくて優れているか。格好いいとはどういうことか。私の周りの人は私が何をすべきで、どのように考え、どうあればいいと思っているのか。多分私たちはそう考えていることを認識していないが、自分で思うほど、そのような問いと無関係なわけではない。実際はむしろその逆である。私たちは間違いなく社会的な生き物であり、自分の成功や失敗を評価し、また選択をするときは常に他者を含めた状況で行う。社会心理学者はこの過程を「社会的比較」と呼ぶ。私が優れたランナーかどうかは、私の友達がどのぐらい速く走れるかにかかっている。他の社会的な側面を判断する場合も、どのように周りの人が反応するか、またどのように周りの人が実際に自分を扱うかに基づいて行っている。

こんなことをいうと、人は皆、いつも他の人に合わせる日和見主義者のように思えるかもしれない。それでは同調しない人はどうなのか。実をいうと同調しない人たちでさえ、他の人にかなり影響されている。非同調者、反逆者というのは、現状に逆らう、体制が気に入らない人である。もちろん何かに逆らうためには、その何かについてまずよく知らなければならない。また、それにこだわりを持ち常にチェックする必要もある。たとえばサッカーのジャージやラグビーシャツ、テニスシューズなどのスポーツウェアのファッションについてであれば、反逆者は革ジャンとチェーンを身に着けようと決めて、実行に移すだろう。つまり、他の人がしていることを積極的に観察し、それと違うことをして目立たせ、他の人と同じことはしないという印象を与える何かをするのだ。ひねくれた見方をすれば、皆に合わせないことも、ある種の同調的な社会的行動といえる。また、他の人と比べて周りからの影響を受けにくい人が存在することも事実である。人間主義の偉大な心理学者アブラハム・マズローは、「自己実現を達成した」人間もほんの少しは存在すると述べた。彼らは向上心に燃えた、高度に進化した人々であり、他の人にどう思われるかを気にせずに我が道を歩んでいる。

しかし、そのような本当に影響されない人、すなわち真に独立した人たちはわずかで、そうでない残りの私たちが世の中の大多数である。そして成長途中の子どもであれば、他者から影響を受けないことはさらに少ない。生物学的に見るとこれは非常に納得がいく。私たちは社会的な生き物である。私たちは共に生き、パートナーを作り、子孫を残し、生き残り繁栄するために助け合う。高い評価を受けている社会心理学者エリオット・アロンソン[*2]は、人間は「社会的動物」だと言っている。同調するというイメージは、おそらく、特にアメリカ人にとっては明らかに格好よくないが、社会のルールに従って「集団に属する」というのは、時に効率が良く適応的なことなのだ。

今や私たちの子どもたちと同様、私たちの社会は、人間関係でさえデジタル化されている。子どもたちの社会化の大部分はさまざまな形態のメディアに影響されたり、支えられたりしている。このことは、子どもたちがどのようにメディアから社会的な教訓を学び（たとえば有名人を見て）、メディアを通した社会化に影響されるか

（たとえばソーシャル・ネットワーキング・サイトやテキスト・メッセージなどにより）を理解することが、そして一番よくやり取りされるメッセージをよく観察することも、なぜ重要なのかを明らかにしてくれる。

マスメディアにおける性と暴力は、これまでに最も興味を持たれ、最も多くの議論を引き起こし、最も多くの研究が行われてきたトピックである。最もあからさまで、おそらく最も害のあるメディアの影響の部分にまず取り組もうとするのは当たり前である。しかし、メディアからの社会的学習の問題も含め、文化的にもっと捉えにくい問題の多くを私たちは見過してきたのではないだろうか。たとえば多くの人は、テレビを見ることはある人や集団、または概念に対する感情を変えうるという考えを受け入れない。とはいえ実際の社会的な相互作用のように、メディアを通した疑似的な人間関係も、子どもたちに社会の教訓を教えている。これらの社会的問題の深い分析をさらに行う前に、これを現在のアメリカの子どもたちのメディア利用の調査結果の文脈の中で考えてみたい。

地球上での生活——今日ではそれは画面を見つめることを意味する

現在のメディア利用の統計については、本書でもすでに触れた。これらの調査結果は研究によって異なる。その理由はさまざまであるが、ある研究で尋ねられた特定の質問項目の性質や、質問された、あるいは観察された対象者にもよる。そこで、検討材料としてもう少し多くの統計データを紹介しよう。ポッターの二〇〇八年の報告[*3]によると、平均的なアメリカ人は一日に四時間半テレビを見て、コンピューターに二時間以上の時間を費やしている（仕事中のコンピューター利用時間は除く）。研究の結果、その時間は増加の一途をたどっている。大学生は少し異なったメディア習慣を持つ。アメリカの大学生は一日のうち三時間半の間、コンピューターで電子メールやインスタント・メッセージをやり取りしている。そして残りのうち七時間半をテレビや本、音楽を含む他のメディア利用に費やしている。

「アメリカの子どもとメディア」[*4]は、アメリカの子どものメディア利用に関する詳細な調査結果を報告している。著者のロバーツとフォーアーは、アメリカの子どもは平均一日六・五時間メディアを利用していると述べている。これには学校でのメディア利用やメディアの同時並行利用（たとえばテレビを見ながら同時にウェブサイトを見るなど）で重複する時間は含まれていない。それが少し年上の子どもになると、一日平均七時間から八時間になる。アメリカの子どもは一人か同年代の友達同士でテレビを見ることが一番多く、親の監督下で見ていることはほとんどない。アメリカの子どものうち、一日に一時間かそれ以下しかメディア利用をしていないのは五％のみである。八歳から十八歳までのアメリカの子どもの約半数は、**常時ＴＶがついている家庭**で過ごしている。すなわち、誰かが見ているかいないかに関わらず、自宅では常にテレビがついていると彼らは答えている。そのような子どもの三分の二は、食事中も常にテレビがついていると回答している。

　テレビ視聴は、ほとんどのアメリカの子どもが最もよく行っているメディア活動であり、それには子どもの一日の生活時間のうち平均三時間から四時間半の時間が費やされている。こういわれると、アメリカの子どもはテレビを見ることを非常に楽しんでいるように聞こえる。しかしテレビ視聴には、興味深いパラドックスが存在する。子どもたちにテレビを見ることを楽しんでいるかと聞くと、興味深い答えが返ってくる。多くの子どもが、テレビはそれほど刺激的ではないと言い、実のところ彼らは、単なる時間つぶしのためにテレビを見ているのだ。さらに研究の結果[*5]、テレビをよく見ている子どもは、あまり見ていない子どもよりも、テレビを楽しんでいると答える割合が**より低かった**。またほとんどの子どもが、見たいと**思う**よりも長く見てしまうとも答えていることがわかった。これらの調査結果は、メディアは注意を引きつけることで人を関わらせるため、私たちは自分が本当に望むより多く接触してしまうことさえあることを示している。それは、メディアを制作することの第一の目的は、広告主のために視聴者を広告に引きつけることであるため、メディア制作者たちは受け手の注意を最も引きそうなメディアコンテンツを作るからである。

あまりに多くの調査結果を聞いて感覚が麻痺し、これらの結果が意味することを十分に理解できない人もいるかもしれない。そこで、これをある状況の中で捉えてみよう。優れた心理学者であるチクセントミハイ[*6]は、人が仕事や自由時間を含めてどのように日々を過ごしているか、そしてこれらの日常の活動をどのように感じているかについて執筆している。大まかにいって、日々の生活は八時間ずつの三つの時間区分に分けられる。それらは主に睡眠、仕事、そして自由な時間に充てられている。私たちには一日に八時間、多かれ少なかれ何をしてもいい自由な時間があることを考慮し、前述のメディア利用の統計の状況にこれを当てはめてみよう。八時間の自由な時間のうち、平均的なアメリカ人は四時間半をテレビ視聴に使い、残りの二時間をコンピューターに使っている。インディアナ州のマンシーにあるボール・ステート大学で行われた新しい研究[*7]によれば、メディア利用は**群を抜いて**、人が起きているときに最もよく行われている活動であることが裏付けられている。実はこの研究者たちは、平均的なアメリカ人は一日に約九時間をメディア利用に費やしていることを明らかにした。ボール・ステート研究によれば、人が起きている時間の三〇%は、メディアだけを利用する時間として使われ、その他の三九%は、他の活動とメディア利用が一緒に行われていた。それらを合計すると、起きている時間の約七〇%が、どのような形にせよメディア利用に使われていたことになる。チクセントミハイは、一日の間には、たとえば身だしなみを整えたり、仕事に行くために車を運転したり、食事のための買い物などを含む、自分の面倒をみる他の多くの活動があることも考える必要があると述べている。人が寝たり、食べたり、働いたり、身の回りのことをすることを考え、上記のようなメディア利用の調査結果の情報をすべて結びつければ、使い方を選択することのできるほとんど**すべて**の時間、私たちはメディアとつながることを選んでいる。

もう一度いわせてほしい。自分の生活において選べる場合はほとんど毎回、私たちは画面を見つめることを選んでいる。テレビであろうと、コンピューターであろうと、スマートフォンであろうと、タブレット端末であろうと、**私たちの生活では、電子画面を見つめることに時間が費やされている。**さて、今あなたがどこにいるかはわからないが、私はあなたがどこかに座って冷静にこの文章を読んでいるだろうと想像する。私は上記の事実について、しばしば冷静とはあまりに程遠い気持ちになるが、それがあなたにうまく伝わっているかはわからない。私たちはあまりに何も考えず、それがどのぐらい自分に影響するか十分な知識を持たずに**マトリックス**[訳註5]に接続しているのではないか。私は自分が所有している機器の影響力の大きさに、そしてそのテクノロジーで楽しめ達成できることに、良い意味で、文字通り畏敬の念を持っている。

一九六〇年代に、マーシャル・マクルーハンはこのことについて理解し、名著を執筆した。その後テクノロジーが変化したにもかかわらず、その書の内容は現在にも不気味なほど当てはまる。もしあなたがまだ *The Medium Is the Massage* を読んでいなければ、ぜひ読むべきだ。その内容に知的な深さを期待するかもしれないが、むしろその芸術性に驚かされるだろう。マクルーハンの言葉は、そのほとんどがテレビや一般的な通信の速度が速まってきたことに直接触れているが、現代のテクノロジーの急速な発達についても同様に述べられている。「すべてのメディアは私たちを完全に支配している。それらは個人的な、政治的な、経済的な、美的な、心理的な、道徳的な、そして社会的な帰結すべてに行きわたっているため、私たちが無縁で影響を受けず、変わらない余地はまったく残されていない。メディアはメッセージである。社会的そして文化的な変化の理解は、メディアが環境として影響するという知識なしには不可能である」[*8]。

私たちは人々が日常生活を送る様子を追うリアリティ番組を見る。今日のアメリカで人々の日常生活を見ることは、その大部分は彼らがテレビに見入っている、またコンピューターの画面を見ているところを撮影することになるのでは、と時に思う。私たちは、このことについて本当によく考える必要がある。他の人の実際の生活を見ることに不思議なぐらい惹きつけられてしまうのは、自分の時間のすべてをメディアを見ることに費やしてい

訳註5：映画『マトリックス』に登場する人間を支配するコンピューター。

ることを考えると、実に皮肉なことである。

アメリカ人のメディア漬けの統計結果への私の反応を読んで、ユーモアのない、批判的な口うるさいおばさんのむかつくお説教だと思う人もなかにはいるだろう（次の文章を批判的な口うるさいおばさんの口調をできるだけ真似て読んでほしい）。「iPadやインスタグラムや『グランド・セフト・オート』を使っているそこの子どもたち！　君たちは口をポカーンと開けたゾンビーになっているぞ！」。もちろん、私は口うるさいおばさんになろうとしているわけではない。ただ、人々に考えてほしいと思っていることは認める（私は大学教授だ。これは私の仕事ではないか？）。もし私たちのほとんどが、可能なときはいつでも電子メディアに実際に接続しているとしたら、そこには私たちが考慮すべきことがある。以下の質問のリストを、私たちの、そして子どもたちの生活で果たすマスメディアの役割についての会話のきっかけ作りのために提示しよう。

（1）もし、私たちが何でも選べる自由な時間に、実質的にいつもマスメディアに接触し、そのせいで十分に経験できなくなることがあるとしたら何だろう。

（2）あなたの使っているメディアで生活を良くするものはあるだろうか。どんなメディアだろう。どんな風に良くするのか。

（3）誰かがメディアで見たことで操られていることに気がついたことがあるか。その人は操られていることを認識していたと思うか。なぜそう思ったのか。

（4）もしあなたの子ども（実際にいなくてもいると仮定として）やあなた自身にとって理想的なメディアの使い方を思い描くとしたら、どんなものになるだろうか。どのような自由時間の活動が、最も幸せで、健康的で、興味深く、充実したライフスタイルだと考えるか（そして、もちろん実際にこれを実行することもできるだろう）。

（5）人間の社会で再び、メディアに自由な時間が独占されないようになることはあるだろうか。そのような社会を私たちが選ぶことはあると思うか。なぜそう思うのか。

新たなメディア、新たな疑問

メディア心理学はまだ新しくて発展途上の学問分野である。メディアの使い方はすべての人に影響を与えるため、日常生活におけるメディアの役割に関していえば、私たちは皆、利害関係者である。メディア利用について、人々が心の中でどんなことに最も強い疑問を抱いているか常に把握するため、私は事態の推移を見守っていきたい。次に挙げるのは、順不同だが、最近気づいたそれらの重要な疑問のリストの一部である。

◆日常生活における新たなメディアに関する重要な疑問

・どのような種類のメディアが時間を超えて生き残り、どのようなものがすぐに「次なる目玉」に置き換わるのだろうか。そしてそれはなぜか。
・私の子どもが使っている最も新しいメディアは何で、私たちはそれについて何を知っておいた方がいいのか。
・なぜ自撮りはこれほど人気があるのか、そして私たちがこんなにのめり込むことは何を意味するのか。
・メディアの「次なる目玉」は何だろうか。五年後、十年後、また二十年後に私たちはどのような種類のメディアを使っているだろう。
・ソーシャルメディアやスマートフォンなどのメディア利用の急増で起こった、新たなプライバシーの問題のすべてに、私たちはどのように対応したらよいのだろう。

・ソーシャルメディアにますます頼るようになった私たちの、人と付き合うスキルは損なわれていくのか。
・メディアは依存的なものか。もしそうなら、私たちはそれについてどうすべきか。
・メディア飽和状態の文化につきものの情報過多に、私たちはどのように対応したらいいのか。
・新たなメディア状況の中で、印刷メディアやその他のジャーナリズムはどうなってしまうのか。

学術的な研究が出版されるスピードは、シュッシュッポッポッと線路を走る昔ながらの貨物列車と同じだが、それに対してテクノロジーが発展するスピードは、都市から都市へ飛んでいく高速列車と同じである。そのため、ある問題についての研究を発表しつつ、それに関する人々の関心事に遅れずについていくのは難しい。しかしこれが、私たちが知っている新たなメディアに関することの一部である。上記のすべての質問には答えていないが、これらの重要な疑問やその根本的な概念のいくつかについて研究者が知っていることを、できるだけ多く伝えることを心がけていく。またこれらの問題のほとんどは、それぞれが軽く一冊の本が書けるような内容のため、ここではそれらを解決する試みというより、主に問題提起の方法として取り上げると考えてほしい。

現在、研究者の間で興味を持たれているトピックの一つにメディア依存がある。アルコールや薬物への依存と同様、メディア依存を心理的疾患として分類すべきかどうかが検討されている。特にアジアでは、メディア依存専門のクリニックが存在し、それらの必要性がより受け入れられている。イエロウリーズとマークス[*9]は、問題のあるインターネット利用（ＰＩＵ）について執筆した。彼らはこれを精神的疾患に分類せず、新たな病気と考えるより、特に過去に依存や衝動制御の問題があった人たちの特定の場面での問題と考えるのがおそらく適当であろうと言っている。一方、キャッシュら[*10]は、心理学的な診断のために使われる正式のマニュアル『精神障害の診断と統計マニュアル』に、インターネット依存疾患（ＩＡＤ）を含めるべきだと主張している。韓国ではメディア依存症のための専門クリニックが以前から存在している。

ソーシャル・ネットワーキングと社会的スキルについては、新たな研究が行われ始めている。ウィルソン、ゴスリングとグレアム[*11]は、これまでフェイスブックに関して行われてきた研究を展望し、それらに見られる五つのテーマを明らかにした。最もよく見られたものから少ないものまで、それらのテーマは以下の通りである。

(1) 社会的相互作用（フェイスブックは対面の相互作用と比べて、どのように社会的相互作用を変化させたか）
(2) 利用者分析（誰がフェイスブックを利用しているのか）
(3) 利用動機（なぜ人々はフェイスブックを利用するのか）
(4) プライバシーと情報公開（フェイスブック利用に関するプライバシーの問題とは何か）
(5) アイデンティティの提示（人々はどのようにフェイスブックで表現しているのか）。フェイスブック上の社会的行動に関する限り、この内容の研究では、フェイスブック利用者は異なった地理的な場所にいる人を含む友人関係を維持するため、これを利用しているということが明らかになっている。フェイスブックは、人々に霊長類の行動である社会的毛づくろいを可能にしていることがわかった。動物園で霊長類を見ると、文字通りお互いに毛づくろいをしているのが見られる（仲間の毛からノミを取るというような）。ヒト霊長類は「社会的毛づくろい」、すなわち私たちを結びつけ、絆を強めるための日常的な行動に従事する。あなたの大学時代のルームメイトの髪の毛からノミを取る代わりに、彼女のフェイスブックページを見つけて、彼女の新しいヘアスタイルが気に入ったと伝えるのである。これはあなたと彼女が離れて暮らしていて、ほとんど会っていなくても、二人のつながりを強めるのに役立つ。

フェイスブック利用者はまた、孤独感や退屈感をなくすために、ウェブサイトにアクセスすることもある。さて、ソーシャルメディアは利用者を非人間的なコンピューターの前に隔離し、人との直接的な対面接触をなくすため、私たちの人間性の根本を蝕むという考えが多く述べられてきた。それは本当なのだろうか。このことに関する研究はまだ行われてから日が浅く、さらにいえばソーシャルメディアも使われるようになってからそれほど年月が経っていない。よって現在行われている研究も予備的なものだが、そこから学ぶことも多い。最近、『サイコロジー・トゥデイ』のオンライン版でまさにこの問題、ソーシャルメディアは人間関係の損失につながるかに関して書かれたブログのシリーズが掲載された。社会心理学者のベラ・デパウロは、ある実験について詳細を述べた。その実験では、大学生が特別なことを何もしないグループ（統制群）と、フェイスブックに普段よりもより頻繁に書き込みをするグループに、無作為に振り分けられた。その結果、より多く頻繁に書き込みをした学生たちはより孤独感が減り、より人とつながっている気持ちになった。そしてこれは彼らが自分の書き込みに人からどのような反応を受けたかに関わらず見られたという。これは実に興味がそそられる研究だ。なぜなら本書を通して論じているように、相関研究よりも実験の方が明らかに有利な点があるからだ。孤独感とフェイスブックの高頻度利用の相関関係が明らかになっても、フェイスブックの利用が孤独感を高めたのか、それが何か別の反応を引き起こしてそれが孤独感を高めたのか、または孤独感が別の要因によって引き起こされたのかはわからない。この研究でデパウロは、フェイスブックの利用が増えると、人間関係の損失ではなく獲得度が増すことが明らかになったと述べている。

それではソーシャルメディアの影の側面はどうだろうか。ある程度慎重な検討をした結果の一つは、社会的な手がかりと影響が異なるため、対面コミュニケーションは、ソーシャルメディアのコミュニケーションとは常にさまざまな形で異なるだろうというものである。後者、すなわちソーシャルメディアのコミュニケーションが明らかに前者と違うのは、いつでも他の人の書き込みにコメントを付けられるという点だ。これは仲間同士のソーシャルメディアでの相互作用の状況でも起こりうるし、科学やニュースの報道といったジャーナリズムの状況でも起こりうることである。

PRニュースワイヤーの二〇一〇年の報告[*12]によると、ソーシャルメディアの利用者の四五%が、マナーの悪いことをされたため、これまでに「友達関係を拒否」し、またはその人が自分のサイトを見られないようにしたことがあるという。ソーシャルメディア利用は若者に人気があるが、大学生の中にはソーシャルメディア、特にフェイスブックを敬遠する者がいるという報告もある。[*13]大学生のソーシャルメディア行動に関する研究が明らかにしたのは、学生たちがいくら技術的なスキルを持っていても、彼らはフェイスブック利用によって受ける恩恵よりも、損失の方が大きいと感じていることである。これらの学生たちは、特にフェイスブックは時間の無駄だと感じていたり、このサイト利用が依存につながったり、プライバシーの問題が起こるという危惧があると回答していた。彼らは他者からの反響を恐れて、政治的な意見や個人情報を書き込むのを避けていた。

もしあなたがソーシャルメディアをまったく使っていないとしても、ソーシャルメディアの「友達」が自分と政治的、宗教的、哲学的にまったく正反対の意見を持っていることがわかって感じるストレスと大変さが、最近の日常会話の話題であることを知っているだろう。選挙が行われる年は、友達拒否が頻発するようである。ソーシャルメディア問題は、対面とソーシャルメディアの人間関係の作り方が異なるという事実を浮き彫りにする。一つには、ソーシャルメディアと対面の遭遇における主張の仕方には違いがある。想像してほしい。あなたは部屋に入ったとき、オンライン上で行うように、思いつきで宣言することはしないだろう。実際にこれをしたら、他者との相互作用としてはとても奇妙に見えることがわかる。ジョーがある部屋に入るなり「親として、今日はとてもつらい日だった」と表明し、一方マリアは共和党の上院議員を非難し、そしてテイラーは「待って、自撮りをさせて」と宣言する。皆が感情的になる話題についてこれらの表明が行われるときには、そもそもなぜこの人たちと「フェイスブックの友人」になり、ツイッターのフォロワーになったのかと考え始めるだろう。社会心理学者の視点からは、研究の格好の題材になる完璧な生きた実験室だといえる。これについては今のところ、いくつかの疑問点や面白い点、そして研究の成果が明らかになっている。すでに述べたように、まだ結論を出すのは時期尚早なため、今後の数カ月から数年後まで状況をよく観察し、学び続けていくことが必要だろう。

◆旧来メディアから続く根強い疑問

あなたはこれまでに、映画やテレビで見た映像によって、不快に感じて気持ちを乱されたことがあるだろうか。私にはそのような経験がある。映画『フィッシャー・キング』を見て、今まで忘れられないシーンがあるが、それはロビン・ウィリアムズ演じる登場人物が、愛する妻が突然目の前で惨殺されるのを見る場面である。また、映画『サウス・キャロライナ——愛と追憶の彼方』では、子どもがレイプされるシーンがあるが、これも同様にずっと忘れることができない。実際に、強烈な恐怖のような強い感情を呼び起こす場面は、私たちの心に焼きつけられる。なぜならそれは私たちの生存に関わることだからである。ジョアンヌ・キャンターは、マスメディアによって誘発された恐れ、不安、そして他の精神的な障害について研究してきた。キャンターらは、人が不安にさせられる映画のシーンを見て、睡眠障害や摂食障害を経験することや、精神的にそのシーンを忘れられないことがよくあることを明らかにした。そして人はそのシーンと同様の状況を避けさえもする。ある研究では、メディアで恐怖を感じたと答えた調査対象者の三分の一以上が、その恐怖の感情は一年以上続いたと答えている。そして四分の一の人が、平均六年前のことであっても、恐怖をもたらしたメディアからの感情的な影響をいまだ感じることがあると答えている。[*14]

無作為抽出のサンプルで行われた全国調査[*15]でも、子どもを持つ親の六二%が、メディアで見た何かが自分自身に起こるのでは、と子どもが怖がったことがあると答えている。実験では、家の火事や水に溺れるなどの怖いシーンを見た子どもたちが、似たようなことが自分に起こるのではないかと心配になったという。また、その子どもたちは、メディアで見た恐れを引き起こすような状況にはあまり関わりたくないとも答えていた。たとえばメディアでひどい火事の描写を見た子どもたちは、暖炉の火を起こしたがらなかった。人が溺れる描写をメディアで見た子どもたちは、見なかった子どもたちよりもカヌーに乗りたがらなかった。もちろんこのような恐怖の反応は当然だろう。自分を傷つけるかもしれない状況を避けることは、適応的な行動である。メディア心理学の視点から興味をそそられる点は、子どもたちがフィクションの情報を、現実的で自分の実際の生活に当てはまる重要なものとして受け止めていることである。

キャンターはまた、異なった発達段階の子どもたちは、メディアの物語の異なった側面に恐怖を感じていたと述べている。このことは親にとって、子どもが接するメディアを選ぶサポートをすべき時期を理解するのに役立つ。三歳から八歳までの子どもたちは、より年長の子どもたちに比べ、奇怪に見えるものや突然の動きを怖がる傾向があるという。年長の子どもは人間関係の微妙な側面の理解をより理解するにつれ、脅しや負傷や破壊に注目しがちになる。思春期になると社会的恐怖に敏感になり、よりグローバルで政治的な、そして経済的な脅威を理解し始める。このように幼い子どもは幽霊や鬼を恐れるが、年長の子どもは傷つけられる可能性を恐れ、十代になるとより広い意味の社会的な恐怖を持つようになる。キャンターはこれについて素晴らしい具体例を示している。彼女は調査した親たちの大部分が、子どもたちが『インクレディブル・ハルク』を怖がっていたと言及していたため、その恐怖の感じ方の年齢差についてさらに調べてみた。その結果、年少の子どもはバナー博士がハルクに変身するシーンを恐れていたことが明らかになった。それはその様子が奇妙でグロテスクに見えたからである。しかし年長の子どもたちは、バナーが正しい目的のために変身して悪と戦うというストーリーの文脈を理解していたため、そのシーンをあまり怖がっていなかった。恐怖に対する対処法の有効性もまた、年齢によって差が見られた。幼い子どもは恐怖を感じるメディアから気をそらしたり、目を覆ったり、ぬいぐるみや毛布を抱きしめることで怖さに対処していた。年長の子どもは、この状況は現実ではない、また自分にはおそらく絶対に起こらないと自分に言い聞かせる認知的な方法でうまく対処していた。

キャンターはこの研究を元に、親たちにアドバイスをしている。彼女の助言には、特に就寝前のテレビ視聴時間を制限すること、子どもの寝室にテレビを置かないこと、子どもたちが見ているテレビ番組をチェックして内容を知っておくこと、そして親自身が見ているテレビ番組と、子どもたちがどのくらいその内容を偶然見ているかに気をつけておくことなどが含まれている。マスメディアと恐怖反応についてもっと知りたい人には、キャンターの著書 *Mommy, I'm Scared: How TV and Movies Frighten Children and What We Can Do to Protect Them*（『マミー、怖いよ――テレビと映画はどのように子どもたちを怖がらせるのか、そして子どもたちを守るために私たちは何ができるか』）をお勧めする。

メディア・リテラシー初級講座

ほとんどの人がマスメディアに長い時間接して育つことを考えると、そしてメディアの影響力の大きさと、その影響力に関して誤解があることを考えると、明らかにある程度の教育が必要だと思われる。メディア・リテラシーを学校のカリキュラムに含めるよう提言する。ただ、「メディア・リテラシー」という用語の定義もおそらく行う必要があるだろう。メディアを使いこなせるということは、マスメディアから伝えられたメッセージと、そのメッセージが私たちの文化やその成員にどのように影響するかを理解することである。メディア・リテラシーの重要な基本的信条の一つは、社会でメディアを使いこなせる人はより力を持ち、より自由であるということだ。

私はまた、ドロシーとジェローム・シンガー[*16]の見解も気に入っている。それは、メディアを扱う能力があることは、同時に**批判的な受け手**でもあるということだ。この考えを新たなメディア（オーディオとビデオ・ポッドキャスト、ソーシャル・ネットワーキングなど）も含めたメディアの**批判的な使い手**であることと呼ぼう。この新たなモデルが意味することは、すべてのメディアを害のない娯楽と消極的に考えることを止め、メディアは私たちに影響を与えるという前提の積極的な考えに近づくことである。現在、社会で比較的消極的な使い手として私たちが行っていることの一つは、政治家のレトリックを額面通りに受け取り、その政治家が私たちのために最善を尽くしてくれると信頼していることだ。批判的に政治家の行動や動機、説得の術について分析しようとはしない。この比喩を拡大して考えると、情報を持つ投票者は政治的なキャンペーンの説得の要素を理解し、その候補者に投票するかどうかを選ぶが、その人はよく知ったうえで無批判でない選択をする。私たちは現在のメディア飽和文化を、無批判な利用者の社会から、より教養のある消費者の社会へと発展させることが必要だ。

ジェームス・ポッターはその著書「メディア・リテラシー」[*17]において、特に子どもたちや青少年に関連のある問題について記述している。その問題とは、多くのマスメディアのメッセージへの接触の仕方が、私たちの自分についての考え方を形成していることだ。彼はいかに広告主が、私たちの自分についての考え方をあからさまに操作しようとしているか述べ、なかでも特に消費者を不安で自意識過剰にさせるよう望んでいるとしている。なぜメディア企業の幹部たちは、視聴者が自分自身に悪い評価を下すのを望んでいるのだろうか。もしあなたが自分に何か足りないと感じたら、まともにしてくれる商品やサービスを買うためというのがその答えである。子どもや十代の青少年はこのような操作に対して特に無防備である。たとえば十代の心理の特徴の一つは、すべての人から自分が見られ、評価されていると考えていることだ。もちろん、社会的承認を受けることは彼らにとってこの上もなく重要であるため、それが彼らをこのようなタイプの操作に特に影響されやすくする。

他の成熟および肉体の発達に関わる問題は、十代の青少年がメディアのメッセージを独特の方法で処理することを示している。それは間違いなく、彼らの発達中の自己意識や思考や意思決定に影響を与える。デビッド・ウォルシュの著書「なぜ彼らはあのように行動するのか」[*18]はこれらの問題について詳しく述べている。簡単な例として、大人は脳の中でも難しい情報が中心的に処理される前頭葉で高度な情報処理を行う傾向があるが、十代の若者は、脳の中でも感情の処理を行う扁桃体で情報処理を行いがちである。扁桃体は怒りの感情と特に関係が深い。これは、十代の若者と他愛もない会話を始めて、時に彼らが涙を流したり、叫んだりする結果になる理由の説明になるだろう。十代の若者が「あんたなんて大嫌い！」と叫んだとき、それは彼女の扁桃体がそう言わせているだけだということを覚えていれば役に立つ。私の知る限りでは、古いことわざの通り、彼女は多分そんな状態はすぐに卒業**するだろう**。

さて、十代の時期の成熟目標の一つは、うまく親から離れること、つまり自立することだ。このことはおそらく、十代の若者が若い大人として見られたがるのはなぜか、また他人に自分の両親といる（そして子どもの立場でいる）ところを見られたくない理由の説明になるだろう。この発達の状況の中に、デジタル・デバイドの問題を当てはめてみよう。子どもは今やデジタル・ネイティブと呼ばれ、幼い頃からデジタル技術と共に育ったため、テクノロジーに慣れ親しんでいる。十代にとってアイデンティティの一部はメディアへの接し方で決まるといえるかもしれない。たとえば音楽の好みやコミュニケーションのとり方などがその例である。一方、テクノロジーを新たに学んだ親はデジタル移民と呼ばれる。近年日常的なテクノロジーが特に急速に発達したため、デジタル・デバイドは相当広がってきた。今やそれはデジタル・キャニオン（峡谷）と呼べるほどである。その峡谷の片側では十代の若者が親指を素早く動かしながら友達にメールを送っていて、もう一方の側で母親はグーグルで検索できることに満足し、またある近所の人はテレビに出てくる「ブログ」や「アバター」などの言葉がまったくわからないため、取り残された気分になっている。実のところ、多くの同僚が、iＰｏｄをどのように使ったらいいかまったく見当もつかないとこっそり私に告白してきた（同僚の方々、私は喜んで無料でiＰｏｄの使い方の秘密の個別指導をしましょう。そのヒントは、8チャンネルテープを入れようとするのをやめることです！）。結局、若者はデジタル技術に親近感を持ち、一方、年を取った人たちはしばしば自分がその技術に関して無能で無知（もちろん、その二つは異なるが）だと感じる。テクノロジーの使い方には、他の要因と同様、職業や教育歴によっても違いがあると考えられる。しかし、親と子どもにとって、彼らを隔てるデジタル・キャニオンがもたらす結果の一つは、親が子どものメディア利用で監視できない部分がある可能性を感じることである。実際に、あるメディア利用が存在することさえ、親は気づいていないかもしれない。このような状況は、これまでの他の世代の親子には見られなかったものだ。

マスメディアの批判的な利用者としての素養をさらに身につける

メディアのメッセージに表れる説得的な情報のレベルの例を考えてみよう。この分析は、映画、郵便受けに入れられる政治的なチラシ、またフェイスブックの画面に現れる広告のどれにも同じように当てはまる。さて、著名なコミュニケーション学者であるジェームス・ポッターが述べた、メディア・リテラシーは多次元だということから始めると、メディア・メッセージは多次元で、一つのメッセージにさえもいくつかの意味の層が重なっている。ここでは比喩的に述べるとわかりやすいかもしれない。対面での会話をしている二人の友人同士が、飲酒に問題を持つもう一人の友人のことを話しているとしよう。一人が相手にこう言う。「私はキャリーのことが心配だわ。彼女が今夜パーティへ行って飲んだら、その後誰と一緒に家に帰るかわからないじゃない」。さて、このコミュニケーションのいくつかの異なるレベルについて見てみよう。ポッターはマスメディアのコミュニケーションを四つの次元に分けて考えている。それらは認知的、感情的、感性的、そして道徳的な次元であり、私たちの会話にも当てはめられる。認知的なレベルにおいて、ここでは情報が共有されている。友人を心配する表現と、その心配の理由である。感情的なレベルでは、会話をしている人たちの感じているさまざまな感情、ここでは心配や不安を読みとることができる。感性的な次元は会話者の直観的な判断であり、話し手としての様子から見て、彼女が本心から語っているのか、またはそう見せかけているのかを判断する。そして最後に道徳的なレベルは、価値観と関連している。話し手は自分の友達として、どのような行動が適切だと判断を下しているのだろうか。

　さて、次にメディア批判に戻ると、メディア・メッセージもこれら四つの次元で判断することができる。そこで、私たちの多くがこれまで見たことのある「男性向け強壮剤」の電子メール広告を例に挙げてみよう。認知的レベルでは、批判的な能力のある受け手は、次に挙げるようなさまざまな基準について、広告メールの中の事実情報を分析する。この薬はどんな効果があるとされているのか。その効果は得られそうか。その薬がもたらす効能を人が必要とするかが確認されているか。感情的なレベルについては、広告メールの制作者がどのように受け手に感じてほしいかが分析できる。あなたが自分の特徴について不安に感じ、お金を使ってほしいと思っているのか。この製品は自分の人生を変えると思って胸を躍らせてくれることを期待しているのか。感性的なレベルでは、広告にある写真（おっと！）や、すべて大文字で強調された文章や、工夫されたその他の特徴は、あなたの感性に訴えて興味を引いただろうか。この広告を書きながら、制作者たちが消費者のことを馬鹿にしていたという感じを受けただろうか。または、最低でも消費者の弱みにつけ込もうと考えていたと思うか。広告の工夫は、読んでいるときにいやらしい、または恥ずかしい感じがするものだったか。最後に、道徳的レベルでは、この広告から制作者が読者に受け取ってもらいたかったのは何だと思うか。読み手は「自分で自分を守れ」と言われて、他の男性と性的能力を競い、この薬を必要とするよう感じるべきなのだろうか。ポッターが述べたところによると、メディア・メッセージに内在する価値観に気がつくと、「これらの価値観に関する判断は、より洗練され、より筋の通ったものとなる。道徳的テーマをきちんと知覚できるのは、メディア・リテラシー能力の高い人である」。

　もちろん、すべてのメディアによる操作が、よくある男性用強壮剤のメール広告と同じくらい狡猾なものであるわけではない。ここでアメリカのメディアにおける象徴的な出来事の例を取り上げ、ポッターのメディア・リテラシーの原則を当てはめて調べてみよう。一九七〇年代後半、テレビドラマのミニシリーズ『ルーツ』が放映された。アレックス・ヘイリーの小説 *Roots: The Saga of an American Family*[訳註6] が原作のテレビドラマ『ルーツ』は、ヘイリーの祖先とアフリカ系アメリカ人の奴隷としての経験を基にした物語である。『ルーツ』はエミー賞をいくつも受賞し、アメリカ史上三番目に多く見られたテレビ・イベントとなり、すべての人種的背景を持つ人々の興味を引き、偏見と差別の問題に人々の注意を引きつけた。このドラマには、クンタ・キンテ（ルヴァー・バートンが演じた）という名の奴隷が、トビーという奴隷名をつけられることを拒否して、鞭で残酷に打たれる有名なシーンがある。映像の歴史の中でも重要なその瞬間には、いくつかのメッセージが伝えられていた。奴隷は不服従に対してひどく鞭うたれるという情報（認知的次元）、このシーンを見て脅かされる感情とともに、このような非人間的な扱いは非難されるべきだという道徳的なメッセージ、そしてさらにこの現状は道徳的に誤っているため何とかしなければならないという一般的なメッセージである。これらすべては感性的な文脈、鞭が無慈悲に打たれるときのクンタの背中、痛みによる彼の叫び、そしてこの経験を耐え忍びながら彼が流す涙の描写で伝えられていた。繰り返すと、一セットのとても強烈なメッセージが作られて、受け手はそれらすべてを解釈したのだ。今日のメディア多様化の状況であれば、番組を見た人が、自分の考えをブログやこれらの問題を議論するソーシャル・ネットワーキングのサイトで共有することも可能だろう。

メディアを批判的に用いることで得られる教訓もある。能動的で批判的なメディアの使い手は、メディア・メッセージについてさらに深く考える。彼らは何も考えずにただ受け取るだけではない。批判的な使い手は、メディアはある意図を元に作られているということを理解している。その意図は単に受け手の注意を引くことが目的のこともある。そうすれば、受け手があるテレビ番組やウェブサイトやビデオ・ポッドキャストでの広告を目にするからである。

メディアの目的は単に楽しませることだ、とどれだけ多くの人々がこれまで私に言ってきたか、メディア研究

訳註6：安岡章太郎・松田銑（訳）（一九七七）『ルーツ』社会思想社。

者としては語りつくせないほどだ。メディアの批判的な消費者になるためには、救いようがないほど甘いこの考えを却下しなければならない。メディアが制作される一番の理由は、お金儲けである。私が見てきた限り、プロデューサーたちは、収益を維持するためなら必死になって何でもする。もちろんメディアに意味のある内容がないということではない。前述したように、多くのポジティブな、そして娯楽的なメッセージがメディアにはある。さらに多くのメディアの影響を知るためにメディア・メッセージの分析をすることに加え、メディア・リテラシー能力の高い人のもう一つの評価点は、どのメディアを消費するかを能動的に選択することだ。あなたがもし自分のために、または自分の安心のためテレビを見すぎていると思ったら、あまり見ないようにしようと気をつけ、何を見るかよく考えようと留意することができる。研究によると、人は自分で自分の行き先の舵を取り、責任を持っているときに最も幸せで健康である可能性が高いという。

メディア・リテラシーの能力が不足していれば、現実生活の経験のように、人の生まれながらの性質に従ってメディア・メッセージが取り込まれるだろう。もし映画で悲しい感情を呼び起こすために悲しい音楽が流されたら、批判的な見方ができない受け手は、単純に悲しく感じるだけだ。そこでその人はそれを分析したりしないし、制作者が感情を喚起させるためにそのシーンを創りだしているということにも気づいていない。ここで、もう一つの社会心理学的な問題、日常的な経験によく見られるメディア・メッセージが、どのように文化の形成に貢献しているかという幅広い分析について、さらに深く見ていこう。

文化の社会的構築

メディア・リテラシーの基本的な信条の一つは、メディアを通して私たちが経験することは、私たちの文化の形成に大きな役割を果たすということである。この見方についてよりよく理解するには、まず文化の定義から始める必要がある。私たちの文化は私たちが共有する現実であり、共通の経験やコミュニケーションによって作られ、維持される。文化には共有された信念、価値、そして規範などの社会的に構成された意味が含まれる。たとえばかぎ十字は、世界中で知られたナチスの活動を意味するシンボルである。同じことがメディアによって作られた空想の産物にもいえる。もしアメリカの小学校の教室、大学寮、教会やショッピングモールに私がライト・セーバーを持って入っていったら、そこにいる人たちは果たしてそれが何かわかるだろうか。賭けてもいいが、メディアによって作られた空想の物なのに、ほとんど誰もが、ライト・セーバーは私たちの文化の産物であることがわかるだろう。この概念を別のレベルで考えると、『スター・ウォーズ』のライト・セーバーのおもちゃも売られているし、アメリカ人の男の子であれば、兄弟と一緒にライト・セーバーのおもちゃでルーク・スカイウォーカー対ダース・ベイダーごっこをして育ってきたかもしれない。ルークやダース、そして彼らのライト・セーバーは、マスメディアによって作られた架空の存在にもかかわらず、それらはすべて文化的な象徴、私たちの共有する文化の明らかな一部なのだ。

力と解放について

メディアを売る人たちや、好ましくないコンテンツを含むメディアを作る人たちの権利を擁護する人たちは、多くの場合、自由を促進したいという。この場合の自由とは、メディア制作者の表現の自由のことである。彼らはまた、どのようなメディア批判も検閲をしようとする試みだというレッテルを貼って、この自由の見方を支持しがちである。好ましくないコンテンツを阻止し、そのようなコンテンツを放送する時間を制限することは、本当に検閲なのだろうか。または、検閲とはメディア・セールスから利益を得る人に役立つ言葉なのだろうか。「フレーミング」について話すのは、ここが最適のタイミングである。メディアでお金儲けをする人たちがメディア批判を「検閲」と呼ぶとき、彼らは自分たちの議論を「フレーミング」し、自分たちが定義した見方と同じように受け手が考えてくれることを望んでいる。フレーミングはメッセージが作り出す印象を操作するため、影響力のある、時に感情的な言葉を用いる。この場合、メディア企業の経営者たちは、検閲という概念がアメリカ人の性質と相いれないことを知っている。アメリカは自由を基に作られた文化であるため、「検閲」という言葉は、私たちが反発する権威主義的な自由の拒絶を暗示する。「検閲」と「自由」という言葉を使うことは、彼らが有利になるように物事をフレーミングする手法である。実際に、説得法を研究する社会心理学者たちは、これらのタイプのフレーミングは社会の中でも特に知力の**低い**人々に効果的だということを知っている。それはなぜか探ってみよう。

ジョン・カシオッポとリチャード・ペティ（**あの**リチャード・ペティではない）[訳註7]は、説得の心理学の研究でよく知られる社会心理学者たちである。カシオッポとペティによると、[*19]コミュニケーションの受け手は、普通「中心的」か「周辺的」ルートのどちらかで説得されるという。中心的なルートでは、人はメッセージの内容や議論について考慮する。周辺的なルートでは、浅いかまたはほとんど関係のない情報が考慮される。たとえば、あなたが子どものバックパックに入れて学校に持たせる消毒液を買いたいとする。そこで、あなたが優しく魅力的な母親が子どもにジャーミネーターを渡すコマーシャルを見て、ジャーミネーター・ブランド（ジャーミネーターとは、雑菌退治という意味。特許出願中）の消毒液を買うことを説得されたとしたら、それは周辺的な手がかりが影響を与えたからである。しかし、もしあなたが手の消毒液に関する事実情報（たとえばどのタイプの雑菌がどの程度の速さで消毒液によって退治されるかといった）をまとめた『コンシューマー・レポート』の記事を読んだとしたら、それは中心的な、意味のある手がかりがあなたを買う気にさせたのだ。

メディア批判が検閲だという議論に戻ると、そのような議論に動かされやすい人は、「検閲」は悪い言葉だという周辺的な手がかりに反応しやすい人だということがわかる。検閲は、好ましくないという部分を取り除くため、他者の自由を制限して、彼らのために倫理的な選択をする。メディア批判は検閲でも制限を押し付けることでもない。むしろ、理解することや疑問を呈すること、そしてメディア消費によって起こりうる結果を示唆することを含む。消費者を操作することで利益を得たい人々は、「検閲」という感情的な議論を引き起こす言葉を用いて自分たちの目標を達成しようとする。彼らが用いるもう一つの戦術は、メディア研究は間違っている、または、メディア研究ではメディアが人に影響を与えている結果は示されていないと非難することである。どちらの主張も事実無根である。皮肉なことに、第一章で述べたように、人は自分が操作されている（メディアによって検閲され、制限され、影響される）と感じたくない**という理由で**、実際に自分たちを操っている、それもお金儲けのために**操っている**人々を擁護してしまう。メディアの収益で儲ける人々にとって、これは何と完璧な状況だろう！　彼らの操作に最も引っかかりやすい人々は、結局彼らの最大の擁護者になるのだ。この罠から抜け出せるただ一つの方法は、知識を増やし、メディアがどのように機能し、メディア・メッセージが私たちにどのような影響を与えるかについて理解を深めることだ。言い換えれば、メディア・リテラシー能力を高めれば、私たちは力と自由の両方を取り戻すことができるのである。

「検閲」は、感情に訴えメディア・ディベートを枠づける唯一の言葉ではない。もう一つのよくある操作の試みは、メディア批評家を「人騒がせな人」と呼び、また彼らが「人々を怖がらせようとしている」と言うことだ。もしある医者が、不健康な食生活は健康の問題に高いリスクをもたらすと知らせたら、その医者はあなたを怖がらせようとしているのだろうか。そうではない。少なくとも不当に怖がらせようとはしていない。専門家が情報を与えるときは、人騒がせな人とは呼ばれない。これはメディア・リテラシーの事実である。学校に行き始めた子どもたちのなかで、テレビを見る子どもほど語彙が少ない。心理学者として私はあなたを怖がらせようとして

訳註7：同姓同名の有名な元レーシング・ドライバー。

いるのか、それともびっくりさせようとしているのか。否、私は教育者であり、あなたを教育し、力を与えるためにそれを伝えている。心理学者は人々に健康であってほしいと思っている。この国では選択の自由があり、私たちは恵まれているが、選択の自由にはその選択の結果がついてくる。無知な選択は結果を台無しにする。自由な選択は必ずしも解放にはつながらない。

フィクションと現実、または物語の再検討

第一章において、もし人々がメディアの物語を虚構、またはフィクションだと理解したら、それらの物語の内容には影響されないという神話について述べた。この誤った認知があまりに広がっているため、さらにこの「フィクション／現実メディア神話」の役割について詳細に述べる。さあ楽にして、私と一緒にテレビ番組『怪しい伝説』[訳注8]に似た内容を体験しよう。

フィクション／現実メディア神話の誤りを証明する第一歩は、現代のメディアの本質は何かを考え、それが過去の何と置き換えられ、または拡張されたかについて考えてみることだ。現代のメディアの最も人気のある形態（テレビ、映画、ビデオゲーム）は、基本的に物語のハイテク版である。著名なメディア研究者ジョージ・ガーブナー[*20]は、メディアが物語の役割を持つことについてしばしば述べている。デビッド・ウォルシュの研究[*21]でもこれらの点が強調されている。人々はずっと物語を聞かされてきた。物語を語ることは、社会のシステムの中の基本的な部分である。映画は、本や演劇と同様、人々の人生経験についての物語を語る。マスメディアの社会的な力と影響を理解するには、私たちは物語に関する基本的な疑問点に立ち戻って、自分自身に問う必要がある。なぜ私たちは物語を語り合うのか。物語を語るのは誰か。物語を語る人の目的は何か。誰が物語を聞く人か。物語を聞く人はどのように物語に影響されるのか。

さて、昔からの古典的な物語の形を調べ、現代にマスメディアを通して伝えられる物語と比べてみよう。たとえば、長い間語り継がれている物語の形としては、聖書に見られるたとえ話が挙げられる。典型的な例は、善きサマリア人のたとえ話である。この誰もが知っている物語は、助けが必要な怪我をした男が、外見から判断する限りきちんとした人たちからは助けてもらえず、助けてくれるとは思わなかった人から親切にされるという物語である。たとえ話には教訓が含まれる。この場合、物語の中の教訓は、正しい行いをしそうな人が必ずしも正しく行動するとは限らないというものだ。なぜイエスはこの物語を語り、そしてなぜ彼の追随者たちはそれを繰り返すのだろうか。たとえ話の目的は、重要な教訓を伝えることだ。なぜ物語を使わずに、単に教訓をそのまま伝えないのか。それは物語には聞き手を関与させ、聞き手の理解をより深めるのを助ける力があるからだ。物語を聞くとき、私たちは登場人物や彼らが遭遇する苦境に同一視する。私たちは自分がその状況にいたらどうするか想像する。物語はたとえ話であり、人々はたとえ話をより深いレベルで理解する。

次にもう一つの物語、人間の歴史の中で人々に共有されてきたイソップ物語について考えてみよう。イソップ物語は、たとえ話を用いて教訓を教えようと考えられた物語をまとめたものである。たとえば、キツネとブドウの物語を取り上げてみよう。のどが渇いたキツネが、木から美味しそうなブドウの実がぶら下がっているのを見て食べようとするが、手が届かない。キツネはそこから立ち去りながら、どうせあのブドウは酸っぱいブドウだろうと言う。この物語の教訓は何だろう。キツネとブドウの物語を聞くと、私たちはキツネと共感する。のどが渇くのはどのようなことか、私たちは知っている。必要なものを手に入れようとして拒絶されるのはどんなにフラストレーションがたまることか、私たちは知っている。味わえると思った何かが本当に欲しくて、でも手に入れられずに立ち去るのはどんな気持ちか、私たちは理解できる。物語を聞きながら、私たちはキツネの気持ちに

訳註8：アメリカの都市伝説などを検証する番組。

なって考え、「酸っぱいブドウ」の味を感じることも含め、単に手に入らなかったから拒否したくなる気持ちも感じる。その喪失感があまりにつらくて、私たちはその欲しいものが欲しくないと、自分自身を納得させるようにするのだ。もう一度繰り返すと、それは単に教訓だけではない。物語を語ることは、それ自体が教訓をより豊かで意味深いものにする。簡単にいうと、物語は他の人の経験を代理的に経験し、共有することである。私たちは登場人物のように感じる。彼らを通して私たちはその状況を生きる。何よりも、その経験は私たちにとって意味があり、登場人物とそれを共有することで私たちは変わるのだ。

メディアのイメージと物語を通した社会的学習

たとえば『セサミストリート』や『マジック・スクール・バス』[訳註9]のようないくつかの子ども向けの番組を除き、私たちは普段メディアを教育的なものとは考えない。しかし、メディアは素晴らしい教師である。メディアの典型的なメッセージから、私たちはどんな種類の教えを学んでいるだろうか。たとえば、私たちがテレビで友人同士のグループが馬鹿げたことをして楽しんでいるコメディを見るとする。これは単なる娯楽だといえるだろう。この番組を見て私たちが学べることは何だろうか。そこには多くの人間関係に関する知恵があり、実際に私たちはこのような情報を鋭く観察しているのだ。たとえば、この友人たちは性的な関係があるのだろうか。彼らはグループ内の複数の人と関係を持っているのか。もしそのことを他の友人たちが知ったらどう反応するだろう。ユーモアを持って対応するだろうか。不特定多数の人と性関係を持つことを彼らはどのように考えているのか。その結果はどうなるだろう。望まない妊娠や性感染症は登場するのか。また、登場人物はどのような外見か。魅力的で、痩せていて、筋肉質で、よい身なりをしているか。彼らはどのように日常を過ごしているのか。彼らは何を面白いと思っているのか。誰を馬鹿にしているのか。何を重要だと思っているのか。最近の研究で、性的な描写のあるテレビ番組の視聴は、十代の若者の妊娠のリスクを高める要因だという結果が明らかになっている。問題なのは、テレビ番組は性行動がもたらす現実の結果を見せないことだ[*22]。

いろいろな意味で、私たちが、テレビでの人間関係の相互作用を見ることでどのように振る舞うべきかを学んでいることがわかるだろう。私たちはどのような行動が褒められるかを学ぶ。心理学者たちはこれを代理強化と呼ぶ。もし、テレビの登場人物が手当たり次第に周りの人と性的関係を持ち、得をしていたら、私は、若くて魅力的な若者たちがこの行動が良いと思っていることを遠くから学習する。また性的乱交はほとんどネガティブな結果をもたらさないということを代理的に学ぶ。研究の結果、この種のメディア・メッセージを受け取った子どもたちは、メディアの中で見たことを基に、実際に自分自身の対人関係を変化させることが明らかになっている。つまり、人は何が社会の中で受け入れられているか、そして何が報酬をもたらすかといった価値観を、メディアから学んでいる。彼らはまた、他者の期待や行動の結果も学ぶ。

メディアのストーリーは虚構だろうか。もちろん、そうともいえる。ある物語や登場人物は空想上のものである。それは、これらの物語やイメージが現実的でないということを意味するのか。そうではない。物語は受け手にとってとても現実味があり、現実の人々が行動する、あるいは行動すべき様子を、そして現実の人々がある行為で報われたり罰を受けたりする様子を物語が表現していると受け手は想像しているのだ。テレビ女優は役を演じているということを私たちは知っているが、しかしまた彼女が演じる物語には意味があるということも理解している。これはなぜか。再び繰り返しになるが、マスメディアが生活にこんなに行きわたる前は、私たちは社会的な情報を得るのに現実の対人相互作用に頼っていた。私たちは同じ村や町の他の人たちがしたことや、その人たちの身なりや、どんなことに価値を置いているか、他の人がその人の行動についてどのように反応しているか

訳註9：子ども向けの絵本およびそれを原作としたテレビアニメ。

を観察し，その結果から学んでいた。これが社会的学習の概念の土台にある考え方である。私たちは適切な社会的行動の例を他者から学ぶ。このようなことをする大きな理由の一つは，私たちの社会がよりスムーズに維持されることに役立つからである。ある集団のすべての人々が集団の規範や役割を理解したら，彼らはより効率的に生活し，働くことができる。

また，進化論的な観点から見ると，適切な社会的行動を学ぶことは適応的である。たとえば，性的乱交は性感染症や望まない妊娠，嫉妬などのネガティブな結果を引き起こしがちであると仮定しよう。これらの問題を避けるためには，社会は全体の利益を考えれば，性的乱交を罰することを選ぶだろう。ゆえに，集団の中の人々は，一夫一妻制や，より保守的な性行動に価値を置き，それらを支持しなければならない。過去には，このような社会的学習は少人数の集団の中で行われてきた。現代のメディアによって，私たちは自分のロールモデルを，いわばメディアを通して見るすべての人に拡大してきた。とはいうものの，メディアは社会的な集団の最も適応的な行動を表すという目的でロールモデルを描いていない。どちらかというと，私たちの注意を引くための行動を選んで描写している（これについては後述する）。その結果（時に非意図的であるが），その描写により頻繁に接して，より極端な行動が良いと学んでしまい，それらが私たちにとって普通の行動になってしまうのである。

さらにもっと教訓を述べれば，すぐにはわからないものからあからさまなものも含め，私たちはメディアでの社会的相互作用を見て学ぶことができる。すでにメディアを通して価値が伝達されることについては述べてきた。集団のメンバー，たとえば女性や少数派の人々の描かれ方の，メディアを通した影響についてはどうだろうか。同様に，メディアが女性のイメージを描くときは，視聴者の注意を引くために描写するが，しかし同時に女性のステレオタイプ的または不利な姿を描写することもできる。メディアの中のジェンダーの人為的な描かれ方の影響の研究については，後ほど議論していく。

疑似的人間関係、あるいは「私はあなたのこと知っていますか」

画面を見つめる時間が長くなり、実際の人間を見る時間が短くなると、私たちはマスメディアに出てくる人物と疑似的な関係があるという奇妙な感覚を持つことになる。コミュニケーション研究者はこれらの状況を「疑似的人間関係」と呼んでいる。また、メディアを通した社会的相互作用と呼ぶこともできるだろう（メディアを通した、というのは、たとえばテレビが仲介したということである）。例を挙げると、私たちはビル・クリントンの伝記を読んだ後は、彼のことを知っているような気がする。私たちはまた「ザ・デイリー・ショー」のジョン・スチュワートが自分のジョークを笑ってくれていると夢想したり、密かにジョニー・デップやグィネス・パルトローに思いを寄せて、いつか彼らと相思相愛になることを夢見たりしているかもしれない。心理的にいうと、メディアに登場する人物と関係を持つというこの感情は、実際に意味を成す。私たちはある人を遠くから個人的に知っていると感じるこの逆説的な社会的状況に、生物として対応できていない。メディアを通してある俳優が笑い、泣き、そして自分に秘密を打ち明けてくれるのを見ると、あなたがその人を知っている気になるのもうなずける。結局あなたの脳は、画面の中でグィネスが泣いているのを見るのと、隣に座りながら見るのを区別するように作られていない。とはいえ、ここでは実際の人間関係を、メディアを介した疑似的な関係と置き換えるとどんな結果になるかという疑問が残る。結果の一つは、私たちは生身の人間と付き合うことを短くして、より長い時間を、他の人が生活を送る様子、あるいはそのふりをしているところを遠くから見ることに費やす。私たちはまた、メディア以外で出会うよりも多くの異なった情報や価値観、信念、最優先事項、そして人々に触れるが、この接触はさまざまな影響を与える。

ソーシャル・ネットワーキング・サイトの社会心理学

二十一世紀の初め頃、マイスペースやフェイスブックのようなソーシャル・ネットワーキング・サイト（SNS）が登場し、今や若者が他者と相互作用し合う状況の大きな一部となっている。もしあなたがソーシャル・ネットワーキング・サイトを知らなければ、それは基本的には個人がプロフィールを投稿し、他の利用者とさまざまな形でコミュニケーションがとれるウェブサイトのことを指す。たとえばフェイスブックでは友達の「ウォール」に書き込みができる。それは、その友達の知り合いも見ることができる電子黒板にメモを貼り付けるようなことを意味する。あなたは、現在していることを友達に教えることができ、それを何度も好きなだけ更新することもできる。好きな音楽や映画についての情報を投稿することもできるし、どの政治家の候補者を支持しているかも投稿できる。より若い年代の子ども向けの似たようなサイト、たとえばウェブキンズも登場し、そこでは子どもがぬいぐるみの動物を買って、それと同じキャラクターにオンラインでアクセスする。マイスペースは一億人の利用者がいるが、メディア心理学者のデビッド・ウォルシュにいわせると「マイスペースの小学校バージョン」であるディズニーのクラブペンギンは、今や四百万人の加入者がいる。[*23]

二〇一五年に *The Pew Internet and American Life Project*（『ピュー・インターネットとアメリカ人の生活プロジェクト』）は、十代の若者（十三歳から十七歳）の九二％が毎日インターネットにアクセスしていると報告している。[*24] この統計の結果は、その後もだいたい変わらない。変化したのは、今や十代の二四％が、スマートフォンの普及によって「ほとんどいつもインターネットにアクセスしている」と答えていたことである。二〇〇七年の報告では、親は子どもたちが実際の半分の時間しかオンライン状態でないと考えていた。十代の約七五％はスマートフォンを持っているか使える状態にあり、十代のアフリカ系アメリカ人ではその数が八五％にも上る。

二〇〇七年の報告書で、ピュー・リサーチセンターの研究者たちは、十代の若者に毎日どのように友達と付き合っているかを尋ねている。十代の若者は次のような順番で付き合い方の好みを述べていた。固定電話で話す、携帯電話で話す、直接会う、テキスト・メッセージを送る、インスタント・メッセージを送る、SNSでメッセージを送る、最後で**そして**最も少ないのが電子メールを送る、である。携帯電話を持ち、他のハイテクのコミュニケーション・ツールを使う「多チャンネルの十代」は、携帯電話やテキスト・メッセージを好んでいるとはいえ、電子メールを最下位としている。実際のところ、この報告書が発表されたとき、メディアは「電子メールは年寄りのためのもの」と報じた。

社会心理学者として興味深く感じるのは、なぜ十代の若者は電子メールよりも携帯電話やテキスト・メッセージを好むのかということである。それは、彼らはどこにいても友達に直ちに連絡を取りたいからである。また多チャンネルの十代は、友達と一緒に過ごすより、携帯電話で話す方が二倍も好きだということも興味深い。実際に直接友達と会って話すというのは、優先順位としてはリストの下位にあり、電子メールよりもましなだけである。

もしあなたが電子メールは年寄りのためのものと考えるのであれば、フェイスブックはどうだろう。最近、若い人はフェイスブックを使わないという噂を聞く。これは実は真実ではない。フェイスブックは利用者の年齢にかかわらず、現在でもインターネット上で最も利用されているサイトである。そして、フェイスブックは現在でも、圧倒的に十代に最も多く使われているソーシャルメディアである。「ピュー・インターネットとアメリカ人の生活プロジェクト」は、十代の七一％がフェイスブックを利用していると報告している。それに続くインスタグラムは五二％、スナップチャットは四一％、そして三三％がツイッターを使っている。また十代の若者は一番頻繁に使うソーシャルメディアとしてフェイスブックを挙げている。この報告書はさらに、スナップチャットは高所得家庭の十代に使われる傾向が高い、女の子は男の子よりもインスタグラムを使う傾向があり、男の子は女の子よりもビデオゲームを使う傾向があることを明らかにしている。十代の男子の八四％、女子の五九％がオンラインや携帯でビデオゲームをプレイすると答えていた。

ソーシャル・ネットワーキング・サイト（たとえばフェイスブック）や、写真や動画の共有サイト（たとえばインスタグラム）のようなサービスは、直接ではないにしろ、人々が友達皆と何かについて会話することができるという強みがある。たとえばあなたが、大学寮のルームメイトがタオルを体にかけて寮の部屋に座っている動画をユーチューブに投稿したら、友達全員が誰でも見られるコメントを投稿することができる。ピュー・リサーチセンターの調査によると、十代のほとんど九〇％が、写真を投稿すると人がコメントを書き込むと述べている。携帯電話では写真や動画を友達皆に同時に送ることもできるし、それが直ちに受け取られて、彼らがあなた個人や友達全員に返事を送ることができる。子どもたちはこのような即時性を楽しみ、新たな技術で可能になった機能でグループの友達全員に同時にアクセスする。

私はフェイスブックのプロフィールを持っている。最初私は、ソーシャル・ネットワーキングのブームに乗るのを拒否していた。正直にいって、大学教授として、もしソーシャル・ネットワーキング・サイトにログインしたら、私が教える学生たちの、人に見られては困るような恥ずかしい写真（違法な飲酒の写真や、露出度の高い服を着た女子学生の映像など）がいっぱい出てくるのではという漠然とした不安を持っていた。私はただそのようなイメージを持ちながら教室に行きたくなかったのだ。私はそう感じる唯一の教師ではない。最近中学校の教師がソーシャル・ネットワーキングについての記事を書いていた。その中で、彼女は最初にソーシャルメディアのサイトをくまなく見たとき、彼女の生徒たちがプロフィールで、中毒性の薬物を使っているとか、本当の年齢よりかなり高い年齢だとサバを読んでいることに気がついたことから話を始めている。彼女はこれらのサイトを見て、そして生徒たちと話をした結果、子どもは以前と同じようなことをしているだけで、今は新しいやり方でそれをしているだけだということに気がついたという。たとえば子どもは実際にはしていなくても、悪いことをしたと自慢する（もちろん、なかには本当にしている子もいる）。子どもは、好きだとカッコいいと思われるバンドを好むことで、自分の個性を主張する（彼らは他の誰かに似ているから個性的なのだ。これは昔からの十代の特徴だ）。言い換えれば、いつも同じということだ。

十代は愚かなことをする時期、という格言がある。社会的相互作用がどんどんデジタル化されて、これらの愚かなことがより広い範囲の人々により長い時間見られてしまうのだ。簡単にいえば、これらの新しいテクノロジーの中には子どもたちが容易に過ちを犯せるようなものもあり、それが多くの人前で恥をさらす結果になり、また損害を被るという結果につながる。高校で英語を教えている私の友人が最近教えてくれたのだが、ある女子生徒が自分のヌード写真を携帯電話で撮り、ボーイフレンドの携帯電話に送っていたことが、学校で噂になっていたという。ご想像の通り、そのボーイフレンドはすぐにその写真をコンピューターに保存して、送れるほぼ全員の人に電子メールで送ったのだ。

オンラインのソーシャル・ネットワークのもう一つの社会心理的側面は、対面の社会的相互作用はサイバー上のものといくつもの面で異なる特徴があるということだ。前述したように、多くの研究者が、人々は同じ人に面と向かうよりも、オンラインではとても意地悪になりうると述べている。これはなぜだろうか。一つには、普通ならその場ですぐに人が見せる顔の表情、ボディ・ランゲージ、声のトーン、その他の手がかりについて直接感じることができないことが、行きすぎたことをさせてしまうからだろう。また、ブログやチャットルームで、個人が責任を持っている場合、またはその相手と長期間の関係を続ける必要がある場合には言わないようなことを、匿名であると言えてしまうことがある。あわてて書いたコメントが、文字通り世界中のウェブサイトに載って重みを持つようになり、それが悪い人の興味を引いたり、特に受け手を傷つけたりすることもある。

ＯＭＧ（オーマイゴッド）――私の初めてのスカイプ会議

他にも、サイバースペースと現実の世界を比較すると、社会的やり取りが異なる場合がある。たとえばサイバースペースには、大人向けのアダルト・コンテンツの新たなアクセスポイントがある。その例を、私の最初のスカイプ会議について話すことで示そう。スカイプは、電話で話すようにおしゃべりができる（またメッセージも送れる）インターネットサービスである。そしてライブ動画をどこからどこへでも無料でやり取りすることができる。私の研究仲間のカルロ・ファブリカトレ博士は、イタリアのローマにあるビデオゲーム開発会社のＣＥＯである。私たちが共同研究を始めたとき、カルロはスカイプでバーチャル会議をしようと提案した。それは素晴らしいアイディアで、インターネットと新たなテクノロジーが可能にした素晴らしい例といえる。カルロはイタリアにいて、私はアメリカにいたが、まるで同じ都市にいるように研究のミーティングをすることができるのだ。

私はスカイプを使ったことがなかったので、インターネットにアクセスして、必要な無料のソフトウェアをダウンロードし、アカウントを作った。約束した時間に、私たちはログインして話し始めた。多くのことを話す必要があった。私たちはある研究を計画していた。また、カルロはとても有能な人で、これらの内容を英語で話していた。英語はイタリア語、スペイン語に続く彼の三番目の言語である。しかも彼はコンピューター科学者であり、私は心理学者である。そこで私たちは異なった視点を提供し合った。私は以上のようなことをずっと考えていて、次に起こることにまったく無防備な状態だった。すると、性的に思わせぶりなチャットのメッセージが世界各国の知らない男たちから私に送られ始めたのだ。次に男たちから挨拶の電話がかかってきた。私はウィンドウを閉じ通話を切った。何も知らないカルロは研究について話し続けている。それではまだ足りないかのように、次に起こったことは私の度肝を抜いた。世界中の見知らぬ男たちから、ポルノ動画が送られてきたのだ。さて、あなたはポルノ動画とは何を指しているのか、気になるだろう。はっきりいうと、それらはカメラがペニスを正面から撮った裸の男の動画であった。私が同僚と研究の話をしようとしていると、チャットウィンドウが勝手に開いて「ヘイ、カワイ子ちゃん、いやらしい話をしたいかい?」といったメッセージが送られてきた。そのうち電話がかかってきて、男たちが「もしもし、もしもし!」というのが聞こえた。そしてペニスの動画が私のコンピューターの画面のあちこちに開いた。その間ずっと、私は必死にウィンドウを閉じ続けていた。

最終的には、私は状況をカルロに説明せざるをえなくなり、私たちは大笑いした。彼は設定をチェックし、何が問題なのかを調べるのを手助けしてくれた。私は設定をしたとき、私の知り合いの連絡先の人だけが自分の情報(簡単なプロフィールと写真)を見られるようにしたつもりだった。ところが一つだけ設定を変えていなかった。私は選択をする際に「私にスカイプして」というところを選んでいたようなのである。明らかにそれは「私に裸の動画を送って」の婉曲表現であった。カルロはとても好意的な表現で、私の「人気問題」を解決したとから かった。私の設定は変更され、私たちは邪魔をされずにスカイプ会議を続けることができた。会議中にいきなりポルノ画像やメッセージがコンピューター画面中に開く、という問題に対処しなければならないことを、誰が想像するだろう。繰り返すが、新たなテクノロジーは多くの好機をもたらすが、新たな挑戦もまた生むのだ。

最初にこの章を始めたように、変化し続けるメディアにあふれた世界を乗り切るには、興奮(しゃれで言っているのではなく)と不安の両方の多くの理由が存在するということを言って締めくくる。親である私たちにとって、子どもたちが使っているテクノロジーに慣れ親しむことには時間がかかる。新しいテクノロジーを学ぶときに、人は時に自分のふがいなさを感じることを私は知っている。しかし、元気を出してほしい。信じないかもしれないが、私たちの子どもが簡単に使えるのなら、私たちにもできる。あらゆることと同様に、新たなテクノロジーについても知識が力になる。積極的に取り組み関わる努力をすることは、取り残されることを選ぶより常に良いことだ。

第4章　メディアにおける暴力

『グランド・セフト・オートⅢ』、『グランド・セフト・オート・サン・アンドレアス』、『グランド・セフト・オート・バイスシティ』などの『グランド・セフト・オート（GTA）』シリーズは、最もよく知られたビデオゲームであり、記録的な売り上げやゲーム業界の批評家からの称賛、そして物議をかもす内容でポップカルチャーに名を残している。二〇〇八年四月二十九日、アメリカのロックスターゲームス社は、同シリーズ待望の『グランド・セフト・オートⅣ』を発表した。それは暴力的・性的な内容に関する論争と同時に、批評家からの前代未聞の称賛を引き起こし、シリーズの**決定版**となった。その同じ週、私はかつての教え子ニコールからメールを受け取った。彼女は『グランド・セフト・オートⅣ』に出てくるキャラクターが私にちなんで名づけられているのを知っているかと尋ね、ユーチューブで「カリン・ディレタント」と検索してみてと書いてきた。

私はユーチューブにアクセスして動画を見た。それは「ひどく悪い、道徳的には正しい、完璧にカスタマイズされたVIPスタイルのハイブリッドセダン――カリン・ディレタント」と描写されたハイブリッド車のユーモラスな宣伝動画だった[*1]（図4-1）。最初、私は信じられなかった。そこでビデオゲームの暴力を研究する専門家の友人や同僚に、『グランド・セフト・オート』の車が、本当に「名誉なこと」に私にちなんで名づけられたと思うか尋ねた。すると彼らもそう思うと言った。言われてみれば、メディアの暴力の研究者カレン・ディィルを考慮に入れない限り、暴力的なビデオゲームに登場する車にその名前をもじって名づけるなどまったくありえない話だ。私があらゆるメディアで、専門誌で、そして米国連邦議会で『グランド・セフト・オート』を大っぴらに批

図4-1　私の名前にちなんだ「ザ・カリン・ディレタント」のスクリーンショット（ロックスター・ゲームス社によるビデオゲーム『グランド・セフト・オートⅣ』に登場する車）。distributed by *Take Two* Interactive.

判してきたことを考えると、なるほど納得がいく。

さて、「ディレタント」という言葉をよく知らない人に説明すると、これは基本的には専門家のふりをした素人という意味である。言い換えれば、ディレタントは、言っていることをきちんとわかっていると自分では思っているが、実はわかっていない人という意味だ。この言葉は元々「トゥー・ビー・ディライテド（喜んでいる）」という意味から派生し、うわべだけの芸術の称賛者をいう場合に特に使われる。

つまり、明らかにロックスターゲームス社の人々は、いうなれば私をまがい物の知識、あるいはえせ専門性によって、彼らの芸術を批判しているとからかっているのだ。実のところ、これは私にいわせれば、かなり賢い、とても巧妙で茶目っ気のある皮肉だと思う。私はからかわれるのはかまわないし、正直なところとても楽しませてもらった。私はとてもその皮肉を「**喜んで**〈delighted〉（または**ディル・ライテド**〈Dill-lighted〉）」いるといえる。

メディア産業の情報操作――ディレッタントとしての研究者

しかしながら、これはもちろん次のような問いを生む。私のようなメディアの暴力に関する研究の専門家は、本当にディレッタントなのか。確かにメディアにおける暴力（以下メディア暴力）は、賛否両論の双方の熱心な支持者が声を大にして議論する話題だ。最近行われた十代の子を持つ親の調査では、約六千人[*2]の成人が、メディア暴力（特に暴力的なビデオゲーム）は子どもの行動に影響を与えるかと質問された。回答者の五八％が「はい」と答え、三一％が「いいえ」、そして一一％が「わからない」と答えた。この結果はどのように解釈したらよいだろうか。まず、調査に答えた大多数の人が、メディアで暴力に接触することは、子どもたちにネガティブな影響を与えると信じていることがわかる。しかし、大まかにいって六〇対三〇対一〇という内訳は、根拠の解釈として異論のない結果とは程遠い。簡単にいえば、メディア暴力は子どもに害を与えると信じている人々がいて、また別の多くの人々がその反対を信じているということだ。このデータは親の子育てのサイトで調査されたため、おそらく回答者は心配しがちな親に偏っていたかもしれない。インターネットでその調査に答えた人は、多分その話題に興味もあっただろう。なぜこれらの人々はそう信じるのか。もし正しい答えがあるとすれば、誰が正しいのか。そもそもこれも正しい疑問なのか。

このような調査で大変重要な点は、マスメディアに影響されているか、という判断をさせる質問をしていることだ。普通、人は第三者効果によって、自分よりも他者の方がメディアに影響されやすいと考える傾向があることがわかっている。多くの調査では一般的な人についてどう思うかと聞いているので、理論的には、自分について聞かれた場合よりも、影響されていると答える人がずっと多くなるだろう。

親やあらゆる年齢のゲーム・プレイヤーは、ビデオゲームを買う前にそのゲームについて知りたいと思うかもしれない。オンライン上には、それを可能にするさまざまな場がある。動画共有サイトの便利な点の一つは、どんなビデオゲームでも動画として投稿されると、そのゲームでできることの確認が可能なことだ。こんなことは数年前には不可能だった。親はCommonSenseMedia.orgのようなサイトにアクセスし、ゲームのレイティングを見て、適切な年齢や学習効果についての情報を知ることができる。また、他にもメディアでの暴力と子どもに関するウェブサイトとしては、米国小児科学会のサイトがある（aap.org）。

次に少しの間、『グランド・セフト・オートⅣ』のようなビデオゲームに表れる内容について、詳しく見てみよう。このビデオゲームをしながら子どもはどんなことを聞き、見るのだろうか。これは、メディアで問題になる議論の重要な部分だろう。セックスや暴力などのコンテンツは、結局のところ無限のやり方で描くことができる。問題を本当に理解するためには、子どもがこれらのゲームをしているときに実際に何を目にしているのか、そして何について学んでいるのかを知ることが必要である。ここで、インターネットなしには、そしてこの問題を憂慮する人がコンテンツを提供することなしには、親は簡単にこれらの内容を見ることができないことを認識しなければならない。すなわち、これはメディアが情報やコミュニティを親に提供できるようにした、これまでになかった形の素晴らしい例である。

ゲームには何がある？

さて、それでは『グランド・セフト・オートⅣ』のコンテンツを分析することに戻ろう。強烈な暴力が含まれるとレイティングされている通り、ゲーム中には登場人物が互いに殴り合い、蹴り合って、火のついた物体を投げるところが見られる。銃の撃ち合いのシーンになると、主人公が道路に立ち、悪態をつきながら相手の悪口を言い、嫌みな冗談を吐き捨てながら一般人と警察官を銃で撃つ。あるシーンでは、誰かの頭を至近距離から撃ち、血しぶきが飛んでその男が死ぬ。そのうえ、その人物は死んだ男に悪態をつく。『グランド・セフト・オートⅣ』の宣伝用ビデオでは、「酒、銃と面白さ」が登場することを期待させながら、デートに行って人を撃つことを軽く扱っている。薬物やアルコール使用の例としては、登場人物は酒を飲んでコカインを吸引し、歩行者が自分を見る見方が気に入らないと言っては彼らを殺す。

過度な性的描写の点では、『グランド・セフト・オートⅣ』は同シリーズの以前のゲームに比べてより写実的である。『グランド・セフト・オート』の前のバージョンでは、性行為は効果音と性的な会話、そして車が揺れ動いているのを遠くから見せることで描かれていた。『グランド・セフト・オートⅣ』では、車の窓を通して登場人物の身体が見える。たとえば女性の上に男性が覆いかぶさってセックスをしているのがはっきりとわかるとか、女性の頭が男性の股間の上にある様子の描写である。つまり、裸を見せなくても性行為の描写がより露骨になっている。他のシーンでは、Tバックやニップレスを着けた女性が、下品なことを言う男の前で踊っている。

十三歳の子どもはなぜ『グランド・セフト・オート』のゲームが好きだと言うのだろうか。ある若いプレイヤーはこう言っている。「先週、宿題を忘れて先生に怒られた。家に帰ってから、僕は『グランド・セフト・オート・バイスシティ』をプレイして、裏技を使って戦車を手に入れ、すべての人を轢いた。それからたくさんの車をボコボコに潰し、爆発させた。僕はひどく腹を立てていたけど、その後は気分がよくなった」[*3]。とても典型的なことに、ゲームはそのプレイヤーに影響を与えるという考えを、多くの人は鼻であしらい、自分と異なる意見の人に侮辱的なことを言う。たとえば、『グランド・セフト・オートⅣ』の発売を伝えたあるニュース記事[*4]は、次のように述べている。「ロックスターゲームス社とグランド・セフト・オートシリーズは、ビデオゲームが若いプレイヤーの心を歪め、彼らを現実世界の凶悪犯や殺人者に変えてしまうと恐れる批評家の注目の的である」。同様に、プレイヤーたちはゲームのコンテンツが彼ら自身に影響を与えるという考えに腹を立てる。あるウェブサイトで行われた、なぜ十代は『グランド・セフト・オート』が好きかという議論の反応として、下記のようなコメントが投稿されていた。[*5] それぞれの引用の前にはコメントタイトルが付いている。

問題はない――「僕は『グランド・セフト・オート』のゲームをプレイしながら育ってきたが、これまでにゲームが問題になったことはない！　十代の若者が女の子をレイプし、誰かを銃で撃ったことが『グランド・セフト・オート』のせいにされたケースは、親の責任だ。親が子どもの起こした問題を誰か別の人の責任にして、その原因は何かよく自覚していないからだ！」。

ゲームは分別をもたらさない（原文は綴り間違い）だろう[訳注1]――「自分は今二十五歳で、『グランド・セフト・オート』シリーズが登場した当初からプレイしてきた。『グランド・セフト・オート』のデジタル世界の中で破壊行為を繰り返してそれを楽しんできたが、ゲームの中でしていることを、現実の世界でやっても大丈夫だと思ったことは一度もない。虚構と現実を区別するのはその本人の個人的責任である。『グランド・セフト・オート』のゲームはその登場人物の行動を助長したりしない（原文は綴り間違い）」。

これは（ほとんど）芸術だ――「聖書の中にも暴力的な内容はあるのに、それらは絶対に若者にネガティブ（原文は綴り間違い）な影響を与えると非難されたことはない。これは本当に偽善的（原文は綴り間違い）だ。これ以上書くのは今すぐにやめる（原文は綴り間違い）。そうすれば壁にパンチを打ち込める。お前たちはもっと考えた方がいい。十七歳の子どもはお前よりもっと賢い。これは本当に馬鹿げた話だ（原文は綴り間違い）」。

私は何年もの間、ゲームは彼らのネガティブな行動を引き起こす、と指摘するすべての人に怒りを向けるゲーム・プレイヤーのコメントを読んできた。上に挙げたコメントは私が読んできたなかでも典型的なものであり、より深い分析に値する。まず、プレイヤーのフラストレーションは理解できるが、それは誤解に基づいたものだと思われる。世界中のティーンエージャー（特に男子）が暴力的なビデオゲームをプレイしているが、彼らが全

訳注１：投稿者は「ゲームは分別に影響を与えないだろう」と書き込むことを意図したが、綴り間違いによって文意が反対になってしまったと思われる。

員何千、何百万の無数の殺人者の群れに変身しているわけではない。しかしながら、研究ではビデオゲームへの接触は攻撃性を高めるという結果が明白に示されている。どこでこの結果のつじつまが合わなくなったのだろうか。それは、主にゲームの影響は、普通はプレイヤーが想像するような、ゲームをすることが殺人につながるという形では表れないからだ。その理由は明らかだと思うが、心理学者は、実験室での研究結果を殺人という行為の有無では測らない。私たちが測るのは攻撃性である。それは、たとえばある人が他の人に危害を与えることや、与えようという考えを持つことである。攻撃性は侮辱、妨害、または聴力を一生損なう位の音の衝撃を与えるなど、いろいろな形になって表れる。

この問題については少し後に詳述するが、その前に「これは芸術だ」というコメントについて分析したい。ゲーマーの世界で感じられているもう一つのフラストレーションは、彼らが称賛する創造性に対して、より広い世間では十分な敬意が払われていないということに起因すると思う。ゲームの世界の外で、ビデオゲームが芸術だという考えが一笑に付されることが多いことに、彼らは怒りを感じている。具体例を挙げよう。しばらく前に、私はサンディエゴのＫＰＢＳというラジオ局の *These Days*（「この頃」）という、聴取者が電話で参加する番組にゲストとして招かれた。誰かが最近のビデオゲームと大ヒット映画の画像を比較したとき、番組のホストが笑った。その後、あるゲーム開発者が番組に電話をかけてきて、ホストが笑ったときに、自分は傷ついたとコメントをした。そうしたら、ホストはそこでまた笑ったのだ。

私は電話をかけてきた人を気の毒に思った。ビデオゲームは芸術になりうると思うし、それは技術の進歩の一つで、制作者たちが誇りに思える価値があるものだと思う。ただ、ここでは公平に物事を考えたい。科学的な研究も重要な作品であり、ある研究は傑作とも考えられる。巧みに行われた科学的研究は価値があり、研究はまた最大の注意が払われ、広く世界中で価値を持つことを期待して実施される。私たちは誰かの仕事を軽蔑するのではなく、礼儀正しく批判することも必要だ。それは、私たちが冷たく批判的になるべきだということではない。

私たちは自分の専門分野について情熱を持ってもよいが、しかし偏見のない心を持ち、尊敬の念を持つことも重要である。

人々の意見と主張

さて、偏見のない心で、マスメディアの社会心理学の科学的根拠と、それにどんな価値があるかについて話そう。その際に私は、メディア暴力に関するいくつかの神話を明らかにし、なぜメディア暴力の研究が実際に有益であると私が信じているかを、またその社会心理学的研究について、メディアで取り上げられない事実をきちんと伝えることができると思っている。第一章で簡単に述べたように、メディアにおける暴力で利益を得ようとする人々は、科学的研究はすべて誤りだという考えを広めて既得権を行使している。結局、その製品を買って大金持ちの企業の重役たちを支えている弱者は、ただのゲームの駒になっているのだ。産業界に対する無邪気な考えは、結局その人自身に害をもたらす。次のように考えてみてほしい。誰かがあなたにある製品を売りつけようとするとき、その製品が多くの研究者によって害があるとされていたら、あなたは研究者とセールスマンのどちらを信じるべきだろうか。どちらの方がよりあなたを利用しそうだろうか。

メディア暴力の研究の結果はクズだと口をそろえて言うのは、ゲーマーたちだけではない。『USAトゥデイ』[*6]は、暴力的なビデオゲームへの接触の影響について、私が行った研究の一部をまとめた記事を掲載した。その記事の最後で、おそらくは公平にまた偏らないようにするためだと思うが、彼らは私と対立する意見を持つ人にインタビューした。辛口のメディア批評家、ジョナサン・カッツが言ったことが次のように引用された。「もしこの研究が正しかったら、あちこちに何百もの死体が転がっていることだろう。皆、親たちがヒステリーを起こす話題に注目を集めようとしている」。

よろしい、このような考え方を順に取り上げてみよう。「もしこの研究が正しかったら、あちこちに何百もの死体が転がっていることだろう」。ここでもまた、メディア暴力の研究者は、暴力的なビデオゲームをプレイして暴力的な映画を見ることが、殺人という結果のみをもたらすと信じているという意見が見られる。それも大量殺人である！　「ヒステリーを起こす話題に注目を集める」の方はこじつけである。彼は、もしメディア暴力に批判的なら、それは疑うことを知らないアメリカの市民をヒステリー状態にさせることを意味する、という主張をしているのだ。

不健康な習慣は、劇的ではないがそれなりの結果をもたらす

ここではおそらくたとえ話をするとわかりやすいだろう。仮に医学系の研究者が、脂肪の摂取は心臓疾患に結びつくということを発見したとしよう。議論をわかりやすくするため、たとえばその研究者たちは、高脂肪の食習慣は心臓疾患を引き起こすという科学的な証拠を見つけ、その研究が『ＵＳＡトゥデイ』の記事になったとしよう。そこで保健研究の批評家が、「もしこの研究が正しかったら、全国のマクドナルドの店で人々がバタバタ倒れて死んでいることだろう。これらの医者たちは健康問題にヒステリーを起こす話題に注目を集めようとしている」と言ったことが引用されていたら、どうだろうか。これは前の例と実際には同じことだ。人はチーズケーキやポークフライスナック、ラードを食べた直後に死ぬわけではないが（神様、感謝します）、これらの食べ物は心臓の健康に良くないことを私たちは知っている。心臓の健康に良くないとはどういうことか。それは食習慣において脂肪の摂取が多ければ、心臓疾患のリスクが高まるということを意味する。また、果物や野菜などの健康的な食べ物を取ることが少ない場合も、心臓疾患のリスクは高まる。

メディア接触習慣についても同様である。そして、私たちは実際に理由があって、「メディア摂取」という言葉

を使っている。あなたはメディアを摂取しているのだ。メディアコンテンツを取り入ると、それがあなたの一部になる。人と人が傷つけ合い、軽蔑し合い、お互いにひどく扱い合うのを見れば見るほど、それが意識に入り込んでいく。これは特に、メディアで攻撃行動が一般的に格好よく、愉快に、楽しく、そして何の面倒な結果ももたらさないように描かれているときに起こる。私の息子が小学校二年生のとき、学校のトイレで同じクラスの男の子がもう一人の男の子をボコボコに殴るのを見た。彼は目に涙をためて、その小さい子が傷つけられるのを見るのがどんなにつらかったか、私に話してくれた。私は彼に、これがお母さんがメディア暴力に反対する意見を堂々と述べる理由の一つなのだと優しく説明した。実際の攻撃行動は格好よくも楽しくもないし、ワクワクするものでもない。それは小さな男の子が傷つくことであり、彼の友達がそれを見てつらく感じることなのだ。

ジャンヌ・ファンクら[*7]は、友達が傷つくのを見て私の息子が悲しく感じたような、子どもたちの暴力に対する感情の重要性を、メディア暴力の研究でもより広い視点の中で取り入れている。彼女たちは、私の息子が友達に感じたような共感性の感情と、暴力的なゲームを行うことの関連を見つけようとした。そして小学校四、五年生の男子・女子の、実際とメディアのそれぞれの暴力への接触頻度と、暴力に対する共感性と態度を測った。そこでは興味深い結果が明らかになった。彼らが分析した変数のうち、ビデオゲーム接触量だけが共感性の低さと関連していた。暴力的な映画を見ることと暴力的なビデオゲームをすることには、どちらもより強い暴力志向の態度と正の関連が見られた。ファンクらが共感性を測る際は、他の子どもが傷つけられていたら嫌かという質問をした。暴力に対する態度を測るときは、銃やナイフを持っている人は格好いいと思うかと尋ねる質問をした。この研究の結果は、多くのことを示唆している。暴力的なゲームをすればするほど、他の人が傷つくことに対して関心がなくなり、攻撃行動は格好よくて良いことだと考える、という結果が明確に示されている。共感性の低下と暴力に対する肯定的な態度の強化には、攻撃的な行動に関するこれまでの研究でも関連があったため、この結果もまた重要である。ファンクらはまた、メディアでの暴力に接触した後の、共感性の低下と暴力を志向する態度の増加は、脱感作の表れだという考えも述べている。言い換えれば、メディア暴力に対するネガティブな反応は、暴力への接触が増えるほど鈍くなるため、人は影響されていることに気づかなくなる可能性があるということだ。これは第一章で述べたことと結びつけて考えられる。メディアにより多く接する人が、自分が影響されていないと考えてしまう理由の一つは、接触が増えると脱感作が起こるためだと説明することができるだろう。さらに最近の研究では、暴力的なビデオゲームの過剰なプレイによって引き起こされた攻撃的な思考の増加は、長期的な攻撃的行動の危険因子になるということが示されている。

◆遂行の罪と怠慢の罪

とはいえ、摂取のたとえ話の別の側面も忘れないようにしよう。良いものを摂取する機会が少なければ少ないほどリスクは高まる。メディアで害のあるネガティブなものを見れば見るほど、あなたを向上させる内容を見る機会は減る。また、メディアと関係ない友人との会話や、スポーツや絵を描くなどの行動をする機会も減る。発達心理学の研究者は、子どもにとって自由に遊ぶことはとても大切であり、そのような遊びを行うことで子どもが感情を調整し、欲望を我慢し、他者とうまくやっていくスキルを形成すると強調している。[*8] 実際のところ、最近メディア研究者はリスク要因の観点からメディア暴力を捉え始めている。あなたのメディア摂取行動において、よりネガティブな内容が多く、良い内容が少ないほど、ネガティブな結果を引き起こすリスクは高まるのだ。

◆死んでしまう前に揚げ物を食べるのを止めよう

食べ物についていえば、私たちは何が美味しくて何が体に良いかわかっている。私たちはまた美味しいものすべてが体に良いものではないということも知っている。この知識と理解によって、私たちは食べるものを選択する。このたとえ話を当てはめると、私たちはまだ、フレンチフライが健康的かという議論をしていることになる。そして科学者たちは大げさに騒ぎを起こす人々にすぎず、彼らは私たちがフレンチフライを食べる楽しみを台無しにしたがっているということになる。メディア研究で一番問題となるテーマは、人間関係に関することである。これには人を傷つけたり、性行為や性的関心についての偏った見方を表現したり、人種的や性的なステレオタイプを奨励したりすることが含まれる。これらの問題は私たち皆に影響を与える。これらは社会の問題であり、個人の問題ではない。だから全員に関わってくる。私は王様は裸だということを明らかにしたい。個人のレベルと政府や文化のレベルで、このような情報についてどう対処するか選択をしていこう。

メディアでの暴力の神話——もう一つのビッグ・バン理論?

次に進む前に、メディア暴力への接触は殺人を引き起こし、もし殺人を起こさなければメディア暴力の影響はないとする神話に戻りたい。これは専門家が述べてきた、多くのメディア暴力の神話の一つにすぎない。「メディア暴力についての十一の神話」[*9]という著書の中でポッターは、ある文化で、論理的に正しくない、また証拠がなくてもほとんどの人が受け入れてしまう話を神話と定義している。彼がいうメディア暴力の第一の神話は、人々は、自分はメディアに影響されないが、他の人は影響されると考えるという神話である。これは第一章で述べた第三者効果のことである。第三者効果の心理は、実はとても興味をそそられるものだ。もしそこでもたらされる結果が、人々を利用されやすくさせ、悪い影響を受けるという弱さでなければ、私はただのんびりとその効果に感心していることだろう。第三者効果は、アンナとジークムント・フロイトなら防衛機制と名づけたであろう心理を表している。それは、私たちがしていることが意味のない(または少なくとも意味がないのではと心配なことだという不愉快な認知から、自分自身を守る方法である。私たちは自分の自我を、自分は簡単には影響されないと考えることで守っているのだ。他人のしていることを擁護する理由はない。彼らがいくら愚かでも、また弱くてもかまわない。だから、メディア暴力は害があるかもしれず、他の人たちがその影響を受けるかもしれない、と私たちが信じていることを否定するまでもない。ここで、人々が繰り返し述べていることが見えてくる。彼らは、自分たちはメディア暴力の影響は受けないが、他の人々は影響されるのだと考える。たとえば、ある人がプレイするゲームがより暴力的であるほど、その人はビデオゲームにネガティブな影響があると思わなくなるということを明らかにした研究もある。[*10] そして興味深いことに、最近の新しい研究では、ビデオゲームに最も深く関与している人や、ビデオゲームに夢中になり没入している人の方が、攻撃性が高い傾向があるという結果が示されている。[*11]

他の第一線の専門家たちは、メディア暴力の神話について説得力のある議論をしてきた。「メディア暴力と子ども」という本の中で、ダグ・ジェンティールとクレイグ・アンダーソン[*12]は、ビデオゲームに関する諸研究の概略を示し、これまで研究者たちが研究で明らかにしたことをまとめている。彼らは、これまでに発表された多くの研究をまとめたメタ分析を含む、さまざまな研究のデザインで得られたデータを見直した。そして、そこから結論を引き出した。これまでの研究では、主に五つの結果が得られたと彼らは報告している。それらは次の通りである。ビデオゲームを行うことで①身体の生理的な喚起が増加する（たとえば心臓の鼓動や血圧など）。②攻撃的な思考（他の人に害を与えることに関する考え）が増える。③攻撃的な感情（敵意など）が高まる。④そして攻撃性が高まる（他者に害を与えるために行動する）。また、⑤援助行動が減少する。

ジェンティールとアンダーソンは、研究が大企業の利益を脅かすときに産業界から研究に対して批判が起こる問題について取り上げている。[*13]

産業界は自分たちの利益を脅かす研究を拒否し、研究の弱点を強調し、根拠のある研究成果をわかりにくくし、研究の質に疑いを投げかけるためのキャンペーンを行う傾向がある。喫煙と肺癌に関連があるとする研究をあざけったり、拒否したり、曖昧にしようとしたタバコ業界の企ての歴史は、そのような試みの原型といえる。テレビと映画業界は、メディア暴力の研究者たちに対して四十年もの間そのようなキャンペーンを行って、かなり成功してきた。今やビデオゲーム業界も同じタイプの企てを始めている。

同じ本の別の章において、ジェンティールとセスマ[*14]は「メディアの影響についての七つの神話」の概要をまとめた。その内容は次の通りである。①メディアの影響は単純で直接的である。②メディアの暴力の影響は深刻なものである。③メディアの影響は明らかに見てわかるものである。④暴力的なメディアはすべての人に同じように影響を与える。⑤因果関係は「必要にして十分な」関係を意味する。⑥因果関係は即時的な関係を意味する。⑦影響は「大きく」なければ重要ではない。

これらの神話のうちのいくつかについて、強調しつつコメントを加えたい。単純で、直接的で、深刻で、明らかにわかる即時的な影響について、とりあえずここですべてを一緒に総合的に見てみよう。これらは、本章で前述した言葉からの引用を反映している。メディア暴力の影響というと、人は子どもたちが即座に殺人者になるとか、道に累々と死体が横たわっている様子を頭に思い描く。私たちは極端な場合のみを考えてしまうようだ。もし近所の子どもが『グランド・セフト・オート』で遊んでいるのを見たとき、彼が直ちに興奮して他の子どもを銃で撃たなかったら、それはメディア暴力が子どもに何の影響も与えないということなのだろうか。大変幸いなことに、人間の心はそのようには影響されない。

もちろん殺人という行為に対しては抑制が効く。非難から死刑まで、幅広い範囲の社会的な制裁もある。アメリカ人の偉大な心理学者B・F・スキナーは、自分の両親は自分を良い子にさせておくために、牢屋に入れられるぞという脅しを使っていたと言っている。私たちは殺人が最悪の犯罪だと理解しているため、それに対しては究極の社会的制裁があることを知っているのも明らかな真実である。そして動物の世界では、動物たちは自らの利益を守るために戦うが、死ぬまで戦うのではなく、何かの**ために**戦う傾向が強い。当然、これは種を保存するための適応的な行動である。

ここでお願いがある。暴力的なビデオゲームをプレイし暴力的な映画を見ることが、その人をすぐに殺人ロボットに変身させる結果を生むという考えは捨てよう。ただし注意が必要だ。いきなり対極の考えに話を持っていかないでほしい。これは、メディア暴力は現実の攻撃性に何の影響も与えないということを意味するわけではない。実は与えるのだ。それは研究者によって何度も何度も実証されてきた。ただ、このような影響はすぐには捉えにくく（少なくとも、常にそして直ちに発狂して近くにいる人に襲いかかるという影響よりは）、長期的なものである。その影響は、時間をかけて強まる。またその結果は、職場の同僚にハラスメント行為をしたり、ルームメイトの噂を広めたり、また飲みすぎて殴り合いの喧嘩をするようなさまざまな形になって表れる。メディアの暴力を大量に摂取するかどうかで、間違いなく最終的に暴力的犯罪で刑務所に入るかどうかがわかる。また、あなたが配偶者を殴るかどうかもわかる。メディアの暴力への接触のネガティブな側面は、確実に存在する。ただ、多くの人が想像するよりも、かなり捉えにくい形で影響が進むだけなのだ。

また「必要にして十分な」、という考え方を理解することも重要である。もしあなたが論理学の授業を受けた経験があれば、これらの二つの言葉を重要な用語として思い出すことだろう。基本的に、必要で十分というときに意味することは、①すべての攻撃的な人は暴力的なメディアに挑発されなかった（今更何を言う！）、そして②おそらく暴力的なメディアだけでは、攻撃性を喚起するには十分ではないだろう。これはとても重要なので、強調しておこう。メディアでの暴力は、暴力をひき起こす唯一の要因ではないし、主要な要因でもない。メディア暴力への接触は、人生の壮大な営みのほんの一部である。それは人々に、暴力は容認できるもので、社会的に認められた葛藤を解決するための方法であると教える。また脳を作り替えて攻撃行動をより起こりやすくする。人生の葛藤場面をより適応的に解決する方法に取って代わる。たとえばある人々について、暴力をふるうことが容認されるターゲットとして描くことで、社会的な考え方を変容させてしまう。画面で暴力を見ることは、社会的相互作用、すなわち私たちが他者をどのように扱うべきかについての複雑な考え方を教える。さて、メディア暴力の影響を探るために用いられる科学について、さらに吟味していこう。

メディア心理学の科学としての質を分析する

大学に行った人なら誰でも（さらにいえば小学校でも）、科学の基礎についての教育を受けている。ここで、メディアの影響の研究の文脈における教育について見直そう。最も根本的な科学の前提は、論理の基本的な体系であり、それは偏りを最小限に抑えて、仮説的な疑問に答えるように作られる。私たちは科学的な探求を行うために、通常はより一般的な理論に基づいて仮説を立てる。そして私たちはその仮説が支持されるか、証拠があるかを知るためにデータを収集する。すべての条件が同じだとして、もしその前提が真実なら、研究によって支持されるはずである。真実でなければ支持されないだろう。もし科学者が時間をかけて多くの研究を行ったら、その考えと検討中の要因の関連が、本当に成り立つということを示す多くの証拠が明らかになる。

いくつか例を挙げてみよう。そうすればその考え方がわかるだろう。たとえば（空港の近辺にある学校のように）騒音の多い環境の学校に通う子どもたちは、騒音問題のない学校に通う子どもに比べると、勉強に集中することにより多くの問題を抱えている。さて、このことは、空港の近くの子どもたちは頭が悪く、将来絶対に成功できないということを意味するのだろうか。または、この子どもたちは貧しくて、実はその育ちが学校での問題を引き起こしているのだろうか。空港近辺の学校へ子どもたちを通わせているため、責められるべきはおそらく両親たちで、これは悪い両親のせいなのだろうか。そうではない。これらの批判は実際の結果からはるかに遠く、また結果を完全に読み間違えている。とりあえず他のすべての条件が同じだとすると、このことは、騒音が多い場合、子どもたちが学校の勉強に集中するのは難しいということを意味している。実験室であれば、科学者は、実験参加者に気が散るレベルの騒音がある場合とない場合に作業する課題を与えることで、現実世界の状況を模してその作業の成果を測定する。その場合、科学者が実験室において、騒音は人の課題遂行を損なうことを発見し、これらの結果がメディアで発表されたとしよう。その結果に人々が怒って、科学者はハッタリを言っていて、その発見はまったく信じられないと言い、世の中にはもっと悪いことがたくさん起こっているのに、科学者は騒音だけを厳しく批判していると怒り狂ったらどう思うだろう。このようなことは実際に、メディア暴力の研究の成果への反応としてよく起こっている。私が言いたいのは、科学自体やニュース報道、あらゆる権力組織に対して批判的になるのと同様に、他の人の科学に対する見方についても批判的になる必要があるということだ。

教育についていえば、私はこれまで素晴らしい教育を受けてきたことに感謝しているため、それがたとえ論争を引き起こす内容であっても、自分が学んだことを世の中に対して伝える義務感を感じている。私は自分の親戚一族の中で、大学に進学した最初の世代の一人である。私はほとんどの教育をミズーリ大学コロンビア校とミズーリ州からの奨学金で受け、それをよく自覚していると同時に、とても感謝している。私は一生懸命勉強し、単位を取得しなければならなかったが、州政府と大学が私の教育を支えてくれた。大学二年生のとき、私は後に博士論文の指導を受けるクレイグ・アンダーソン教授の下で勉強を始めた。クレイグは、研究方法から研究計画、統計学から広い意味での科学的な理論まですべてに精通している、熟達した社会科学者である。私の両親は大学へ行かなかったが、私は全国でも有数の優れた社会科学者の下で博士課程の教育を受けた。本当に、アメリカは機会を与えてくれる国だと思う。その意味で、私は自分の受けた教育の恩恵を、より広く社会に対して返す義務があるという強い信念を持っている。

私は博士号を持っていて、それを使うことを恐れない、と以前冗談めかして書いたことがある。それは基本的には真実だ。私は社会科学について、たとえばメディアがどのように機能して、どのようにメディアのメッセージが人々に影響を与えるかを理解している。そして私は、自分のライフワークの基礎になるのは、科学を一般の人々のために翻訳して伝えることだと考えている。メディア産業界の人々がどう思おうと、私の人生の使命はビデオゲームやそれが好きな人たちを侮辱し、彼らを興ざめさせることではない。私は暴力的でないビデオゲームは好きだ。私はビデオゲーム業界で働く感じのいい人たちも何人か知っている。私はビデオゲーム業界と対立しているわけではない。ただ、私には公共の利益のために、科学をわかりやすく伝える個人的な使命があるのだ。そうしないと、私の州や国が惜しみなく与えてくれたことに対して恩返しができなくなってしまう。

私が教える心理学史の授業では、学生に心理学者の人物紹介を書くレポート課題を与えている。この課題は、学生がある心理学者の人生と研究上の貢献について示した後、その人の人生の経験と性格がどのように研究に影響を与えたかを、統合的なアプローチで分析するという構成になっている。これが、私が本書で自分自身の経歴、性格や考え方を説明している理由である。心理学史を教えることで、私は人間の行動に関する幅広い見方、すなわち科学を理解することができた。この包括的な人間的アプローチなしには、どのような科学的な見解も不完全だと思う。なぜなら、科学の営みは研究者自身の内的な使命、すなわち人生をかけて行うべきこととして行われるからだ。

さて、私の経歴や科学者としての使命を述べたので、次はメディア暴力の研究の詳細をいくつか述べていこう。私はここで、あなたがメディアの選択を考慮する際、なぜ次に述べるような質の高い研究が役に立つと考えるか指摘したい。次に、現代の心理学の全分野のなかでも、最も注目に値する研究の一つについて述べたいと思う。心優しい読者の皆さん、私は皆さんを驚かそうとしているわけではない。心理学のすべての分野でも、これらの水準に並ぶ一連の研究を見出すのは難しいだろう。どうか落ち着いて私の話をすべて聞いてほしい。

エール大学の児童心理学者レオナルド・イーロンは、児童心理学者が良い研究を行うためには地域と関わるべきだと考え、一九六〇年頃にこの研究プロジェクトを開始した。イーロンは子どもの攻撃性の原因を調べようと考え、まず幸先よくニューヨーク州コロンビア郡の小学校三年生全員（正確には八百五十六名）にインタビュー調査を行うことができた。彼はまた、子どもたちの母親や父親の八〇％にインタビュー調査を行った。[*15] イーロンは二〇〇七年に亡くなったが、彼は科学の素晴らしさを示す模範となる業績を残した科学者であった。第一に、この研究は、子どもたちのためにできるだけ良い研究をしたいという純粋な動機から始まった。そして科学の枠を集めた、前例のない素晴らしい研究が進められた。それは高い水準の、有意義で妥協のない研究方法で行われ、そして最後には多くの人にとって重要な意味を持つ結果をもたらした。

イーロンが始めたこのプロジェクトは、心理学の歴史の中で、この種の研究としては最も長く続けられたプロジェクトの一つになった。その期間は四十年以上にわたり、すべての研究はまとめて、コロンビア郡における縦断的研究として知られている。[*16] 縦断的研究とは、研究の参加者を時系列的に追い、異なる時点での情報を収集する手法である。多くの科学者たちが途中からイーロンのプロジェクトに参加した。その中で最も有名なのが、イーロンの親しい同僚だったL・ローウェル・フスマンである。[*17][*18] 彼は現在、ミシガン大学アナーバー校の社会調査研究所の教授である。

一九六〇年に行われた、子どもたちと親との最初のインタビュー調査の後、子どもたちが十九歳、三十歳、そして四十八歳のときにも継続的にインタビュー調査が行われた。それに加え、研究参加者の子どもたち五百五十一人にもインタビューが行われた。ここで、一言いっておきたいことがある。もしあなたが社会科学者なら、このコロンビア郡における縦断的研究でのすべての調査結果は、見事なだけでなく、気が遠くなるぐらいに素晴らしいものだということが理解できるだろう。研究者は根っからの仕事好きである。私たちは研究計画や方法論、そして統計分析のようなものを楽しいと感じる。少なくとも私が知っている多くの学生たちによれば、それらは研究の世界の外の人には極めて嫌なものらしい。心理学史の研究者のなかには、[*19] 現代の心理学研究がドイツで始まった理由の一つは、ドイツ人が厳格だからと推測する者もいる。ドイツ人は退屈な仕事の山を楽しむ人々なのだ（私はドイツ系の子孫なので、退屈な仕事の山が大好きだと言ってもいいだろうか）。これまで長い間、数えきれないほどの学生が私に語った言葉を借りれば、最も単純な研究プロジェクトでも、率直にいってほとんどの人には悪夢のようなものである。これまでに存在した人間の九九％は（これはまったく私がでっち上げた数字であるが）、よくある研究プロジェクトの仕事量とは関わりを持ちたくないだろう。しかし、コロンビア郡の縦断的研究は研究者の超人的な能力と取り組みを必要としたのだ。

結局、それらの大変なすべての作業の後、イーロンとフスマンたちは何を見出したのか。彼らは子どもたちが八歳のときに見た暴力的なテレビ番組が、その後の人生で彼らを暴力的にする原因となることを明らかにした。詳細を説明するため、彼らの分析結果の一部をさらに詳しく見てみよう。彼らは子どもたちを、暴力的テレビ番組を好む程度（高・中・低）の得点と現実生活での攻撃的行動（高・中・低）の得点でグループ分けした。彼らが発見したのは、小学校三年生のときの攻撃性に関係なく、小学校三年生のときにより多くの暴力的なテレビ番組を見た子どもたちは、青少年（十八、十九歳）の時点で確実に最も攻撃性が高かった。彼らはまた、暴力的なテレビ視聴が実際に攻撃的行動の原因となったことを突き止めた。言い換えれば、それは単に、暴力をテレビで見ることが好きな子どもが攻撃的でもあるということではなく、メディアの暴力への接触が、後の人生で子どもたちを攻撃的にする原因となったということなのである。彼らは、高度な統計的モデリングの技術を用いることで、この因果関係を突きとめることができた。その方法と分析は、洗練されていて効果的だった。そのうえ、この科学者たちは、彼らの高い水準の科学的研究を、世の中の人が理解しやすいように翻訳することも効果的に行った。大変高水準のかなり複雑な研究を得意とする科学者は、一般の人にそれを説明することがあまり得意でない場合があるが、それはフスマンとイーロンや彼らの共同研究者たちには当てはまらない。彼らの研究は、その実施から翻訳の、最初から最後までが輝かしい科学的研究だった。

フスマンとイーロンのチームは、メディア暴力への接触がなぜ、そしてどのように攻撃性を増加させるのか、何十年もかけて詳しく具体的に述べた。攻撃的な行動はある程度は学習され、その学習の重要な点は、攻撃性を見ることで人の考えが変化することだ、と彼らは確実に明らかにしてきた。攻撃性の学習は文字通り、人の脳の構造と世界の理解の仕方を変えてしまうのだ。

コロンビア郡における縦断的研究には、どのような反響があったのか。ローウェル・フスマンとエリック・デュボウが、二〇〇八年の『アメリカン・サイコロジスト』で彼らの同僚レオナルド・イーロンのライフワークについて説明しているが、そこでの話がそれを一番よく伝えている。[*20]

一九七〇年のフォローアップ研究は、アメリカ公衆衛生局長官主導で行われた、テレビの影響に関する研究の一部だった。そのフォローアップ研究からもたらされた、メディアでの暴力が攻撃性の原因になるというイーロンの結論は『アメリカン・サイコロジスト』で発表された。それは論争の嵐を生み、多くの批評やその批評に対する反論が書かれた。

マスメディアの利害関係者は、その結論への反対意見を宣伝した。公共政策に影響を与える心理学者としての役割に強い信念を持っていたイーロンは、自分の研究について公開討論会、ラジオやテレビで繰り返し話し、そして議会で証言した。彼の断固とした、しかし批判を受けても礼儀正しい振る舞いは、多くの懐疑的な人々に彼の研究の結論の正しさを納得させた。イーロンの議会での証言の後、アメリカ公衆衛生局長官ジェシー・L・スタインフィールドは、一九七二年三月、米国上院商業委員会の前に、次のように証言した。「私にとって、テレビの暴力（への接触）と反社会的行動の因果関係は、適切な緊急の是正措置をとる正当な理由となるのに十分であることは明白である。これまでの研究データが是正措置の正当化に至ったということだ。いよいよそのときが来たのだ」。

フスマンとイーロンらは、何年間も重要な研究を継続した。そのなかにはテレビと攻撃性の国際比較研究も含まれている。この研究では、彼らは一九七〇年代と一九八〇年代に、アメリカの中西部とフィンランド、ポーランド、そしてイスラエルで育った六歳から十歳の子どもたちの研究を始めた。これらの研究対象は、最初の段階のインタビュー時には小学校一年生と三年生だった。研究者たちは、彼らが小学生のときに、一年おきに三回のインタビューを行った。その後、十五年後に、若い成人としての追跡調査を行った。研究者たちはすべての国において、子どものときのテレビ暴力の視聴と、大人になったときの攻撃性の間に関連を見出した。また、オーストラリアを除くすべての国で、子どものときのテレビ暴力の大量の視聴と成人時の攻撃性に因果関係を見出した。フスマンは次のように報告している。[*21]

六歳から十歳当時のテレビ暴力への接触量が多い上位二五%の男女は、十五年後により暴力的に行動する。彼らは配偶者に対して、物を乱暴に押しやったり投げたりする傾向が強い。彼らは他の人を押したり、殴ったり、叩いたり、首を絞めたりする傾向が強い。彼らは犯罪や交通違反を犯す傾向が強い。彼らは子どものときにテレビ暴力をあまり見ていなかった子どもに比べて、本当により攻撃的なのだ！

「メディア暴力の十一の神話」[*22]の中で、著者のジェームス・ポッターは、多くの一般の人々や政治家のリーダーたちは、長い間メディアにおける暴力は害だと信じてきたと述べている。この立場はもちろん、ほぼ五十年前のフスマンとイーロンらによる研究のいくつかを見直すだけでなく、他の多くの優秀な研究者たちの研究成果を見ても明らかである。ポッターは、この問題を憂慮する人たちが、そもそもどのようにそれを解決すればいいかわかっていないことが問題だと考えている。彼は、メディアの暴力問題を議論するために企画された、政府主催の素晴らしい一連の公聴会が長年開かれてきたことに言及している。しかし、公聴会が開かれた後に何が起こったかと彼は問う。何年もの間世界で特に大きな変化はなく、私たちはすべてのプロセスをまだ最初から繰り返すだけなのだ。実際のところ、メディア暴力についての公的な議論に関しては、結局私たちは本質的に、五十年以上同じ場所で行きづまっているとポッターは述べている。

暴力は暴力を生み出すことを専門家は認めている

最近、メディア暴力の第一線の専門家たちが集められ、現在のメディアにおける暴力の研究に関して、専門家の一致した意見を集約した論文を書くよう依頼された。それらの学者たちはポッターと同様、科学の世界では、一般的にメディアにおける暴力は攻撃性の原因となるという一致した見解があると考えていた。実際に、彼ら[*23]は「メディアで描かれる暴力が攻撃性を増すかということの科学的な議論は、基本的には終わっている」と結論づけている。彼らはメディア（テレビ、映画、ゲームなど）でも最も人気のあるジャンルについて、さまざまな研究方法を用いた研究成果を報告した。それらの成果には、繰り返し常に同じ重要なメッセージが含まれていた。それは、暴力は暴力を生み出すというメッセージである。

ここまでで私は一つの重要な研究方法について論じてきた。すなわち、子どものテレビ暴力への接触についての長期的な研究である。別のタイプの重要な研究で、これまでにメディア暴力の影響についてかなり多くの研究成果をもたらしたのは、普段あまり接しない人のメディア暴力への短期間の接触が、攻撃性を増すことを明らかにした実験的研究である。心理学の博士号がなくても、単に論理的な思考ができれば、この研究デザインが優れていることは理解できる。真の科学とは単に優れた論理なのだ。操作群と統制群といった古典的な実験研究のデザインを想像してほしい。たとえば、操作群の実験参加者はダイエットの錠剤を飲み、統制群の実験参加者は偽薬（薬の成分を含まない錠剤）を飲む場合を考えてほしい。さて、ここに錠剤が詰まった瓶の入った箱があるとしよう。その瓶のうち半分はダイエット錠剤、もう半分は偽薬が入っている。そしてその瓶や錠剤の外見はすべて同じである。実験参加者は、無作為に選ばれた瓶を渡される。もし、実験期間の終わりに、ダイエット錠剤を飲んだ実験参加者の体重が、偽薬を飲んだ実験参加者の体重より多く減っていたら、論理的に考えて、ダイエット錠剤はおそらく体重が減った原因だといえる。おわかりだろうか。単なる理屈なのだ。この二つの参加者のグループの違いを説明する一番簡単な説明は、彼らが異なった錠剤を飲んだということである。

さて、同じ理屈をメディア暴力の基本的な実験に当てはめてみよう。二百名の人を集め、半分の人には暴力的な映像を見せ、残り半分の人には非暴力的な映像を見せてから、その人たちの攻撃性を測る。もし暴力的な映像を見たグループの人の方がより攻撃的だったら、理屈から考えると、おそらく彼らが映像で見た何かが、彼らをより攻撃的にしたと考えられる。このような実験デザインのシンプルさと妥当性の高さを見ると、科学者が発見した基本的な前提に、なぜ人々が賛同しないのか理解に苦しむ。妥当性の高い研究デザインを持つ多くの研究、たとえばこの章や他の部分で説明された時系列的な研究と実験では、メディアにおける暴力への接触は、攻撃性の原因となることを示している。その証拠はかなり決定的であり、科学（ここでも論理と置き換えられる）は私たちが複雑な世の中の理解をするのに役立つ最高の道具の一つなのだ。

具体例はいつも参考になるので、ここであるメディア暴力の実験の詳細を見てみよう。ミズーリ大学の社会心理学者ブルース・バーソローら[*24]は、九十二名の男子大学生に『アンリアル・トーナメント』（プレイヤーの役目は、目の前に現れた人を撃つだけという暴力的なゲーム）、または『ミスト』（プレイヤーが探索して、パズルを解く非暴力的なゲーム）のいずれかのゲームをプレイしてもらった。参加者は、この研究は、ビデオゲームをプレイすることが、心理的・身体的に素早く反応して決定を下す能力にどのように影響するかを調べるためのものだと説明された。その後参加者は全員、画面に光る点が現れたらすぐにボタンを押して、どれだけ速く反応できたかがわかるコンピューター・ゲームをプレイした。もし一番速くボタンを押せたら、彼らは不快な音を鳴らして競争相手を懲らしめるチャンスを与えられた。そのとき、彼らはその音の大きさと鳴らす時間の長さを選ぶことができた。もし負けた場合は、その音を聞かなければならなかった。バーソローらが見出したのは、これらの男子大学生たちは、少し前にゲームで人を撃っていた場合は、思考と探索のゲームをしていた場合と比べて、競争相手をよりひどく懲らしめるという結果であった。つまり、ビデオゲーム上で暴力を行使すると、現実の生活の現実の人間を痛めつけてしまうということがわかる。人を痛めつけて遊ぶことは、**実際に**生身の人間を傷つける可能性を高める。空想は現実を生み出すのだ。

さてこの実験では、この種の研究ではよくあることだが、参加者は実際には誰も傷つけているわけではなかった。単に傷つけていると想像していたのだ。役を演じているサクラが研究室に現れて、競争相手のふりをしていたのに加え、学生たちは相手を懲らしめることを強制されたわけでもなかった。もちろん重要なのは、参加者たちが相手を懲らしめていると考えていたということだ。実際に、実験で誰も傷つけていると思わなかったと言った学生たちは、データ分析から除外された。

私自身の博士論文について前に触れたので、[*25] それについてもう少し説明しよう。クレイグ・アンダーソンと私は、二つの研究を行った。一つ目の研究では、私たちは暴力的なビデオゲームへの接触度が、現実の生活の攻撃性を予測するかどうかに興味を持った。そこで二百人以上の大学生を調べ、それが事実だということを発見した。つまり、より長い時間暴力的なゲームに接していると、他の誰か、たとえば同級生や教師を脅したり殴ったりすることが多いことがわかったのである。日常生活で暴力的なビデオゲームにより多く接していると、他の種類の非行、たとえば不正行為や嘘をつくことも多く、そして学業成績も悪いということが明らかになった。これらの関連は攻撃的な性格の人、そして男性の場合により強かった。

このように最初の研究では、暴力的なビデオゲームをする人は、他の人とどのように異なるかを明らかにした。しかし、ビデオゲームでの暴力のみが攻撃性を生んでいるかどうかを知るためには、科学者はその原因をきちんと測る研究をデザインする必要がある。そこで私たちはそのための実験を計画した。私たちは暴力的なゲームと非暴力的なゲームを選んで、そのうち暴力的なゲームをした直後の方が、プレイヤーがより攻撃的になっているかどうかを見たいと考えた。最初、私たちは別々のグループの学生たちに、研究で用いる二つのゲームについて、同じぐらい面白い、また同じぐらいのペースと思うかなど、暴力的な内容以外の要素を同じように評価するか確認した。これらの予備調査を基にして、私たちは『ミスト』と『ウルフェンシュタイン3D』というゲームを選び、男子学生と女子学生を無作為にどちらかに割り当てて、ゲームをプレイしてもらった。脳の中でどのような思考が活性化しているかを測る認知反応課題で測定したところ、暴力的なゲームをプレイした参加者は、暴力的でないゲームをプレイした参加者と比べて、攻撃的な思考をしていた。攻撃的な行動については、先に述べたバーソローらの用いた競争課題で測定した。暴力的なゲームをプレイした人は、非暴力的なゲームをプレイした人と比べて、競争相手に対してより攻撃的な反応を向けていた。これらをまとめると、上記の二つの研究は、暴力的なゲームを選んでプレイする人々は、攻撃性も高く、攻撃的な思考もより多くしていることを明らかにした。

バーコヴィッツとジーン[*26]は、暴力についてマスメディアで学んだ教訓が、視聴者によってどのように想起され影響を与えるかを実証した。彼らの研究では、男性の参加者が、攻撃的なシーンでその攻撃性が正当化される映像、あまり正当化されない映像、あるいは面白いが暴力的でない統制群の映像のいずれかを見せられた。参加者はその後、実験の協力者であるサクラに対し、罰としてショックを与える機会を得た。参加者の一部には、攻撃的な映像の登場人物を想起させるカークという名が犠牲者に結びつけられた。その結果、正当化された攻撃を見た参加者の攻撃的な行動は増加した。また、犠牲者（サクラ）が攻撃的な映像での俳優（カーク・ダグラス）と同じ名前だった場合は、より多くの罰が与えられていた。後者の結果は、同じ名前のような弱い手がかりでも、メディアでの暴力と結びつけられると、攻撃を喚起することを明らかにした。つまりここでは、暴力的な映像に結びつく些細なこと、たとえば登場人物の名前が、攻撃的な反応の引き金になりうるということがわかる。さらに、攻撃が正当化されている虚構の世界の中でも、私たちはそれを現実の情報として受け取り、それによってより攻撃的に行動してしまうのだ。

私たちは暴力的なメディアからそもそも何を学んでいるのか

ここまでで私たちは、科学的な研究により、人々がメディア暴力にさらされると、その内容に接していない人々に比べてより攻撃的になるという結果を見てきた。また、現実の生活で暴力的なゲームにより多く接しているとより攻撃的になるということを、正確に予測できることも明らかになった。とはいえ、私たちはそもそも何を学んでいるのだろうか。メディアによって大目に見られ、奨励され、そしてまた美化された暴力を見ることによって、私たちはいろいろな面で変化してしまう。メディアからの攻撃性の学習を社会性の低さの現れと概念化する人もいるかもしれないが、皮肉なことに、それは実際には抜け目なく社会的学習をしていることの現れだということを心に留めておいてほしい。プレイ中に人を撃ち殺したり、ゴルフクラブで殴り殺したりすることが格好いいとされているビデオゲーム（たとえば『グランド・セフト・オート』）をプレイするとき、私たちは周りの「ちゃんとした人たち」が暴力行為を支持していることを学んでいる。このビデオゲームをプログラミングした若くて格好いい人々は、この種の暴力は素晴らしく、クールでエキサイティングだと考えている。『グランド・セフト・オート・シリーズ』のように、しゃれていて専門的によくできたメディア作品が、社会での成功者によって作られ、世界中のまともで立派な店の棚に並んでいるのなら、なぜ暴力が本当に悪いものだといえるのだろうか。メディアから暴力を学ぶとき、私たちはただボーっとしているわけではなく、単に自分たち自身が売られているのだ、という複雑な社会の教訓を学んでいるにすぎない。私たちがどのようにメディアが制作され、売られているかについて状況を理解し、そして時間の使い方に関する良い選択肢を多く持てば、さらに賢明になれるだろう。さて次に、メディア暴力への接触の結果を明らかにするために異なったアプローチを用いているもう一つの研究を検討しよう。

攻撃性は、メディアの中の暴力に人が接触することでもたらしうる唯一の否定的な影響ではない。たとえばメディア暴力への接触は、他者を助ける行動を減らす可能性がある。ブラッド・ブッシュマンとクレイグ・アンダーソン[*27]は、ビデオゲームにおける暴力への接触が、現実の日常場面で言い争っている二人の人を目撃したときにとる行動に、どのように影響を与えるかという疑問を持った。三百二十人の男女大学生が実験室で研究に参加し、暴力的なゲームか非暴力的なゲームをプレイした。その際研究者たちは、参加者たちにサプライズを提供した。彼らのすぐ近くで、喧嘩が明らかにそれとわかるように起こるよう設定したのだ。予測として、暴力的なゲームをしたばかりの人は、ドアの外へ出ていって傷つけられている人を助ける傾向が低いのでは、と彼らは考えた。そしてそれは正しかった。暴力的なゲームをしたばかりの人はあまり助けようとせず、助けた人も、暴力的でないゲームをしていた人に比べて、助けるまでに時間がかかった。彼らはまた実験参加者に、その喧嘩がどの程度深刻だと思ったかを判断させ、興味深い結果を得た。暴力的なゲームをしたばかりの人は、他の参加者に比べて、その喧嘩はあまり深刻でないと考えていたのである。さらにその研究者たちは、普段から暴力的なゲームをプレイしている人は、介入して助けようとする傾向が低く、通常自ら暴力的なビデオゲームをプレイしない人たちに比べて、喧嘩がより深刻でないと考えていたことを明らかにした。つまり、この研究で推測されることは、暴力的なゲームをプレイすることは即時的な影響があり、そしてより人助けをせず、現実生活で自分の周りで起こっている喧嘩により鈍感になるといった長期的な影響もあるということだ。

二つ目の研究で、ブッシュマンとアンダーソンは、映画を見にいった成人が暴力的な映画を見ることで、助けを必要とする女性への対応に影響を受けるかどうかを調べた。研究者に協力して足に包帯をしたサクラが映画館のすぐ外で松葉杖を落とし、それを拾おうとして悪戦苦闘していた。暴力的な映画を見たばかりの人たちは、暴力的でない映画を見たばかりの人たちよりも、そのサクラを助けるのに二六％長い時間がかかった。しかし、暴力的な映画を選ぶ人が、非暴力的な映画を選ぶ人よりも単に人を助けない性質だったとしたら？　研究者たちはその点についても考慮した。サクラはコインを投げて、松葉杖を落とすシーンを映画の前に演じるか、あるいは後に演じるかを決めた。その結果、映画を見る前は、どのようなタイプの映画を見るかによって人助けをする率は変わらなかった。言い換えれば、これらのデータは、人助けをあまりしない人々が暴力映画を選ぶのではなく、むしろ暴力を見ることが人助けをしにくくなる原因となったということを示唆している。

脳におけるメディア暴力

人々が、メディア暴力に本当に影響があるとは信じ難いと考えているため、次に脳の研究に目を向けて参考にしてみよう。懐疑論者たちでさえ、メディア暴力への接触の後に起こる脳内のかなり決定的な変化と、研究で記録されたこの変化の結果については、他の理由で説明するのは難しいだろう。ブルース・バースロー、ブラッド・ブッシュマンとマルク・セスティル[*28]は、メディア暴力への接触の結果、脳内で何か重要なことが起こり、なぜそれが問題かを明確に示す一連の研究を行った。ここでもまた多くの人々は、無知から、または自分たちの目的のために人々を操作するため、メディア暴力の研究を批判する。しかし、これらの研究が科学的にいかに素晴らしいかをよく考えれば、批判をするのは簡単だが、このような真に質の高い科学的研究を生み出すのは難しいということがわかるだろう。

バーソロー、ブッシュマンとセスティルは、若い男性たちを暴力的なビデオゲームのヘビーユーザーとそうでない人に分け、脳が暴力に反応する仕方が二つのグループ間で異なるかを探った。すると、暴力的なビデオゲームをよくプレイする人の脳は、あまりビデオゲームの暴力に触れていない人の脳とは異なった働きをすることが明らかになった。暴力的なゲームのプレイヤーは、特に現実の暴力を見ている際に敏感さが低かった。このような脳の反応は脱感作と呼ばれる。このような反応をする人々は、他者の感じる苦痛に対してあまり敏感でないことを意味する（ジャンヌ・ファンクの研究での、子どもの脱感作についてはすでに述べた）。バーソローらは、これらの結果の、他の多くの解釈を巧みに除外した。たとえば実験参加者の男性たちは、ネガティブだが暴力的でない映像（たとえば奇形の赤ちゃん）については脱感作の反応を示さなかった。つまり、暴力的なビデオゲームをプレイする人々が鈍い反応を示したのは、その映像のネガティブな性質に対してではなかった。暴力的なビデオゲームのプレイヤーたちは、特に他の人が傷つけられることに対してより鈍感だったのである。さらにこれらの研究は、プレイヤーの男性たちに同じ実験室にいる他の人を攻撃する機会を与えた場合、暴力的なビデオゲームを頻繁にプレイしている人たちは、そうでない人に比べてより攻撃的だったことも明らかにした。バーソローらはまた、この反応が彼らの以前からの攻撃的な性格によるものかどうか調べ、そうではないという結果を得た。明らかにゲームの内容が、攻撃的な行動と脱感作の双方を説明する要因となっていたのである。これらの重要な研究成果をまとめると、あなたが高いレベルのメディア暴力にさらされることは、あなたの脳を変え、他の人たちの苦痛についてより鈍感になり、あなた自身がより他の人に苦痛を与えたくなるということになる。

他にも、バーソロー、ブッシュマン、セスティルらの結果を裏付ける、興味深い脳の研究がある。その結果に関連する初期の研究の一つは、イギリスの『ネイチャー』に掲載された。[*29] その研究の著者たちは、私たちがビデオゲームをプレイするときに、脳がドーパミンという快感の神経伝達物質を出すことを発見した。これは多くのことを示している。一つ目に、私たちがビデオゲームの画面上で暴力をふるうと、幸福のホルモンが快感とともに与えられることを意味する。プレイヤーは、他の人を傷つけることは楽しくて報酬が得られ、そしてとても気持ちのいいことだと学習する。これらのデータはさらに、ビデオゲームが物理的な依存をもたらす可能性を示唆している。この研究の著者らは、ドーパミンの放出は、学習、強化、注目、そして感覚や動きを統合するスキルなどの行動に関与すると述べている。別の言葉に言い換えれば、ビデオゲームはとても影響力のある教師である。ゲーム開発者は、プレイヤーたちが一生懸命頑張ってプレイし、また学習に集中するように仕向けているが、同時に目標に向かって動機づけられ、ゲームで成功して頂点に上り詰めた気持ちにさせようともしている。

ゲーム開発者がこの点について話していたのを聞いたことがあるし、また彼らはこれらのゲーム経験が生む心理についても熟知していることも、私は知っている。だから、私はゲームの内容が反社会的でなければ素晴らしいと思う。もしプレイヤーたちが事実を認めず怒る代わりに、暴力的なゲームをプレイすると自分たちの脳が文字通り悪化するということをきちんと理解したら、これが自分のためにならないということに気づくかもしれない。研究でわかっているのは、十代の若者に喫煙は良くないと言うことはできるが、彼らはまったく気にしないだろうということだ。しかし若者に、喫煙は格好悪く見え、息が臭くなると言えば、彼らは気にするだろう。ご存知の通り、人は他の人に自分の健康や幸福について注意されたくないものである。人は時にはタバコを吸いたくなり、不健康な食べ物を食べたくなり、不健康なメディア摂取をして時間を過ごしたくなるし、その選択は本人の自由である。皮肉なことだが、これらの若者たちのことを本当に心配している人々、すなわち彼らのためを思っている人たちを若者は拒否し、彼らで儲けようとする人たちを若者は擁護するのだ。

さて、脳の研究の話に戻ろう。Mind Science Foundation（マインド・サイエンス財団、www.mindscience.org）から助成を受けたある研究では、子どもたちが暴力的なテレビ番組と非暴力的なテレビ番組を見ているとき、彼らの脳がどのように反応するかを研究した。[*30] その研究者たちは、テレビ暴力が与える影響を以下のように述べている。

テレビで暴力を見ることは、感情、覚醒と注目の制御、エピソード記憶の書き込みと検索機能、運動プログラムをつかさどる脳の領域のネットワークを総動員する。この脳の活動様式は、特にテレビで暴力をよく見る子どもたちの方がより攻撃的に行動するという結果についての、多くの研究で見られる影響を説明するだろう。このような過度の視聴は、脳の後帯状皮質にある長期記憶に、多くの攻撃的な筋書きを書き込むことになる。それはまた攻撃的なシーンの素早い想起を促進し、社会的な行動としての表面化を導くだろう。

さらに、その研究者たちは次のように説明する。子どもたちが自分で見ているテレビの暴力が、「本当のこと」でないとわかっていても、脳は本当のことに対するのと同じように反応する。暴力を見るときは、私たちの脳は危険にさらされていると反応する。その際に私たちは虚構と現実を区別しないのだ。

映画が現実になる

繰り返しになるが、私たちがメディアにこんなに惹きつけられるのは、テレビや本、映画またはビデオゲームの物語が、ノンフィクションという意味での「現実」だからではなく、それらが私たちにとって意味のある現実だからである。なぜ『ハリー・ポッター』の新作が発売されると、子どもや大人たちの群れが、こぞって本屋に押し掛けるのだろうか。彼らが物語の新しい内容を期待し、行列を作って待っているのは、彼らが現実的でない物語が大好きだからなのか。いや、そんなことはありえない。彼らが『ハリー・ポッター』の物語を愛しているのは、それらが彼らにとっての現実だからだ。もちろん、彼らはハリー・ポッターが、イングランドのどこかのお城にいるのではないことを知っている。そして彼らは、人が本当に魔法の杖で稲妻を放てるとは思っていない（もしできるなら、私はそればかりしてしまうだろう）。しかし著者のJ・K・ローリングは、とても人間味がある、そして私たちにとって意味のある登場人物や状況を作り上げたため、世界で最もお金持ちの女性の一人になった。私たちは、その登場人物や状況が通常の意味では現実でないとわかっているが、心の中では現実だと思って見ているのだ。世界中の多くの人にとっては、ハリー・ポッターは隣の家の人よりも現実的な存在なのだ。

私の人生での例をいくつか挙げてみよう。時に人生で難しい問題が起こった際、私はダンブルドア教授がハリー・ポッターに言った言葉を思い出す。ごめんなさい、オタク警報発令中！　とにかく言いたいことは、私はダンブルドア教授がハリー・ポッターに次のように言ったことを思い出す。「暗くて困難なときがやってくる。もうすぐ私たちは皆、正しいことと容易なことのどちらかの選択を迫られる」。また、私はハリーの同級生が不当な理由で彼を避けたとき、最後は真実によってどのように彼が名誉挽回したかに思いをはせる。これらは虚構の物語から取り出した現実的な意味であり、私にとっては人生の励みである。本や映画、ゲームの作者は、起こりそうな光景を見せてくれる。もしあなたが友達皆から信じてもらえなかったら、どのように行動すべきだろう。ハリー・ポッターのように勇敢になれるだろうか。付き合っている若者たちは、相手に対してどのように感じ接しているのだろうか。彼女を裏切って浮気をすることは、社会的に認められているのだろうか。彼女を殴ることは？　あなたの親友がいないところで、彼女の悪口を言ってもいいのだろうか。これらのすべてのシナリオは、現実生活の社会心理であり、それらを私たちはこれまでの人生の中で、小さな画面や大きなスクリーン、本や雑誌のページの中で演じられているのを目にしたことがあるのだ。私たちは皆、社会的な状況に関する微妙な差異について、常に学んでいる。恋愛関係、上司や同僚との人間関係、孤独感や自分が醜いと感じることなど、すべてメディアによって作られ、私たちに向けて制作された非常に多くの物語を見ることで学んでいるのだ。

さらにミラーニューロンについて

ミラーニューロンについてはすでに述べたが、この話題について再検討し、メディアでの暴力と関連づけてみたい。メディア暴力について私がこれまでに読んだ最も興味深い研究論文は、心理学やコミュニケーション研究の博士ではなく、哲学の研究者によって書かれたものである。Imitation, Media Violence, and Freedom of Speech（「模倣、メディア暴力、そして言論の自由」）で、哲学者である著者スーザン・ハーレイは、模倣というのは一見幼稚に見えるが、実は比較的複雑な能力であり、生存のために重要なスキルでもあると言っている。模倣するためには、誰か別の人の心の中に入り込むことが必要であり、模倣はまた複雑な社会システムを作り上げる基本的なメカニズムであるという。

心理学者たちは、これまで人間の発達における模倣の重要性に関する多くの研究を行ってきた。偉大なアメリカの心理学者ウィリアム・ジェームズは、「観念運動」と名づけた理論の重要性について述べている。これは、「すべての動作表現は、ある程度それが表す動きを呼び起こす」[*31]という理論である。メディア暴力に関する理論にも、この種の身体動作の模倣の促進という表現が出てくる。メディアと学習の観点からは、「一連の動作を見ることは、もしあなたが明確にその動作を区別し認識できなくても、同じ動作をする場合のスピードを増加させる」[*31]という。子どもが彼の母親がケーキを焼くのを見ているとき、また大人がテレビでシェフが食事を作るのを見ているとき、それは模倣を通して何かのやり方を学んでいる過程の一部なのだ。もし手本とする人がある行動で褒められると、私たちも同様に学習する。私たちのメディア文化（私たちが画面の中で繰り広げられる社会的行動を見ている文化）では、これはテレビに登場するシェフのレイチェル・レイが雑誌で取り上げられるのを見ることや、彼女の番組でエアロスミスのメンバーと一緒に食事をするところを見ることを意味するかもしれない（そこでは複雑な社会的メッセージが伝えられている。優れた料理人は、エアロスミスと夕食を一緒に食べられるのだ。ここで心の中でギターのリフが奏でられる！）。

私たちは無意識的に周りの人を模倣しているが、自分ではそれに気づいていないという結果が、一連の興味深い研究で明らかになっている。心理学者のチャートランドとバー[*32]は、「足を振っている人」、または「顔をこすっている人」が同じ部屋にいると、人は同様に足をより多く振ったり顔をより多くこすったりするが、本人たちはそのことに気づいていないということを明らかにした。彼らが見出した「カメレオン効果」は、私たちが自分の周りで起こっている行動を無意識的・受動的に模倣するというものである。目撃した行動を模倣したことについて聞かれると、実験参加者はその行動について気づいてもいなかったと答えた。この研究結果は、何よりも私が第一章で触れたニスベットとウィルソンによる論文を思い起こさせる。その研究では、ある人に問題解決のヒントを与え、それをその人が使っても本人はそのことにまったく気づいておらず、聞かれても使ったことを否定したという結果が示されている。

前述したように、神経科学者たちは、「ミラーニューロン[*33][*34]」と呼ばれる、この種の社会的模倣の脳のメカニズムを明らかにしてきた。近年研究者たちは、私たちがどのように、見るものを心の中にかなり文字通り**映し出し**、模倣して学ぶために使っているかを説明してきた。脳は、自分がしていることと、誰か別の人がしているのを見ていることのどちらにも同じように反応する。これは模倣が適応的な行動であるため、大変納得がいく。それは私たちが学習する一つの重要な方法なのだ。ハーレイは、重要な関連づけを行っている。彼女は、もし私たちが見たものを心の中に映し出さずにはいられないとしたら、そしてメディアで暴力を見ることが暴力的な行動を促進するとしたら、なぜメディア暴力が言論の自由で守られるのかと疑問を問いかけている。それは混んだ映画館の中に火を注ぐのと同じことにならないのか。リベラルな社会では自由が保護されるが、それは他者が傷つけられるという権利の侵害がされない限りの話ではないか、と彼女は論じている。

最近、攻撃に関する研究の第一人者レオナルド・バーコヴィッツが、攻撃の自動性の役割を理解することが重要だと強調した。バーコヴィッツは「多くの衝動的な行為、特に反社会的なものは、無意識に模倣した後の抑制の失敗が原因である[*35]」と記している。彼はまた、制御された心理的プロセス、たとえば攻撃的な考えを教えたり攻撃的な概念を活性化させたりすることも、メディア暴力と攻撃性の間の重要な結びつきとなると述べている。

しかし、たとえばメディア暴力のような、攻撃や否定的なことに関連する状況的な手がかりは、無意識的に攻撃的な反応を起こさせ、あるいは高めうるという。ミラーニューロンに関してバーコヴィッツはこう書いている。「脳内のミラーニューロンの働きのような神経生理学的なメカニズムが、たった今見たことを模倣する傾向を作り出すことで、目撃した暴力に影響を受けやすい状態にすることさえ起こりうるのだ[*35]」。

反対意見の数々

最高裁判所が最近、未成年にある種のビデオゲームを販売することを規制するカリフォルニアの法律について検討した。裁判所は、ビデオゲームは言論の自由によって保護されるので、それらを未成年に売ることは合憲であるとした。その結果、メディアの暴力は攻撃や反社会的な行動を引き起こさないという科学的な根拠を基に、その決定が行われたと信じる人も現れた。実際には、裁判所がビデオゲームの表現の自由は保護されるべきと判断を下したのは、憲法修正第一条によってであり、メディア暴力の研究成果を根拠としているわけではない。実のところ、多数意見について記述したスカリア裁判官は、科学的な研究論文など読んだことはないと明言している[*36]。それについて反対意見を記述し、科学的な根拠を考慮せずに決定を下したとして、スカリア裁判官とカリフォルニア州を批判したブレイヤー裁判官には、その事実がよくわかっていた。私たちは表現の自由を尊重するし、そしてそれは当然だ。だから私たちはコンテンツの規制に関して、何が良くて何が悪いかといったことに関する法的見地について議論することを普通は好まない。もし議論したら、好ましくないコンテンツの案件を持ち込む人々で最高裁判所が一杯になってしまうだろう。多くの人は、あるコンテンツが好ましくないと思っても、それを子どもに見せるかどうかという決定を政府より両親に委ねようとするだろう。この論理は、子どもたちに法律的に何を売っていいかというところまで拡大適用することができる。

ヌード雑誌のような、成人向けのものの販売に規制があることにも触れておく必要がある。ヌード雑誌は、ある種のビデオゲームに登場する露骨な暴力よりましだと主張する人もいるかもしれない。私たちが、活字や物理的な媒体からデジタルメディアの世界に移住したことを考えると、これらの問題はどんどん変化していることも指摘したい。今の子どもたちは、オンラインで両親たちがその存在さえも知らない内容にアクセスできているかもしれない。だから、子どもがオンラインで何を見つけるかに比べて、子どもが店で何を買えるかについては、現在はあまり問題でなくなっている。

さて、社会科学的研究の一般的な理解を広く捉えた見方に戻ろう。私の友人エリザベスは、地元のコミュニティ・カレッジで英語の補習授業を教えている。学生たちが一般の人にも関わる研究を読み、理解できるようになってほしいため、彼女は学生に、貧困と生活の質の関連について書かれたいくつかの研究論文を読む課題を与えた。それらの論文は、豊かな人々はかなり多くの経験ができる可能性を持ち、生活の質を向上させるサービスを受けることができるが、貧しい人々は反対にそのどちらもあまり得ることができないという内容が示されていた。また、あまり裕福でないアメリカ人は教育程度が低く、健康の問題も多く、一般的に進歩も豊かさも低いレベルであるとも書かれていた。エリザベスの学生たちは、これらの論文を読んで傷ついた。彼らはそれらを、所得階層では一番下に属している、彼らの家族たちに対する偏見に満ちたものだと解釈した。論文が述べていたのは、収入は生活の質を予測する、つまり裕福な人々は普通さまざまな指標で測られる高い生活の質を持つということである。それはあなたの収入を知ることで、その生活の質が予測できるということを意味する。誰も貧困から抜け出せないとか、貧しい人は誰も夢を実現することはできないということを意味するものではない。ただ、あなたが裕福な場合より貧しい場合に、それが起こる確率が低いということを意味するのだ。

私はなぜ彼女のクラスの学生たちがこのことを不快に感じたか理解できる。多分それは彼らに拒絶と正当化の気持ちを引き起こしたのだ。そして、私は彼らの気持ちがわかる。ここで私はメディア暴力に関する文献と、富と不平等の文献に対する反応の類似点を示すためにのみ、この問題を取り上げている。私たちが信じたくない研究の結果があるとする。そうなると私たちはその研究者を非難するか、研究について思いつく、あらゆるレベルの疑問を持つことになる。最後には、それは事実に関する議論ではなく、感情に関する議論になってしまう。なぜこれが起こるか理解できるが、私はただ、気に入らない研究成果を正当化して拒否したら、それは自分たちのためにならないと言っているだけだ。悪いニュースを伝えたメッセンジャーを殺すのではなく、対処するにはおそらくもっと良い方法があるだろう。

分別のある科学者で、メディア暴力への接触が、世界中の暴力のたった一つの原因、主要な原因、または十分な原因であると言う人はいない。研究の成果はそれとは違った内容、すなわちメディア暴力への接触は共感の気持ちを鈍らせ、日常の攻撃性を増加させるということを示している。最近の研究では、暴力的なビデオゲームをプレイすると、攻撃的な思考が増し、そしてそのうちに攻撃的な行動が増すという結果が明らかになっている。トランス脂肪を摂取すると、肥満になる可能性が高まると主治医に言われるのが嫌でなければ、メディア暴力への接触は、あなたが攻撃的に考え、他の人を日常的に傷つける傾向を高めるのだ、とメディア暴力の研究者に言われても嫌がらないでほしい。人の食事習慣と同様、「あなたにとって悪い」ある食べ物をたまに食べても死ぬわけではない。ただし、度を超す程度になると、健康の問題を抱える確率が高まる。そこで私のアドバイスは、メディア暴力に接触する程度と質を意識して、それについてよく考えようというものである。研究の証拠を誇張することも、軽視することもしてはいけない。そして、おそらくもっと重要なのは、メディア摂取をするとき、良い内容を探すのを楽しんでほしい。それは感傷的で甘いものである必要はないし、また教育的である必要もない。良い内容とは、あなたにとって意味があり、そしてあなたを向上させるものなのだ。

第5章　メディアにおける社会集団の描写——人種、ジェンダーそしてその先

我々は知っていることや、知っていると思っていることのほとんどを、自分で経験していない。我々は物語によって作られた世界に生きている。物語は、我々をジェンダー、年齢、階級、職業、そしてライフスタイルの基準に合うようにさせ、服従するためのお手本や、抵抗する対象を示す。[*1]

ジョージ・ガーブナー（一九九九）

二〇一四年八月、フェミニストのビデオブロガーであるアニタ・サーキシアンは、ビデオゲームでの女性の描かれ方についてインターネット上で批評をしたことで、殺害の脅迫を受けた。不幸なことに、これらは彼女が受け取った初めての脅迫ではなかった。彼女は *Feminist Frequency: Conversations with Pop Culture*（「フェミニスト・フリクエンシー——ポップカルチャーとの対話」）というウェブサイト（ユーチューブチャンネル、フェイスブック、ツイッター）の創設者であり、おそらくこれからも同様の脅迫を受けるだろう。メディアにおける性差別について意見を述べて殺害の脅迫を受けた後、サーキシアンは、ビデオ作品制作のための資金を集めるクラウドファンディングを始めた。そして最初の目標に二十四時間で達し、七千人の支持者から資金を集めることに成功した。おそらく彼女は、ビデオゲームでの女性の描かれ方に関する Tropes vs. Women（「トロープス vs ウィメン」）という一連の動画で最もよく知られている。

ゲーマーであるサーキシアンは、一貫して彼女自身が愛してやまないメディア・ジャンルの発展を望んでいる。嬉しいことに、厳しい反発を受けても彼女は①批判をやめない、そして②現在では意外なところからも敬意を払われるようになっている。たとえば彼女はビデオブログWomen as Background Decoration（「背景のお飾りとしての女性」）でアクションゲーム『セインツ・ロウ』での女性の描かれ方の批評をしたが、『セインツ・ロウ』を開発した企業のクリエイティブ・ディレクターであるスティーブ・ジャロスが、それに対して公式に非を認めた。ゲーマーに人気の『ザ・エカピスト』という雑誌のインタビューに答えて、ジャロスは「自分の犯した過ちを批判されるのは当然だと思う」と述べた。そして、「自分の非を認めて学べないのは悲しいことだ」とも述べている。[*2]

ジャロス氏の感動的な「私が責任を取る」という率直さに対して、私は尊敬と感謝の念を感じる。もちろん、皆が私と同じような興奮を感じているわけではなく、gamestop.comというサイトでは次のようなコメントが見られた。たとえば「Kujel」は「人々がこの嘘つきのアンティア（原文ママ）の言うことをまともに受け取るなんて、腹立たしいことだ☹」と投稿し、「Flamewolf75」は「このフェミニスト運動はまさに先進国だけの問題だ。こいつらは特権を与えられすぎて、現実の問題には文句を言えなくなってしまった。だから自分たちがまだ問題を抱えていると感じるために、でたらめを作り上げた」と述べた。さらに「Sl4cka」が「おそらく彼女は彼と寝てこれを言わせたのでは[*2]」とつけ加えた。

私の研究では、よくメディア描写での敬意ある表現や社会的正義について議論しているため、このようなタイプのコメントについて、私がどう考えるかを説明する必要はないだろう。私がこれらのコメントを強調したのは、大学のキャンパスから家庭の居間まで、いろいろな場所で本書を読んでいる人々の間の対話を促したいからである。あなたならどう思うだろうか。答えの前に、ジャロス氏の発言に対する支持の声を載せたのも、このゲームに関するサイトであったことを急いでつけ加えておこう。たとえば「Warlord_rochi」は「プロとして批判を受け入れた。よくやった」と述べた。「Picho86」は「彼の答えをとても気に入った。『セインツ・ロウ』の女性の描写が悪い影響を与えるかどうかの問題は単純ではないが、真剣に受け止めるべき何かではあるだろう。彼がしたことを嬉しく思う」[*2]とつけ加えた。

真の意味でメディア通であるということは、見ている画面でいろいろな意図が表現される状況が、どのような心理的反応を引き起こすかを理解していることである。メディアを通して社会的に役立つことを行う機会はたくさんあるが、私たちがメディア利用の心理を理解していなければ、悪い影響も多くもたらされるだろう。

進歩的なイメージは良く、下品なイメージは悪くする、またはオバマのイメージは良く、悪党のイメージは悪くする

さて、ここで良い例を示そう。私と共同研究者のメリンダ・バージェスは、黒人男性のステレオタイプ的なイメージを見た場合と進歩的なイメージを見た場合の違いについて、明らかにしたいと考えた。私たちは、ネガティブなステレオタイプに接すれば、黒人男性のイメージが悪い方向に、ポジティブなイメージに接すれば良い方向に変わる可能性があるが、ただし問題になっている人物についてではなく、**その他**の黒人男性に関するイメージに影響するという仮説を立てた。

そこで、私たちは若い白人の男性と女性を対象に、黒人男性のポジティブ、またはネガティブなメディア・イメージを見せる研究[*3]を行った。ポジティブなイメージは、アフリカ系アメリカ人で大変尊敬されている、マーティン・ルーサー・キング牧師やバラク・オバマ氏のものを用いた。ネガティブなイメージは、ステレオタイプ的なアフリカ系アメリカ人男性のビデオゲームのキャラクター、すなわちビデオゲームでよく見られる、強く暴力的な悪党という、黒人男性の典型的なステレオタイプ的描写のイメージを用いた。実験に参加した大学生は、そ

れらのイメージを見た後、選挙に立候補しているある無名の政治家のウェブサイトを見て感想を伝えた。全員同じ内容のウェブサイトを見たが、掲載されている候補者の写真だけが二種類あり、半数の学生はアフリカ系アメリカ人、そして残り半数の学生たちは白人のアメリカ人の写真が載っているものを見た。これらの写真には、候補者がスーツを着て演壇からスピーチをしている、立派な政治的リーダーに見えるものが選ばれた。学生たちは、候補者のウェブサイトがどの程度彼らに良い印象を与えたかを評価したが、その際に候補者自身についてどのように感じるかも評価した。また、もし機会があればどの程度の確率で彼に投票するかについて答えた。

その結果は顕著に表れた。オバマ氏やキング牧師の写真を見た学生たちは、その良い印象がアフリカ系の候補者にも波及し、彼に対してより好意を持ち、より高く評価し、白人の候補者の写真を見た学生たちよりもより高い確率で彼に投票すると答えた。しかし、ステレオタイプ的な黒人のビデオゲームのキャラクターを見た学生たちの結果は、まったく逆だった。この危険な黒人男性の悪党のイメージは、悪党とは関係のないアフリカ系アメリカ人の候補者に関する学生たちの評価を、白人の候補者の写真を見た学生たちより統計的に有意に低めることになった。

もしある集団（たとえば女性、アフリカ系アメリカ人男性など）のポジティブなイメージが示されると、その集団に対する肯定的な考えがもたらされる傾向が高まる。それは、この集団は実際に良い可能性が高いという例を示しているからだ。対照的に、ある集団のネガティブな姿を示すと、その集団に属している関係ない人のイメージまで悪化してしまう。ある集団のメンバーのメディアでの描写のされ方は、同じ集団の他の人のイメージまで良く、あるいは悪くしうるのだ。

私たちが画面で見ている内容に問題はない、つまりメディアは単なる娯楽だから何を見ても何も変わらないと考えるすべての人々に対し、この研究はそれが真実ではないことを証明している。ある人についての描写は、人種、ジェンダー、宗教、性的指向、またはどんな要素でも、同じ集団の他の人のイメージに影響する。メディアにおける表現は、ある時には良い影響を与え、またある時には害をもたらしうる。その理由は、ある集団はこんな人々だというストーリーを語ると、あなたの中でその見方が活性化するからだ。これが、人がステレオタイプと一貫した、またはその表現がもたらすイメージ通りに考える結果をもたらす。

　気づいていない場合が多いが、しばしば私たちは、マスメディアで見た内容を通して他者について学んでいる。このことは、他の人々が自分たちと異なる集団の場合、またその集団の人たちと直接の接触経験がほとんどない場合に特に当てはまる。自分が他の人々やある考え方について、主にテレビや映画、ビデオゲームを通して学んでいると誰が信じ、認めようとするだろうか。誰も認めないだろう。それこそが問題の一部なのだ。第一章で述べたように、マスメディアから影響を受けていることを恐れたり、拒否したりする際、私たちは直接利用されたり操作されやすい状態になる。人種や性、年齢、性的指向や他の社会的なカテゴリーのメディア・ステレオタイプについて学ぶときは、私たちは自分自身の目でなく、メディアの目を通して他者を見る状態になっている。

　それでは、メディアを通して学ぶことの、どこが問題なのだろうか。前述したように、メディアを通して学ぶことは、ポジティブにもネガティブにもなりうる。時にはマスメディアのストーリーは有益で、感動を与えることさえある。あなたが信頼する番組、レポーター、または他の情報源を思い出してほしい。それは『セサミストリート』やトム・ブロコウ[訳注1]、*All Things Considered*[訳注2] や *Scientific American Frontiers with Alan Alda*[訳注3] かもしれない。たとえば私はナショナル・パブリック・ラジオ（ＮＰＲ）の *Driveway Moments*（「ドライブウェイ・モーメンツ」）という番組のポッドキャストを登録している。ＮＰＲは、車を運転しながら聞いている人が番組のストーリーにとても惹きつけられ、自宅の車止め（ドライブウェイ）に到着した後も、番組が終わるまで車の中に座って聞き続けてしまうという意味で、この番組を名づけた。この『ドライブウェイ・モーメンツ』のストーリーに、ＮＰＲの科学記者のロバート・クラルウィッチによるものがある。クラルウィッチの *Going Binocular: Susan's First Snowfall*（「ゴーイング・ビノキュラー——スーザンの初めての雪」）という放送は、これまで世界を三次元で見たことがないスーザンという視覚障がい者が治療を受けて、奇跡的に人生で初めて立体視ができるようになったという内容だった。インタビューのなかでスーザンは、それまで吹雪はいつも遠くにある白いシーツのように見えていたが、今は雪の一片一片が自分の周りで踊っているように見えると説明している。彼女が、大きな雪のかけらが自分の周りをゆっくりと落ちてくるのを初めて見る喜びに圧倒された、と言い表すのを聞いて私は心を打たれた。

スーザンの初めての雪の三次元体験についてのNPRのストーリーは、マスメディアが社会的情報をうまく伝えている例だ。私はスーザンのような経験をまったくしたことがない。私は彼女の状態や治療について、また二次元視覚から三次元視覚になるのはどんなことかも知らなかった。しかしその番組を聞いた後、私はその経験の本質についての何かを、何となくではあるが理解したような気がした。私はある集団の人々、この場合は視覚的な障がいのある人々についての情報を得て、NPRがこの女性の物語を語るのを通して、彼らの奮闘や克服について学んだ。また私は知覚や医学についてもいろいろと学ぶことができた。

大量に生産され、消費されるイメージは、他の集団に対する私たちの社会的理解をどのように偏らせたり、変えたりするのだろうか。「レイシズム、セクシズムとメディア」[*4]を著したクリント・ウィルソン、フェリックス・グティエレスとレナ・チャオが挙げた例を借りてみよう。彼らは、私たちがネイティブ・アメリカンについて何を知っていて、どこからその情報を得たか考えてほしいと言う。あなた自身がネイティブ・アメリカンでなければ、または他に直接的に得た知識がなければ、あなたはほぼ確実にその情報のほとんどをマスメディアから得ている。それはたとえば、クリント・イーストウッドやジョン・ウェインの映画、ディズニーの『ポカホンタス』、

訳註1：元ＮＢＣナイトリーニュースのキャスター。
訳註2：公共ラジオ放送ＮＰＲのニュース番組。
訳註3：公共放送ＰＢＳの最新科学・医学情報を伝える番組。

テレビの情報番組のネイティブ・アメリカンに関する番組などである。おそらく考えもしていないが、これらのメディアを見るとき、私たちはネイティブ・アメリカンについて、ほとんどの場合、選ばれた人々である白人男性の目を通して学んでいる。そしてその見方はネイティブ・アメリカン自身の見方とはかなり異なっている。ニュースメディアは、ネイティブ・アメリカンについて、次の二つのうちのどちらかのやり方で報道する傾向があるという。一つは著者らが「動物園の物語」、そして二つ目は「問題のある人々の物語」と呼ぶものである。動物園の物語は、だいたいネイティブ・アメリカン文化のパロディーであり、たとえばトント[訳註4]が「ハウ！」と言う描写である。問題のある人々の物語では、ネイティブ・アメリカンをアルコール中毒者や社会の無能な厄介者として描くことに終始する。

メディアでのネガティブなステレオタイプは、その対象となる人々の、自分自身の見方に悪影響を及ぼす可能性があることも問題である。「メディア・メッセージ——映画、テレビ、ポピュラー音楽が私たちに人種、階級、ジェンダーと性的指向について教えてくれたこと」[*5]を著したリンダ・ホルツマンによると、ラテン系の男性は、さまざまな形でメディアによって無視され、大部分の場合貧しく、教育程度が低く、または道化者として描かれてきたという。このタイプのメディア・イメージは、世の中の人はあなたの集団に対してネガティブなイメージを持っているというメッセージを伝えている。アフリカ系アメリカ人のメディアにおける描写には、これまでしばしば誤った、また捻じ曲げられた情報の問題が存在した。たとえば『ミシシッピー・バーニング』[訳註5]という映画で、映画のヒーローたちは白人だった。この映画の監督は、もしヒーローがアフリカ系アメリカ人だったら、観客の大半が白人だった一九八〇年代にこの映画は受け入れられなかっただろうと断言した。ホルツマンによると、たとえば一九〇五年の映画 *The Wooing and Wedding of a Coon*（「黒人の求愛と結婚」）のように、初期の映画には公然とした侮辱的な人種差別的表現が見られた。その後も、映画はアフリカ系アメリカ人のあからさまなステレオタイプを描き続け、それは憎しみに満ちたイメージから、ハッピーな奴隷や召使のイメージへと展開していった。第二次世界大戦後、アフリカ系アメリカ人の描かれ方は、より威厳があるが威嚇的でない役割へと移行した。例としては『招かれざる客』[訳註6]のシドニー・ポワチエの役が挙げられる。一九六〇年代と一九七〇年代には、『黒いジャガー』[訳註7]のような「ブラックスプロイテーション」[訳註8]映画の時代が登場した。一九八〇年代と一九九〇年代には、より複雑な描かれ方をした黒人の登場人物が現れ、黒人の俳優、女優、プロデューサーや監督が幅広く人気を得た。メディアの中のアフリカ系アメリカ人の役割には進歩が見られるものの、いまだにステレオタイプ、不平等な描かれ方や白人文化への服従などいろいろな問題が存在する。マスメディアにおける人々の代表例を見るとき、私たちはスキーマを形成したり、加えたりする。スキーマとは自分自身の集団（心理用語では「内集団」）または自分が属さない集団（「外集団」）に関しての期待である。またスキーマは、予断やステレオタイプに変貌しうる、ある種のものの見方でもある。

ビデオゲームにおける人種・ジェンダーのステレオタイプ

若者がマスメディアのレンズを通して、他の人種集団や自分の集団についての情報をどのように学ぶかを理解することは重要である。そこで私たちは、[*6]ビデオゲームのキャラクターが、さまざまな人種の人々をどのように象徴しているかを研究した。私たちは分析の対象として、ビデオゲーム雑誌の表紙とビデオゲームのカバーとい

訳註4：二〇一三年のアメリカ映画『ローン・レンジャー』でジョニー・デップが演じた主人公の相棒のネイティブ・アメリカン。
訳註5：一九八八年のアメリカ映画。一九六〇年代のアメリカ南部における人種差別問題を実話を基に描いた。
訳註6：一九六七年のアメリカ映画。黒人と白人の結婚をめぐる双方の家族の葛藤を描いた。
訳註7：一九七一年のアメリカのアクション映画。
訳註8：一九七〇年代前半にアメリカで生まれた、都市部の黒人層を描いた映画のジャンル。黒人のパワーを肯定的に捉え、黒人の観客層にアピールした。

う二つの形式を選んだ。どちらの形式とも、分析したのは人気のあるビデオゲームのキャラクターを描いたシーンの静止画像である。分析に用いた雑誌は、『ゲーム・インフォーマー』、『ゲームプロ』、そして『エレクトロニック・ゲーミング・マンスリー』であった。これらは、十代の若者の間で人気の十位以内に入る三誌である。ところで、『ゲーム・インフォーマー』と『ゲームプロ』は、『マキシム』や『ローリング・ストーン』といった著名雑誌よりも、購読者数が多いことをご存知だろうか。私は知らなかった。

何百枚もの写真を分析するときには、まず異なる人々がどのように特徴づけられているか、傾向を見ることから始める。大局的視点は結果を得るためにとても有効だと考えられる。前述した例のように、ビデオゲームのシナリオを書いたり制作したりする人々のほとんどは白人男性である。したがって、女性や非白人の描かれ方は、その大部分が外集団の人々からの見方になる。私たちが行ったビデオゲーム雑誌の表紙写真の分析では、異なる人種の男性の描かれ方について、興味ある傾向が明らかになった。男性は概して大変暴力的に描かれていたが、アフリカ系アメリカ人（七三％）、ヒスパニック系（八〇％）の男性は、白人男性（六六％）よりも高い割合で暴力的に描かれていた。さらに深い分析をすると、より多くのことが明らかになった。白人男性は、美化された攻撃性によって描かれることが一番多い集団だった。白人男性の二六％、アフリカ系アメリカ人の一四％が、美化された攻撃性を示していた。アジア系アメリカ人男性は、まったくそのように描かれていなかった。アフリカ系アメリカ人男性の三〇％にスポーツをしている描写があったが、白人男性ではわずか八％、ヒスパニック系とアジア系男性ではまったく見られなかった。そしてアジア系アメリカ人男性の三分の一にコンピューターや科学技術を用いる描写が見られたが、白人のアメリカ人男性では一四％、アフリカ系アメリカ人男性では三％しか見られなかった。これまでの研究では、アフリカ系アメリカ人のネガティブなステレオタイプの中心的な特徴が、三つ挙げられている。それらは知性のなさ、運動能力、そしてリズムである。この研究の結果は、これらの三つの主なステレオタイプ的特性のうち二つを強調していた。

表象と特徴づけ

メディアの中での描写について、またなぜそれが重要な意味を持つかを、もう少し議論してみよう。メディア描写では、異なった人種、性、そして他の社会的な集団のメンバーが、現実の状況と同じような割合で描かれることが重要である。つまり、彼らが代表する、より大きな社会集団（アメリカの全住民やアメリカの軍人の全体）の中での割合とだいたい対応する必要がある。個別のテレビ番組、映画やゲームの場合は、より大きな社会集団の代表性を表す必要はない。それはたとえばラテン系の女性の物語を描く映画のように、個別のストーリー展開が、ある特定の集団に特化して行われるからである。これが、より広い範囲での傾向、たとえばテレビのシチュエーションコメディ番組全体やコマーシャル全体、よく売れている男性雑誌などでの描写について私たちが注目する理由である。

マスメディアが文化に与える影響について調べた初期の研究者の一人、ジョージ・ガーブナーは、テレビの分析「文化指標プロジェクト」で広く知られている。ガーブナーはハンガリーからの亡命者であり、彼が「プライム・オブ・ライフ（人生の最盛期）」と呼ぶ年齢や状況にある白人男性が、テレビ番組での最も典型的な登場人物として描かれている点にしばしば注目した。彼はまた、たとえばプライムタイムのテレビ番組で登場する男性と女性の数の割合が三対一であるといった、他の矛盾点についても指摘した。暴力的なシーンでは、男性は多くの場合加害者であり、女性や非白人は、実際より多い偏った割合で被害者であったことも報告している。男性はメディア企業の重役、プロデューサー、ゲーム開発者であることがより多く、ナレーターでさえ男性が多いことをガーブナーは認識していた。

私たちは、女性や有色人種の男性など、ある集団があるジャンルでどの程度多く描かれているか問うことができる。そして、その描写がきちんと丁寧に描かれているかどうか、すなわちポジティブか、現実的で繊細に描かれているかなども問うことができる。もしあるジャンルである集団の人々が実際より少ない数しか登場しない傾向があると、そこでは人種やジェンダー、性的指向や他の特徴に関する微妙なストーリーが語られていることになる。つまりこれらの人々はあまり重要ではなく、「標準」あるいは「普通」の人々ではないと言っているのだ。たとえば、彼らについては語りたくないし、知りたくもないということを意味する。

研究者は、ある人物について語ることを、「特徴づけ」または「描写」と呼ぶ。これらはとても参考になる適切な言葉だと考えられる。特徴づけとは、登場人物の特徴や倫理観を説明することを意味する。描写とは、その人物についての物語をある方法で語ることで、その人をある枠組みに当てはめることを示している。どちらの言葉もその意味をよく表している。混乱しないでほしいが、「表象」という言葉も、特徴づけや描写を意味する。表象とは、ある人物が、彼に似た他の登場人物の代表的イメージの機能を果たすことを意味する。これは、一人の登場人物が同じ人種、同じ性別、同じ年齢や背景を持つ他の人物の代役になりうるという考え方と同じで、もちろんそれゆえに表象は重要なのだ。

メディアの中の女性の表象についていえば、過去数年間に不評を買ってきた評価基準の一つが、ベクデル・テスト（bechdeltest.com）である。ベクデル・テストの最低基準を満たすには、映画は三つの非常に単純な基準をクリアしていればよい。その三つとは、①その映画に最低二人の女性が登場する、②その二人が互いに会話をしなければならない、③彼女たちは男性について以外のことを話さなければならない、である。簡単に思えるが実はそうでもない。ベクデルテスト・ドットコムを見て、何百本もの映画の評価を見てほしい。

ゲームにおける黒人男性の表象

ビデオゲームの表紙の調査において、私たちはいくつかの異なる人種集団の特徴づけを明らかにした。アフリカ系アメリカ人男性は、ここでもまたはっきりとステレオタイプ的に描かれていた。たとえば私たちは、「悪党」とは明白な目前の危機がなくても犯罪行為に関わる人と定義し、「自警主義者」は脅威に対して犯罪的な対応をする人と定義した。アフリカ系アメリカ人男性の二三％が悪党として描かれていたが、白人ではたったの三％だった。逆に、非白人は一人も自警主義者として描かれておらず、白人では三％がそう描かれていた。白人の一九％は防具を身につけていたが、アフリカ系アメリカ人では一人もいなかった。アジア系男性の七五％が武道家として描かれており、それに対して白人男性の武道家は六％、アフリカ系アメリカ人男性では五％だった。アフリカ系アメリカ人男性の三二％は運動選手として描かれていたが、白人男性ではわずか五％だった。ビデオゲームの白人男性の登場人物の七％が兵士であったが、アフリカ系アメリカ人男性、ヒスパニック系アメリカ人男性、アジア系アメリカ人男性の兵士は一人もいなかった。これは、現在の米軍の兵士の三三％が非白人である事実とは著しく異なっている。ここで読み取れる物語は、アフリカ系アメリカ人男性は、悪党か運動選手のどちらかであることが多く、兵士ではないということだ。ゲーム『グランド・セフト・オート・サン・アンドレアス』の中のイメージが図5-1に描かれているが、これはアフリカ系アメリカ人男性を暴力的な路上の犯罪者として特徴づけたものの典型である。

図5-1　ビデオゲームにおけるアフリカ系アメリカ人男性の描写に関する私たちの研究は，彼らが悪党，犯罪者，危険な攻撃者，または運動選手として，偏って多く描かれていることを明らかにした。そして彼らが兵士やコンピュータを操作する人として描かれていることはあまりなかった（Screen shot from *Grand Theft Auto: San Andreas*―from Take Two Interactive and Rockstar Games）。

ステレオタイプを見ると、考え方が変わる

これらのネガティブな特徴づけは、ネガティブな効果を生み出す。私たちはある実験[*6]において、白人の実験参加者に、白人とアフリカ系アメリカ人男性のキャラクターが出てくるビデオゲームを見せた。その後、暴力的な物（たとえば刀）や非暴力的な物（たとえば携帯電話）が画面に一瞬現れたら、なるべく素早く反応するようにと指示した。その結果、参加者はアフリカ系アメリカ人男性のビデオゲームのキャラクターを見た後に暴力的な物により早く反応し、白人男性のキャラクターを見た後に非暴力的な物により早く反応した。これらの結果は、暴力的であるというアフリカ系アメリカ人男性のネガティブなステレオタイプが、アフリカ系アメリカ人男性のビデオゲームのキャラクターを見たことで想

起されたことを示している。この結果は、ゲームの暴力性の有無にかかわらず表れていた。アフリカ系アメリカ人男性のビデオゲームのキャラクターが存在するだけで、暴力という概念が**活性化**（想起）されたのだ。

社会的に構成されたステレオタイプのイメージを取り込む

これらのビデオゲームのイメージについて、その内容を吟味することは、いくつもの理由で重要だと私は考える。メディアの中のイメージは、社会における物語の影響力の大きな源であり、そのことについて私たちは最近ようやく理解し始めたところである。視覚的なイメージは、社会化において重要な役割を果たす。特に、私たちが日常の経験から意味を引き出し、当てはめるやり方が、そして結局私たちが社会的現実を構成する仕方が、社会化に影響を与えるのだ。私はオストマン[*7]の次の説明が気に入っている。「視覚的伝達は、感情を伴った非論理的な暗示・意味合いの宝庫」であり、それらは見た人の社会的スキーマの一部となる。そして、コーワン[*8]は「大衆文化の視覚メディアへの貢献度の高さを考えると、社会化の過程は視覚的素材への接触にかなり大きく影響されている可能性がある」と述べている。古くから「一枚の絵は千の言葉に匹敵する」といわれているが、これは人がマスメディアのイメージから学ぶことに関しても当てはまるだろう。一つの画像で描写できる複雑な意味を含む社会的情報の量は、驚くほど多い。私たちは言葉よりイメージの方が記憶しやすいだけでなく、言葉で説明できなくても、たった一枚の写真で社会的な集団（女性やアフリカ系アメリカ人男性）について物語ることができる。

虚構のイメージは「はっきり言って」どのように私たちの現実になるか

モーガン・スラッシャーとクレイグ・アンダーソン[*9]は、自分の持つステレオタイプを実際に経験したときと、ステレオタイプを思い浮かべただけのときを、人々がどの程度区別しているか調べた。その一つ目の研究で、人々は弁護士や聖職者といった集団のメンバーについて想像するようにいわれると、社会的ステレオタイプを基に想像する傾向があるということを、彼らは明らかにした。たとえば弁護士が車を買うところを想像するときに、人々は、ジーンズをはいた男が中古のピックアップトラックを買う場面ではなく、金持ちがメルセデスベンツを買うところを想像する。二つ目の研究で彼らは、男女大学生に対して、視覚的な想像力のスキルを測るための視覚イメージの研究に参加してもらうと説明した。参加者は、ステレオタイプ的あるいは非ステレオタイプ的のどちらかの場面を想像し、また自由にステレオタイプを思い起こすことが可能な、またはそうでない状況を与えられた。その結果、参加者は自分で直接経験したステレオタイプと、想像しただけのステレオタイプを区別できないということが明らかになった。スラッシャーとアンダーソン[*10]は次のように述べている。

人はある光景を想像すると、それを実際により多く見たことがあると思い込む。人は他者を想像するとき、その人が特に識別できる社会的集団に所属する人だと、自分が持つその集団のステレオタイプを想像の中に取り込むと考えられる。その結果、人はこの「光景」をより多く見たことがあると信じるようになるだろう（たとえばその光景とは、自分のステレオタイプ通りの人の様子である）。もしこれが起こるなら、人はそれ以前に作り上げたステレオタイプに対し、自分で**想像上の追認**を行っているのだ。

想像上の追認は、アフリカ系アメリカ人男性が犯罪者のように振る舞うのを**見る**ことと、それを**想像する**ことを、私たちが実際には混同している可能性を意味する。これは大変なことではないだろうか。言い換えれば、私たちは自分自身のステレオタイプを頭の中で追認し、そうしていることにさえ気づいていないのだ。研究の参加者は、いつ本当にステレオタイプを経験したか、または想像しただけかを認識する「現実の監視」ができていなかった。ここでこの結果を、アフリカ系アメリカ人男性がどのようにマスメディアで表象されているかに当てはめると、私たちは実在の人間がステレオタイプ的に行動するのを見るのと、たとえばビデオゲームのカバーのイメージを見ただけのことを、混同しかねないことが容易にわかる。私たちは、『グランド・セフト・オート』の悪党風のアフリカ系アメリカ人の男性を見るのと、街の通りでそのような実在の人を見るのとを、きちんと区別しない傾向があるのだ。重要なのは、私たちの心はメディアのイメージをあたかも真実のように扱うことだ。そのため、ある人がメディアで悪く評価されると、その人が属す社会集団の実在の人についてまで、あなたのなかでの評価が下がることになる。私たちの脳は、その違いをきちんと認識しないのだ。

また、私たちがフィクションの物語に没入すると、その内容に説得されやすくなることを示した研究を思い出してほしい。この没入理論は、マスメディアのイメージの説得力の大きさの説明にも用いることができるのではないだろうか。物語に没頭すると、その物語の中に埋め込まれた説得的メッセージに対して私たちは無批判になり、無意識的にそれらを受け入れてしまう[*11]。説得的メッセージは言語的なもの、たとえば人種偏見的な考えを持つ登場人物の描写などで伝えられるが、それらはまた、アフリカ系アメリカ人男性がビデオゲームの中で路上の犯罪者として描かれるときのように、イメージを通しても伝えられる。私たちは思い浮かべただけのステレオタイプと、現実の生活で確認したステレオタイプの区別がつかないため[*12]、間違いなく、ステレオタイプを確認した現実の人と虚構の登場人物との区別はしない。ここでもメディアの登場人物がステレオタイプ的に描かれていると、そのステレオタイプが真実であると私たちを説得してしまうことがわかる。

好き嫌いと尊重・非尊重

さらに、前述したアフリカ系アメリカ人男性のある表象が、なぜネガティブなステレオタイプ的思考につながるかということを掘り下げていこう。[*13] 一例を挙げると、アフリカ系アメリカ人男性の「危険な少数派」の一員としてのイメージを作り出すことは、アフリカ系アメリカ人男性であることの象徴的な表象となる。あなたは「これらの人々」がどんな人たちかという話を聞いたことがあるだろう。ただ想像するだけで、あなたは現実の生活の中でそれを見たと思ってしまう。私たちは皆、虚構と現実の区別をしていると思っているが、実は区別していない。それゆえに、私たちはメディアの物語によって他の人について学んでしまう。もう一度言うが、ここで極めて重要なのは、私たちが無意識にそうしてしまう可能性が高いという事実である。実際には、聞かれてもおそらく否定するだろうが。

パトリシア・デヴァインら[*14][*15]は、人種的ステレオタイプは潜在的なものであるということを明らかにしてきた。言い換えれば、それは多くの場合、自動的または無意識的で気づかないものであり、また人種的ステレオタイプを肯定していない人々でさえ、その文化で共有されているステレオタイプがどんなものかわかっている。前に述べたように、現在メディアの消費は、人類が目を覚ましている間の主たる活動であるため、人種やジェンダーについての私たちの物語は、メディアから得られていると言っても過言ではない。これは驚くべきことだろう。私たちが自分と異なる人と「出会う」状況のほとんどは、画面でビデオを見ることなのだ。もしあるメディア、たとえばビデオゲームが、一貫して女性や非白人に対するステレオタイプ的な見方を描写し続けていたら、一般の人々はこれに気づいて、ゲーム業界によって押し付けられた知識に基づいて行動するだろう。

ステレオタイプ理論――温かさと能力の重要性

スーザン・フィスク、ピーター・グリックらは、長年の間、ステレオタイプ的思考とその影響について研究を続け、ステレオタイプに関する私たちの理解を促してくれた[16-18]。これらの研究者たちは、ステレオタイプの内容は二つの基本的な領域に分類されると説明する。それらは温かさと能力である。たとえば、知的発達が遅れた人々は温かい（好ましく、善意のある）が、能力が低い（競争力がない）とみなされる。この研究の主な結論は、知覚される能力の高さは社会的地位の高さからもたらされ、知覚される温かさはその人と競う気持ちの程度によってもたらされるという[19]。

ある集団のメンバーについては、温かさ、能力とも高くも低くもなりうる。これは、私たちがその集団に対してどう感じるかによって決まる。すなわち、それは私たちが彼らに偏見を持っているかによって決まるのだ。たとえばその研究では、学生と学生以外の参加者にインタビューし、ステレオタイプ的思考の対象となるのはどのような集団かと尋ねた。その結果、アフリカ系アメリカ人が最もステレオタイプの対象となりやすい集団だと思われていた。実際には七四％の回答者がそう答えており、それに対して次にステレオタイプの対象になりやすいと思われていたのはヒスパニック系だったが、全体の四五％にとどまった。さらに質問したところ、ステレオタイプの性質についてより詳細なことが明らかになった。「裕福な黒人」は比較的能力の高いカテゴリーに分類されたが、あまり温かみがないと評価された。つまり、その集団のメンバーは高い地位があるが、あまり好ましくないというステレオタイプが形成されていた。フィスク、グリックらは、この集団は「嫉妬的偏見」を引き起こしたと説明する。つまり、能力を認めるのを渋るからではなく、不公平感の感情によってもたらされた嫉妬と恨みである。また、この「嫉妬的偏見」は、アジア人、ユダヤ人、そしてフェミニストの集団に対しても持たれる。

この著者らは、主流の集団に属しているが、あまり成功していない人々、たとえば貧しい白人は、特にこの嫉妬的偏見を持ちやすいだろうと述べている。

対照的に、「温情主義的偏見」は、あまり利害関係のない、あるいは自分の集団に対する脅威を感じない集団に当てはめられる。温かいが能力の低い集団の例は、主婦や高齢者である。もう一つは、著者らが「低-低」集団と呼ぶもので、能力が低く温かさも低い、たとえば生活保護の受給者たちである。これらの集団は、研究者たちが呼ぶところの「軽蔑的偏見」による「純粋な嫌悪」を生み出しかねない。人は次のような偏見の感情を、これらの集団に向ける。たとえば怒り、軽蔑、嫌悪、憎しみ、そして恨みである。「低-低」集団の人々は、社会での税金の不公平な無駄遣いの元凶と考えられている。このカテゴリーに分類されるのは、貧しいアフリカ系アメリカ人、貧しい白人、そして移民の労働者たちである。[*20]

メディアで集団がどのように表象されているかを見るときは、これらのステレオタイプのどのタイプにその集団が当てはまるか、それがどのような偏見を引き起こすかを考えることが重要である。グリック、フィスクらが述べているように、アフリカ系アメリカ人への態度は、たとえば豊かなのか、貧しいのか、どうステレオタイプ的に考えるかによって大きく異なる。私たちのビデオゲームのキャラクターの研究でも、アフリカ系アメリカ人男性は、特にある種のステレオタイプを呼び起こしていた。それは「危険な少数派」、犯罪者か悪党である。このステレオタイプに当てはまる人は、温かくも好ましくもない。そして、社会的に認められた形での成功度は低い。この人物は、人々の脅威となる犯罪分子としての社会の厄介者である。それゆえ、ビデオゲームに現れるアフリカ系アメリカ人男性のステレオタイプは、特に前に挙げた怒り、軽蔑、憎悪、恨みといったいろいろな感情を呼び起こしやすい。怒りはもちろん攻撃と関連し、反感と嫌悪といったこれらの感情の結果は、ステレオタイプの対象集団への攻撃となる。攻撃は、あからさまな身体的暴力から差別や中傷というさらに捉えにくいものまで、いろいろな形で表れるだろう。

研究者たちは、マスメディアに人種的なステレオタイプが登場する理由の一つは、制作者たちが彼らのメッセージをわかりやすく、短い時間で伝えようとするからだと述べている。そのため、彼らは短い時間でいいたいことを伝えようとステレオタイプに頼り、登場人物がどんな人かを明確に示すのだ。もちろん、「これらのステレオタイプ的で速写的な描写が、若者に社会の現実として示されてしまうという懸念がある。子どもたちが番組を虚構だと（または台本があり、リハーサルをして作られたものだと）わかっていても、それが社会の現実だと認知されてしまう可能性はまだ残っている」[*21]。

私は成功したアフリカ系アメリカ人男性ではないが、専門職を持つ女性である。これは、私が嫉妬的偏見の対象となりえて、彼らと同じカテゴリーに分類されることを意味するため、私は彼らの気持ちが理解できる。このことが引き起こす行動の例として、ジェニファー・バーダールによる「生意気な女性のセクシャル・ハラスメント」[*22]という研究を取り上げてみよう。バーダールは、セクシャル・ハラスメントとは、元々一時の激情に駆られて犯される犯罪ではなく、むしろ危害を与えたいという欲望に動機づけられた攻撃的な犯罪だという仮説を立てた。もしカッとなって犯す犯罪だとしたら、いうならば、男性はむしろ伝統的なタイプの、すなわちグリックとフィスクの分類の、温かいが能力の低い集団に当てはまる女性に対して、性的嫌がらせをしやすくなるだろう。しかし、もし男性が女性に罰を与えるために嫌がらせをするとしたら、いわゆる生意気な女性、たとえばフェミニスト、成功した専門家や男女平等を信じる女性などに対して、より嫌がらせをするはずである。バーダールは目的達成的な性格、つまり「仕事をやり抜く」といった伝統的な男性的素質を持った女性たちは、より伝統的なタイプの威嚇的でない女らしい女性に比べ、セクシャル・ハラスメント（性的なジョークや誘いかけなど）をより多く受けた経験があるということを見出した。つまり、ステレオタイプの対象となる集団に属することは、実際の被害を受けることにつながるのだ。

メディアの中のイスラム教徒と中東の人々へのステレオタイプ

エニィ・ダスら[*23]は、ニュースメディアが最近、イスラム教過激派ではなく、一般的なイスラム教徒をテロリズムと関連づけていることに気がついた。彼らはこれがどんな悪影響を生むか知りたいと考えた。ダスらは、テロリズムに関するニュースに接触すると、死に関連する思考が増加し、また社会でのイスラム教徒との融合には問題があるとほのめかす報道記事に賛成する度合いが高まることを見出した。彼らはまた、アラブ人に対する偏見は、ヨーロッパで放送されたテロリズムのニュースに接触した後に増加したが、アラブで放送されたテロリズムのニュースに接触した後は変わらないことを明らかにした。この研究者らは、存在脅威管理理論が、これらの結果を理解する理論的基礎を提供すると述べている。たとえば、死について思い起こさせると、自尊心が高い人は、自尊心が低い人と異なった反応をすることを彼らは発見した。自尊心が高い人は、テロリズムのニュースを見た場合も、テロリズムが含まれないニュースを見た場合でも、偏見のレベルは低かった。しかし自尊心が低い人は、統制群のテロリズムが含まれないニュースを見た場合に比べ、テロリズムのニュースを見た後にアラブ人に対する偏見が増加した。このように、一部の人に対しては、倫理的不安を想起させると、保護主義的な感情が増す可能性がある。だからこそ報道記者は、一般のイスラム教徒とイスラム教過激派との区別をきちんとするべきである。もう一つの重要な要素は視聴者である。もし彼らが周辺的認知処理しかしていない、または自分たちで重要な区別をしなければ、このような報道は彼らの認知を変えてしまう。

一連の関連研究で、ミシガン大学の Aggression Reserch Group（攻撃性の研究グループ）は、メディアにおける中東の暴力的イメージへの接触が、アメリカ人の若者に与える影響について調べた[*4]。その結果、マスメディアでの、暴力と認知された行為への接触量は、標的集団への偏見に関連していたことがわかった。さらに、この研究者たちは、ある集団（アラブ人あるいはイスラエル人）と同一視すると、その集団が対立する集団に関するネガティブなステレオタイプが増すということも明らかにした。

メディアの表象と社会的権力

これまで、社会的権力の問題については簡単に触れてきたが、私たちの文化のさまざまな集団の社会的ヒエラルキーについて触れながら、ここでそれにより詳しく焦点を当ててみたい。すなわち、どのようにそのヒエラルキーがステレオタイプ化、偏見、そして差別と関わっているのか、そしてメディアの表象がどこに組み込まれているのかについて述べていく。社会的権力はヘゲモニーとも呼ばれる。社会学者のR・W・コンネル[*25]は、ヘゲモニックな（主導権を握る）男性性と強調された女性性について書いている。ヘゲモニックな男性性は、文化の中で支配力を持つ、とても明確な男らしさの見方を含んでいる。私たちの文化で、支配力を持つ男性のイメージは、白人、異性愛者、若い、強い、そしてキリスト教徒である。これは男性の優位性の見方なので、女性は常にこれらの男性に従属的で補助的であると解釈される。ヘゲモニックな女性性は存在しない。コンネルは、これは社会的に構成された理想なので、現実にはほとんどの男性は神話的理想像（たとえばジョン・ウェインのような）には当てはまらない、と慎重にではあるが強調している。神話についていえば、メディアを見ると、とても興味深い一致が見られる。メディアでの男性と女性の描かれ方は、現実を表すのではなく、ヘゲモニックな男性性の文化的な神話を反映し、維持するための役目を果たしている。コンネル[*26]が言うには「ほとんどの男性はボガートでもスタローンでもないが、多くの男性がこれらのイメージを維持するために協力しているのだ」。

そしてスラッシャーとアンダーソンが巧みに示したように、（この場合は性別に関して）人は心に抱いている神話と実際に見たと思うものとをうまく区別することができない。そして実際に、無意識にせよ悪意を持つにせよ、巨大メディアは人々のイメージ(ヘゲモニックな男性あるいは「危険な」アフリカ系アメリカ人男性)を売りつけることができ、私たちはそのイメージがどのように私たちに向けて構築されたのか、またそのイメージがどの程度神話を含んでいるかに気づくことなく、それを現実の一部として受け取ってしまうのである。

誤った(ミスターと)「ミス」の表象

両面価値的性差別理論[*27]も、男性は私たちの文化で支配力を持つという考え方を示しているが、男性、女性の双方について、社会で認められているが実際には相反した(両面価値的な)感情の存在を認識してもいる。これらの相反するステレオタイプは、男性は「悪いが勇敢」で、女性は「素晴らしいが弱い」というものだ。男性についてのステレオタイプは二つの形をとる。それらは男性に対する敵意(例――男は性的な犯罪者だ)と男性に対する好意(例――男は他者のために進んで自分を危険にさらしやすい)である。女性に対しても、好意的性差別主義(たとえば「弱い性」に対する温情主義的な配慮)と敵意的な性差別主義(例――フェミニストのように男性に挑戦する女性、女の策略を用いる女性などへのネガティブな感情)という相反した二つの形をとる。

これらは明白に前述の見方、温かさと能力という二つの一般化された次元に係るステレオタイプの要約された見方と関連していることがわかるだろう。女性は温かい、すなわち女性は男性よりも好意を持たれやすく、男性はしばしば傲慢で非友好的だとみられる。しかし、男性は有能だから支配力を持っている。男性の社会的権力はそこで正当化される。なぜならそうあるべきだからだ。彼らは文化的に重要な活躍の舞台で成功を収める能力を持っている。女性は好ましいが、好ましさでは仕事をやり遂げられないし、それではヒエラルキーの頂点の地位には上れない。

偏見の他の理論も、支配的な社会集団の権力と特権が生得的に与えられる権利であることが、現在の社会的ヒエラルキーの状況を維持しているという考えに賛同している。たとえば、ジョン・ジョスト、マザリン・バナジら[*28]による研究では、社会的なヒエラルキーや現状を維持させる一般的な動機が存在するという考えの、システム正当化理論を支持している。逆説的なことに、この動機はしばしば社会の階層構造の下の人の方がより多く持っており、それが、不利な集団の人々が劣等感を感じる原因の一つとなっている。興味深いことに、ここで議論している多くの影響が無意識のものであるが、中でも社会の現状の正当化は、最もたやすく観察できる無意識レベルの認知である。

社会的不平等の結果

これらのタイプの社会的信念の予期しない結果は何だろうか。十六カ国から得られた国際的なサンプル[*29]に対して行われた調査結果では、両面価値的性差別主義と国連のジェンダー不平等指標の間には、両面価値的性差別主義が高い国の方が平等でないという負の関連が見られたという。この国連の不平等の指標は、企業や政府機関における高い地位にある女性の状況の他、平均余命、識字率、教育程度や生活水準などの評価も含まれている。言い換えれば、男性は「悪いが勇敢」で、女性は「素晴らしいが弱い」ということを受け入れる限り、私たちは現実の、また実態のあるジェンダー不平等を支えていることになる。このことは結果として、世界中で職業上の達成や教育的な目標において、女性を男性のレベルより低くみていることだといえる。

この結果をメディアでの表象に戻って関連づけると、メディアでのイメージには「悪いが勇敢」や「素晴らしいが弱い」というジェンダーの神話を映し出さないことが重要だということがわかるだろう。なぜなら、このような神話をメディアのイメージに反映させている限り、社会での不平等を支持することになってしまうからだ。そしてこれまで見てきたように、神話に最もネガティブに影響されてしまう人たちでさえ、その状況のあらゆる重要な側面に、ほとんどの場合気がつかない。彼らはメディアにおける神話が彼らに影響を与えることに気がついていない。そして、彼らは自分自身が経験する社会的な劣等意識の現状を正当化するよう動機づけられていることにさえ気づいていないのだ。

メディアにおけるジェンダーの表象

◆テレビと男らしい男性のイメージ

エリカ・シャラー[30][31]は、超男性性と超女性性を前述の理論と一致する形で定義している。超男性性を持つ男性は、攻撃を「男らしい」と考え、性について冷淡な態度をとっている。超女性性的な女性は、男性に対して従順で依存し、(異性愛的な)性を誇示する。シャラーは男子大学生に、暴力的で超男性性がテーマであるテレビドラマ『ザ・ソプラノズ――哀愁のマフィア』と、暴力的でない番組、そして暴力的だが超男性性がテーマでない番組を見せた。『ザ・ソプラノズ――哀愁のマフィア』を見ると、若い男性の視聴者は、暴力は男らしくてワクワクするという超男性性の信念を、相対的に支持しやすくなるということをシャラーは見出した。

権力を持つことは魅力的だが、暴力を美化することは、一般に男性の視聴者にとって有益になることからは程遠い。実際に研究ではそのような結果が見出されている。人の一生を通じて、攻撃性は知性とネガティブに関連する。もしより攻撃的なら、ほとんどの場合知性が低い。テレビで暴力を見ることもまた、あなたが暴力的な犯罪で牢屋に入るかどうかの可能性を予測する。[32]

もう一つの重要な要因は、見ている登場人物に視聴者がどの程度同一視するか、またその人物のようになりたいと思っているかである。それ自体が、現実と虚構について興味深いことを暗示している。もし、あなたが虚構の人物のようになりたければ、その人物はあなたにとって確実に現実の存在なのだ。長期的な研究の成果が示すのは、子どもがテレビの攻撃的な登場人物と一体感を感じると、彼または彼女は人生の後の時期に、その攻撃を真似する可能性が高いということだ。[*33] さらにダラ・グリーンウッド[*34]は、若い女性が「バフィー――恋する十字架」のような女性のアクションヒーローと同一視する（彼女のようになりたいと思う）ほど、より攻撃的に感じ、行動する傾向があるということを明らかにした。

◆ビデオゲームのレンズを通して、男性性・女性性と男女関係を見ること

エリカ・シャラーは、一番よく売れているビデオゲーム雑誌三誌の中の広告で、男性と女性がどのように描かれているかを分析した。彼女は、男性は女性よりも三倍多く描かれ、男性は筋肉質に、そして女性はセクシーに描写されていることを明らかにした。また広告の五五％には暴力が含まれていた。トレーシー・デイツによって初期に行われたビデオゲームの女性についての研究[*35]は、女性はほとんどゲームに登場しないが、登場するときには、だいたい男性のヒーローに救出される弱いキャラクターだったことを見出した。これらの特徴づけはもちろんまだ現在のビデオゲームにも出てくる。マリオはいまだ邪悪なバウザー[訳註9]からお姫様を助け出そうとしている。

しかしながら最近の研究では、女性の特徴づけられ方はかなり変わってきたことが示されている。

キャスリン・フィリップス・スィルと私[*36]は、一番売れているビデオゲーム雑誌の中の多くの女性（登場人物の約六〇％）が、性の対象や美の象徴として描かれていたことを見出した。同時に男性の大部分（八〇％以上）は、力強い攻撃者として描かれていた。さらに少なめに見積もっても、男性の三分の一は超男性性的に描かれていた。私たちはシャラーの超男性性の定義を用い、彼らが特に並外れた筋肉を持ち、かなり男らしさが強調されていた場合（例――整った顔立ちや無精ひげ）に、超男性性的に描かれていると評価した。興味深いことに、約四〇％

訳註9：日本版ではクッパ。

の女性のキャラクターはセクシーかつ攻撃的だった。これは、デイツが九年前に見出した結果とはだいぶ異なっている。これらの特徴づけに見られるのは、ビデオゲームで描かれる男性と女性の描写が、これまでに議論してきた、男女の神話の型にはまった種類のものであるということだ。男は強い攻撃者であり、女は性的な部分が強調される。彼女たちは性的対象であるため、男の欲求に応えることが重要である。このような男女の並置は、瞬時に私たちを前述した性差別の理論に引き戻す。強い男性性はヘゲモニックである。女性らしさは型にはめられ、女性はモノとして、また劣ったものとして扱われる。

◆「美化された場面」には二つの意味がある

ビデオゲーム雑誌を見て最初に私の注意を引いたのは、男性のイメージが暴力を非常に美化しているように見えたことだ。これは問題である。なぜなら、全国的テレビ暴力研究（NTVS）[*37]が示したところでは、暴力の美化は暴力をより魅力的に、そしてより起こりうるように見せる。NTVSはまた、テレビは暴力をクリーンなものにし、非現実的な結果で描き、しばしばユーモアとともに表現すると述べている。これらは暴力についての反社会的な教えである。私はしばしば、これらのビデオゲーム雑誌の暴力的な男性が、武器を持って「暴力は格好いい」と言わんばかりに立っているのに気がついた。そこで私たちは、厳密にこのタイプの特徴づけ、つまりビデオゲームのキャラクターが戦わず、武器も使用していない状況を探した。すると、彼らは武器を持っていわゆる「ポーズをとり」ながら、ただ突っ立っていた。私はこれを「攻撃的な美化されたショット」と考えたい。

このように、女性の性的対象と男性の暴力的なヒーローが同列に並べられているのを見ると、あからさまな性差別的社会的ヒエラルキーの例が若者に示されているのがわかる。これらの特徴づけは、性差別主義がいかに社会化され、その結果がどうなるか、と前述の理論家たちが懸念を示して書いていた内容そのものである。

さて、これらのあからさまな性差別主義的な特徴づけは、どの程度まで熱心なゲーマーに伝わるのだろうか。

一般の若者は、これらの性役割のステレオタイプについて知っているのだろうか。そこで、キャスリンと私は、十八歳の若者に、男性と女性のビデオゲームのキャラクターについて頭の中で描くイメージを訪ねた。ここで尋ねたのは、熱心なゲーマーではない十代の男女の若者である。実は、このかなり自由な聞き方をした質問の答えが、私たちの研究から得られたキャラクターのイメージと酷似していたことに、私は驚いた。十代の若者は、どのように典型的な男性のビデオゲームのキャラクターを描写したのか。最もよく出てきた五つの特徴づけは、多い順に、力のある（たとえば「強い」）、攻撃的（たとえば「暴力的」「致命的な」）、敵対的態度（たとえば「卑劣な」、「威張った」、「喧嘩好きの」）、スポーツマン、そして悪党（たとえば「ギャング」）であった。また、男性のビデオゲームのキャラクターを言い表すのに最も多く使われた単語は「筋肉隆々とした」であった。女性のキャラクターに関しては、十代の若者は、次のような特徴を共通して述べていた。挑発的な服装（たとえば「身体にぴったりとした服」、「裸の」）、曲線美の身体（たとえば「大きな胸」）、痩せた（たとえば「ガリガリの」）、性的な（たとえば「売春婦」、「ふしだらな」、「セクシーな」）、そして攻撃的（たとえば「殺すのが好き」）。女性のビデオゲームのキャラクターを言い表すのに最も多く使われた単語は「大きな胸」だった。

このように、ビデオゲームのキャラクターには、あからさまな人種的・性役割ステレオタイプが見られることがわかる。たとえばある研究で私たち[*38]は、分析した二十本のビデオゲームの中に、主要な女性のキャラクターはたった二人しかいないことを発見した。一人はアフリカ系アメリカ人、もう一人はイスラエル人であった。私たちはまた、どのキャラクターが最も暴力の対象になりやすかったかということも分析した。人間の男性のターゲットの二五％が中東の人々だった。結果として、女性はヒーローとしてはかなりわずかしか描かれておらず、中東の人々は暴力のターゲットとして著しく多く登場していた。この結果はおそらく、中東の人々は、危害を加える相手として社会的に容認された「種類の人々」であるということをメッセージとして伝えることになるだろう。

あからさまな性役割ステレオタイプは実質的な害を助長するか

このような、あからさまなステレオタイプ的イメージに接することの結果は何だろう。これらのステレオタイプを見ることが、若い男女に与える影響は何だろうか。当然、あらゆるところで見られる、男性は強く卑劣で暴力的に、女性は利用され虐げられる劣った対象として描かれたイメージに接することは、現実の状況での女性の扱われ方に悪影響を及ぼす結果をもたらすだろう。

私の同僚であるブライアン・ブラウン、マイケル・コリンズと私は、[*39]この問題について研究した。私たちはまず、これまでの研究で、文化の中の典型的な表象だとされたステレオタイプ的なイメージの、男性と女性のビデオゲームのキャラクターを選ぶことから始めた。『グランド・セフト・オート・バイスシティ』、『グランド・セフト・オート・サンアンドレアス』、『デッド・オア・アライブ・エクストリーム2』、*BMX XXX*、『セインツ・ロウ』、『バイオハザード7――レジデントイービル』、そして『ギアーズ・オブ・ウォー』を含む一番売れているビデオゲームから、私たちは男性と女性の代表的なイメージを選んだ（図5-2Aと5-2Bは、その研究で実際に使われたイメージの例である）。

さて、実験では、比較のために少なくとも二つの群、実験群と統制群を用いることは前に述べた。実験群では、参加者はステレオタイプ的なビデオゲームの内容を見た。私たちは男性、女性**とも**現実的で、社会的地位が高く、権力のある役割の、統制群のイメージを選びたかった。そこで私たちは、現役の米国議会の男性と女性の議員の実際の写真を選んだ。それはポジティブな意味で能力があり、社会的影響力のあるイメージを提示したかったからである。参加者はビデオゲームのイメージを映す十分間のビデオか、議員のイメージのどちらかを見た。

私たちは、このような異なった内容に触れることによる現実の世界の影響を測りたいと考えた。それはたとえ

図 5-2 A と図 5-2 B　ビデオゲームの性役割ステレオタイプ的なイメージの例（図 5-2 A）と専門職の男性と女性のイメージの例（図 5-2 B）。これらは Dill, Brown, and Collins（2008）で用いられた。図 5-2 A のイメージは，*BMX XXX*（2002, Acclaim Entertainment）からのスクリーンショットである。図 5-2 B は，メアリー・ランドリュー上院議員（民主党，ルイジアナ州選出）（https://www.congress.gov/member/mary-landrieu/L000550）の写真である。若い男性は，A のようなステレオタイプ的なイメージを見た後には，専門職の尊敬できるイメージ（B のような）を見た人たちと比べて，セクシャル・ハラスメントに対してより寛容な態度を示した。

ば、自分のジェンダーのせいで女性が被害を受けるような影響である。そこで私たちはセクシャル・ハラスメントに関する研究を行うことにした。なぜなら、セクシャル・ハラスメントはかなり一般的に経験されるものであると同時に、前述したように、性的犯罪というより、被害者を傷つけたいという意図で行われる犯罪だからである（「生意気な」女性の研究で立証されていたように）。ステレオタイプへの接触は、女性へのハラスメントへの支持をより強固にするだろうか。男性はこれらのイメージに対して、女性とは異なった反応をするだろうか。これらの問いの答えを得るには、ハラスメントの現実的な例を用いることが重要だと考えたため、私たちは作家ナオミ・ウルフが学生時代に男性の教授から性的な嫌がらせを受けたという個人的な経験の説明を選んだ（ナオミ・ウルフ著 The Silent Treatment から抜粋、NewYork Metro.com から引用。https://dayonecomptwo.files.wordpress.com/2012/05/wolf-the-silent-treatment.pdf）。この物語を選んだ理由の一つは、極端な状況（たとえばレイプや、軽い悪ふざけなど）でないことである。そうすれば、その物語の捉えられ方がかなり幅広く多様なものになると考えた。すべての参加者はこの物語を読み、その後いくつかの質問に答えた。たとえば彼らはその物語が真実か、この教授がセクシャル・ハラスメントに関して有罪であるかどうか、そしてどの程度厳しくその行為に関して罰せられるべきかを判断した。さらに、彼らは教授の行為に関して女子学生にどの程度責任があるかを評価し、どれくらい深く彼女がその経験に影響を受けたと感じたか、どの程度彼女の話を真に受けるべきだったか、そしてどの程度彼女が気の毒だと感じたかを評価した。まとめると、これらすべての評価が、参加者のセクシャル・ハラスメントに対する敏感さと寛容さを示していた。

結果はとても興味深いものだった。男性およびビデオゲームのステレオタイプ的なキャラクターを見た人々は、セクシャル・ハラスメントに対する寛容度が高かった。他にも違いが見られた。私たちは、顕著な三対一の割合の対比を見つけた。子ども番組のゲームで、登場人物が「これらの三つはもう一つと違うのか」と歌うのを覚えているだろうか。それが三対一の対比が示す意味である。一つのグループが他の三グループとは異なった回答をしたのだ。この場合、私たちは、男性のステレオタイプ的なイメージ（強いなど）と、女性のステレオタイプ的なイメージ（性的対象）を見た男性は、他の三つのグループの人とは異なっていたことを発見した。彼らは他のグループの人々に比べ、セクシャル・ハラスメントに対して、有意に寛容な態度を持っていた。そうすると、強い、支配的といった男性のステレオタイプと、おとしめられ、対象化されている女性のステレオタイプを見ることは、これらの男性がこのような出来事をセクシャル・ハラスメントでさえないと思うようにしてしまう。なお、このグループの人々は、セクシャル・ハラスメントを行う人に対して、より寛容に対応するだろうと答えている。このことは、女性の従業員から苦情を受ける男性のボスたちに影響する。もし、彼らがより多くのジェンダーのメディア・ステレオタイプに接したら、女性の部下をあまり助けないであろうし、ハラスメントをした違反者を適切に罰しないことで、彼女に害を与える原因にもなりうることをこの研究は示している。

メディアの中のステレオタイプは「ただの害のない娯楽」なのか

メリーランド大学の子ども・人間関係・文化センターの研究者たちは、メディアは「単なる害のない娯楽だ」という意見について、若者がどう考えているかを問題として取り上げた。[*40] 彼らは学生たちに、性的対象の女性、暴力的な男性というステレオタイプ的なビデオゲームの内容を見せた。青少年の男性は暴力、ジェンダー・ステレオタイプの両方を害のない娯楽とみなす傾向が高かったが、しかし彼らはステレオタイプ的な内容の多くを良しとしていなかった。また、より頻繁にビデオゲームをプレイする人は、そのほとんどは男子学生だったが、ビデオゲームの中の暴力とステレオタイプに接することが、人々の行動を変化させる可能性があると答える傾向が一番低かった。以上が結果の概要であるが、ほとんどの若者が、メディアの暴力やステレオタイプを目にすることで、人が影響されることはないと考えていた。ネガティブな内容のメディアに接することが多い人ほど、自分はその内容に影響されないと答えていた。この場合もやはり、認識の甘さ、あるいは自己防衛の考えが見られる。言い換えれば、メディアにより多く接する人は、その影響についてあまり知識がないか、または過度の接触により、ある時点で害を認識してもそれを正当化する可能性が高くなるかのどちらかになる。

あなたのボスがジェリー・スプリンガーを見ないことを願おう

『ザ・ジェリー・スプリンガー・ショー』[訳註10]のようなセンセーショナルなトークショーが、現在私たちのメディア文化ではよく見られる。誰もがおそらく、このようなショーの過激なゲストを見て、笑ったことがあるだろう。しかし、このような内容を見ることは害をもたらすのだろうか、それともこれは害のない冗談なのだろうか。ある研究者のチームが[*41]『ザ・ジェリー・スプリンガー・ショー』で、誰とでも寝る尻軽な女性を見ることが、どのように視聴者に影響を与えるかを研究した。研究の参加者はスプリンガー・ショーに出ている尻軽な女性の短い映像、またはそうでない女性が出ている短い映像を見た。その後、参加者はセクシャル・ハラスメントの筋書きを読んだ。そして、彼らはこのセクシャル・ハラスメントの筋書きに出てくる、映像とは関係のない女性について、彼女がどの程度ふしだらだったかを評価するようにいわれた。その結果、スプリンガー・ショーの尻軽な女性を見た人は、そのステレオタイプを、セクシャル・ハラスメントを受けた他の関係ない女性に対して当てはめていた。つまり、メディアの中のふしだらな女性のステレオタイプ的で品位のないイメージに接することは、他の無関係な女性の評価に影響する。その映像はステレオタイプ的な考えを教える。この場合は、「女性は皆そんなものだ」という考えである。特にこの研究の場合は、ステレオタイプ的な内容を見た人々はまた、セクシャル・ハラスメントの被害者の経験したトラウマをより低く見積もり、彼女にもそのハラスメントを受けた原因があると信じる傾向が高かった。最後に、ここで私たちが学ぶことは再び、メディアのステレオタイプは本当に問題だということだ。それらは決して「ただの害のない娯楽」ではない。それらは私たちの周りの世界の見方を変えてしまうのだ。

メディアを通して品位のなさを教える

ポルノグラフィーに関する研究では、性的なビデオはその露骨な性的内容に害があるのではなく、その品位のなさが問題なのだという考え方が強調される。女性がポルノグラフィーで堕落した服従的な役割で描かれると、それを見る人は性の平等をあまり支持しなくなり、レイプの加害者に罰を与える際により寛容になる。メディアが女性の品位をおとしめることは、女性は性の対象であり、また性的にふしだらであるという考えも強化し、実際の女性に対する共感の反応を弱める可能性がある。

マサチューセッツ大学の研究者ら[*42]は、検閲と法的な意思決定に関する二つの簡単な研究に参加する人々を募集した。実際には、これらはすべて一つの研究の部分だった。その研究者たちは、品位のない女性を見ることで、参加者のレイプに対する見方が影響を受けるかについて興味を持っていた。研究者たちは、女性の品位をおとしめて描いていると評価された映画『ナインハーフ』と『ショーガール』のシーンを組み合わせて、二十二分間のビデオを制作した。彼らは、品位のなさとは、性的に女性を搾取し操ることと定義した。彼らが用いた映像には、ストリップや目隠しをされた女性のシーンが含まれていた。これらのシーンは、男性の支配や権力、女性が利用されているところや服従が登場し、女性よりむしろ男性の性的な満足が強調されていた。最初に、参加者は品位のないビデオ、あるいは統制群のアニメーション・フェスティバルで公開されたビデオを見た。次に、参加者が法的な意思決定の研究だと思っていた実験では、デート・レイプ、あるいは知らない人によるレイプについての雑誌の説明を読んだ。その結果、メディアで品位をおとしめられた女性のイメージを見た男性は、デート・レイ

訳註10：アメリカの視聴者参加型トークショー。

プの説明について、他の男性と比べて明らかに有意に異なった反応を示した。これらの男性は、デート・レイプの被害者はレイプを楽しみ、実は密かに自分が望んでいたものを得ていたと答える傾向が高かった。ここでもまた、男性はメディアのステレオタイプに接することで、女性について学ぶ可能性があるということがわかる。

これらの映画のシーンには、女性への暴力がまったく含まれていなかったということは重要である。しかし、彼らはそれでもいわゆる「レイプ神話」を支持してしまう。それは、レイプに関する誤ったステレオタイプおよび文化的な信念であり、女性はレイプされて当然だとか、実は女性は密かにレイプされるのを望んでいるなどといった考えである。

さらにメディア、レイプ神話と社会的学習について

もう一つの研究[*43]では、男性と女性が、女性の対象化されたイメージと進歩的なイメージのどちらかが含まれた雑誌広告か、または人のまったく映っていない雑誌広告（統制条件）を見せられた。興味深いことに、男性と女性の参加者は、広告の中の対象化された、あるいは進歩的な女性イメージに異なった反応を示した。男性が品位のない女性のイメージを見ると、よりレイプ神話を是認しやすくするが、女性では実験群の方が、統制群の参加者よりもレイプ神話を支持する傾向が低くなった。この研究の著者らは、レイプの発生率は、ポルノグラフィーが多く流通している州でより高いと述べている。そして、逆説的に思えるが、女性の権力や地位が高い州でもその発生率が高いという。著者らはこれを、女性が社会的な権力を得ることに対する反動が、女性への暴力の形となって表れたためと解釈している。さらにここでも、メディアのステレオタイプは現実世界における地位と権力についての男性対女性の問題を引き起こしていることがわかる。

ある古典的な研究では、エドワード・ドナースタインとレオナルド・バーコヴィッツ[*44]が、何人かの男性を、電

気ショックによって怒りを感じている状態にした。他の参加者はショックを与えられなかった。その後すべての男性たちは映像を見た。ある人々は刺激のない中立的な映像を、残りの人々は非暴力的だが性的に露骨な描写のある映像を見た。この実験の中で最も理論的に興味深い条件は、二つのレイプのシーンである。一つのレイプのシーンでは、被害者が抵抗していた。もう一つのシーンでは、最初は抵抗していたが、その後攻撃されていることを楽しんでいるように見えた。これは、「レイプ神話」のビデオであり、女性は密かにレイプされたいと思っているという考え方を表したものだった。全体的に、怒っている男性は攻撃的に反応しがちだったが、怒りを感じていなかった男性でも、どのタイプのビデオを見たかによって、興味深い行動の違いが見られた。「レイプ神話」のシーンを見た男性だけが、その後実験室にいた実際の女性に対して攻撃的になる傾向が見られたのだ。

ここでも、人はメディアの中で、行動を変える可能性のある概念を学んでいることがわかる。メディアのメッセージは重要なのだ。重要なだけでなく、実際に影響力のある教師でもある。さらにメディアの影響力は、人々がその影響力を無視し、否定する傾向と相まって作用することを考慮すると、そこには害がもたらされる余地が多く存在する。私たちが議論している悪影響は女性に対する攻撃なので、その害が存在することが大変よくわかる。暴力は暴力を生み出す。品位のなさは、品位のなさを生み出すのだ。

音楽と堕落

もう一つの例を挙げよう。ある研究者のグループ[*45]が、千四百人以上の十代の若者を対象に、全国的な長期的時系列調査を行った。研究者たちは、性的に堕落した歌詞の音楽を聴くことが、若者の態度や行動に影響を与えるかどうかに興味を持った。彼らはさまざまな音楽のジャンルを代表する十六人のアーティストを選んだ。また、そのアーティストの最近の曲における歌詞の性的な内容を分類した。性的に堕落した歌詞の一つの例は、ジャ・

ルールの*Livin' It Up*[訳註11]（「リビング・イット・アップ」）という曲の歌詞である。「売春婦の半分は俺を憎み、残りの半分は俺を愛す／俺を憎むやつらは／まだ俺とヤッてないから憎んでいるだけだ／皆は俺が幸運だと言う／俺がこいつら全員とヤる時間があると思うか？」（ところで、これはあなたが子どもと一緒に車に乗っているとき、信号待ちで隣の車から大音量で聞こえてきそうな歌だということに、気がついただろうか）。研究の結果、性的に堕落した音楽の歌詞に、より頻繁に接している若者ほど、性的行為に早くから関わっており、また二年間の研究期間に、より進んだ性的行為を行っていたことがわかった。もちろん、そのような行為は、性感染病にかかる確率や十代の若者の妊娠と関連する。これらの十代の若者は、早熟な性行為は問題であり、初体験をもっと待てばよかったと願う傾向があったという。

メディアにおけるジェンダーと人種に関するポジティブなイメージ

ネガティブな議論が続いたので、そろそろ良い内容の話が聞きたくなる頃だろう。私もそうだ。ありがたいことに、メディアにはジェンダーや人種に関するポジティブな影響もある。私たちを良い方向に変えるメディア・メッセージがあるのだ。たとえば映画『ドリームズ・カム・トゥルー』は、アフリカ系アメリカ人の少女が自分自身のポジティブな考えやアイデンティティを見つけ、自分自身を信じるまでの奮闘を描いている。主人公の少女アキーラの描写は丁寧で繊細である。この映画を見ている人は、彼女の描写の普遍的な要素に自分を重ね合わせる。それは、敬意を払われた特徴づけ（キャラクター作り）の重要な要素である。普遍的な要素でストーリーを語ることは、境界をなくす。アキーラがあなたに似ているか、同じ地域出身かどうかは関係ない。彼女の人間性が重要なのだ。彼女がどのような試練を受けていくかがあなたには理解できるし、またあなたは彼女に好意を持つ。このような特徴づけは社会的な階級を超越し、皆を結びつける。

二〇〇四年から、『タイム』は世界で最も影響力のある百人をランクづけしている。そのリストは多様であり、良かれ悪しかれ個人の影響力を基にして決められる。二〇〇八年の『タイム100』の表紙には、さまざまな人種の男女が載っている。オプラ・ウィンフリーやバラク・オバマといった著名なアメリカ人も含まれる。オプラは「ヒーローとパイオニア」に分類されていたが、オバマは「リーダーと革命家」リストに入っていた。メディアでの革命家であり著名な慈善家でもあるオプラは、確実にアフリカ系アメリカ人女性のポジティブなメディア・イメージの素晴らしい例である。彼女は困難があっても乗り越える強さを持つ人の典型であり、だからこそ誰もが感銘を受けるのだ。

同様に、カメラを通してオバマを見て、全国のそして全世界の多くの人々が感動した。興味深いことに、彼は二〇〇八年の『タイム』の「リーダーと革命家」のリストの中で、ジョン・マケイン、ヒラリー・クリントン、そしてジョージ・W・ブッシュよりも高い順位になっている。オバマの母親は白人で、父親はケニア人だったため、彼は異人種間の混血である。オプラの物語のように、真に素晴らしい非白人にメディアで接することは、物事を変えるということをオバマは教えてくれた。変革のメッセージを武器にオバマが初めてのアフリカ系アメリカ人の大統領まで上り詰めたのは、彼のメディア露出によるところが大きい。

すべての人にとって健全なメディア環境を作る

メディアにおける敬意を払われた描写や多文化間の相互作用は、私たち皆にとってとても希望にあふれる健全なものだ。『セサミストリート』などの子ども番組で、異なった背景を持つ子どもたちが一緒に楽しく遊んでい

訳註11：アメリカのラッパー。

るとき、また彼らがそれぞれ平等に、まともな人間として描かれているとき、そこでは重要なメッセージが伝えられている。一九六〇年代にテレビシリーズの『スター・トレック』で人種的に多様な男女がキャスティングされた背景には、その前提があった。前述したように、マーティン・ルーサー・キング牧師は、この番組でウフーラ大尉を演じた女優のニシェル・ニコルズに、彼女があまりに多くのアフリカ系アメリカ人の少女たちのロール・モデルになっているので、辞めてはいけないと言ったと伝えられている。堕落した特徴づけが害を及ぼすのと同様、敬意が払われた特徴づけは大いに良い影響を与える。

ここで、私が考える人種とジェンダーの表象の大変良くできた例を挙げて、評価をあなたの判断に委ねよう。全米科学財団とアービーズ・レストランに部分的な援助を受けたPBS[訳註12]の放送局であるボストンのWGBHは、二〇〇六年にスタートした*Fetch! with Ruff Ruffman*（「ラフ・ラフマンからの指令!」）という番組を制作した。その番組はコミカルな犬のキャラクター、ラフ・ラフマンがホスト役のリアリティ・ゲーム・ショーであるが、実際の子どもたちが毎年交代しながら登場している。八歳から十二歳のキャストは、半分が女の子で残り半分が男の子であり、多様な人種構成である。それに加え、その子たちはティーシャツ、ポニーテール姿、ジーンズやテニスシューズを履くなど、本当にどこにでもいる普通の子どもたちに見える。そこにはハリウッドの子役はいない。毎週彼らはいろいろな難題を課される。たとえばテストを受けたり、いろいろな種類のパズルや問題を解いたり、さまざまな仕事を体験したりする。彼らは農場での肥料すくい、お城での謎解き、コメディアンへの挑戦、テレビの天気予報、チョコレート作り、動物の糞の追跡、荒野での簡易テント張りなど、これまでいろいろなことに挑戦してきた。子どもたちは競争するが、番組では協力も教える。以下はwww.pbskids.org/fetchから抜粋した、番組の教育哲学の一部である。

『ラフ・ラフマンからの指令!』は、リアリティ番組が、子どもたちが問題に取り組んだり、恐怖を克服したり、アイディアを出したり、協力したりする仕方を学ぶのに役立つということを示している。リアリティ番組はそれを見る人に、真の専門的な技術は身に着けるのに時間がかかり、学ぶことにおいては到達点よりその過程が大事であるということを伝える。衝動的に反社会的な行動に走るのではなく、向社会的なスキルを伝え、子どもたちの間の葛藤を解決するためのポジティブな環境を、この番組は創り出すことができる。

この番組はまた、「心の習慣」と呼ぶ問題解決のツールを推奨している。それは「好奇心、忍耐力、冒険的で創造的で批判的な考え方」[*46]である。他の番組が、物語の手抜き手段としてステレオタイプを用い、質が悪いだけでなく時に反社会的であるのを考えると、こんなに多くの側面で子どもの成長を促すこの番組は、本当に素晴らしい。この番組は、すべての番組が、人種や性のような社会的なカテゴリーに関して考慮すべきことを行っている。単に人を人らしくさせることで、この現実の子どもたちが健全に、挑戦する気持ちで成長するのを促している。もっと多くの番組が、ＰＢＳの『ラフ・ラフマンからの指令！』が持つような見解を基に作られることを切望する。

メディア制作者が、人種とジェンダーについて敬意を持って扱うとき、つまり**人々を**敬意を持って扱うとき、彼らは単に視聴者を利益のために利用するのではなく、視聴者の役に立つことができるのだ。

人種的偏見によるステレオタイプは、特にアメリカのような多様な人々で構成される社会では、衰退しつつある。ステレオタイプは集団を認識し、すべての人が共有する人間性を理解することの足を引っ張るだけでなく、すべての人種の（白人と非白人の）これからの世代に歪んだセルフ・イメージをも提供する。偏った

訳註12：アメリカの全国ネットの公共放送網。

描写とマス・エンターテインメントの社会的・心理学的な影響力の組み合わせは、アメリカ社会が多文化の寛容性と統一のモデルとして成熟するのを脅かす。[*47]

歴史上の現段階では、私たちの国はさらに文化的に多様化している。私たちは最初のアフリカ系アメリカ人の大統領が選挙で選ばれたのを目撃し、彼が選ばれたことに関するポジティブな反応を、アメリカ国内だけでなく世界中で見てきた。私たちはオバマ大統領とその家族によって、本当に多くの人々が元気づけられ、彼らが示す進歩を実感しているのを知っている。今や私たちは、これまで以上に、ジェンダーと人種に関するマスメディアでのイメージが社会化の過程に与える影響力について、良い意味でも悪い意味でも意識する必要がある。メディア制作者たちは、私たち視聴者がきちんとしたものしか受け入れないと決心すれば、多様な集団についての敬意ある表象を伝えてくれるだろう。私たちが人種とジェンダーのメディア表象についてどのように理解し対処するかが、私たちの進化する社会の未来に影響するだろう。

第6章　広告、消費主義と健康

歴史上で最も影響力のある心理学者の一人、J・B・ワトソンは、徹底した行動主義者だった。行動主義では、人や動物は基本的で観察可能なある経験を他の経験と関連づけ、また行動の結果を通して学ぶという原則を基にしている。たとえばパブロフは、ベルの音が聞こえたらよだれを垂らすよう、自分の犬に教え込んだ。夕ご飯をやる際に、いつもディナーベルを鳴らすという方法で。B・F・スキナーは、動物にピアノの演奏や卓球、また米軍のためにミサイルを誘導することさえ訓練した。すべては行動の結果を操作することで行ったのだ。有名な話では、ワトソンは「リトル・アルバート」と呼ばれた幼児に白い毛の生えたものを怖がるよう教え込んだ。一体どのように行ったのか。彼はアルバートに白い毛の生えたおもちゃや動物を与え、怖い音を鳴らした。アルバートはそれを聞いて泣いた。その後リトル・アルバートは、おもちゃや動物を見るだけで泣くようになった。

幼児の心を歪めたことで有名なワトソンは、その他に心理学に対してどのような貢献をしたのだろうか。簡単にいえば、私たち皆をとても神経質にさせる方法を発見した。というのも、彼は広告業界に積極的に影響を与えた初めての心理学者の一人だったからだ。これは実に興味深い話である。ワトソンは、彼自身かなり歪んだ子ども時代を過ごした。彼の父親は、のちにワトソンとは疎遠になったが、大酒飲みだった。母親は「ひどく信心深く」[*1]、乳母は、暗闇には悪魔がいて小さなジョンを捕まえて地獄に連れていくと脅し、彼の心に一生消えない暗闇への恐怖を植えつけた。彼は自分の感情をうまくコントロールすることができず、抱擁とキスの代わりに握手をした方がよいという、非感傷的な育児法を公然と推奨していた。彼自身の子どもや孫たちは、明らかに感情が欠如した育てられ方によって心に傷を負い、彼の息子ウィリアムは自殺を図った。彼の研究者としての名声は、若いときに急激に高まったが、短命に終わった。それは彼の最初の結婚が、「リトル・アルバート」の研究を手伝った大学院生ロザリー・レイナーとの不倫によって終わったからである。学界を追われたワトソンは広告業界に転身し、研究者のときの四倍の給料を稼いだ。[*2]

広告業者は私たちの大多数に、買い物習慣を身につけるよう仕向けてきた。[*3]

ジェームス・ポッター

彼は明らかに、研究者時代に実践してきた自身の倫理に基づいて、人間の基本的な動機と感情を都合の良いように操作すれば、巨万の富を築けると広告業者に助言した。それはもちろん、時に消費者にとって都合の悪い場合もあった。彼の基本的な発想は、現在でも何ら責任を問われることなく、広告で盛んに用いられている。それは人々に、彼らが持っているものは劣っているから、新しい物が必要だと説得することだった。言葉を変えれば、彼は現代の消費者のものの考え方を作り出すきっかけを作った。人は必要に迫られてではなく、物質的な所有で他者に引けをとりたくないという心理的欲求から、あるいは物を買うことで深い動機づけの満足を得るという一般的神経症傾向によって、ある商品を買うのである。ここが社会心理学と基本的な行動主義心理学が交わるところだ。広告業者は私たちの欲求を操作するが、その欲求は多くの場合、人に好かれたい、魅力的になりたい、他の皆がしていることをしたいといった人間関係に関わるものなのだ。

行動主義による、人間関係を用いたある広告の例を見てみよう。カスタムカー雑誌の写真で、車のボンネットの上に何がよく載っているかは誰もが知っている。そう、ビキニ姿のセクシーな女性である。さて、これは理性的に考えればおかしな状況だ。それではなぜ，ビキニ姿のモデルを広告に使うのだろう。行動主義者の考えでは，車はセクシーな女性を連想させる。人が車のことを考えると，セクシーな女性について考えるときと同じ種類の感情が活性化される。他の学習原理を用いて，マッスルカー[訳註1]を買おうとしている男性は，その車を買えば，魅力的な女性を引き付けられると信じているかもしれない。面白いことに，今や車を買うことは，純粋な交通手段に関する決断ではなく，より社会的な決断となっている。

さて，社会的動機づけは，人間の本質に大きな影響を与える基本的な機能なので，広告でよく利用されている。あなたがマウスウォッシュを買うのは，同僚や気になる異性に嫌われたくないからだ。淹れ立てのコーヒーは，幸せな温かい家庭が出てくるコマーシャルを連想させる。コーヒーのブランドとそのパッケージは，今や幸せな温かい家庭を連想する喜びを感じさせてくれるため，あなたは無意識的にその社会的状況に近づくことを望んで，そのブランドのコーヒーを買ってしまうかもしれない。ある商品を買いたくなったら，次の簡単なことをするよう，私は学生たちに勧めている。それは，買ったら何が得られるのか考えることである。コーヒーが飲みたくなったとき，あるブランドの味が好きだったら買いなさい。しかし，コマーシャルの神話に騙されて買うのであれば，それを買っても実は何も得られない。素敵な広告を見て高価な香水を買うのなら，本当にその香りが好きで，それを買う金銭的余裕があり，そもそも本当に香水をつけたいか，おそらく自分に問いたくなるだろう。企業は，スニーカーを履いた人が友達と楽しんでいるコマーシャルを見せて，スニーカーを売る。そこにあるメッセージは，このスニーカーは，学校の友達にあなたを格好よく見せてくれます！　というものだ。ここでも，あなたは自分がどのように操られているかと同様，あなたが何を得るかについてもよく考えなければならない。ワトソンが広告会社の重役に勧めた「人に新しい物が必要だと考えさせなさい」という最初の助言を思い出

訳註１：大排気量で豪華なアメリカ製スポーツカー。

して、常に慎重になってほしい。あなたはもう一足スニーカーが必要なのか、それとも企業があなたにお金を貢がせるように操作しているのだろうか。

良い側面を考えると、消費者が本当に楽しめて、間違いなく私たちの生活を良くする商品やサービスを売る企業も存在する。私にとっては、ある広告が商品が何をもたらすかを伝えなくなり、私たちが間違った理由で何かを買う領域に足を踏み入れてしまうところがその倫理的な境界だ。これには、広告主がその商品は良くないと知りながら、どちらにせよ私たちに買ってほしいと思っている場合も含まれる。確かに私に必要で、基準以上の広告の商品も存在する。本書を執筆するのに使っているパソコンが、その例として思い浮かぶ（天国のスティーブ・ジョブスさん、こんにちは！）。視聴者の想像力をかき立てるのと、彼らを操作しようと試みることの間には、倫理的な一線が引かれる。私はワトソンの話を、初期の広告業界に影響を与えた例として取り上げた。彼は人々に必要でないものを売ろうとして、明らかに成功したのだ。

物質的な物の二つの見方――大事にすることと消費すること

広告はほとんど無意識のレベルで、新たに物質的な所有物を得ることは評価されるといった価値を売る。私の母方の祖父母、レオナルドおじいちゃんとおばあちゃんは、自分の持ち物をどう扱うかについて、それとは異なった考えを持っていた。彼らは、苦労して得た物は大切に扱う価値があり、きちんと手入れをした物は長持ちし、またするに違いないと心から信じていた。彼らは物の手入れの仕方を知っていることに誇りを持っていた。それは、彼らにはその技術があり、責任感が強く、そして無駄遣いをしないということを意味するからだ。一例として、彼らは親戚一族の皆がうらやむ置時計を持っていたが、それをいつもきれいに、そしてきちんと正常に動くように手入れしていた。彼らが亡くなった後、その時計はかけがえのない大切な物として、私の伯母に受け継がれた。私は子どもの頃からその時計が大好きだった。光沢のあるチェリーウッド製の、珍しくて美しい暖炉用の置き時計で、その揺れる振り子は、青い服を着たかわいいブロンドの女の子の形をしていた。

アニーおばあちゃんは私の父方の祖母で、所有物に関するまた別の価値観を持っていた。年を取るにつれて、彼女は自分の持ち物に家族の名前を書くようになった。トム叔父さんが「母さん、なぜこの底に僕の名前が書いた紙が貼りつけてあるの」と聞いたとき、おばあちゃんは「私が死んだらお前にやるからだよ」と答えたのだった。私の父方の家系は皆、言ってみれば楽しく無礼な人ばかりだから、このことは周りの全員を大興奮させただろう。

しかし真面目な話として、私が家族の話を紹介しているのは、私たちがマスメディアによって使い捨て文化を促され、今日、持ち物を長い間大事にするという考え方を持って大人になる人がどのぐらい存在するか疑問だからだ。若い世代は消費主義社会で育ってきた。その社会では、買うことはスポーツと同じであり、「古い」ものを持つことは、新しい物を買う余裕がないほど貧乏なことを示す恥ずかしいことである。使い捨て社会のもう一つの側面は、商品が短い期間しかもたないように作られがちだということだ。これが消費文化を成立させ、また維持させる。

さて、私は自分が育ったのはそのような時代でないとは言っていない。専門的知識があれば、研究している心理的メカニズムの影響を私が受けないと想像するのは、大きな間違いだ。そうではない。私は時々話の途中で悪いことを白状するのが好きだ。そうすれば、私がつまらない作り話を触れ回っていると聞き手が思わないからだ。心理学者も人間である。たとえば、現在私のフェイスブックのページには、アマゾンで検索した靴の写真が載っている。そしてこの素敵な靴を見ると、私は画面によだれを垂らさんばかりになって、こう考えることを白状しなければならない。「新しい靴を買ってもいいよね？」。皆と同じように、私は人生の中で相反した動機を持ち、決断をする。私は自分が研究する心理学的概念の影響を受けないわけではないが、それらにとても詳しい人間である。たとえば私の息子は、まだ年端もいかない頃から、人々に物を売ろうとしているコマーシャルのすべてについて説明できたぐらいだ。心理学者が自分の子どもを歪めてしまうことは周知の通りである。

この例はマーケティングの進化についてのもう一つの事実を思い起こさせる。現在のあらゆる種類のポップアップ広告[訳註2]が、デジタル・マーケティングの手段を代表しているという事実だ。彼らはオンライン上で私たちが何について書いているか、また何を検索しているかを知っていて、それらの物を私たちに売ろうとする。これは私たちにとってとても便利なことだと言う人がいる。なぜなら私には効かない広告（たとえばクラフツマン社製の電動工具？）をすべて取り除いて、私が本当に欲しがりそうな商品の広告に置き換えてくれるからだ。一方、これはプライバシーの侵害だという人もいる。あなたが親友へのメールの中である商品について触れたら、その商品の広告があなたのGメールのアカウントに突然現れるというのは、ある意味不気味なのは確かだ。ビッグ・ブラザーの気配を感じるではないか。

私は、誰が見ているかということには興味がない。見られているかどうかが重要なのだ。

アンディ・マーコヴィッツ、クラフト・フーズ社デジタル・マーケティング局局長、広告サミットでのスピーチより[*4]

もし私たちが宇宙人の科学者で、地球人の行動を理解することが仕事だとしたら、なぜ地球人がこんなに長い時間画面に見入っているのか、かなり不思議に思うだろう。どうして彼らは、他の地球人がその人のありのままでなく、何かのふりをしているところを見るのに、長い時間を費やしているのだろうか。それになぜ直接でなく、映像でお互いを見るのだろう。そう、私はその理由づけとなる良い理論を思いつこうとして、甲高い声をあげながら仲間の宇宙人の科学者に向けて触手を激しく動かすだろう。

この答えはすべてとても単純だ。広告業者はちゃんと知っている。多くの人が広告を見れば見るほど、彼らは儲かる。広告を見るとその商品を買う可能性が高まるが、私たちはこの真実にほとんど気づいていない。もし誰かに聞いても、彼らは広告になど影響されていないと言うだろう。しかし影響されていることはわかっている。広告は効果的だ。自由な時間のほとんどを、私たちがメディアにつぎ込むようにさせる心理的操作は、とても強力だ。私たちがとてつもなく長い時間を、テレビの画面や他のマスメディアを見つめることに費やしてしまう一番大きな理由は、このように大企業に操作されているからだ。

企業は、私たちからお金を得るために私たちを操る。これはメディア教育の基本的な教えだ。それはとても単純である。私たちは頭ではわかっていると思う。もしそれについて考えるようにいわれれば、広告は効果があると言うだろう。広告は実際に商品の売り上げに役立っているからだ。ところが第三者効果が起こり、他の人たちは操作されているが、自分は操作されていないと信じ込むことで自我を守る。もちろん、それが私たちをさらに操作されやすい状態にしてしまう。私たちを操っている相手の肩を持つことさえしながら、メディアの擁護者になる。虐待の被害者が、虐待者を擁護するのだ。なんと完璧な搾取の方法だろう！

ある研究者たちのチーム[*5]は、自分が同一視するブランドの価値が脅かされたときに、人々がどのような反応をするかについて研究を行った。彼らは実験参加者にフェイスブックを批判する論説を読ませた。また、彼らは参加者の自己概念を活性化させた。研究者たちは、フェイスブックが好きな参加者と自尊心が低い参加者たちは、好きなブランド（フェイスブック）が脅かされた後、フェイスブックを**より**好きになることでその脅威に反応したことを見出した。言い換えれば、その人が自尊心の一部をブランドと連想することで高めていたとしたら、自分自身を守るかのようにブランドを擁護するのだ。これらの証拠を目の前に示されると、私たちは商品や広告に対して、真剣にも、自分でよく考えて向き合ってもいないということを主張するのは難しい。

訳註2：コンピュータ画面に現れる広告。

広告とアジェンダ・セッティング

広告は、そして実はすべてのメディアは、何について考えるかを伝える場合に比べると、私たちがどう考えるかにはあまり影響を与えないと主張する人々もいる。これはアジェンダ・セッティング理論という、メディアはリーダーが会議のアジェンダ(議題)を決めるように視聴者のアジェンダを決めるという考えによるものだ。広告主が商品やその特徴またはブランドを強調すると、それがどのような価値を持っていて、他の人々はそれをどのように評価しているかがほのめかされる。サザーランドとギャロウェイは、広告主たちは説得よりもアジェンダ・セッティングをより多く行っていると言う。彼らは次のように述べている。

たくさん宣伝されている商品には、地位が付与される。たとえば顧客はそれを「最も人気のある」商品だと感じる。メディアではより重要な、より需要のある、より悪名の高い物事が伝えられていると考えられている。「どこにでもいる普通の人」がテレビに出ないように、「普通の商品」もテレビには出てこない。ある物がメディアに登場するという事実は、読者や視聴者がその地位を与えるのではなく、地位がなければメディアには出てこないという強力な推定証拠として彼らに理解される。[*6]

私たちはこの説明のなかに、繰り返し示される商品、価値、ブランドの広告に内在する社会的なメッセージを読み取る。すなわち他の人はそれを好きに違いない、欲しいに違いない、また評価しているに違いないというものだ。そしてある場合は、他の人はそこに内在する価値観やメッセージに賛同しているというものである。確かに消費者は、宣伝されている商品は、されていないものよりも優れた商品だと信じる。たとえば有名ブランドの洗剤はノーブランドのものよりも優れている。私たちが社会的な地位に関して、広告や他のメディアで映されていることを基に考えるとき、そこではメディアがいくつものアジェンダを設定しているということがわかる。メディアは社会的地位、ある商品の良い点、習慣や価値観または他の考え方を私たちに納得させてきた。

広告はまさにアジェンダを設定する。例を挙げると、ワックスや脱毛器、顔や足、またいわゆるビキニエリアのための脱毛クリームなど、脱毛のための商品の多くのコマーシャルは、女性はこれらの身体の部位をすべて脱毛する必要があり、もしそうした商品を買ったり、サービスを受けたりしないと、その人は社会の中で受け入れられないということを示している。最も頻繁に宣伝されている商品は優れた良いものであり、多くの人に買われ、また気に入られていると信じられている。女性はまた、これらの広告から別の種類の社会的メッセージを受け取っているかもしれない。それはたとえば、彼女の年齢や社会的な立場の人間はどの商品を好んだり使ったりするべきかというメッセージである。ここで再び、これは広告がアジェンダを設定することを超え、消費者の商品に対する社会的価値を押し付けていることを意味すると考えられるだろう。

心理的操作のレベル

J・B・ワトソンは、自分が持っているものは劣っていると人々に信じさせれば、新しい物を買うだろうとアドバイスした。これはあからさまで意図的なタイプの心理的操作である。そこでは人々に、真実でもなく、信じて彼ら自身のためになるわけでもない何かを信じさせようとしている。他にも意図的な害を与える操作がある。たとえば私は時々、明らかに、女性を自己嫌悪で恥ずかしく思わせる意図で作られたと思われる広告を目にする。そうすれば、女性はその広告で宣伝している物を買おうという気になるからだ。広告の中では、その商品の「使用前・使用後」の女性の写真を載せ、「使用前」の写真には服のサイズ十二号や十号などのより平均に近い人を使っている。そして「使用後」の写真には、二号のようなかなり細めのサイズの人を使う。これらが多くの受け手に伝えるかなり明らかなメッセージは、**平均的な十四号サイズのアメリカ人女性は**太っているとみなされるというものだ。これは社会的比較の意味を含むとてもわかりやすい例だ。それはまた、平均的なアメリカ人女性の目指すべき目標はとても細くなることだともほのめかしている。これは現実的でも、最も健康的な目標でさえもない。

マスメディアを通して行われるこの心理的操作は、私にはあまり意図的でないように思える。このタイプの操作は直接的でない攻撃であり、どちらかというと巻き添えの被害を受けることに近い。もし、制作者たちが自分のチャンネルを見てもらうためには何でもするという一般的な前提に従えば、彼らは人々の注目を集める内容を作るだろう。これらの注目させる要素は、受け手に意図しないことを教える。例を挙げると、私たちは普段メディアの中で大変魅力的な人々を見ている。制作者たちがそのような選択をしたのは、当然のことながら彼らが注目を集めるからだろう。美しい人々を見るのは快い。しかし、そうなるとメディアには魅力のある人ばかりが登場するため、視聴者はこれらの魅力的な人々を見ることに長い時間を費やすことになる。結局人々は、メディアで多くの魅力的な人々を見て、利用可能性ヒューリスティック[訳註3]の判断により、世の中には魅力的な人がたくさんいると考えてしまう。その結果、自分の外見に関する評価を、「私が毎日見ているすべての人々」に比べて、あまり魅力的でないと修正しなければならなくなる。マスメディアが、受け手の注意を引くためには手段を選ばないということが原因で、私は自分の外見に引け目を感じてしまう。それは必ずしも意図的な影響ではない。しかし人々に大きな影響を与えるのに、意図的である必要はない。そしてもちろん、時には意図的な影響もある。

外見と同じことが、物質的な所有やライフスタイルに関しても起こる。私たちは普通であることや、魅力的とはどんなことかを、メディアで見たことから定義する。マスメディアは消費主義の基準を作っている。私が一度見たことのあるティーシャツには、「一番たくさんのおもちゃを持って死んだ者が勝ち」と書いてあった。私が雑誌やテレビで見る人々は、たくさんの物を持っている。だから私たちは周りの人々に溶け込むため、あるいは彼らと張り合うために、自分もそれらを持つ必要があると考えるのだ。*Affluenza: The All-Consuming Epidemic*[訳註4]という本によると、一九五五年のアメリカの平均的な家の大きさは、二〇〇〇年のアメリカの平均的な**ガレージ**の大きさと同じだという。これは今日、かなり多くのアメリカ人が借金をしている一つの理由である。広告業者が私たちのツボを押すと、私たちは反応するのだ。広告業者は、幸せに、人気者に、また魅力的にしてくれると約束する商品を、人々が切望し、求めるようにさせる。消費者は、社会でうまくやっていくために、このつかみどころのない夢を追いかけて金を費やし、結局ただ借金に追われる結果になって、さらに心配やストレスを抱えるのだ。

プロダクト・プレイスメント――かなり姑息な方法

ある人が映画、テレビ番組、またはインターネット上である商品を使っているのに気づいたことはあるだろうか。おそらくはコカ・コーラを飲んでいたり、キャメルを吸ったりしている場面である。例を挙げると、テレビドラマ『ヒーローズ』では、登場人物のヒロ・ナカムラが、彼と友人のアンドーが日産ヴァーサ[訳註5]をレンタカーで借りたことがあると繰り返し話していた。これらは受動的広告、またはプロダクト・プレイスメントと呼ばれる広告手法である。受動的広告は、さりげなく社会的メッセージを伝える。たとえば、私が大好きなこの映画俳優

訳註3：自分が普段よく見ていることを基準にして行う推測。

訳註4：ジョン・デ・グラーフ、トーマス・H・ネイラー、デイヴィット・ワン（著）、上原ゆうこ（訳）（二〇〇四）『消費伝染病「アフルエンザ」――なぜそんなに「物」を買うのか』日本教文社）。

訳註5：日本国内ではティーダ。

はタバコを吸っている。だから喫煙は格好いい。またこのようなメッセージもある。私の目の前の画面に映っているこの完璧な家族は、コカ・コーラを飲んでいる。私はコカ・コーラを見ると、温かくて幸せなことを連想する。もしコカ・コーラを飲めば、私は彼らのようになり、愛情と温かさを含む、彼らと同じものが得られるだろう。これらすべては同じ方程式の一部である。行動主義プラス社会心理学イコール操作であり、同様に一番大事な数式は、操作イコール利益である。

このようなやり方には何の問題もないという価値観も存在する。アメリカは自由の原則のもとに成り立っている。自由企業体制と自由市場は、私たちがビジネスを行うやり方の基本であり、私たちが成功した理由だ。それはビジネスの見方による一つの価値である。それでは社会学的、心理学的、または文化人類学的な見方ではどうだろう。これらの研究分野では、それぞれ次のように問いかける。社会を強くするものは何だろう。何が人々を一番幸せに、また健康にするのだろうか。どのような種類の文化が、人類の歴史に長い間ポジティブな影響を与えるのか。この文脈では、操作的な高値商売に似たビジネス手法は、どんなものでも近視眼的で、短期間にそれによって儲けた人々にしか恩恵を与えないだろう。もちろん精神的、哲学的、イデオロギー的な視点も含め、より大きな視点から人類全体の利益を考える人は、私たちが現在よく目にする、ネガティブで操作的なマーケティング手法には納得がいかないだろう。

食品と体の健康を宣伝する

マスメディアは、美しい錯覚を創り出す。痩せてセクシーなスターたちがカメラの前で高カロリーの物を食べる様子が、私たちが同じことをしてもスターたちと同じ体型でいられるという錯覚を生み出すことを前述した。私は、あるコマーシャルがこれを徹底的に利用し、おそらくそれ自体を笑いものにさえしているのではと考えている。その広告とは、パリス・ヒルトンが、まるでソフトコア・ポルノのようだと批評家が言う様子で車を洗って、巨大なハーディーズのハンバーガーにかぶりつくCMである。ちょうど私が本書の初版を書いた当時、この宣伝が流れていて、第二版を執筆している現在、新しいバージョンが放送されている（図6-1A1、図6-1A2参照）。この広告を見ると、笑わずにはいられない。パリス・ヒルトンは普段、女友達とランチでハーディーズのドライブスルーに行くとは思えないからだ。一方アッコロ・リクルーティング社によるそのパロディ広告は、こ

図6-1A1，図6-1A2と図6-1B　2014年のハーディーズのCMは，批評家にソフトコア・ポルノのようだと評された。そのCMでは，パリス・ヒルトンが自分と車を洗って，ハーディーズのハンバーガーをこのうえなく性的な仕草で食べる（図6-1A1，図6-1A2）。そのパロディ広告（図6-1B）では，「ユージーン」が同じハンバーガーを食べているが，その結果が彼の体型により現実的に表れている。

れまでハーディーズのバーガーをたくさん食べてきたように見える「ユージーン」という架空の男性を主人公にしている（図6-1B参照）。パリス・ヒルトンの広告とパロディ広告を並べて見ると、虚構と現実の違いが明らかになる。高脂肪の食事をすると普通は太るが、メディアは私たちが容易に飲み込める（しゃれで失礼！）錯覚を創り出す。私たちはユージーンのように食べたいが、パリスのように見えたい。このように、私たちはメディア制作者が私たちに売る虚構に騙されやすいのだ。

メディアでの錯覚——見ることとは信じること

しかし、もっと単純なレベルの影響もある。私たちの脳は、現実の社会的な情報を取り入れるために作られ、メディアの情報を処理するようにできていない。だから、美しい人が高栄養の食事をしながら、それでも痩せていられるのを見たら、どこかでそれは真実であると信じてしまうだろう。なぜなら、見ることとは信じることだからだ。私たちは錯覚を見分けて、見たものから引き算して考えるようにはできていない。むしろその逆、すなわちそれをありのままに、社会的な情報として取り入れるように作られている。進化論的または生物学的な見地からも、私たちは見たことを疑うのでなく、信じると**されている**。もしこのように考えると、私たちの思考は完全に筋が通っている。恥ずかしく思う必要はないが、現在私たちが現実でなく虚構ばかり目にしている状況を考えると、この点について学んで賢くなれば、他者から押し付けられたアジェンダに対してもっと影響されないようになるだろう。

肥満から健康、また肥満へのサイクル

何年も前の旅行の際、私は地元の図書館のビジネスコーナーで、コミュニケーション能力を高めるといううたい文句のオーディオ・ブックを借りた。運転しながらテープを聴いていて、私は程なく自分の聞いている内容に懐疑的になった。その著者は、私たちは他の人が言うことを注意深く聞くべきで、そうすれば他の人にとって最も大切なことが何かわかるだろうとアドバイスしていた。それはなぜか。もしあなたが誰かにとって最も重要なことが何か知っていたら、自分の利益のためにその情報を悪用することができるからだ。私は、他の人を利用しようとする不謹慎な人々がいることは知っていたが、彼らが実際に①それを大っぴらに認め、②それがいかに素晴らしい考えかをすべての人に伝える本を臆面もなく出版するとは思っていなかった。

広告業者は、この著者をしばしば手本にしているように思える。彼らは、私たちが何を一番欲しいかを考え、その動機を操ってできるだけ儲けようとする。誰もが魅力的になりたいと思うのは、秘密でも何でもない。私たちの文化では、特に女性にとって、基本的に魅力というのは痩せていることと同義である。ある調査で、数千人のアメリカ人女性が、人生で最も欲しい物は何か尋ねられた。[*7] 彼女たちは世界平和、それともがんの特効薬が欲しいと答えていただろうか。それともお金か。実は、何にもましてその女性たちが望んでいたのは、一〇から一五ポンド[訳註6]の体重を落としたいということだったのである。広告主にとって、不安や、多くの人々の夢である数ポンドの体重を減らしたいという熱烈な動機は、同じ人々が目標を手に入れようとして、錯覚のために年間何億ものお金を使うことを意味する。

訳註6：約五～七キログラム。

そしてその目標は多くの場合、健康になることではなく、人を惹きつける魅力であることは明らかだ。たとえば人は、時に痩せると信じてタバコを吸う。そしてもちろん、タバコを吸うことはあなたが体のためにしうる最も悪いことである。魅力とは自分自身に自信を感じること、他の人があなたを評価し、求めていて、嫉妬さえしていると感じることを意味する。それが、魅力が時に健康のための目標に見えるが、実は社会的な目標になりがちな理由である。その本質はすべて感じ方次第なのだ。私はよく自分の社会心理学の授業で、私の専門分野で関心が持たれているのは認知だと話す。もし美容整形外科の患者が自分に引け目を感じていたら、彼女たちがすでに魅力的だという比較的事実に基づく意見ではなく、自分に対するその認知が彼らを美容整形外科に行かせたのだ。彼女たちは夫から太っている、醜い、そして役に立たないと言われるドメスティック・バイオレンスの被害者と似ている。夫が言うことを信じてしまうことが一因で、彼女たちは夫と別れないのだ。加害者の夫は妻の現実を変えてしまう。まるで広告業者が人々の現実を変えるように。

一九二〇年代には、少年っぽい体型のフラッパーダンサーが粋だと思われていた。当時胸が大きい女性は、そのファッションに合わせるため、実は胸の上に布を巻いて押さえていた。今日十代の女の子は、整形外科医に頼んで食塩水を入れたインプラントの袋を胸の中に入れ、社会的に人を惹きつけるといわれる不釣り合いに大きな胸を持つことが、自分をより魅力的にすると考えている。これを理性的に考えると、外科手術で人の体を変えて自尊心を高めることは、かなり極端な行動である。しかし社会的動機というのは大変強力であり、メディアはその極端な行動を常態化するのに一役買っている。テレビ番組の *Extreme Makeover*[訳註7]（「エクストリーム・メイクオーバー」）が、醜いアヒルの子を白鳥に変身させるのを見て、視聴者は自分も変身できるのではという考えに引き込まれるのだ。

◆「エクストリーム（徹底的）」に誤った考え

大学での、社会におけるジェンダーの授業で、同僚のベス・ライトと私は、学生に『エクストリーム・メイクオーバー』の一回分の放送を見せて、その内容について議論した。そのエピソードでは、若くて完璧に健康的な十号サイズの女性が、恋人を見つけたいと望んでいた。その解決策は、**徹底的に大変身**（エクストリーム・メイクオーバー）すること！　番組では彼女を下着姿にして、彼女が持つ「欠陥」をすべて挙げた。彼女はかなり大がかりな脂肪吸引手術を受け、二号サイズまで細くなった。また、豊胸手術で胸をCカップにした。さらに顔全体に美容整形手術を施され、パーソナル・トレーナーの指導を受け、変身し、新しい髪形になり、新しい服を着た。ワオ、美しくなるのは大変だ！　「結果発表」の場面では、家族が彼女の新しい姿を見てうれし涙に暮れるところが映され、彼女がこれからどのように男性を見つけるかが話し合われた。

私たちの授業では、その番組が誰もが「美人」になれるという印象を、どのように与えているかについて議論をし、この若い女性に施されたさまざまな施術の合計額は何千、何万ドルにもなるだろうという結論を出した。つまり、この種の変身は実は裕福な人々か、番組で取り上げられた人しかできない。だからこそ、このような「リアリティ」番組の非現実さが際立つのだ。学生たちはまた、正常で健康な体を病的な状態だとしてしまう、番組の微妙な操作手法について述べていた。この若い女性は太りすぎではなかったが、脂肪を取り除けるすべての部位を医師に指摘されながら、ブラやパンティの内側まで綿密に調べられた。

次に、授業では真の恋人を見つけたある女性についてのエピソードの映像を見せた。その女性の相手は農業従事者で、彼女を紳士的に扱い、彼女の家が差し押さえになったときでさえ助けてくれた。彼は皆のお手本のよう

訳註７：アメリカのＡＢＣ局のリアリティ番組。

な人である。彼は彼女の子どもをかわいがるし、子犬が大好きだ。それに家事は何でもできる。ただ一つの問題は、彼が「セクシーな魅力」にまったく欠けていることだった。実は、授業で学生たちは彼の見栄えが悪いということに同感していなかった。学生たちには彼がごく普通の男性に見えたのだ。そう、彼の耳は多少大きかったかもしれない。歯並びも少し悪かったが、別に大きな問題ではなかった。この男性は、婚約者の理想の男性になりたいがために、美容整形手術を受けて脇腹のぜい肉を取り除き（農業が仕事の彼の体は最初から完全に健康だった）、瞼を上げ、他にもいろいろと処置を受けた。またパーソナル・トレーニングをこなして、（番組によると）男らしい殴り方を学んだ。彼は歯にラミネートベニア[訳註8]を被せ、髪形を新しくして、新しい服を着た。学生たちはこれらすべての結果の後、彼は変身前よりも良い状態になったとは思えないと口をそろえて言った。はっきり言って、彼は見せかけだけの昼メロドラマの俳優のようだと私は思った。議論の余地はあるかもしれないが、最悪なのは彼の歯のベニアだった。学生たちは、番組の制作者が大々的な結果発表に向けて短期間でできる処置を望んだため、本来必要な歯科施術をせず、テレビ映りが良いように、みっともないベニアを使ったという意見に賛成していた。ここでもメディアは、「現実の人間」の外見を病的なものとして、美容目的の処置を売り込み、視聴者に欠点があるという感情を生み出し、うわべの外見だけに焦点を当てる。メディアはまた、これらの結果は簡単に誰でも得られるという幻想も売っている。以上の二つの事例での目標は、どちらも社会的な人間関係に関すること、すなわち愛情と称賛を手に入れることだった。

　身体的な外見を良くしたいという強烈な社会的動機づけを利用することで、広告業者は確かに金脈を掘り当てた。それを意識することなしに、私たちは広告業者やマスメディア全体に、見せかけの基準を決めさせることを許してきた。それが私たちを不十分だと感じさせ、神経症的にし、決して悪い気分から解放してくれない多くの商品に多額のお金を費やすよう行動させてしまう。

　一方、私たちを健康にしてくれる商品やサービスも確かに存在する。現在私は自分の体の健康の目標を達成するため、歩数計のついたスマートウォッチを持っている。また私は栄養状態と体の動きを見守り、手助けしてくれるマイフィットネス・パルというアプリを使っている。これらは大変私のモチベーションを上げてくれる。実はどちらも広告を見て買ったのではない。私が行くフィットネス・ジムで、健康の目標の助けになるこれらの道具やアプリを推薦されたのだ。

食べ物と健康のマーケティング――健康と肥満を売る

誰にでも恥ずかしい趣味がある。私の場合を告白しよう。私はスーパーマーケットのレジカウンターで売っている女性誌に惹きつけられてしまう。平凡な雑誌であればあるほど良い。私は現実逃避のためにそれらの雑誌を買い、妻として、母親として、またメディア心理学者として、つまりさまざまな私の視点でそれらを読むことになる。スーパーの雑誌コーナーで、私はとても面白く、ほとんど魅力的とさえいえるトレンドに気がついた。あなたはお気づきだろうか、いくつかの女性誌の表紙では、常に減量と不健康な食べ物の両方を特集しているのだ。私の言っていることをわかりやすく示すため、私はアマゾンで幅広く「女性が興味を持つ」雑誌を検索し、私が行くスーパーで売っている典型的な私の「恥ずかしい趣味」の雑誌を見つけた。この雑誌の最近の表紙をざっと見ながら、私は笑わずにはいられなかった。なぜなら、それらの表紙に載っている特集は、私の期待通りだったからだ。見つかった三冊の雑誌の表紙はすべて、この「フィット・バット・ファット（引き締まっているが、肥満）」パターンを示していた。一冊の雑誌はこう宣言している。「今週は六ポンド減量しよう」。しかしまた「幸せに食べよう」とも言っている。もう一冊は表紙に「今週は一〇ポンド痩せなさい」と書いてあるが、同時に

訳註8：貼りつけ歯。

「クリスマスのクッキーは、うつを癒す」と楽しげに報告し、「八種類の美味しいホリディ・マフィン」のレシピを載せている。三冊目の雑誌の編集者は、「ジーンズで完璧に見せよう」。そして「あなたの体は十年分痩せられる」という見出しを載せていた。そこには正反対の内容が並ぶ面白さはないが、これらは表紙の端から端まで載っているイースター・ケーキとクッキーの写真のすぐ横に載っていた。次にスーパーマーケットのレジに並ぶとき、女性誌に目をやってほしい。ここで取り上げたいくつかの例が見つかること請け合いである。

誘惑の後すぐに恥ずかしさに襲われ、そしてもっと買ってしまう

神が私たちを創り給うたときは、こんなに多くの高脂肪、高カロリーの食べ物が簡単に手に入る環境ではなかった。エデンの園にはケンタッキー・フライド・チキンのドライブスルーやクリスピー・クリーム・ドーナツのお店はなかった（リンゴだけであんなに面倒が起きたことを考えると、なくて良かっただろう）。私の理解では、高カロリーの食事は美味しく感じる。食べ物が乏しい環境下では、体に脂肪を貯めるのは適応的な行動だったからだ。現代のレストランやスーパーマーケットまで話を進めると、脂肪を本当に体に付けないようにするには、ある程度自制心が必要なことは想像に難くない。広告業者は、私たちの最も基本的な欲求を操作し、利用するのが仕事のため、ほら出来上がり。史上最高の肥満率だ。

これは、理性的な問題ではないと思われる。ほとんどの人は、ハンバーガーやフライドポテトより、魚やブロッコリーを食べた方がいいことを知っている。でも、食べたくないだけだ。そして夜遅くに、私たちはソファに座って、テレビでピザのコマーシャルを見る。ピザは熱々、チーズはトロトロである。私たちは電話を手に取る。とんでもないことに、ドミノピザのコマーシャルは最後の一押しのために、電話をかける音まで流す。何のことを言っているかわかるだろうか。もし、ここであなたがそのコマーシャルソングを歌えれば、彼らの広告が効い

ている証拠だ。私たちは操作されているとはあまり考えていないだろう。「大変だ、ドミノは僕を太らそうとしている！」とは言わない。前述のように、私たちは感情や動機が彼らの利益のために操作されていることをほとんど自覚していない。もしうちの家族と同じであれば、あなたの家でも、誰かがただ「ピザ！」とホーマー・シンプソン[訳註9]の声で叫び、ホーマーのように食べ物への期待で潤んだ眼をして、電話を手に取るだろう。

サブウェイ[訳註10]は、ファストフードの食べすぎの結果を強調することで、これらのタイプの広告の裏をかいた。その広告を見たことがあるだろうか。男性と女性がドライブスルーでオーダーしているが、食べ物の名前を言う代わりに、もしそれを食べたら彼らの体がどうなるかを言うのだ。男性が脇腹のぜい肉を注文し、彼の奥さんは巨大な太ももと「ポンと突き出た」お尻を注文する。サブウェイの広告では「もし脂っぽいファストフードを食べると、実はあなたは何を得るのか」とナレーションが入る。誤解しないでほしい。これもまた操作である。ただ、あなたをより良いものに引きつける心理的操作なのだ。正直に役に立つあるいは必要な何かをもたらしてくれる商品やサービスもある。その違いはすべて意識の中にある。あなたは、操作されていることに気がついているか。また、どの商品やサービスがあなたの心身の健康や幸せを促進し、どれがそうでないか、判断することができるだろうか。誇大広告から本当は何を得るかを見通したうえで、選択をすることができるだろうか。ましてや他の問題点、たとえばそれを買う経済的余裕があるかを判断できるか。意思決定について研究する心理学者は、良い決定は理性と感情の両方の要素を含んでいることを知っている。ただ明白なのは、情報のない無意識な決断はほとんどあなたの役に立たず、あなたからお金を奪う人たちの役に立つ。

訳註9：アニメ『ザ・シンプソンズ』の主人公の少年。
訳註10：サンドイッチのファストフード店。

子どもと食品広告

ここまでは、大人の消費者への広告効果について述べてきた。過去には、広告業者は子どもを広告の対象とすることを許されていなかったが、今はもはや違う。子ども、特に十代の若者は、広告業者にとって格好のターゲット集団となっている。なぜなら彼らは、かなり高額の、最近の推計では年間約二億ドルにもなる可処分所得を持ちつつあるからだ。[*8] 言い換えれば、ガソリン代を払う必要がなければ、ビデオゲームを買ったり、夜遅くタコベルのドライブスルーに行ったりして、もっと多くのお金を使うかもしれない。もちろん子どもは、大人に比べて広告を批判する傾向がさらに低くなる。特に七、八歳以下の子どもは、どれがコマーシャルでどれがそうでないかの区別が常につけられるわけではないということが、すでに調査で明らかになっている。

評価の高い医学雑誌『ランセット』は、一八〇〇年代初期に創刊され、重要な医学問題に関して世界中で大きな影響力を持っている。「ランセット」という言葉は、病原を切り取るメスと同様、光を入れる窓を意味する。つまりその雑誌の創刊者は、医学問題に光を当て、病気の元を切り取るという両方の意味をその名に取り入れた。まさしく『ランセット』の流儀で、この医学誌は、子どもへの食品マーケティングの問題について強硬な態度をとってきた。[*9*10] そこでは、子どもを広告のターゲットとする最近の動向は、アメリカ、ヨーロッパの両地域において、さまざまな意味で子どもの健康を害していると報告されている。子どもへのメディア・マーケティングは、子どもが活動的で創造的な状態から受け身の消費者へと変化した一因となった。その医学誌の著者たちは、これらのマーケティングが、子どもたちの身体イメージや情緒的健康全般を低下させ、攻撃性、肥満度、そして二型糖尿病の罹患率を高めていると記している。

広告業者は、子どもに対する強引なマーケティング戦略について非常に意識している。『ランセット』は、キッズクリーンと呼ばれる最近の子どもをターゲットにしたマーケティングの会議で、主催者がマーケティング関係者に対して、子どもを「手に入」れ、その心を「手中」にし、「生涯の消費者」にする方法を見つける手助けをしたいと宣伝したことを報告した。『ランセット』は、これらの戦略を手加減なしに搾取と呼び、子どもの商業的搾取をやめようサミットでの基調講演者の言葉を引用した。そこでは、子どもを理解しようとする動機のうえで、これらの強引なマーケティング関係者は、小児性愛者と同様だと批判されていた。

重い問題

子どもを、または誰をも、彼らの健康を害してお金儲けのために搾取するのは良くないという大変基本的な意見の域を超えて、アメリカとEUは、最近の肥満率の高騰を、とりわけ無節操なマーケティング活動の問題と結びつけて認識し始めた。二〇〇八年七月の『ランセット』[*11]では、EUの二十七カ国中二十三カ国で、成人人口の半数以上が太りすぎ、または肥満状態であると報告している。アメリカでは、疾病管理センターの報告によると、子どもと成人の太りすぎはこの三十年間で三倍から四倍に増加し、今日では一五％から二〇％のアメリカの子どもが肥満状態だという。[*12]この肥満の蔓延にはいくつかの原因があるが、一番顕著なのは、子どもに対して不健康な食品がマーケティングされていることと、座りがちなライフスタイルが増えてきたこと、つまりマスメディアを見ることが最も当たり前の時間の過ごし方となることが同時に起こったからだと考えられる。研究（と論理）が、マスメディア視聴による座ってじっとしがちなライフスタイルと、大衆レベルの健康の低下を結びつけたのだ。たとえば、ニュージーランドで行われた大がかりな時系列的研究[*13]で、新生児から二十六歳までの千人の参加者を調べたところ、テレビをよく見る人は見ない人よりも肥満状態で、身体的な健康状態も悪い傾向があったという。

虚構と錯覚が健康の現実感を変える

アメリカとＥＵは、会合を開いて食品の広告業者に提言をしたが、ほとんど効果はなかった。[*14] 二〇〇五年、アメリカでは医学研究所が、子どもの肥満防止に関する大統領特別委員会を立ち上げるよう勧告したが、結局実現しなかった。同じく二〇〇五年に、連邦取引委員会（ＦＴＣ）は保健社会福祉省とワークショップを開き、「広告と食品、飲料のマーケティング、そして子どもと若者の座って行う娯楽についてのガイドライン」[*15]を策定しようとした。そのワークショップは、業界に対して自主規制と責任感のある広告を心がけるように勧告した。これはほぼ間違いなく、キツネに鶏小屋を見張るよう頼むようなことだが、その役人たちは企業に正しいことをするチャンスを与えたかったのだ。次に何が起こったか。「食品と広告業界の代表たちは子どもへの広告規制に抵抗し、その結果二〇〇七年三月にメディアと子どもの肥満に関する超党派の議会特別委員会が立ち上げられた」[*16]。

それと同時に連邦取引委員会が、アメリカのすべてのトップ企業が、どのように子どもや未成年に食品をマーケティングし宣伝しているかについて調査を行った。ＦＴＣは四十四企業の二〇〇六年（自主規制が勧告された翌年）の状況を調査して、二〇〇八年七月に報告書を提出した。ＦＴＣの報告書[*17]によると、二〇〇六年に広告業者は子どもと未成年に向けて十六億ドルもの広告費を費やしていた。子どもや未成年に売り込まれていた飲食関連品のトップは、炭酸飲料、迅速なサービスのレストラン（いわゆるファストフード）、そして朝食製品だった。広告業者やマーケティング関係者は、どのようにしてアメリカの子どもたちの心をつかんだのか。一つの方略は、人気のある有名人を使って商品を宣伝することである。マーケティング関係者がよく使うもう一つの方略は、「クロス・プロモーション」である。クロス・プロモーションは、食製品を子どもが大好きな、たとえばアニメのキャラクター、テレビ番組、映画やおもちゃと結びつけることを意味する。企業は朝食製品、レストラン食品、スナック、キャンディそして炭酸飲料によくクロス・プロモーションを用いていた。

もちろん、彼らがこのようなことをしていることは誰でも知っている。特に子どもが家にいると、この現象は生活の一部である。マクドナルドは、チキンナゲットと面白いアニメ映画の『カンフー・パンダ』を結び付けている。『スーパーマン　リターンズ』と『パイレーツ・オブ・カリビアン』は、二〇〇六年を代表する人気映画だったため、広告業者はシリアル、フルーツスナックから炭酸飲料、ランチセットまでのすべてを宣伝するのに、これらの映画を利用した。彼らはセールスのテクニックとして、人気キャラクターのイメージを使った「限定版」のフローズン・ワッフル、キャンディ、シリアルそしてスナックを作り出した（限定版のワッフル？　ブロンズ製にして暖炉の上に飾るのか？）。ジャンクフードもまた、異なった個性や色を持つアニメ、M&Mのような「話すキャラクター」を使って宣伝されている。もちろん、どのファストフードレストランでも、おもちゃのおまけがついたキッズミールを売っていて、このおもちゃはだいたい、最近の映画や人気のあるおもちゃの種類と関連している。

ＦＴＣの報告書によれば、食品業界は子どもに向けてウェブサイトやテキスト・メッセージなどのさらにハイテクな広告テクニックを使っていたという。たとえば子どもは、製品のパッケージに、オンラインで「無料のゲーム」をしようと書いてある商品によくつられる。そのゲームも本当は宣伝である。本書を書いている時点で、www.happymeal.com にアクセスすると、ウェブページの上の方に小さめの文字で「ハーイ子どもたち、これは広告だよ」と書いてあるのを実際に見ることができる。若者に対する、より新しいマーケティングの形は、いわゆるバイラル広告だ。これは口コミのデジタル版である。バイラル広告では、ウェブサイトやソーシャル・ネットワーキング・サイトを用いて、友達にその商品を宣伝するｅカードやテキスト・メッセージを送るよう、子どもに促すだろう。広告業者は、商品について人々に教え合ってもらうというアイディアに興奮した。友達からメッセージが届けば、もうそれは説得ではない。

アスリートがジャンクフードを宣伝する

ＦＴＣは、まったく理にかなっていないがよく使われる、ある一つのマーケティング戦略について注目した。それは、アスリート（運動選手）をジャンクフードの宣伝に起用することである。たとえばＢＭＸ[訳註11]の選手であるデイヴ・ミラは、ビーフジャーキーのスリム・ジムを宣伝している。ところで、クロスメディア広告キャンペーンの真価を発揮して、デイヴ・ミラのＢＭＸビデオゲームには、隠しコマンドでアクセス可能な、スリム・ジムという名前のキャラクターが登場する。マクドナルドとコカ・コーラは、双方とも巨額のお金を払って二〇〇八年の夏の北京オリンピックのスポンサーになった。もちろん、オリンピックレベルのアスリートは特別な食事をしていて、彼らはおそらくビッグマックやフライドポテト、コカ・コーラなどは食べたり飲んだりしないだろう[訳註12]。

これらのマーケティングに一貫して見られるテーマは幻想である。広告業者は錯覚を生み出す。トップ・アスリートたちがジャンクフードを食べるというのは錯覚だ。それは、ジャンクフードを食べ、かつ広告の中の俳優や有名人のように締まってほっそりしていられるという幻想である。それを見ると、本当に現実的で魅力的に見える。自分も同じことをしたい、美味しくて高カロリーの食事をし、それでも有名人やオリンピック選手のように健康で痩せていたい。しかしそれは幻想であり、無情にも私たちの現実が形作られるのだ。

子どもにおまけのおもちゃを与えて、ファストフードのキッズミールを買うように促すことは、素晴らしいマーケティングの手法かもしれない。それによって企業は多額のお金を儲けるが、このような戦略は、実は子どもたちを太らせ、身体的・精神的な幸福に悪い影響を与える。私はわかっているが、これは本当だ。私には小さな子どもがいて、彼らは二人とも幼児のときからマクドナルドのゴールデンアーチズ[訳註13]を認識していた。彼らはハッピーミールのおもちゃをもらうのが大好きだ。私にとって運のいいことに、彼らは二人とも、食べることよりもそのおもちゃで遊ぶ方が好きである。私の娘は，目の前にフライドポテトがあってもほとんど手をつけない。しかし，それは私がいい親だというよりも，単に運が良かったにすぎない。私はもっとこのようなことをよく考えて，子どもたちのためにきちんと選択をする必要がある。私は子どもたちに，どの程度ファストフードを食べさせるかを考慮している。食べさせるときは，フルーツやミルクに彼らを誘導する。できる限り彼らに栄養と健康について話している。親は本当にいろいろな選択をしなければならない。私は政府やメディア，そしてマーケティング関係者にも，それぞれの役割があると考える。広告主が錯覚で私たちを引き込もうとするとき，そして特にこの錯覚を，まだそれに対処する能力を備えていない子どもたちに見せるとき，彼らは皆その結果に対する責任の一部を負っているのだ。

現代の先進国の政府は，消費者を守る責任を持つのが前提だ。そして多くの場合，予防は治療よりさらに効果がある。これはおそらく，世界中の発展途上国の政府が，子どもに対するジャンクフードの広告について何か対処するために，介入する理由だろう。彼らはもし，広告業者がこれらの錯覚を売り回るのをやめれば，消費者にどの食べ物が健康的かを言って聞かせて教えるより，ずっと効果的だと認めている。広告は大変強力であり，人々に自分にとって良くないとわかっている，たとえばジャンクフードを食べるなどの決断をさせる効果がある。メディアのイメージも強力な動機づけの力があり，どこの政府でもその影響に対処し，また広告業者にあまり操作させないようにする方法を考えている。

最近のマクドナルドのハッピーミールの広告のキャッチフレーズは，「ハッピーミールは一日中幸せを提供し

訳註11：「バイシクル・モトクロス」の略で自転車競技の一種。
訳註12：原著ではここに「おそらくそれは相撲取り向けの食事だろう」という一文が続くが，日本における相撲取りの食事やイメージにそぐわないため訳では削除した。
訳註13：トレードマークの黄色い二つのアーチ。

ます」というものだ。ビートルズの故郷であるイギリスのリバプールの住人たちは、明らかにそれに賛同していない。二〇〇八年にロンドンの『デイリー・メール』は、リバプールの町議会が開かれ、子どもの肥満を引き起こすという理由でハッピーミールの禁止を決議したと報道した。地元民たちはその決断を支持し、以下のようなコメントをした。[*18]

「子どもたちに不健康な食事を促そうと直接狙う、マクドナルドのようなお金儲けのハゲワシのマーケティングポリシーについては、もうとっくに異議申し立てをされてもいい頃だと考える」

「ほとんどのハッピーミールでは、スプーン四、五杯分の砂糖の入ったハンバーガー、高カロリーのフライドポテト、ミルクシェイクと一緒におもちゃが売られている」

「最もカロリーの高いハッピーミールは、チーズバーガー、Sサイズのポテトフライとミルクシェイクであり、七四〇キロカロリーにもなる。これは子どもに推奨される一日分の摂取カロリー一六〇〇キロカロリーのほとんど半分である」

「彼らはほとんどの子どもが人参と水を欲しがらないことを知っている。しかし健康促進活動家からの批判をかわすために、メニューにそれらを載せている」

「これらの太らせる食事は、恥知らずなやり方で無料のおもちゃを使って売られている。今後その行為を阻止するために法的な措置がとられるのは明らかだ」

そう、子どもはおもちゃが大好きだ。砂糖も楽しいことも大好きだ。ただし太ること、不健康だと感じること、体重のせいで学校の他の子どもたちのからかいの対象となることを楽しいと思う子どもはいない。

もちろん他にも、ファストフードが売れる理由がある。親は忙しい。父親と母親が一日中働いて家に帰ってきたとき、夕食を作って片付け、他のすべての家事をこなすのは大変だ。親にとって子どもにファストフードを食べさせるのは簡単だ。そして親が疲れているときは、子どもの要求に抵抗するのも一苦労だろう。政府と国民が要求すればするほど、私たちがファストフードに健康的な選択肢を得られるチャンスも増えるだろう。私はファストフードのレストランがより健康的な選択肢を増やすことが、正しい方向への第一歩だと思う。進歩の方向へ努力をすれば、消費者としても、政府としても、私たちは早く簡単に得られて健康的な食べ物を要求し、獲得することができるだろう。私は空港でかなりの時間を過ごすが、だいたいどこでも新鮮なフルーツ、たとえばバナナなどを出すレストランがあることに気がついた。空港で健康的なスナックが食べられることを知っているのは大変便利だ。このような選択肢を持つレストランが増えるほど、特に空港などの閉ざされた空間の場合、消費者にとって何か健康的なものを見つけるのがより簡単になる。

夢を売る——減量商品の広告

肥満と健康の両方の広告のサイクルにおけるもう一つの問題は、痩せ薬や他の「応急処置」的な減量商品やサービス、たとえば一時的なダイエットのための本や食品である。痩せ薬は、瓶に入った希望と呼ばれてきた。ある広告主が痩せ薬を売るとき、彼は実際には消費者が夢見る、彼らを魅力的に見せて愛情を勝ち取ることができる特効薬を売っている。だから痩せ薬や一時的なダイエットは、切なる願いを即座にかなえる、うっとりするような夢を象徴している。

国立摂食障害情報センター、あるいはNEDIC（www.nedic.ca）は、女性の八〇％は自分の体型とサイズに満足しておらず、七〇％が慢性的にダイエットをしており、七六％の回答者は自分が太りすぎだと感じていると報告している。ところが、この調査回答者の四五％は、医師によるカルテ上は痩せすぎとされていたのである。おそらく最もショッキングだったのは、十人に一人の女性が、子どもを産むと太りやすくなることがわかっていたら、中絶をしたかもしれないと答えたことだ。ダイエット産業は年間三百二十億ドルを稼ぐ産業であるが、ダイエットを試す人の九五％が失敗しているとNEDICは報告している。つまり、九五％のダイエット経験者が、一年から五年の間に落とした体重分をまた増やして、元に戻っているのだ。「現実の女性」の身体を称賛しようと訴える絵の真ん中に書かれているNEDICのスローガンは「変わる必要があるのは、身体ではなく私たちの態度である」[*19]というものだ。

最近、ある痩せ薬とハーブのサプリメントが、深刻な病気や死亡を引き起こす可能性があると疑われた。それも、これらの痩せ薬は効かないと多くの人が知っている状況での話だ。たとえば近年の有名な和解事例で、連邦取引委員会は、短期間で劇的な減量ができると虚偽または確証のない効能を騙ったとして、売り上げトップの痩せ薬のメーカー数社に対して総計二千五百万ドルの罰金を科した。[*20]ある薬は、誤った他の効能さえわざとうたっていた。たとえば、アルツハイマーやがんにかかるリスクを下げるという効能である！　虚偽の広告を出したとして罰金を科された企業の中には、トリムスパ、ゼナドリン、コーティスリム、ワン・ア・デイ・ウェイトスマートなどのメーカーも含まれる。消費者組合[*21]は、痩せ薬は心臓疾患を含む健康に危険な影響があるという立場をとり続けている。彼らは、半数以上の消費者が痩せ薬は安全だと思っており、それらが食品医薬品局（FDA）によって規制を受けているという誤った事実を信じていると報告した。痩せ薬はビタミン剤のようなサプリメントに分類されるため、食品医薬品局の規制は受けないのだ。

確かに私たちは、即効性という言葉に惹きつけられるため、メーカーはその弱みに付け込む。痩せ薬はしばしば箱に入れられ、値段を付けられ、まるで処方箋薬のような名前をつけられる。それは信頼性を与えるマーケティングの手法である。あるものは高級な商品に見えるようにしゃれた瓶に入っている。最近行われた研究[*22]では、アメリカと韓国の女性雑誌における、減量の問題の扱われ方が分析されていた。その結果、韓国の女性雑誌では、通常痩せ薬や痩せる飲料からアロマセラピー、そしていわゆるダイエット・クリーム（何てオシャレ！）に至るまでの、受動的な減量法が推奨されていた。韓国の雑誌では、西洋の理想的な美と細さを取り入れていた。その理想の一部は、それによって利益を得る人によって構成されたものである。その雑誌を読む女性たちは、減量は簡単で、短期間で可能で、効果的で苦痛がないということを学ぶだろう、と研究者たちは結論づけている。それらの雑誌によると、必要なのは錠剤や飲料を飲み、またはクリームを塗るだけなのだ。彼らはこれらのメッセージについて政府の規制が必要だと述べ、また雑誌の編集者たちに、このような間違ったメッセージを載せることに対して責任を取るよう促した。

もちろん、ナオミ・ウルフ著『美の陰謀――女たちの見えない敵[*23]』で説明されているように、女性雑誌は広告によってお金を稼ぎ、その広告のほとんどは美容に関する商品である。時に雑誌の中の記事に見えるものが、実際には広告だったりする。多くの女性雑誌には、どのマスカラを使うべきとか、髪の毛の種類によってどの製品が一番**効果的**なのか、流行のメイクアップの色は何か、などについての「記事」が載っていることにお気づきだろうか。もし、このような雑誌をまったく読んだことがなければ、次に書店に行く機会に、一冊手に取って見てほしい。私が若かった頃は、このような雑誌はどのように取り上げる商品を決めるのだろうかと無邪気に考えたものだ。現在では、私はこれらが記事のように見せた広告であることを理解している。実際には、このような策略は、記事としての広告よりもさらに踏み込んだものになっている。たとえば、広告主の企業が豊胸手術によって利益を得ていることは、雑誌がその手術に関する問題点や懸念を示す健康関連の記事を載せるかどうかに影響を与えるだろう[*24]。女性は娯楽、現実逃避、そして助けになるヒントを買っていると思っているかもしれない。多くの場合、彼女たちが本当に買っているのは、本質的には一つの大きな広告の集まりである。このようなタイプの雑誌は、読み手をリラックスさせて楽しませるよりも、しばしば無力感や不安感を感じさせ、自分の見かけを「良くする」すべての種類の商品を買いたくさせるのだ。

私の行っている研究の一つは、無料のポッドキャストを使ったメディエーション[訳註14]を人々に教えることだ。現在私は、キャサリン・セオ、スリヴィ・ラマスブラマニアン、ウィラ・ミラーとアンナ・ディステファノと共同研究を行っている。私たちは、どのようなメディエーションや他の介入が、女性が自分の身体や自分自身に自信を持つ助けとなるかを探っている。前述したこれまでの研究では、ポッドキャストを使って、これらの自己共感のための対話と協調を教えられることがわかった。その対話を聞くことで自己への共感が増加し、身体の満足度が上がり、不満足度が下がる結果が得られた。また、自分の外見の価値が低いと感じると、メディアでの理想の完璧ボディへ同調してしまう結果も得られた。追跡調査を行い、私たちはいくつかの種類の異なるメディエーションがどの程度役に立つか、認知的な介入と比べてどう違うかということを調べている。これらの研究もやはり、メディアで「完璧な」体を見ることでもたらされる、身体的に劣っているという感情に対抗する一つの方法を私たちに教えてくれる。

公共広告

幸いにも、広告は私たちの健康や安全に役立つようにも使うことが**できる**。公共広告（ＰＳＡ）を例に挙げよう。スモーキーベアの「君だけが森林火災を防ぐことができる」というキャンペーンや、農務省の食生ピラミッド[訳註15]のウェブサイト（https://www.cnpp.usda.gov/mypyramid）などの公共広告は、誰もが目にしたことがあるだろう。非営利団体である広告協議会は、プロの広告業者に広告を作らせ、その広告のための時間やスペースをマスメディアに提供させている。最近の研究で、マーケティングの教授であるマグダレーナ・シスマルは、より効果的な公共広告は、公共広告が提言する生活の変化を消費者がどのくらい難しいと考えるかに配慮したものだということを見出した。[*25] 例を挙げると、米国保険福祉省は、小さな一歩の公共広告（https://webarchive.library.unt.edu/eot2008/20080916015639/http://smallstep.gov/index.html）を立ち上げ、人々が減量するための小さな一歩を提案して、健康を促進しようと試みた。その助言のなかには、牛乳からスキムミルクに変える、スーパーマーケットで買い物をする前に食事をしておく、デザートを半分だけ食べる、などがある。広告協議会（Adcouncil.org）はまた、キャンペーンの一部として、テレビや雑誌の広告も制作した。たとえばそのうちの一つの広告では、ある男性の脇腹のぜい肉が、次のような表示とともに少なくなっていく。「息子とバスケットボールを始める」。「健康に良い物を食べ、デザートをやめる」。そして「筋肉モリモリのお父さんに名前を変えることを考える」。

広告協議会による調査では、アメリカの子どもの五五％が外で遊ぶよりテレビを見るかゲームをすると答え、五七％の親が、子どもに健康的な食品を食べさせるのは一番大変だと答えている。[*26] 子どもたちの活動を活発化させるために、広告協議会は、朝起きたら一時間は遊ぼう、という小さな一歩を子どもたちに提言する公共広告を制作した。公共広告の中には、薬物に焦点を当てたもの、たとえば薬物には「ただノーと言おう」。また現在行われている広告協議会の反ステロイドキャンペーンなどがある。さて次に、アメリカの消費者に向けて、大企業が私たちに薬物を売る方法について見ていこう。

訳註14：対話と協調を基本とする介入によって問題の解決を目指す心理的援助法の一つ。
訳註15：栄養摂取に関するガイドライン。

処方薬

トリムスパとハッピーミールは問題だが、広告は処方薬のまともな世界には影響を与えないだろうとあなたは考えているかもしれない。もし、消費者への処方薬のマーケティングのされ方についてまだ何も気づいていないなら、あなた自身が健康で、処方薬の市場に関係ないとよいのだが。

一九六〇年代、食品医薬品局は、処方薬の広告についての権限を与えられた。当時薬の広告は、通常医師をターゲットとした医学系の専門論文誌に掲載されていた。一九九〇年代の終わり頃、薬の広告に関する規制が緩和され、医薬品を消費者に直接宣伝する、いわゆるダイレクト・トゥー・コンシューマー（DTC）と呼ばれる広告が、その多くはテレビや人気雑誌やインターネットなどにおいて爆発的に増え始めた。DTC広告は、基本的には処方薬のコマーシャルであり、医師や他の医療関係専門家ではなく、普通の人々をターゲットとしている。これらの広告は、テレビやインターネット、雑誌など普段マスメディアのあらゆる場所で見られている。

誰もがこれらのDTCの薬の広告を目にしていると思う。高齢の男性がビーチを歩きながら、飼い犬のゴールデン・レトリバーにテニスボールを投げている。ナレーションが流れる。「かかりつけ医に（ここに薬の名を入れる）について聞いてください」。初めてテレビで見たとき、私はこの広告にくぎ付けになった。私の夫に聞いてみてほしい！　このCMを見たとき、私は大声で笑ってこう言った。「でも、このコマーシャルはこの薬が何に効くのかも言ってないじゃない！」。私はあっけにとられた。何度も何度もこの広告のフレーズ「あなたに『X薬』が適しているか、かかりつけ医に聞いてください」を耳にした。私は思わず声に出して疑問を口にした。患者は本当に診察室へ行って、真面目に「先生、『X薬』は私に適していますか」と聞くだろうか。その薬がどんな症状を治療するかも知らずに。そして、患者はこのプラヴィックスという薬を使えるとわかったら喜び、プロペシアが自分に適してないとわかったら悲しがるのだろうか。私には、これはとてもまともなことには思えない。しかし製薬会社にとっては都合がいい。DTC広告は利益を生むのだ。

ここでもまた、これらのマーケティングの仕方は政府の眉をひそめさせ、介入させるところまでエスカレートした。二〇〇五年に議会調査部は、処方薬のDTC広告について議会に報告書を提出した。[*27] その報告書によると、二〇〇三年に製薬会社は、主として五十品目の売れ筋の薬のDTC広告に三十二億ドルを費やしたという。DTC広告で最も多く宣伝された薬は、「小さな紫色の薬」としても知られる、胸やけ治療薬のネクサムだった。なるほどよく考えてみると、簡単なかわいい「小さな紫色の薬」という名前をつけることは、消費者を、薬の名前を覚えるために簡単な名前が必要な子ども扱いしているのだ。もしそれが真実なら、このような人々は本当に責任を持って、自分の薬を決められるのだろうか。DTC広告に出てくる薬のリストには、他にも睡眠導入剤のルネスタ、コレステロール値を下げるクレスター、そしてアレルギーのためのナソネックスが含まれる。私もそうだが、あなたもこれらの薬の名前を知っているだろう。これらの広告は確かにお金の分の効果を得ているのだ。

製薬会社は、これらの広告は人々を医師のところへ行かせ、自分の治療により能動的な役割を果たすよう促すと言っている。一方批評家は、これらの広告は誤解を招く恐れがあると言う。たとえば報告書によると、「二〇〇四年九月、アメリカの製薬会社メルクは、消炎鎮痛剤バイオックスの販売停止を発表した。それは研究の結果、この薬の長期使用が心臓発作や脳卒中などのリスクを高めることが明らかになったからである。二〇〇四年十一月に上院財政委員会の公聴会では、会社らによって以前行われた治験で、バイオックスの危険性が示されていなかったかどうかについての疑問が取り上げられた[*28]」。

研究の結果、DTC広告を見ることは、消費者の行動に影響を与えることがわかっている。消費者はかかりつけ医とその薬について話す傾向が高まり、そのDTC広告を見た後、その薬の処方箋を頼みやすくなるという。二〇〇二年の研究[*29]では、DTC広告は医師がその薬を処方することだけでなく、その症状の診断にまで影響するということがわかっている。その研究者たちは、製薬会社がＤＴＣ広告にお金をつぎ込めばつぎ込むほど、その処方での見返りが大きいということを明らかにした。彼らは、たとえば季節特有のアレルギーの薬は、他の薬と比べてその効果が大きかったと述べている。ここで気になることは、処方薬の需要が高まると、税金、そして雇用者への医療費が増す点だ。言葉を変えれば、消費者を狙った広告はある特定の薬への需要を生み出す。

直接、問題の核心へ

さて、広告主は消費者の心をつかむのに大きな役割を果たしていることがわかったが、この『シカゴ・トリビューン』[*30]に載った話は、その感をまったく新たな段階に引き上げた。さらに要領がいいことに、広告業者は今や家庭用心臓細動除去器のような医療用機器をマーケティングしており、十年前のゼロドルから現在は推定五千万ドルをＤＴＣ広告によって稼いでいる。メドトロニックという企業は、心臓にショックを与える機器を消費者に直接マーケティングしており、（心臓に）ショックなことに二万ドルから三万ドルを稼いでいる。『シカゴ・トリビューン』[*31]には次のように記されている。

「中には何がある」と呼ばれるＣＭでは、穏やかな声が視聴者に、その機器の中には「あと二万回のキス、そして、フットボールでのあと二百回の勝利」があり、「いつもあなたのために、突然の心拍停止の際に心臓を再始動させる力を持って、あなたの心臓に寄り添います」と語る。消費者団体パブリック・シチズンのヘルス・リサーチ・グループの代表であるシドニー・ウルフ博士は、この広告は大変誤解を招く恐れがあると言った。「この広告は人々を怖がらせる。そして、何もわからずに怯えて『念のために安全第一で』と言う人が現れる」。

ジャンクフードを子どもたちに売りつけるか、問題のある痩せ薬や処方薬を大人にマーケティングするかにかかわらず、これらの広告業者に共通する点は、消費者の損失で利益を得る商売をしていることだ。これが許されるなら、このようなマーケティングは、国全体の身体的・精神的な幸福に悪影響を与えるだろう。説得力のあるメッセージは、テレビで宣伝されていた薬をかかりつけ医に頼むといった行動を、標準的で理想的な行動だと決めつけようとする。私たちがメディアで目にすることによると、減量は簡単で、高脂肪の食品を食べても太らない。私たちはメディアの影響力に対して無意識で無批判だ。それは私たちを、意思に反してもっとメディアを見させ、予定よりもっと多くの物を買わせ、利益にもならず、また幸せにもしないことに、私たちの時間を使わせる。あなた自身の健康に関していえば、広告について賢明になっておいて損はない。

第7章　メディアと社会的アイデンティティ

私たちと、メディアやその中で表現される考えや物事には、とても個人的な関係がある。アメリカ人の偉大な心理学者ウィリアム・ジェームズは、人は物にさえ自己意識の感覚を拡張することができると指摘した。広告業者はこの心理的傾向を巧みに利用し、お気に入りのブランドを自分の一部だと考えるよう、私たちに促してきた。

ある研究者らは[*1]、好きなブランドを自己の一部と考えた場合に何が起こるか、より深く理解したいと考えて研究を行った。その結果、スターバックスと自己同一視した人は、たとえばスターバックスに対して脅威が与えられると、まるで自分が個人的に脅されたかのように反応した。さらにより深い自己同一視を行っていた人は、スターバックスに関する批判の記事を読んだ後に、同一視をあまりしていない人と比べて、スターバックスへの肯定的な態度が実際に**増加する**傾向が見られた。それに加えて元々自尊心が低かった人は、高かった人と比べて、この防衛的な反応がより強くなる傾向があった。

お気に入りのバンドや映画、または番組について何か否定的なことをいわれると、その人が怒って自己防衛的になるのはなぜかと考えたことがあるなら、この現象はおそらくその答えの一部になるだろう。たとえば十代の若者は特に音楽を好む傾向がある。そのため、彼らは自分の好きなバンドやジャンルに問題があると言われたら、むっとするだろう。彼らはそれを個人攻撃と考える。なぜなら、それらのバンドや音楽は、彼らにとって心理的にとても個人的なものだからだ。あなたが私の大好きな映画のヒーローを侮辱することは、私を侮辱するのと同じだ。私を侮辱する人は、私の敵である。だから私は、あなたが嫌いになるかもしれない。

もちろん誰もが同じではない。ある人々にとって車はアイデンティティの一部であるが、他の人々にはただの実用的な必需品である。ある人々にとってあるスポーツチームはアイデンティティの一部であるが、同じ町に住む他の人々はそのチームについてほとんど何も考えていない（私は大学生のとき、人からその日の晩に「試合」に行くかとよく尋ねられた。私は「試合？　何の？」と考えたものだ）。

私にとって、広告は心理学的に興味深い分野である。人間の生活の質を真に向上させる商品やサービスを売ることで、広告主は道徳的になりうると私は信じる。お金儲けのためなら、子どもにさえタバコを売ろうとする人がいる（すでにしている人もいる）ことも知っている。また「ブランド」は幅広い用語で、政治政党、宗教団体や慈善団体、そして大雑把にいってライフスタイルにまで当てはめることができる。おそらく人のアイデンティティの一部となる価値のあるブランドもあるだろう。それとはまったく逆に、何もないところに需要の概念を生み出そうとして、商売の基盤を築く人もいる。またある人々は、私たちが劣等感を克服するために彼らの商品を買うなら、意図的に私たちを自己嫌悪に陥らせたいと思うのだ。

ブレネー・ブラウンは、恥や弱さについて研究している。彼女はインターネット上で無料配信される*TED talks*[訳註1]で、何度か講演をしたことでよく知られている。そのうちの一回で彼女は、弱さというのは、自分が社会的関係を持つ価値がないという恐れを持つことから生まれると言っている。この「関係を持つに値しないという恐れ」はいろいろなところからもたらされるが、よくあるのは、私たちの外見についての何かが原因になる場合だ。その結果、広告業者が私たちに「関係を持つ価値がない」と感じさせるツボを押して、価値がある人間にする商品を買いに行かせたくなるのはおそらく当然だろう。

訳註1：NHKでの日本の番組タイトルは『スーパー・プレゼンテーション』。

広告主は私たちの心に働きかけ、不安定な自己意識を持つように仕向ける。そうすれば私たちが、いつも自分が見栄えよく、感じがよく、良い香りがするようにしてくれる商品に注意を向けて探すようになるからだ。

ジェームス・ポッター[*2]

あなたは自分についてどのように感じているだろうか。女性の皆さん、あなたは十分に痩せていて、セクシーで、きれいだろうか。男性の皆さん、あなたは腹筋、髪の毛の薄さや、「あの」部分のサイズを気にしているだろうか。これらの大半はよくある関心事である。なぜなら、私たちを自意識過剰にさせると、メディア企業の幹部たちが儲かるからだ。

社会心理学者は、自己イメージと自尊心が、世の中に蔓延するマスメディアのメッセージによってどのように形作られるかを研究している。なぜなら、ただの娯楽やまったく重要でないことからは程遠く、メディアの画面はあなたが世界の中でどのような位置にいるか、そして自分自身についてどのように感じる**べきか**についてのメッセージを容赦なく送り続けているからだ。ポッターが言うように、メディアは「常に私たちが自分についてどう考えるか仕向けている」[*3]。まったく彼の言う通りだ！

一方の側にはマスメディアの制作者がいる。彼らの最重要目標は私たちの注意を引くことである。そうすれば、彼らの広告主の商品を買うように仕向けることが可能だからだ。彼らは徹底的に、私たちにとって重要な存在になりたい。彼らは私たちのお金が欲しい。だから私たちに関心を持って（磁石にひきつけられるように注意を向けて）もらう必要がある。そうすれば私たちが彼らの画面に見入るからだ。もう一方の側には私たちがいる。私たちは彼らの心理的操作に誘い込まれているが、彼らのメッセージが自分にとってどんなに重要になっているか、ほとんど気づいていない（または、ほとんどの場合、現実から目をそらしている）。彼らは私たちを「消費者」と呼ぶが、これが当たり前の言葉となり、私たちはこの見方を疑いもなく受け入れるようになっている。本当にそうなのだろうか。消費者なのか。広告主が私たちに売った商品を使うことが、本当に私たちの生活の中心的活動なのだろうか。

前章で、他の人から欲しい物を得るには、その人にとって一番重要な物は何かを探し出して、それを自分のために利用すればよいとアドバイスしたあるビジネス専門家の話をした。私たちが最も重要だと思っているものの一つは、世の中での自分の居場所である。私たちはまともな人間だろうか。私たちは人生で一番重要な資質（たとえば結婚相手を獲得したり、社会で尊敬される地位を得たりする競争力）を持っているだろうか。マスメディア企業の幹部たちは、明らかに自尊心の金鉱を何度も繰り返し利用してきた。自尊心はこのように人間が基本的に必要とするものであるため、企業は私たちの自尊心をとても熱心に利用することで成功している。私たちの根本を揺るがせば、私たちはそれをどんなことをしてでも正しい状態にするよう動機づけられるが、その一つがもちろん、お金を使うことなのだ。

サイズは重要か。あるいは、どのように男性をノイローゼにするか

自尊心についていえば、男性たちの急所を狙うよりも、汚い手を使う良いやり方は何だろうか。男性の集団が支配権を持つ社会においては、男性の問題にはあまり注目が集まらない傾向がある。しかしここでは少し異なったアプローチで、マスメディアが男性の自尊心の感覚を狙って痛手を与える例から話し始めよう。そして男性について話すなら、遠慮なく彼らのペニスについて話すところまで突き詰めた方がよさそうだ。

一番多く見られるスパム・メールのメッセージの種類に、ペニスの増大を約束する宣伝がある。仮にこのような宣伝の頻度も社会的情報の一つと考えれば、それらは多くの男性に深刻な問題があるから存在すると思われ

る。もしあなたが退屈していて好奇心があり、または仕事に疲れたため気晴らしにこれらの宣伝を実際に読んだら、確かにそれらは男性に向けて、彼らには問題があると断言していることが明らかにわかる。とりわけ私が個人的に面白いと思うのは、実際の女性が言ったとする言葉を引用した宣伝だ。彼女は、その会社が売っている商品は、彼女の世界を根底から覆したと興奮して断言する（これらの宣伝文句は、実際には中年の男性が、オフィスの作業スペースで創作していると私は想像する）。もちろん、これは基本的な学習理論をマーケティングに応用したとても単純な例である。そこで伝えられるメッセージは、もし男性がこの商品を買えば、彼のセックスライフと男らしさは最高になるというものだ。そして女性は彼を非常に魅力的だと思うだろう。

ここまで見てきたように、時には広告自体が欲求や不適切な状態を創り出す。カリフォルニア州立大学とUCLAの研究者たちは、男性性と権力は大きなペニスを持つことと同等だとされている、メディアに煽られたこの文化での現実を明らかにしたいと考えた。彼らは次のように述べている。[*4]「ペニス増大産業の繁栄は、少なくとも一部の男性たちはペニスの大きさについて心配し、高額な商品やリスクの高い手術にお金を費やして、自分の自尊心を高めようとしていることを意味する」。

次が一番重要な部分だが、この研究者たちは、あちこちから安堵のため息が聞こえてきそうな結果を報告している。彼らは実際の男性のペニスの大きさについての確かな事実と、実際の女性がペニスの大きさについて本当は何を考えているかを述べている。母なる自然は平均的な男性を、いわば彼らの役割を果たすべく作った。それがこの研究の基本的前提に違いないとつけ加えておこう。

皆に役立つ情報だと考えられるため、ここで彼らの得た結果をお知らせしておこう。参考までにいうと、すべての男性の勃起したペニスの長さは平均五・三インチ（約一三・五センチメートル）であり、ほとんどの人のサイズは四・六インチ（約一一・七センチメートル）から六インチ（約一五・二センチメートル）の範囲内である。スターポルノ男優（比べるのはやめた？）やエアロスミスの曲「ビッグ10インチ・レコード」は別として、勃起状態で六・九インチ（約一七・五センチメートル）以上のペニスを持つ男性は全体の三％以下である。これでおわかりだろう。いつも学生に言っているが、私もたまには役に立つことを教えるのだ。

女性の考え方についていうと、大多数の女性はパートナーのペニスの大きさに満足している。自分のパートナーのペニスの大きさは平均以下だと言った女性は、寛大にも全体の六％にすぎなかった。実際のところ、男性で自分に満足している人が五五％だったのに比べ、女性では統計的に有意に多い八五％の人がパートナーのペニスに満足していると答えていた。ここで読み取れるのは、文化的な信念（そのほとんどはマスメディアによって作られたもの）が男性たちの自信を失わせ、自分の男性としての価値と同様、身体についても歪んだ見方をさせているのではないかということだ。この場合は特に興味深い。なぜなら広告業界は、基本的な性教育の話題を人々がタブー視することで蔓延した無知を利用することができたからだ。事実が隠されると神話が作られやすくなる。

大人の性について語ることはさておき、次に、評価され求められたいという子どもたちの基本的な社会的動機を狙って、マーケティング業者がどのように性を使って物を売ろうとしているかという話に移ろう。前章で、政府の規制撤廃による自由化で彼らが子どもたちを直接標的にすることが可能になり、子どもたちの健康が損なわれていることを述べた。また、マーケティング業者の猛烈な売り込み方や、どのように高カロリーのファストフードをおもちゃと一緒に売り、おもちゃを売るためにテレビ番組を創り出し、そしてアスリートを雇ってジャンクフードを売り込むかについて見てきた。さて次に、疑うことを知らない子どもたちから大企業が利益を得ようとしているもう一つの領域、すなわち性と性的魅力を子どもたちに売り込むことについて話を進めていく。

準備ができていようがいまいが、彼らがやって来る

ねえ子どもたち、セクシーになる準備はできた？　何と馬鹿らしく聞こえる言葉だろう。しかしこれは現在マ

スメディアが私たちの子どもを導いている方向を象徴している。どちらを向いてもマーケティング業者が性と性的魅力をさらに低年齢の子どもたちに売っている。さて、私は上品ぶっているわけではないし、性と性的関係について語る大人のためのメディアコンテンツが問題だとは思っていない。ペニスについての話を長々と述べた後に、おそらくこんなことを言う必要はないだろうと想像するが、念のため。しかし冗談抜きで、この問題を大人が議論**しない**のは、実に不健全だと思われる。その問題とは、性の話題でさえもない。正しくは、子どもたちに対する性的魅力の**マーケティング**が不健全なのだ。私たちの子どもたち（特に幼い女の子たち）は、性的魅力がなければいけないという考えを売りつけられている。

このマーケティング戦略がとても広く行きわたっているため、おそらく私たちは、少なくともある程度はその不適切さに鈍感になっているかもしれない。そこでこの状況について、皆が同意すると思われる前提から見てみよう。子どもたちが性行為を行うことは不健全である。理想的には、性的関心は子どもから大人に成熟する過程で発達していく。健全な環境では、子どもたちは性的関係や性に関して興味を持つが、そこには子どもたちの発達を気遣う大人が存在する。子どもたちが身の回りで目にすることが、自然な形で彼らの性に関する理解を徐々に深めていく。しかし、これは理想的で**健全な**環境の下での話である。現在私たちが子どもを育てている文化的な環境は、性に関してどのように特徴づけられるだろうか。

Packaging Girlhood: Rescuing Our Daughters from Marketer's Schemes（「パッケージング・ガールフッド――娘たちをマーケティング業者の陰謀から救うために」）の著者であるシャロン・ラムとリン・マイケル・ブラウンは、この問題の専門家である。彼女たちは、女の子らしさの意味がかなり限定されたイメージで少女たちに売られている状況を大変的確に説明している。小さな女の子は、かわいいピンクのお姫様になりたいと思うのが当たり前だとされている。誰でもよくわかると思うが、もし知らなければ地元のショッピングセンターの玩具売り場へ行って、ピンク一色の商品の通路を見つけてほしい。そこはおそらく小さな女の子たちが欲しい物のすべてを象徴

している。バービーやブラッツ[訳註2]、定番のピンクのお姫様である。

今やメディアとマーケティング業者は、幼い少女たちにさえ「セクシーである」ことが女の子らしさだという考えを売りつけている。アメリカ人の女の子たちはどんな存在で、またどうあるべきかなどの伝えられ方はいろいろある。女の子に売られているティーシャツのキャッチコピーを読むと、マーケティング業者が、かなり限られた女の子らしさの概念しか少女たちに与えていないということがわかるだろう。ラムとブラウン[*5]は、これらの伝えられた女の子らしさの「選択肢」の例を、「ドラマのヒロイン」や「かわいいお姫様や美しい女王」、「性的に刺激的」になることも含め、挙げている。少女たちは「ホット」で「セクシー」、「ディーバ（女王のような女性）」、そして「美しく」あるべきだとされている。ティーシャツのキャッチコピー[*6]には「オフィシャル・チアー・バニー――カッコよく飛び跳ねて、私たちがいつも一番！」あるいは「キュートなサマーキャンプに来てね――自然を感じて」、「休み時間にラブラブ――鐘が鳴ったらブランコのところで待ち合わせ」などがあり、最後の広告文句の言葉の背景には唇の絵が描かれている。

最近の子どものハロウィーンのコスチュームを見たことがあるだろうか。ラムとブラウンが指摘しているが、幼い少女たちは「セクシー」なデザイン、または小さな「女王様」のように見えるコスチュームを着るのが普通である。男の子らしさも、その服やコスチュームでわかるように、限られたイメージの表現になっている。男の子に売られているイメージはタフで攻撃的、暴力的でさえもある。あるハロウィーンのとき、私は当時三歳の息子の保育園に行った。私はそこで目にした、誤った性の区別のされ方に仰天した。そこにはお姫様とタフガイの二つの選択肢しかなかった。男の子たちは、偽物の鍛えられた腹筋と盛り上がった上腕二頭筋のついたスーパーヒーローのコスチュームを身に着けていた。彼らはまた怒ったときの『ハルク』の食いしばった歯を口に付けて

訳註2：女の子の人形。

いた。女の子たちは、薄くふわふわしたピンクの服にキラキラ光るティアラを付けて、華奢な靴を履いていた。私が子どもの頃は、ハロウィーンのコスチュームはもっと多様で、手作りのものが多かったことを覚えている。だから、ハロウィーンというのは、本来は自分がなりたいキャラクターを選んで自分の創造性を発揮する場だった。しかしながらハロウィーンコスチュームを売る商売にとっては、それではあまり儲からないのだ。

地元のショッピングセンターの玩具売り場の通路であろうと、ファストフード・レストランのドライブスルーであろうと、そこでジェンダーの役割に関して、同様に荒っぽい伝え方がされていることに私はショックを受けている。女の子の玩具売り場の通路はピンク色でブラッツ化（そう、これは私の造語だ）されている。男の子の玩具売り場の通路は暗い色で、筋肉モリモリの身体や武器、筋肉を誇示して戦うキャラクターであふれている。

私は、そろそろ息子もこのようなことを理解する年齢になったのではと思い、彼と話をした。私は聞いた。「ジェイソン、世界には本当に二種類の人間だけしかいないの？　女の子は本当にみんなお姫様なの？　男の子は本当に全員が攻撃的なの？」私は何度も、彼の母親はそのどちらにも当てはまらないと説明した。私はお姫様の人形にも、他の人を撃つ人形にも魅力を感じない。私はジェイソンがだんだん興味を持ち、このような会話をするときに反応をするようになったことに気がついた。たとえば彼が五歳のとき、友達の家でビデオゲームをしたといって家に帰ってきた。「でもママ、暴力的なビデオゲームじゃないんだよ」と彼は言った。彼は『暴力的なビデオゲーム』と言うとき、指でカッコを示す引用の仕草をして強調した。そこには、母親の十八番を持ち出す息子がいた。つまり私が言いたいのは、自分の経験からも、親がこれらの重要な問題について会話をするようになれば、子どもはそれをきちんと受け止めて理解するということだ。もしすべてが思った通りにいかなくても、親が子どもを心配していることは伝わるだろう。

幼い少女に「目の保養」と書かれたパンティを売っていいのか

ダイアン・レヴィンとジーン・キルボーンは、彼女たちの著書である「ソー・セクシー・ソー・スーン（あまりに早くあまりにセクシー）――新たな性的な子ども時代と彼らを守るために親に何ができるか[*7]」において、幼い少女を性的に売ることについて議論している。この二人の専門家は、子どもが性について学ぶことが問題なのではない、と断言している。問題はメディアとマーケティング業者が性的なイメージで子どもたちをターゲットにして混乱させ、健全な性的発達を台無しにしてしまうことである。その本には、実際に親や教師が前代未聞の状況に直面し奮闘する現実の物語の数々が載っている。たとえば七歳の子どもが「フェラチオ」の意味を尋ね、五歳の男の子がクラスメートと「セックスしたい」と言って停学になるといった話である。バービー人形がランジェリーの宣伝をする現代の世界では、よちよち歩きの男児のティーシャツに「クールなやつら」と書いてあり、「全国チェーンの大手の店が、分厚いパッド入りのブラジャーや、チェリー模様で『ウィンク・ウィンク』、『目の保養』といったキャッチコピーが書かれた少女用のティーバックのパンティを売っている。問題は性そのものではなく、子どもたちの健全な性的発達をお金のために台無しにする行為が、幅広く行われていることだ[*8]」。

これは、男の子をその議論のどこに当てはめるかという問題も提起している。このような環境においては、男の子は性とは何かを本当に知る前に、早い時期から女の子たちを性の対象物として見ることを学んでしまうと専門家は指摘する。女の子たちは見た目に気を使うべきであり、セクシーに見え、性的魅力を持つことで男の子を喜ばせようとすべきである。マーケティング業者がこのようなメッセージを男の子に伝えたら、彼らはすでに、女の子と健全で相手を尊重する関係を持つ能力を育むチャンスを断たれたのと同然である。女の子が人でなく対象になると、まさに相手が誰でもよくなってしまうのだ。

なぜ性と攻撃性は子どもたちの注意を引くのか

少女を性の対象のイメージで売ることへの批判に対して、性は自然なものだから、その延長線上で考えれば、メディアでのどんな性的な内容も自然で普通のことにすぎないと反論する人もいる。繰り返すが、問題はセックスや性的なことではない。まだ性を売られるには発達上早すぎるのに、性の対象とされたものがパッケージ化されて子どもたちに売られることが問題なのだ。この議論で解明すべき大きな疑問は、なぜ子どもたちがこれらの性的なメッセージに引きつけられるのかという点である。なぜ子どもたちに性を売ると、彼らは取り込まれてしまうのか。「ソー・セクシー・ソー・スーン」の著者たちによると、発達心理学がその答えを教えてくれるという。それは子どもたちが彼らの周りの世界をどう考え、感じ、そしてそれにどう反応するかと関連している。見慣れない印象的な情報は、何でも子どもたちの注目を集める。子どもたちは明確な視覚的刺激にも注意を引かれる。目に焼きつくようなセクシーなイメージやストーリーは、幼い子どもにとっては怖いものであっても、彼らはそれに引き込まれてしまう。女の子は疑問を感じることなく、またそれを文脈の中で捉えることなく、彼女のために作られたその明確なイメージに集中してしまう。たとえば子どもは、他の子が広告の中でセクシーな服装をしているのを見たとき、その子がそのような格好をしてお金をもらっているモデルだとは理解していないだろう。その広告全体が、ある企業の、裕福な白人男性であろう幹部たちの考えで作られたということを、子どもは確実に知る由もない。そしてまた、その広告の子役が微笑み、楽しんでいるようなら、子どもはそれを見て額面通りに受け取るだろう。つまり、その広告の中の女の子は自分の意思でそこにいて、それを楽しんでいると受け取るのだ。さらに子どもたちは大人よりメディア・メッセージを理解する能力が低いため、その内容を吟味せず、必然的に他の人の意図から自分を守るために抵抗することもしないだろう。

性を売ることが効果的であることのもう一つの理由は、性と他者との密接な関係は、どちらも人間の根本的な欲求だということだ。人間は何よりもまず生き残り、子孫を残そうとする生物であるから、この二つは私たちの注意を引く。これらの反応は、適応的で種の存続を助ける。企業が己の経済的利益のために、私たちが生まれ持つ自然な傾向を悪用し、捻じ曲げることが適応的でないのだ。

幼稚園児の女の子は十代の若者と同じ服装をすべきか

かつては幼稚園児の女の子の服装は十代の女の子のものとは違っていたが、現在はこれも変わった。マーケティング業者は、今や五歳児に十五歳向けと同じスタイルの服を売っている。先に述べた著者のラムとブラウンがわかりやすく強調しているが、大企業は現在、幼い少女たちに「ガールパワー」という概念でいろいろな物を売ろうとしている。これは、明らかに本当のパワー（影響力）のことではない。キャミソールやお腹を見せるシャツを着た九歳の女の子が、現実的な意味でパワーがあるといえるだろうか。今日の少女たちは「買い物をしよう、着飾ろう、おしゃべりしよう、その他女の子が『すべきこと』をしよう、とひっきりなしに懇願されながら、自分がどんな人間になれるかについてのとても限られた選択肢[*9]」を売りつけられているのだ。本来なら真の意味での自立した個人になるよう支援され励まされるべきなのに、少女たちはこの「どんな風になればいいか」という偽物のメッセージを売りつけられている。

砂糖がいっぱい入った朝食製品、炭酸飲料やキャンディと同様に、マーケティング業者は性的魅力というブランドを、それが子どもたちにとって不健全だと知りながら売っている。彼らは標的の子どもたちが不安になり、彼らを「あるべき状態にしてくれる」商品を買うよう動機づけられることを**望んでいる**。

「八〜十二歳の少女向けに作られた商品が、完璧な顔と身体、友達やボーイフレンドを与えると約束していながら、マーケティング業者や製造業者が少女たちへのネガティブな影響を直視することはないだろう。その影響とは、性と恋愛関係に関する戸惑い、体重と外見に関する不安、友達から人気を得ることや皆に溶け込むことへの奮闘である。だが、それはあなた方（親）に任されている。娘たちが人生で、今もそして今後もずっと役に立つようなスキルや能力、興味を一度に発達させられるはずの時期に、彼女たちはスター歌手や性的対象を通して特有の夢の世界に引きこまれ、他の機会を失ってしまう」[*10]。

あなたの娘にどのような格好をさせるべきでないか

Stop Dressing Your Six-Year-Old like a Skank（「六歳の娘に売春婦のような服装をさせるのは止めよう」）という著書の中で、コメディアンであり母親でもあるセリア・リーベンバークは、娘を持つ母親が国を超えて共有する経験を回想している。幼い少女のために作られた柔らかくてかわいらしい服を思い出しながら、店で今や七サイズになった娘のための服のラックを見下ろしていたセリアは、かなり混乱している自分に気がついた。彼女には、自分の六歳の娘が大学生の十八歳の女の子と同じ服を着なければならないことが理解できなかった。この「選択肢」がほのめかすように、幼い娘にクラブへ行く若い女性と同じような服を着せたら、娘は何よりも子どもであることの楽しみを経験できなくなってしまうだろうと彼女は鋭く指摘している。彼女がこれらはすべて売春婦用の服に見えると言ったら、店員は、母親たちは皆そう言うと答えた。すべての母親のように、セリアは少女たちが「そそられる」や「刺激的」といった性的な意味を含む言葉がお尻の部分に書かれたショーツを着ることを不快に感じた。彼女は「小さな売春婦たち」とでも呼ぶべき店で買い物をするのが嫌だし、ジャングルジム用の服を着るべき娘に、ファッションショーのステージや街角の娼婦が着るための「夜の小さなレディ」の服を買いたくなかった。セリアは次のように言っている。「なるほど。今や我が子は子どもを産める年齢になったも

同然（六歳は新たな十七歳？）だから、私は次の中から選ばなければならないのだ。本来ならお花や蜜バチが刺繍されているはずの場所に、怒ったような表現の『女の子が支配し、男の子がよだれを垂らす』と書いてあるものや、『カワイ子ちゃん』や『ムショ行きを誘うような女性』と書いてあるティーシャツの中からである。いつからこんなことになったのだろうか。私の六歳の娘がラスベガスのショーガールのような服装をしなければならないと決めたのは誰なのか。そして、これに対して怒りを持つ多くの人はそれを表明しているのだろうか[*11]」。

私の同僚で社会学者のベス・ライトと私は、社会の中のジェンダーについての授業を一緒に担当している。このコースでは学生たちをグループに分け、異なったタイプの店に行かせて、さまざまな年齢用の男の子の服と女の子の服を探させる。担当の学生たちは、戻ってからクラスの皆に何を見たか報告する。彼らは、現在さまざまな年齢の子どもたちに売られている服の写真を見せる。私は学生たちが本当に興味を持って、自分が見ていることに懸念を感じることに驚いている。彼らもまた、とても幼い女の子たち用にデザインされた服が、売春婦用に作られた服のようだと思っているのだ。そして彼らは、幼い妹たちにとって良い選択肢がほとんどないということに不満を感じている。女子学生たちはまた、これらの問題をどのように自分自身の問題として捉えるかということに関して、とても正直で率直だ。彼女たちは、皆と同じような服装をするべきだという圧力を感じると話し、同時にそれに不快感を覚えると言っている。何人かは、性を強調しすぎる人気歌手のようになろうとするより、人から敬意を払われるような形で自己アピールをする必要があると考えるようになったと言っていた。そして男子学生も積極的に発言し、性的魅力を強調した服装の女の子は、彼女たちを大切にする男ではなく、利用しようとする男を惹きつけているという見方を話していた。そしてそれはその通りだ。なぜならそれは性だけの問題ではないからだ。それは男性と女性がすべての面でどのように理解し合い、関わり合うかについての問題なのだ。

私は幼い少女を持つ母親たちと話をしたことがあるが、彼女たちも良い選択肢がないこと、マーケティング業者から彼らに与えられた商品に、不適切なものが多すぎることを嘆いていた。私の友人や同僚で、小さな女の子の母親や祖母である人たちは、子ども向けに作られる洋服に問題を感じている。母親たちは、試着室の壁の向こうで別の母娘が同じような会話をしているのを聞きながら、洋服売り場で娘とした会話について、何度も繰り返し話してくれた。子どもたちの母親と父親たちは、男の子用の服売り場で幼い娘たちのショートパンツを買ったと言っていた。なぜなら、女の子用の売り場で売っているショートパンツが短すぎたからである。友人たちは、幼い娘のためのシャツとショートパンツを、『ランズエンド』のような昔ながらのカタログで注文していると話してくれた。彼らはそれが少女たち向けの「売春婦風でない」服の最後の砦の一つだと考えている。このようなことを聞くと、私はやるせない気持ちになる。なぜなら、誰もがそのような高級カタログ販売で服を注文する金銭的余裕があるわけではないからだ。同様に、教育程度の低い人は、彼らが与えられた物を普通で健全だと思って受け入れてしまいやすいかもしれない。または、彼らは店で見るものを気に入っていないが、娘たちに性的魅力を強調した典型的な小悪魔風の服を着せることで、どんな影響があるかを理解する能力や知識がないかもしれない。もし理解したとしても、多分社会の仕組みを変えることはできないと感じるだろう。だが聞いてほしい。小さな娘に服を着せることがこんなに大変なのはおかしい！　マーケティング業者は、子どもたちの健康を損なわせることはもちろん、私たちの子育ての邪魔をすることを許されるべきではない。

アメリカ心理学会が声明を出す

アメリカ心理学会（ＡＰＡ）は、世界最大の心理学者の団体である。ＡＰＡの使命[*12]の中核を成すのは、公衆衛生と公共の福祉を向上させるために、心理学を公共の利益に用いることである。このことは、心理学の知識を使い、社会に役立てて人々の生活を向上させることを意味する。[*13]その精神とこの問題に対する人々の関心の高まりとともに、二〇〇五年にＡＰＡは少女の性的対象化に関する特別委員会を立ち上げた。彼らの仕事は、マスメディアとポピュラー文化における少女の性的対象化の影響に関する、現在の心理学的な見解を報告することだった。その報告書では、人々の意識から新たな研究や公共政策に至るまでの、あらゆることに関する提言が行われることになっていた。

特別委員会は何を見出したのか。テレビから映画、ビデオゲーム、インターネット、そして雑誌にまで、実際によく使われるあらゆるメディアにおいて、深く偏在する少女と女性の性的対象化が見出された。女性は男性よりも性的対象とされることがはるかに多かった。特別委員会は性的対象化の定義を発表したが、その中には個人の価値はその人の性的な部分で決まると示すことも含まれていた。特別委員会によれば、性的対象になった少女は、自分自身の意思を積極的に主張する主体ではなく、他の人々の策略の対象になる。少女が性的対象になると、他者から性的な意味づけを強要され、彼女が達成すべきある特定の外見やセクシーさという狭い定義づけが行われる。

少女や若い女性が外見や性的対象としての価値を評価されるのを、マスメディアや文化が常に映し出すとき、彼女たちが払う代償は何だろうか。ＡＰＡの特別委員会は、身体的・精神的の両面で少女や女性の健康や幸福が低下すると証明できる、明らかな被害があると報告した。少女や女性の性的対象化は、摂食障害を促進する。女の子はメディアで彼女たちがどうあるべきかという描写を見ることで、食事の仕方を変える。心理的には、メディアへの接触量は抑うつ傾向と低い自尊心と比例関係にある。少女と女性たちは、メディアでの理想のイメージと自分を比較し、期待に応えられない自分に嫌悪を感じる。私たちの文化の価値ある一員としての少女や女性はどうあるべきかについて、このような狭い考え方が蔓延した結果、女性は自己イメージの大きな問題を抱えることになる。彼女たちは恥や不安などの感情的な問題を解決しようとする。そして身体的な恥と折り合いをつけようとするかもしれない。最終的に、彼女たちは不健全な性的自己イメージを持つようになってしまう。このことについては、心理学者として科学的な見地からより詳しく話すことができるが、これがその結果だ。私たちはマスメディアに間違った女性らしさの表現が蔓延することを容認し、少女と女性たちを病んだ状態にしている。

なぜこんなことになったのか

結局のところ、これは**性についての話でさえもない**。すべてはお金である。広告業者は私たちの性生活には関心がない。彼らはただ、私たちのお財布の中に手を突っ込むことに関心がある。簡単にいえば、現在の社会秩序において、マスメディアが私たちを自己嫌悪に陥らせれば、私たちはその「悪いところ」を直すためにお金を使うよう動機づけられるので好都合なのだ。もし失敗ばかりしていれば、私たちは一生懸命正しくあろうとするため、マスメディアは私たちの底なしの動機を利用する。たとえばメディア学者のジーン・キルボーン[*14]の極めて適切な指摘によると、女性に課された美の基準は大変高いため、実質的には私たち全員が常に基準に「達しない」ことになる。しかしそれで私たちが失敗しないようにお金を使うことを止めるわけではない。そしてこの終わりのない失敗によって、時間、労力、そしてお金はいうまでもなく、私たちの自尊心が奪われていることを誰も気にしていないのだ。

大学教授として、長い間私は多くの若い女性と接してきた。私は彼女たちと話し、そして彼女たちが綴った記録を読んできた。そこには多くの苦しみや、歪められた自己イメージがある。もし私が自分の仕事のなかで一番強く私を駆り立てるものは何かというリストを作ったら、その上位にくるのは、たくさんの女性が経験してきたこの深い苦しみを取り除く手助けをしたいという欲求である。私は考える。どうしたらこの若い女性たちの人生が、もっと幸せで健全になるのか。そして彼女たちを、もっとポジティブなことに注意を集中できるように手助けしたい。私は自分自身の娘のことを考えると、彼女のためにもより良い状況になるよう、何とかしたいと思う。

大きなお金が小さな人々についてのルールを変えた

なぜこのようになったかは、アメリカの歴史を見れば一目瞭然だ。歴史的には、アメリカ政府が〈FCC〈連邦通信委員会〉やFTC〈連邦取引委員会〉などの組織を通じて〉害のある商品や広告から子どもたちを守ってきた。しかし巨大メディアやマーケティング企業のロビイストが連邦議会を動かすことに成功し、子どもたちへの商売に関する保護が撤廃された。保護の撤廃とは、大企業に対する制限の規則が減らされたことを意味する。子どもたちにとって、それは基本的に、政府がロビイストに降参して、子どもたちに物を売るのを解禁しようと決断したことを意味する。この「ほとんど規則のない」環境は、キツネに鶏小屋を任せるのと同じことになり、想定通りの結果を生んだ。広告業者たちは、どのように子どもたちを標的にしたらいいか話し合う会合を大っぴらに開き始めた。たとえば彼らは、すべての子ども向けテレビ番組を、その内容に関連した商品を売るコマーシャルにし始めた。それは以前の規制の下では不可能だった。彼らは、今やなかった頃を思い出せないぐらい普及したクロス・マーケティング戦略を始めた。第六章の食品マーケティングと子どもについての部分で説明したように、クロス・マーケティングとは、商品を超えたテーマで物を売ることをいう。たとえばあなたの子どものファストフードの食べ物、朝食のシリアル、フルーツスナック、そして学校で使うフォルダーのすべてに、同じテレビのスターや最近の映画のキャラクターが描かれていたら、それはクロス・マーケティングの実際の例だ。

他の人たちについての「ストーリーを語る」

私はアメリカの中西部で育ったが、南部に住んですでに十年以上経つため、両方の市民権を持つと言ってもいいだろう。南部の人々は物事を楽しく表現するのがとてもうまい。私は言葉が大好きなので、面白い表現に出会うと、耳をそばだてて聞いている。南部の人々は遠回しの表現が好きだ。もしあなたが嘘つきだとしても、そう呼ぶのは親切ではない。だからもっと感じの良い表現をする。たとえばあなたは「ストーリーを語る」と表現する。つまり、「ストーリーを語る」とは、嘘をつくことを意味している。そしてあなたがもし浮気をしていたら、「浮気をしている」ではなく、配偶者から「席を外している」と表現する。これはとても気に入った！　大変風変わりで面白い。「ストーリーを語る」習慣という風変わりな表現、これはメディア研究者にとって、とても適切な特徴づけだ。なぜなら、メディアが人々について事実を曲げたストーリーを語りうるという点を見事に捉えているからだ。

◆悪いラップ

ここまでで議論してきたのは、メディアにこうあるべきだといわれた結果、私たちがどのように個人のアイデンティティを形成するかについてである。さて次に、マスメディアを通して私たちが他の人々や集団についての印象をどのように形作るか、いくつかの例を見てみよう。最近、メリンダ・バージェス、ベス・ライトと私は、[*15]ラップ音楽が女性（特にアフリカ系アメリカ人女性）に関して、そしてアフリカ系アメリカ人男性について語る「ストーリー」を対象とした研究を行った。マイノリティのメディアにおける描写を研究することが特に重要な理由は、白人はどちらかというと人種で分離された地域に住むことが多く、人種的に多様な人々とあまり多く接触をしていないからである。もしあなたが自分と異なる人々とあまり直接的な相互作用をしていなければ、マスメディアが他の集団の人々について語るストーリーにかなり依存してしまうだろう。

「ハードコア」ラップ、または「ギャングスタ」ラップに注目して、私たちは大学生にこのジャンルの典型的な歌は何か、典型的な映像は何か、ラッパーとはどのような人か、そしてラッパーが歌の中で女性についてどのように言っているかについて尋ねた。これはよくある間違い（都市伝説？）だが、多くの人が、ハードコア・ラップを聴く人のほとんどが、アフリカ系アメリカ人男性だと信じている。音楽業界ではよく知られているが、実際には彼らのターゲットは白人（特に若い男性）である。大学生二百名の私たちの調査対象者（白人は七五％で、アメリカ全体の人口比とほぼ同じ）もまた、アフリカ系アメリカ人男性が一番よくハードコア・ラップを聴いていると信じていた。私が二〇〇七年に議会で専門家証言を行ったときには、メディア大企業の幹部たち（そのほとんどがお決まりの白人男性）とラッパーたちが出席していた。彼らは、大都市郊外に住む白人の子どもたちにラップ音楽を売る秘訣の一つは、「危険な少数派」である黒人のステレオタイプでアピールすることだという考えを持っていた。白人たちは、自分たちのものよりカッコよくて流行の最先端のサブカルチャーを間接的に楽しみたい。ここから生まれるもう一つの論点は、ラップはそれ自体が誕生したコミュニティのためになっているのかという議論である。実際に、ヴァンダービルト大学[*16]で行われた研究によると、ヒップホップとラップが登場したときは、それらが生まれたコミュニティの文化を彷彿とさせる内容で、反社会的でもあったという。白人のＣＥＯたちが、ラップは商業的に売れる（郊外の白人の子どもたちに）と考え始めた後、ラップの内容は今や広く批判されるようなステレオタイプ的で暴力的、女性を敵視するものに変わった。

私たちの研究の結果では、対象となった大学生たちは、ラップ音楽が誕生したコミュニティではなく、ラッパーたちとラップ音楽業界が利益を得ていると強く信じている。この大学生たちは、ラッパーたちについてどう考えているのだろうか。多く出てきた順に述べると、彼らは典型的なラッパーはギャングの一員で、黒人で、ちんぴらで、お金持ちで、女性に対して敬意を払わないとみなしている。ラッパーの特徴を「黒人」と書いた回答者のうち、二〇％が黒人を表す差別表現を使っていた。彼らはラップ音楽とは何についての音楽だと考えていたのだろうか。最も多い回答はセックス、麻薬、女性、そして暴力であった。これらのテーマは、売り上げトップ二〇位のラップ音楽の内容分析の研究結果と一致している。ラッパーは女性のことをどう引き合いに出していたか、と問われた際の一番多い答えは売春婦、ビッチ（性悪女）、スラット（ふしだらな女）、「ショーティー（カワイ子ちゃん）」、そしてセクシーである。

この対象となった二百名の大学生たちは、概してハードコア・ラップはアフリカ系アメリカ人の男女を大変否定的な形で描いていると考えていた。彼らは、ラップ音楽の曲やビデオは、男性を危険で暴力的な犯罪者として描き、女性に敬意を払わず、お金に固執し、かなりステレオタイプ的で下品な物（たとえばけばけばしい車、売春婦や「キラキラ光る派手な宝石」）を持つ、と特徴づけているとしている。彼らは、この音楽のジャンルは黒人女性を性的に描き、またその品位をおとしめていると考えている。ラッパーが女性をどのように呼ぶと学生たちが考えていたか、さらに詳しく見てみよう。売春婦、ビッチ、スラット、ショーティー、そしてセクシー。まず、「ショーティー（Shawty）」とは、この言葉を聞いたことがない人のためにいうと、背が低い（Shorty）から派生した言葉である。元は子どもを呼ぶ言葉だったが、現在では愛情を込めて女友達やガールフレンドを呼ぶ表現に転じている。主流の文化では、ビッチとは横柄で意地悪な女のことを指す。あなたが何かについて「ビッチ」するとは、文句を言うということだ。ラップ音楽で「ビッチ」という言葉が使われるときは異なった意味になる。それは、誰かが支配して使う相手のことだ。もしあなたが「私のビッチ」なら、あなたは性的にも他の意味でも、私の奴隷である。「ビッチ」たちは、賭博師や詐欺師のような人々の性の対象である。売春婦やスラットは女性の性の品位を落とす言葉であり、女性の性は汚らわしく乱れていて、欲深いという主張を生む。

ラップ音楽の中で女性がどのように特徴づけされているか、実は完璧に言い表す言葉があるのだが、ご存知だろうか。「ラピシャス（強欲な）」である。これは本当だ。私は言葉遊びが好きだが、これはまさしく完璧な言葉だと認めざるをえないと思う。*Encarta World English dictionary*（「エンカルタ世界英語辞典」）によると、「ラピシャス」とは、「特にお金に卑しくて欲が深く、何かが欲しいときにどんな手段を使ってでもそれを手に入れようとしがちな」という意味である。私は言葉遊びを大いに楽しむとはいえ、これについては、実際により深い内容に向けて掘り下げたい。女性をあなたのビッチや売春婦として特徴づけることは、女性は強欲だというメッセージを送り出しているのと同じだ。誰かを売春婦と呼ぶなら、それは女性がお金のために男性と付き合い、性を利用するという品位をおとしめたイメージを示している。あなたのガールフレンドでさえ、そして性的にふしだらな女性たちもあなたの「ビッチ」なのだ。彼女は性的にも、それ以外の何でもあなたの思うままだ。少女と女性の性的対象化に関するAPAの特別委員会が正しく指摘していたように、あなたが誰かを対象化することは、彼女は利用され、そして捨てられるほどまったく価値がないということを示している。そしてその場合は、目的を果たせば相手は誰でもいい。

ドメスティック・バイオレンスに関するメディア報道——本やテレビ、雑誌が私たちの親密な関係者間暴力に関する理解や取り組みにどのような影響を与えてきたか

ここで、アメリカだけでも何千人もの女性のアイデンティティに影響を与えるもう一つの問題に話を進めよう。その問題とは、親密な関係者間暴力（IPV）である。親密な関係者間暴力（ドメスティック・バイオレンスとしても知られている）という表現は、一九七〇年代にはまだ存在しなかったが、その時代にかなり現実的に人々の関心を集め始めた。一九七四年にイギリス人女性のエリン・ピゼイが「静かに悲鳴を上げろ、近所の人に聞こえないように」[*17]を出版した。その本のカバーには、殴られて痣だらけの、身体的に虐げられた女性の写真が使われていた。この本はドメスティック・バイオレンスに人々の注目を集めた。その当時は妻への暴力、妻虐待などと呼ばれることの方が多かった。一九七一年、ピゼイはロンドン郊外にドメスティック・バイオレンスの被害者のためのシェルターを初めて開設した。同じ頃、虐待を受けた女性のための「女性の家」と呼ばれるシェルターがアメリカで初めて門戸を開放し、シェルター運動と呼ばれる活動が始まった。

意図的にも非意図的にも、メディアが私たちに送り、私たちが受け取るメッセージは、あるときは役に立ち、またあるときは悪い影響を与える。ドメスティック・バイオレンスに関するメッセージは、いろいろな形で伝えられている。それはピゼイの本の内容のような、より詳しい説明に関してのニュース報道から、娯楽雑誌のようにあまり真面目でないメディアまでいろいろある。私たちが親密な関係者間暴力に関して好んで話すことと話さないことのすべてが、世論に影響を与える。親密な関係者間暴力についての世論が重要な理由は、それが政策を形作り、次に警察がどのように被害者に対応するかを方向づけ、そしてシェルターや他の社会奉仕活動への金銭的な支援に影響を与えるからだ。親密な関係者間暴力についてのマスメディアの報道が重要なもう一つの理由は、教育的な影響である。それは、人々が人間関係の一つの側面についてよりよく理解し、将来起こるかもしれない問題について認識し、その問題に対応するより効果的な方法を知らせることである。これは現在の、また未来の被害者にとって重要であり、友人たちや家族にとって、そして文化全体の成員に対しても重要である。さらに広く捉えれば、それは私たち皆にとって人間の在り方の一側面を理解する方法である。

私は以前、地域の女性センターでヨガクラスに参加したことがある。一緒にヨガを行った後、女性たちは皆で一緒に簡単なランチの席に着き、おしゃべりを始めた。私とだいたい同年齢の地元の女性が、母親をイベントに連れてきていた。その母親は、私が暴力に関して研究をしている心理学者だと聞いて、親密な関係者間暴力について熱心に語り始めた。彼女は最近、虐待を受けている妻に関する雑誌記事を読んだと言った。彼女は、**自分なら**夫には決して虐待などさせないと力説した。夫がもし自分に手を上げたら、すぐに彼の元を去っただろう。夫に虐待をさせるこのような女性たちには、何か問題があるのだろうかと言った。この意見を聞いたときには、いわば顎が外れるぐらい驚いた。この女性は、親密な関係者間暴力の状況は、彼女がいうよりもっと複雑だということを知らないのだろうか。私は彼女に、自分が親密な関係者間暴力の被害者になったことがないのは幸運だったが、きっとそこにはもっと複雑な事情があったと思うと言った。被害者を責めるとは、あまりにひどい仕打ちだ。それでは泣きっ面に蜂である。

また私たちと同じテーブルに、女性センターの所長である私の友人がいた。彼女は暴力的で虐待的な状況から逃げてきた多くの女性を見てきた。私と友人はその女性に、親密な関係者間暴力の被害者は頭が悪いわけでも自虐的でもなく、また実際に他のどんな女性とも根本的に違うわけではないと穏やかに説明しようとした。虐待関係は、より大きな抑圧のパターンと結びついている。虐待する男性は、移動やコミュニケーションの手段を制限するなどの方法を使って、パートナーの生活をコントロールする。そうすれば、友人や家族や社会的支援のシステムの恩恵を受けることから彼女を隔離できるからだ。虐待者は、パートナーが仕事をし、教育を受けようとする試みを妨害することがある。そうすれば彼女が経済的に自立できないからだ。よくある虐待者の手口は、パートナーに対して魅力がない、頭が悪い、または取るに足らないと批判し、とにかく自分のような男がいてお前は運が良かったと言うものだ。もしパートナーがその状況から逃げ出すかもしれないと思ったら、彼は子どもたちを取り上げる、または彼女や子どもたちを傷つけ、殺すぞと脅しさえするような、他の抑圧の戦術を使う。ひどいことに、虐待者はパートナーが逃げると、その後彼女を傷つけたり殺したりすることが多い。彼らは被害者たちを追い回し続け、脅迫し続け、子どもたちを巻き添えにし続ける。

それゆえ、親密な関係者間暴力の被害者たちは、大抵の場合簡単に家から出ていくことができるような状況にはいない。エバン・スタークが二〇〇七年に出版した「抑圧のコントロール――男はどのように女を私生活で罠にかけるか[*18]」で雄弁に説明しているように、親密な関係者間の虐待は、肉体的な虐待を超え、心理的な操作や抑圧にまで及ぶ。実際に、被害者たちは、そこで経験した精神的な苦痛は、肉体的な苦痛よりもひどい場合があると報告している。被害者はまだ若い時期に虐待者と関係を結ぶことが多く、その虐待は徐々に現れる。抑圧のサイクルの一部は、虐待がゆっくりと始まり、またその後に後悔の言葉と、もう二度と虐待を繰り返さないという誓いが行われるパターンが繰り返される。女性たちは愛する男の言葉を信じたいと思い、多くの人が罠にはまってしまう。それは心理的な盲目状態といえる。これらのすべてが、警察や他の利害関係者が状況を理解するのを困難にし、被害者が非難されやすい状況を作るのだ。

アメリカ人女性の三分の一が、これまで肉体的または性的に夫やパートナーから虐待を受けた経験があると答えている。現在の推定では、毎年およそ四百万人の女性が虐待を受けている。救急病棟に治療を受けに行く女性の約二五％が家庭内暴力の被害者だという報告がある。十代の若者の三分の一が、パートナーに殴られたり、蹴られたり、平手打ちされたり、首を絞められたり、またその他肉体的に痛めつけられた人を知っていると答えている（これらやドメスティック・バイオレンスやデート・バイオレンスのもっと多くの事実については、loveisnotabuse.comを参照）。これらの統計を考えると、なぜこの母親が、親密な関係者暴力の被害者をあんなに簡単に責めることができたのか不思議に思う。この国では、親密な関係者間暴力がこんなに当たり前になっているのに、女性がこのような重要な問題についてほとんど知識を持っていないのはなぜだろうか。

人々はどのように虐待的関係について学んできたのか、そしてその結果はどうなっているのだろうか。この疑問に答えるために、キャスリン・シルと私は[*19]、この三十年間にアメリカの人気雑誌が親密な関係者間暴力についてどのように記述してきたかを分析した。結局、この調査は複数メディアのストーリーを含むことになった。なぜなら、雑誌はテレビなどの他のメディアに登場した話題やイベントを取り上げていたからである。私たちは「静かに悲鳴を上げろ、近所の人に聞こえないように」が最初に出版され、虐待を受けた女性のためのシェルターがアメリカで初めてオープンした年でもある一九七四年を選び、その年に出たアメリカの全人気雑誌の中から、親密な関係者間暴力に関する記事を一年間分集めた。そして一九八四年、一九九四年、そして二〇〇四年の分も同じことを行った。これを最初に行ったのは、深く掘り下げた内容の記事のサンプル（その年のすべてのアメリカの雑誌からのすべての記事）と、広い内容の記事のサンプル（時間による変化を見るため、十年おきの年のアメリカの雑誌のすべての記事）を集めたかったからである。

結果として、これらの年を選んだことは歴史をたどる意味があったと同様、一九七四年、一九八四年、一九九四年、そして二〇〇四年のそれぞれにおいて、親密な関係者間暴力に関わる一大転機があり、関連した報道が多く行われていたことがわかった。一九七四年には「静かに悲鳴を上げろ、近所の人に聞こえないように」が出版され、アメリカで最初の、虐待を受けた女性のためのシェルターが作られた。一九八四年には *The Burning Bed*(「燃えるベッド」)というテレビ映画が放映され、親密な関係者間暴力についての公的な議論が交わされるようになった。一九八四年には家族内暴力防止とサービス法が議会を通過し、また一九九四年には世界中の人々がO・J・シンプソンの裁判を見聞きし、彼と殺された元妻のニコール・ブラウン・シンプソンが、過去に虐待的な関係にあったことを知った。その同じ年に、ビル・クリントン大統領が女性に対する暴力法の法制化に署名した。この法律は、現代の歴史の中で、親密な関係者間暴力に最も踏み込んだものである。またその年の終わりに、世界中の人々はもう一つの虐待的な夫婦関係、今度はジョンとロレーナ・ボビットのストーリーに引きつけられた。[訳註3] 二〇〇四年には、スコット・ピーターソンが、妻のレイシーとお腹の中の子どもを殺害したとして有罪判決を受けた。同じ年のその後、ブッシュ大統領が、出産前の胎児への暴力的犯罪の犠牲者法に署名した。悲しいことに、親密な関係者間暴力の研究が長年の間に明らかにしたところによると、妊娠期間中には、女性に対する配偶者暴力は減少するように思うかもしれないが、実際には増加するという。

一九八四年には、「燃えるベッド」というテレビ映画が放送され、幅広い注目と批評家からの評価を獲得した。ファラ・フォーセット主演の「燃えるベッド」は、フランシーン・ヒューズによる実話をドラマ化したものだ。その物語は、彼女がどのようにミッキー・ヒューズと結婚し、どのようにミッキーが容赦なく彼女を虐待したかを描いている。この話が人々に大きな説得力を持った理由の一つは、次のような筋からわかる。ある晩ミッキー

訳註3:一九九三年に、アメリカで妻が夫の性器を切断した事件。

が彼女を殴り、レイプし、言葉で虐待した後、フランシーンはもうそれ以上耐えられなくなった。ミッキーが酔っ払って意識を失った後、フランシーンは彼にガソリンをかけて、子どもたちを家の外に出して車に乗せ、家に戻って彼に火をつけた。ベッドが燃え上がり、彼は死んだ。そのためタイトルが「燃えるベッド」となった。さらに人々の興味を引いたのが、フランシーンは一時的な錯乱状態だったとして、ミッキーの死に関するすべての責任について無罪になったことだった。

このような親密な関係者間暴力の実際の事件があり、テレビでドラマ化され、雑誌や他のメディアで議論されてきた。この物語は、重複するメディア報道と重要な社会的問題に関する議論の良い例だ。振り返ってみると、私たちは親密な関係者間暴力について、これらの公的な議論から何を学ぶことができるだろうか。アメリカの雑誌は、「燃えるベッド」をどのように取り上げたのだろうか。アメリカの雑誌での、親密な関係者間暴力についての三十年間にわたる描写から、その真実について私たちが見出したことは何だろうか。研究の結果、アメリカの雑誌において親密な関係者間暴力が取り上げられるときは、センセーショナルなやり方か、浅い取り上げられ方か、もしくはその両方が行われていた。多くの場合、これらの雑誌における、虐待的な夫と虐待される妻の記事は、身の毛がよだつようなショッキングな暴行や殺人のエピソードの詳細を、単に繰り返し語るものであることが明らかになった。「燃えるベッド」はフランシーンの虐待された経験をドラマ化したものだったが、それを超えて、他の被害者にも助けになる内容だった。しかし、そのストーリーに関する雑誌の記事は、そうとはいえなかった。

もしほとんどの記事が、虐待は女性の問題であり、それを何とかするのは彼女自身に任されているという神話を支持していたら、それはすでに幅広く受け入れられているため、読者は多分信じてしまうだろう。もしジャーナリストがそれを信じ、そして誰も反論しなければ、それは真実に違いない。また、もし被害者たちが自分で問題を解決できるのなら、私も解決できるだろうという一致した意見が影響する。それに加え、利用可能性ヒューリスティック（直感的判断。ある例について思い出しやすいほど、その例がより典型的であると判断してしまう）が作用し始めるのだ。もし、「典型的な」親密な関係者間暴力のストーリーが、女性が逃げるのに成功して自分の問題を自分で解決できたというものであれば、それがほとんどの女性がしていることだと判断されやすくなる。

雑誌を読む主な三つの動機のうち二つが、主に人間関係に関することであるのを思い出してほしい。その一つは、他の人が話していることは何かという情報を集めること、もう一つは、あなたの生活が理想にかなったものか確認することである。親密な関係者間暴力は、実際に多くのアメリカ人に影響するため、雑誌の記事における間違った情報は、読者がその雑誌を読もうとする動機に応えていない。たとえばある記事は、親密な関係者間暴力の被害者が、実は自虐的性質を持っていた（よく知られた神話である）という誤った情報を伝えていた。それはある女性が、彼女の夫は初めて会った日から彼女を支配していたが、彼女はずっと彼に**支配されたかった**と言ったという記事である。社会心理学者は、人々には公正世界を信じたい欲求があるとよく言っている。つまりもし女性が虐待されているのなら、それは彼女たちにそうされる理由があるのだ、世界は公平な場所なのだから、という考えである。この神話はその信念を確かに支持する。その結果、被害者はまた傷つくのだ。もしそれが彼女たちのせいなら、なぜ助けなければならないのか。

虚構と現実――白か黒かというより、灰色だ

「燃えるベッド」が全国放送された後、関連した事件が後に続いて報じられた。シェルターには、家庭内の問題についてカウンセリングを受けたいという、男女双方からの記録的な数の電話がかかってきた。映画を見て妻に暴力をふるった男性たちがいたという記事もあった。シカゴでは、虐待された妻が「燃えるベッド」を見た後、夫を銃で撃った。

ここで再び、メディアの社会心理学に関する本書の中心的なメッセージに立ち戻ってみたい。メディアの中の物語は、見る人にとって現実的な何かを意味している。社会的なメッセージは複雑で、見る人の人生経験と絡み合う。私たちは、一つは虚構と呼ばれ、もう一つは現実と呼ばれる二つの概念に分けて考えるのを、そしてフィクションの物語を受け入れることは私たちの人生という現実に影響を与えないと考えるのを止めなければならない。

「燃えるベッド」は実話に基づいていた。そして社会心理学者の実験では、この映画は視聴した人々の攻撃性を煽り立てる傾向が見られた。これがノンフィクションだけでなくフィクションの物語に当てはめられるということを主張するために、関連する内容の、完全にフィクションである映画について考えてみよう。「燃えるベッド」でフランシーン・ヒューズの役を演じたファラ・フォーセットは、批評家の評価を得て、『レイプ・殺意のエンジェル』[訳註4]という映画の主演を務めた。この映画は、ある女性がレイプ犯罪者に屈辱を与えられ、苦しめられた後に形勢を逆転させ、彼に屈辱を与えて苦しめるというストーリーである。この映画のキャッチコピーの一つは、「独りきりの、弱い完璧な餌食……あるいは、彼はそう思った」という微妙なものだ。もう少し微妙でないうたい文句は、「彼女が生き残るためにしたことは、彼女が借りを返すためにしうることの比ではなかった」(「燃えるベッド」や『レイプ・殺意のエンジェル』についてもっと知りたい人は、インターネットの映画データベースの imdb.com を参照してほしい)。

BBCのバリー・ノーマン記者は、その映画がイギリスで上映されたときにフォーセットにインタビューし[*20]、その映画の筋書きが危険をもたらす可能性があるのでは、と疑問を持って次のように質問した。「女性を虐待の対象とする内容を含む映画のストーリーは、どんな場合も慎重に扱われなければなりません。なぜなら世界には、それが女性を扱うべきやり方だと信じる狂った人や、愚かな人が必要以上に存在するからです」。フォーセットの演じたキャラクターがレイプ犯罪者を苦しめるところは、彼女をその男と同じぐらい悪く見せているとノーマンがコメントしたところ、フォーセットは次のように答えた。「私はあなた方男性なら、普通は目立たせて存在を見せつけるところを、なるべく存在を目立たせないように心がけました。……私が自分のしていることを正当化する唯一の方法が、そうすることでした。彼を怖がらせ、体面を傷つけ、私が感じたような無力感を感じさせる、ただ一つの方法だったのです」。彼女は肉体的な虐待や侮辱を受けた個人的経験を語り、そこからその映画の役の演じ方のヒントを得たと話し続けた。悪い男性たちが真似をして、映画に出てきたような罪を犯すのを促すのではないかという点に話が迫ったとき、彼女は、その映画に暴力を助長するような描写は何もないと思うと答えた。

このインタビューは、いくつもの重要な問題点を提起している。まず、ここでもまた、女優がレイプに関する専門的な意見を尋ねられている。女優であることは、レイプについての専門家になることを禁じているわけではないが、専門家として確実に保証されるわけでもない。映画の中で探究されている深刻な問題に関して女優にインタビューをすることは、興味深い問題を提起している。人々は演技と現実をどのように区別しているのだろうか。これらはまったく別なのか。フォーセットは個人的な経験も、また女性問題や親密な関係者間暴力への興味も持っている。彼女は、自分の経験を、役を演じるために使ったと述べていた。ここでもまた、本当に二つのものがあるのか。はっきりとした虚構と現実があるのだろうか。

この思考の道筋は、私たちをもっと描写に注目させ、視聴者がどのようにそれらを解釈しているかを考えさせる誘因となるだろう。社会心理学におけるよく知られた帰属の研究「人はどのように人の行動を説明するのか」では、心理学者のジョーンズとハリス*21が、キューバの独裁者フィデル・カストロの政治について、擁護するまたは批判するスピーチを、実験参加者に声を出して発表するよう指示した。他の学生たちは、それぞれのスピーチ

訳註4：一九八六年のアメリカ映画。

をした人の態度が、スピーチの内容と一致していたか尋ねられた。学生たちは、カストロを擁護するか批判するかについては選べなかったことを思い出してほしい。彼らはそうすることを頼まれただけだった。結局観客役の学生は、スピーチをしていた人はそのスピーチの内容が支持する信念を取り入れていたと概して思っていた。この結果は、基本的な帰属のエラーと呼ばれる、とてもよく見られる社会的バイアスの例である。つまり私たちは、人々が心の中で考えている態度と行動が一貫していると推測する。基本的な帰属のエラーは、基本的に「対応バイアス」と同義語であるが、これは私たちが、人々の行動がその態度と対応していると考える、偏った考え方を持つことを意味する。

私は、この概念を演技に当てはめられると考える。もちろんそれは、私たちが余暇時間のすべてを費やして見ている主要な画面の一つである。私たちは多くの場合、俳優の行動は、その人の内面の信念や態度と一致していると思い込んでいる。だからある俳優が普段よく悪役を演じていたら、彼は現実の生活でも悪い人であると予測するのだ。フォーセットが反撃する被害者を演じたとき、私たちは彼女が個人的に、その役の持つ信念を認めていたと考える。これはいくつもの理由で意味のあることだ。そのうちのいくつかは、本書の中の他の文脈で議論されてきた。一例を挙げると、人は自分を攻撃者と同一視するとき、彼らの真似をしがちになる。人は画面で見たものをより現実的だと考えるとき、そこに出てくる俳優のように行動する傾向が高まる。私はこれらのことを、フランシーン・ヒューズの役の真似をすべきとかすべきでないと言うためではなく、ここで起こっている社会心理の働きを強調するために指摘している。私たちは自分自身に、断固として「これは演技だ。それは現実には関連していないし、私の人生に当てはめられる教訓もない」とは言わない。私たちはまさにその正反対を信じてしまう。つまり、メディアが純粋な虚構であるという理解こそが、純粋な虚構なのだ。

本当のリアリティ・メディア

女性の三分の一が、一生の間に何らかの家庭内暴力に直面しているということを私たちは知っている。これは驚くべき数だ。この問題がどれほど多くの人々に影響を与えるかを考えれば、メディアの情報で何か役立てられるものはないかという疑問がわく。実はあるのだ。そのいくつかは本書ですでに述べている。私たちは、映画「燃えるベッド」が、親密な関係者間暴力に関して現実的で、重要で、それまでになかった情報の数々をどのように示したかを見てきた。またウェブサイト loveisnotabuse.com でも実用的な情報が見られるが、そのサイトは、特に十代の若者のデート暴力の情報に力を入れている。これは親密な関係者間暴力の予防にとって重要である。雑誌はどうだろうか。私たちの研究では、以下の二つの記事のみが、とても役立つ情報源だということがわかった。その一つは『オプラズ・オー・マガジン』[*22]の中の「彼女は解放された」という記事、もう一つは『レディーズ・ホーム・ジャーナル』[*23]の「妻への虐待」という記事である。この問題が表面化した、分析対象を描出した四年の間に出版された、それも問題解決のためになっていない記事の多さから比べると、これらだけでは少なすぎる。

そうはいっても、親密な関係者間暴力に関する雑誌の情報で、一番優れたものについて述べたい。この雑誌は研究中、何年も見つからなかった。存在がわかっていたとしても、どこでも手に入るものではなかったので、探しても見つからなかっただろう。とはいえ、それは幸い多くの女性に届き、彼女たちの役に立った。その雑誌の名は『ダイアン』といい、「カーブス・フォー・ウィメン」というフィットネスセンターが出版し、配布していた。二〇〇六年の秋、『ダイアン』は親密な関係者間暴力の顔というテーマで出版された。その表紙には六十三名の、親密な関係者間暴力を生き延びた女性の顔写真が掲載されていた。私はその雑誌のアビゲイル・エズマンの

「もし私が目を閉じることができていたら」[*24]という記事を読んで鳥肌が立った。良い意味で、である。これが現実だ。シンデレラ・ストーリーでもなく、被害者を責めることもない。掘り下げ方も浅くない。この物語が、理解するのが難しい物事をはっきりと、そして直接的に説明していた。虐待とは実際にはどんなものなのか。なぜ、殴ることが虐待の中で一番悪いことになりえないのか。

年間四百万人のアメリカ女性が、パートナーから虐待を受けている。一〇秒に一人の割合で。これまで私たちは皆、顔が腫れあがった女性の写真を見てきた。しかし、彼女たちは本当の話を語っていない。本当の物語は、血や痣や折れた骨についての話ではない。本当の話は、あなたには見えないところにある。それは、パートナーから殴られたときの痛みが消えた後に感じる部分だ。それは恐怖だ。その恐怖はどこにでも付きまとい、一日の出来事とともに強まったり弱まったりし、黒い影のように不気味に迫る……その恐怖によって、目立たないように、また殴られる拳から、言葉や物理的に来ることがわかっているものから後ずさりしようとして、彼女たちは背を丸め続ける。

どのように人々がそのような虐待的関係に陥ってしまうのかという質問には、エズマンの言葉で答えてもらおう。

虐待は少しずつ増えていく。最初はほんのわずかで、だんだんひどくなっていく。顎の骨が折れ、人に階段から落ちたという話をするような事態になるまでは、そんなにひどくは見えないのだ。

そして常に私たちが問いなおす質問が、「なぜ女性たちは虐待者と別れないのか」というものである。これもエズマンが現実を雄弁に語っている。

一九七八年には、世の中ではまだ虐待を受ける女性は自虐的なのだという見方が優勢だった。しかし私は自虐的ではなかった。ただ逃げることが（だいたい常にそうだが）留まることと同じぐらい危険なことに思えたのだ。社会的な恥や、とても現実的に感じる報復への恐怖もあった。私は暴力に耐え抜く方がましだと思った。いつもそれは不可能だと知っていたが。自分の空想以外には存在しなかった夫ではあるが、私は彼を愛していた。私は、愛した男が私自身の幻想だったことが理解できなかった。虐待の後、一瞬で彼は別人になった。紳士的で、優しい恋人で、決して私を殴ることなどなかったように私を抱きしめるのだ。彼は時々、私を殴ったことなどないとさえ言った。あるとき、夫が猫を殺そうとしていた直後に瀕死《ひんし》の猫を抱きかかえて泣いているのを見て、その瞬間、私たちが一緒に過ごした生活のすべてが完全に理解できた。

Curves（カーブス）は、女性のためのフィットネスセンターである。地域のカーブスの会員として、私は『ダイアン』という雑誌が、ある時は無料で配られ、また一ドルで売られて、多くの女性がその雑誌を読んでいたのに気づいていた。この親密な関係者間暴力についての特別号には、大変実用的なアドバイスや参照先が載っている。親密な関係者間暴力の被害者に対する支援について特別の準備をしている企業のリストや娘や友人を助けるためのヒント、女性が虐待状況に対処できるようにする実用的なヒント（Ｂｏｘ7-1参照）も載っている。

Box7-1　ドメスティック・バイオレンスに関する実用的なアドバイス

娘を助けるために——あなたと娘が会話をし、健全な関係を保つよう心がけよう。娘に慎重になるよう、そしてボーイフレンドが彼女に何を着るべきかと言ったり、携帯電話でいつも電話をかけてきたり、喧嘩をしているときに暴力で脅したら、あなたに話すようにアドバイスしよう。

家庭内虐待の被害者に対する実用的な情報——重要な物をバッグに詰め、それを家族の誰かの家に置いてもらうよう検討しよう。警察に連絡してほしいという意味の暗号となる言葉を決めて、信頼できる人にそれを教えよう。対立状態のときは、鍵がかかる、または遠ざかれる部屋を作るようにしよう。あなたが逃げた後は、虐待者の写真を同僚や子どもの学校の校長や教師に渡し、ドメスティック・バイオレンスに関する政府機関に連絡して、安全のためのアドバイスを受けよう。*National Domestic Violence Hotline*（全国ドメスティック・バイオレンス・ホットライン）1-800-799-7233に電話しよう。

虐待から逃げてきた被害者に携帯電話を寄付するには、www.ncadv.org/donate 参照。

『ダイアン——ザ・カーブズ・マガジン』二〇〇六年秋、ドメスティック・バイオレンス特集より引用。

今までに、私は親密な関係者間暴力の神話を伝えがちな娯楽雑誌について述べてきたが、この雑誌はその神話に対抗するものだ。私たちは、[*25]「親密な関係者間暴力についての一番優れた雑誌と一番問題のある雑誌が読者に与える違いは何か」という問いを立てた。「フレームはどのような違いを生むか」というタイトルの論文で、私たちは親密な関係者間暴力の神話を存続させる、あるいは変えようとする娯楽雑誌の記事を読んだ人々の態度や信念にどのような違いがあるかについて、研究の結果を報告した。予想されるように、神話を存続させる内容の記事を読んだ人々は、上記で引用した『ダイアン』の記事を含む神話に対抗する記事を読んだ人々より、親密な関係者間暴力の神話について信じる傾向がより高かった。この研究の一つの結論は、もし雑誌の出版社が、親密な関係者間暴力のような深刻な問題に関する情報を間違って伝えるのを避ければ、より読者の役に立つということである。もし雑誌が読者に対して、乳がんやうつに関する間違った情報を伝えないようにするのであれば、もう一つの深刻な、特にこんなに広い範囲で確認され、その読者を含む女性に圧倒的な損失を与える問題についても、誤った情報を伝えるべきではない。

メディアとアイデンティティに関する話を終える前に、さらにもう一つの研究について述べたい。これはかなり異なったテーマである。この研究を、メディア・コミュニケーションのポジティブな面のもう一つの例として取り上げる。

私たちはここまでで、私たちがどのように自分を理解し、それがメディアを通して伝えられたメッセージとどのように関わっているかについて多くを語ってきた。心理学の文献の中で、問題を抱えているたくさんの人々の役に立ち、研究が蓄積されているテーマの一つは、身体不満足感の研究である。身体不満足感の研究文献について私が愕然とするのは、解決が不可能だと思えるほど、多くの幅広い問題が伝えられていることだ。教育程度の高い女性、フェミニストの女性、そして痩せている女性でさえ、身体的不満足感の犠牲になってしまう。そのとき、次のような考えが私の心に浮かんだ。まだ試されたことのないアプローチ、メディエーションがある。メディエーションは医療的な治療として、身体的にも精神的にも無数の効果があることが報告されている。また、費用もあまりかからず副作用もない。

これを念頭において、エレン・アルバートソン、クリステン・ネフと私は、[*26] 三週間のプログラムに参加する、さまざまな年齢の女性を対象とした研究を行った。そのプログラムは、身体不満足感を低め、セルフ・コンパッション（自己への慈しみ）を高めるという効果を狙ったものである。簡単にいうと、セルフ・コンパッションには三つの要因が関わっている。自分に優しくすること、マインドフルネス（注意した心の状態）を促進すること、そして皆が共通の人間性を持っていることを理解することがその三つである（セルフ・コンパッションについては、self-compassion.org 参照）。メディエーションの治療は、ポッドキャストの形で、デジタルメディア経由で行われた。この研究ではまず治療群の人々に送られ、その後に順番待ちの統制群の人々に送られた。その結果、統制群の人々に比べ、メディエーションを受けた女性たちは、セルフ・コンパッションが高まり、身体不満足感が減少し、身体イメージが向上した。私たちが測定した特定の結果の一つが、外見に関する自己価値の随伴性である。この要因は、女性の自尊心の高さが身体的外観と関連している度合いを測っている。

他のさまざまなことと同様、この研究が明らかにしたのは、自分についての見方と自分との健全な関係は、単にポッドキャストのメディエーションを聴くことで改善されるという結果であった。これはメディアが社会的利益を、そしてすべての年齢の女性の幸福を、わずかな費用で高めることができるという例である。簡単なポッドキャストで、私たちは過去にまったく治療ができなかった分野に、医療的な改善をもたらすことができた。

この章で読者に学んでほしいメッセージの一つは、私たちがメディアで接するのが娯楽であろうと、本当の意味で人生に違いをもたらしうるということである。メディアのメッセージは私たちを向上させ、健全な生活を送るのを助けてくれるが、そうでなければ無知の状態を存続させ、現状を悪化させる。もし誰かが、雑誌で読んだ考えやポッドキャストで聞いたことは私たちの人生には役立たないと言ったら、大きく違いをもたらす方法もあるのだ、とその人に説明できるようになってほしいと思う。

第8章　政治報道の社会心理

二〇一三年に米国議会は、シリアで起こっていた戦争に介入する、ミサイル攻撃の是非について議論する公聴会を実施した。この問題に関する議会聴聞会に出席していたジョン・マケイン上院議員は、iPhoneでポーカー・ゲームをしていたところを『ワシントン・ポスト』紙の記者に捉えられた。『ワシントン・ポスト』は、上院議員のiPhoneの画面をライブ・ブログで公開した。マケイン上院議員はツイッターで、「不祥事だ！三時間以上続いた上院の公聴会で、iPhoneでゲームをしているところを見つかってしまった——最悪なことに、ゲームにも負けた！」[*1]と反応した。後になって、CNNのウルフ・ブリッツアーがマケインにインタビューした際、彼はバツが悪そうに笑って、最悪だったのはそのゲームでお金を失ったことだと繰り返していた。『ザ・デイリー・ショー』[訳註1]は、マケインが「見つかって」バツが悪そうにしている瞬間をアニメ動画にした。デイヴィッド・レターマンは皮肉を込めて、「ジョン・マケイン上院議員は、シリアに教訓を与えるかについての上院の委員会が行われている最中に、オンライン・ポーカーをプレイしているところを捉えられた。私は驚いた。ジョン・マケインはコンピューターの使い方を知っているのか？　本当に？」[*2]と言った。人々はマケインがポーカーをしている画像を投稿し、「シリアは本当につまらない」とか、「こいつらに爆弾を撃ち込む方に『全部賭ける』」などといった見出しをつけたりもした。ある支持者のグループは、「マケイン・ポーカー・クラブ」という

訳註1：政治コメディ番組。

フェイスブックのページを作った。マケインが犬とポーカーをしている写真をツイートした人たちもいた。時に、その犬が議会の他のメンバーになっている写真もあった。

これはニュースが世の中をめぐる過程における、些細な出来事の一つの例であり、それが『ワシントン・ポスト』、CNNから政治コメディ番組、一般の人々までのさまざまな情報源となるメディアで、どのように議論されたかという例でもある。注目すべきは、いかにこのストーリーがメディアの枠を超えて別のメディアですぐに伝えられたか、そしてそのストーリーの画像と問題がどのように表現され、形を変えて再現されたかである。私たちが生きているのは、今や新たな政治メディアの時代だ。これまで長い間、多くの人が新聞を読み、夕方のテレビニュースを見てきた。まだ今もそうしている人々がいる。しかし現在、報道は常に途切れることなく、インタラクティブで、そしておそらくこれまで以上にゲリラ的になっている。メディア・リテラシーの世界では、問題の火種が絶えないが、そこでの議論に参加する新たな良い機会も確かに与えてくれる。

新たな技術や人々の好みの傾向がこれほど速く変化するなかで、ニュースメディアのようなテーマで本の一章を書くのは難しい。そこで、この章では最近の例で興味をひくよう心がけるが、私はどちらかというとマクルーハンによるメディア分析のアプローチの方が好きだ。それは根本的な概念、理論、あるいは考えについて語る方法である。そしてある特定の教義にこだわらない。確かにツイッターやヴァイン[訳注2]は、それぞれ特有の興味深い特徴を持っている。短いメッセージやビデオを共有するというこれらのサイトの特徴は、ある程度長い間用いられるだろうが、サイトごとの人気はより早く入れ替わる。もう一つ考えなければならないのは、私たちはメディア・コンヴァージェンス（収束）の時代に生きているということだ。そこでは、同じコンテンツが複数のメディアの手段でアクセスされる。このメディア・コンヴァージェンスは、私たちの注目をプラットフォームの違いからそらし、コンテンツの内容自体に引きつける。さて次に、変わることなく常に存在するメディア心理の特徴の一つ、疑似的な人間関係について議論をしていこう。

政治的なつながり

二〇〇八年六月十三日の金曜日、私は家族と一緒にあるレストランへ入った。壁にかかったプラズマテレビを見上げたとき、私は自分が目にしていることが信じられなかった。NBCニュースのワシントン支局のチーフで、長い間『ミート・ザ・プレス』[訳註3]の司会を務めたティム・ラサートが仕事中に倒れ、五十八歳という働き盛りに心臓発作で亡くなったのだ。私は心の底から喪失感と悲しみを感じ、そして友人や大好きなおじさんが急に亡くなったときに感じるような、嘘であってほしいという願いのような思いを感じた。

私が感じたことは馬鹿げているかもしれない。私はラサートに一度も会ったことはない。なぜ彼の死は、私をこんなに動揺させるのだろうか。私はこれを、マスメディアが持つ良い、そして人間らしい側面の一例だと考える。素晴らしいジャーナリストとして、ティムは私たちの生活に違いをもたらした。なぜなら、私たちにはできないことを代わりにしてくれたからだ。『ミート・ザ・プレス』で、彼は厳しい質問を政治家に遠慮なく尋ねることで有名だった。それらの質問は、普通の人々にとって重要な問題に関するものだった。彼は政治家たちに、それらの答えを宿題として課した。そうすればすべてのアメリカ国民が、必要な答えを聞けるからだ。彼の嬉々とした仕事ぶりを見て、視聴者はラサートを一人の人間として知っているような気持ちになった。そしてそれが、ラサートと彼の視聴者との関係が理不尽なものではなく、なぜ彼の死が私のような一視聴者にとって重要なのかという理由である。

二〇一四年の夏には、多くの人がエンターテイナーのロビン・ウィリアムズの死のニュースを聞いて、同じよ

訳註2：短い動画を投稿するサイト。
訳註3：NBCの日曜朝の報道番組。

うに感じた。イメージはとても影響力が大きく、強い感情を呼び起こすため、有名人が亡くなったときの感情を誰かと分かち合う必要がある場合に特に役立つ。たとえばある時事漫画では、コメディと悲劇の仮面の両方が描かれていた。どちらもウィリアムズの顔であることが見てとれた。薬物乱用やうつ病と格闘し、最後には自殺を図ったコメディアンとして、これら正反対の感情の仮面には、彼の人生がまさに集約されているように思える。

画面上の政治——何が公平で偏りがないかを決める

政治ジャーナリズムとは何だろうか。それが一番うまく機能しているときは、政治報道は国内で起こっている最も重要な問題や出来事について、一般の人々に情報を伝える役割を果たす。そして忘れてはならないのが、報道はアメリカの政治を方向づけるということだ。一つの例を挙げると、二〇〇八年の大統領選挙後、ノースカロライナ州は、共和党と民主党が接戦で、勝敗の予測がつかないと判断した。最終的には、ＡＰ通信社がその状況を分析し、オバマが勝利したと公的に発表した。もちろん、選挙の日に大統領候補者たちは、自分でテレビの開票結果を見て誰が勝ったか確認し、その情報に基づいて行動する。選挙人団は後まで投票しないが、一般の人々は、報道を選挙の情報源として用いる。アメリカの報道記者は、政府の議事録の閲覧を許されているため、市民に関連情報を伝えることが可能だ。報道の自由がない国では政府、宗教団体、企業や他の組織が、情報を削除したり、虚偽情報を伝えたりして、報道内容が操作されることがある。もちろん報道の自由があっても情報操作は起こりうる。私は社会心理学者であってジャーナリストではないので、一市民として政治報道についての考えを述べよう。そして社会心理学者の視点で、私が大切だと思うことをつけ加えていく。政治報道の背後にある心理を分析することは、メディア・リテラシーを高めるための得難い練習になるだろう。

新しい形の「政治」が、私たちが気づいていないような形で出現している。リビングルームは投票所になった。自由への行進、戦争、革命、公害、そしてその他の出来事にテレビを通して参加することがすべてを変えている。[*3]

マーシャル・マクルーハン

政治的なストーリーの、いわゆる公平で偏りのない表現とは何かを知ることは、必ずしも容易ではない。「昔ながらの記者」は、偏りなく「事実だけ」でストーリーを書くのに苦労する。それと同じ時間を、他の利害関係者について考慮するのに費やす。たとえば昔ながらの政治記者や政治番組は、共和党と民主党の公職への候補者らにインタビューを行い、それぞれに同じ質問をするだろう。これまでの報道の域を超えたニュース分析やニュース解説もある。ニュース分析と解説の定義は、ニュースに出てくる出来事、考えや人について判断を示すことである。うまくいけば、ニュース分析は生のニュースよりも多くのことを伝える。それは、何が起こったかという知識に基づいた視点を提供する。例として、ロシアが（州ではなく国の）ジョージアに侵攻したというニュースを聞いたと想像してほしい。この事実をどう捉えるか。歴史家か政治学者でない限り、この事件があなた自身にとって、あるいは世界全体にとって何を意味するかわからず、おそらく困ってしまうだろう。良い政治報道は、ニュースの意味の理解を手助けすることで、最小限の情報のみを送る伝達以上の役割を果たす。

政治と科学がぶつかり合う場合の、ここでは地球温暖化に関しての公平な報道の概念に注目した極めて重要な例を見てみよう。科学界では、温暖化が起こっていることについてはすでに合意が得られている。しかしながら過去五年間の政治報道において、常にそのような報道はされていないようだ。科学報道が必ずしも科学界の総意を正確に説明しないのは、公平ルールを誤って適用しているのがその理由である。このルールとは、あらゆるストーリーには二つの立場があるため、良いジャーナリストはその公平性を保つために、二つの立場の両方を報道するというものである。アンダーソンとブッシュマンはこの事例について、『アメリカン・サイコロジスト』で「メディア暴力とアメリカ国民――科学的事実対メディアの誤情報」というタイトルの論文を執筆した。

ジャーナリズムの公平性のルールは、初めはもっともらしく思える。真実と公平性を象徴する、左右が釣り合った秤が目に見えるようだ。問題なのは、どんな科学的論争においても、この左右の側は釣り合わないということだ。実際に、ある問題について一般的な科学的見解の一致が求められるときに、これはいつでも起こりうるだろう。それもかなり多い頻度で。

二〇一四年にBBCは報道におけるこのような欠陥を認めただけでなく、科学ニュース報道における、この問題へのスタッフの対処法を変える効果的な措置をとった。BBCトラストは、ユニバーシティ・カレッジ・ロンドンの遺伝学の教授であるスティーブ・ジョーンズに協力を求めた。彼はBBCの科学報道の分析を独自に行い、この誤って用いられている公平性のルールを見出した。たとえばこれは、評価が高くて研究論文を多数発表している科学者を、非主流派の科学否認論者と競わせ、さらに両者が同じ信頼性を持ち、その分野の「内情に通じた」人々もおそらく同程度でどちらかに賛成するということを意味するだろう。もう一つの例は、膨大な量の研究データを査読付きの専門ジャーナルに発表している科学者の見解の対抗意見として、同じような資質や経歴を持たずにそのテーマについてブログを書いている人の意見を取り上げることだ。BBCは、二つの対立する意見を同等に妥当として示すのではなく、これからはその分野における信頼性や合意性のような要素を基に、「相応の重要性」のバランスを考慮した目標を定める予定だと結論づけている。

「あるストーリーの両側面」を示すことは、一見妥当に思える。しかしそれらに適切に重みづけをし、文脈を考慮しながらいろいろな見方を示すことが、「すべてのストーリーは二つの同じ程度の重要な側面を持つ」というアプローチに勝るということがわかるだろう。

説得——ニレの木（ELM）のどちらの枝を取るか

マスメディアの説得の力に関しては、話を進める前に、社会心理学における説得の最も重要なモデルの一つについて概観しておかなければ、どのような議論も不完全なものになるだろう。そのモデルとは、ペティとカシオッポによる説得の精緻化見込みモデル（ELM）である。ELMについてはすでに触れているが、本章でさらに深く掘り下げたい。基本的にELMが示しているのは、私たちは実質的、あるいは周辺的のどちらかで説得されうるということだ。もし私たちがある問題について本当に関心を持っていたら、そしてその問題の関連情報について考える能力と時間があったら、ELMの中心的ルートで説得される。簡単にいえば、私たちは根拠を頭の中で処理し、その根拠を基に理性的な決断をする。しかしあまり関心がなく、根拠を吟味する資源（時間や能力）を持っていなければ、周辺的ルートで説得される。周辺的というのは周辺視野の「周辺」を意味するため、これは決断を下すための根拠として、あまり重要でない側面を用いることを意味する。たとえば話し手が魅力的で、きちんとした服装をしていて、そして人を惹きつけるなら、話の根拠の質に関係なく、よりその人を信じてしまうだろう。政治集会で気持ちを高揚させる音楽を聴き、ただで食事をし、お土産をもらって良い気分になると、その候補者をより支持してしまうかもしれない。

マスメディアの政治的な内容には、これらの浅いタイプの「良く見える」、また「良い気分の」要素が存在しうる。例として、私が説得されて周辺的ルートに陥ってしまった経験を、自虐ネタとしてお話ししよう。一九九二年、私は二十二歳で、社会心理学の博士課程の最初の学期を迎える大学院生だった。私は大学の学部生と大学院生のときには、（時間がなくて）ほとんどテレビを見ていなかった。ケーブルテレビのサービスにも（時間もお金もなくて）加入していなかった。しかし大統領選挙の直前、選挙に対して**少しは**注意を向けなければという義務感から、勉強を休んでテレビのスイッチを入れた。私は偶然、一人の大統領選挙候補の「インフォマーシャル」と呼ぶべき番組を見た。それは候補者とその人の政治的な公約について、「良い気分の」場面を取り上げたもの、すなわち気持ち良い音楽とお愛想だらけのインタビューからなるご機嫌取り版ビデオだった。要するにそれは説得の心理を巧みに利用し、大変抜け目なく専門的に作られていた。私はその候補者に投票し、自分が政治的な「インフォマーシャル」にかなり心を動かされたことをそのとき以来確信している。私がこの話をしているのは、政治広告のような政治的メディア・メッセージはとても強力であり、そんなものには騙されないと思われる人の場合でさえ、「影響を受けうる」ということを強調するためだ。彼らは多くの心理的なテクニック（カメラのアングル、照明、音楽、色彩、ジャンプ・カット[訳註4]、そして魅力的な広報担当者）を使って、説得のために視聴者の感情を刺激する。

メディアをよりうまく使いこなせていれば、すべての種類のマスメディアによく見られる誇大広告ではなく、あなたが本当に価値を見出していることが投票に反映される機会も増える。これはどうでもいいことだろうか。最近出た報告書によると、有権者の四分の一が、自分と基本的な信念が一致しない候補者に投票しているという。民主主義では、あなたと本当に同じ意見を持っている人かどうかにかかわらず、投票したいと思えば誰にでも投票できる。とはいうものの、マスメディアと政治の分野では、メディアでの過剰宣伝が実質よりも優先されてしまう可能性がある。私が思うに、大人の決断と投票はどちらも同じくらい重要なため、少なくともこれらすべてのことについて知識を持つ未来の投票者世代を育てるべきだろう。

現実には想像の余地がたくさんある。

ジョン・レノン

ところで、メディアの社会心理を理解したければ、政治はまさにぴったりの話題である。あまり知識のない人にとって、政治とは、統治される人々に政治家が影響を与える大がかりな仕組みである。しかし政治的情報は複雑で、普通の市民は政治や政府について、直接的な経験からはほとんど何も学ぶことができない。マスメディアでは、まっとうなジャーナリストが、受け手に重要な情報を伝えるサービスを行おうと努力している。しかし日々の出来事の分析には必然的に社会心理が影響する。私たちは頭の良い成功した人々が、分析と解釈、すなわち「彼らの見解」を提供してくれるのを目にすると、その見解に動かされてしまう。これらすべての政治報道について、最善の決断をするために必要なメディア・リテラシーの知識は、本当は極めて高度なものだ。

舞台裏で何が起こっているかを考える

マスメディアの評論家たちが舞台裏で、政治家やその問題と金銭的に利害関係のある人々に、文字通り買収されてしまう可能性はかなり高い。買収されないにしても、他の要因で影響されることもある。たとえば、ネットワーク局はジャーナリストたちに、視聴者の感情を最も動かすと思われる質問や問題を選ぶよう指示するかもしれない。なぜなら、彼らの仕事は視聴者を引きつけておくことだからだ。どんなに誠意のある記者であっても、彼らが仕事をしているネットワーク局や雑誌、または複合企業の商業的利益の目標に影響される可能性がある。その一方、報道に良い影響を与える要因としては、ジャーナリストとしての誠意に対する独立した賞や表彰を受けること、そしてどの程度、記事の事実チェックを受け、他のニュース媒体によって分析される技量があるかが挙げられる。

訳註4：突然時間的に後のシーンに変わる撮り方。

政治報道と社会的影響

政治報道は、さまざまな問題や候補者に対する考え方に影響を与える可能性がある。たとえば見出しを読めば、友達のパーティーで「リサイクル用ゴミ箱！　なんでこんな物を使わなければならないの」と大声で言うべきではないということを察するだろう。「エコな行動」、地球温暖化、アル・ゴアのノーベル賞受賞などについてよく耳にすることは、自分で解釈しているとはいえ、特に「私たちのような人間」にとって、どのような行動が社会的に受け入れられているのかを教えてくれる。他にもメディアには、私たちが反応する社会的な手がかりが存在する。世論調査はその良い例である。ある候補者が世論調査でリードしていれば、その勢いは持続するだろう。なぜなら、どの候補者が優勢かという総意がその背後で作られ、有権者に勝ち馬に乗ろうと働きかけるからである。もう一つの例は、メディアで評論家が議論や討論をしているのを見ながら得る社会的手がかりに関するものだ。ニュースのコメンテーターたちは、よく彼ら同士で対話をする。その際のそれぞれのコメンテーターの反応や立場が、私たちに社会的情報を与える。それは、私たちが彼らと同じような考えを持つことで、社会の中で報われそうか、それとも罰を受けそうかを示してくれる。そのうえ、政治報道を見ることの動機の一つは、最近の情報や皆が共通に持つ信念から取り残されないようチェックすることであるため、私たちは次の日に井戸端会議でうまく使えることを期待して、テレビで聞いた評論家の見方を取り入れる。

説得の言語

テレビやインターネットで見た、ある評論家の見方を取り入れるよう、私たちを説得するのに影響を与える要因は何だろうか。一つの答えは、その評論家が問題をどのような「フレーム（枠組み）」で捉えるかにある。何かをあるフレームで捉えること（フレーミング）は、それをある視点から捉えることを意味する。たとえばあるとき株式市場が落ち込んだら、それは「一時的な急下落」か「値崩れ」か、それとも「暴落」なのだろうか。民主党支持者はリベラル派か、それとも進歩主義者か。共和党支持者は保守派か、それとも右派なのか。同性婚は政治的、宗教的、それとも金融的な問題か、それともそのうちのどれでもないのか。ある問題があるフレームで伝えられるときは、それについてどのように考えたらよいかを伝えている。社会心理学の視点でいうと、報道は明白な社会的推測をもたらす。たとえば、報道機関が一貫して同性婚について報道していたら、それは、同性婚は多くの人が関心を持つ争点であるという社会的メッセージを送っていることになる。それは真実かもしれないし、そうでないかもしれないが、どちらにせよもし他の人たちが関心を持っていたら、多分あなたも関心を持つべきだろうと思わせる。これは第六章で議論したアジェンダ・セッティングの一つである。メディアは、どれが話し合う必要があるほど重要な争点であるか、そして推論によってどの争点に多くの人々が関心を持っているかを定義することで、アジェンダを設定する。このタイプの政治的アジェンダ・セッティングは、これまで視聴者に対して説得的に示され、彼らが何を最も気にかけているかという回答に影響を与えてきた。いうまでもなく、アジェンダ・セッティングは通常、放送で常に見られる意見に同調するように促す。もし同性婚に関する四つの考えがいつも議論されていたら、それぞれの見方を持つ人に自分がどの程度似ているかに基づいて、そのうちの一つを選ぶかもしれない。もちろん同性婚に関する考え方は四つ以上あるが、特に浅い仕方のみで（周辺的ルートを通して）放送されたメッセージを処理すると、本当に四つしかないように思えてしまう可能性もある。

ここで説得の言語をより深く掘り下げてみよう。もし、私が株式市場の下落を「危機」と呼んだら、それはいろいろなことを示唆している。たとえば現在あるいは将来、あなたが損害を受けるかもしれないという懸念の要因があり、そして金融を理解している人々でさえ、起こっていることが危機であると判断しているということをほのめかす。もしジャーナリストの責任が、人々が知りたいという関心のある問題に関して情報を提供することだとしたら、ある出来事を金融危機と呼ぶことは、大変適切で責任を持つことになりうる。多くの場合は、政治家が説得の最初の担い手であり、報道機関がその問題状況に対処しなければならない。その一方、もし新たに情報を提供するとき、視聴率を上げて儲けを増やすために、ある出来事を危機と呼んだら、それらはまったく異なった状況である。その場合報道は、「我々の飲む飲料水は有毒なのでしょうか。その答えは十一時に伝えます」といった質問を投げかけるローカル・ニュースのセンセーショナルな宣伝のようになってしまう。企業のロビイストが政治家を操るのと同じように、企業と政治家たちは時に報道を直接的、意図的に操る。ここでこれらの点を指摘するのは、彼らのためではなく、メディア・リテラシーの議論の文脈のためである。もしあなたがこのような操作が起こりうることを知らなければ、自分が見ていることを解釈することもほとんどできないだろう。

　視聴者としての私たちの視点からは、説得の言葉を見抜くのを助けてくれるような魔法のフィルターは存在しない。たとえば「プロ・チョイス」[訳註5]対「アンチ・チョイス」[訳註6]というフレームを用いるのに対して、同じ出来事を「中絶賛成」対「中絶反対」、または「生命尊重」対「産児制限に賛成」という言葉でフレーミングする際の違いについて考えてほしい。もしあなたがローとウェイド裁判[訳註7]を支持するなら、生殖の権利、女性の選択の権利や中絶に賛成なのか。どれが最も間違いないのだろうか。間違いのない政治の言葉についてのリトマス試験紙はない。ましてや、たった一つの政治的現実というのも存在しない。このテーマ特有の曖昧さが、人の知覚を操作できる十分な余地を与えるのだ。そして私たちはおそらく、何であれ聞きなれた言葉をただ受け入れてしまう。なかには挑発するために、わざと汚い言葉を用いる人もいる。たとえばアラスカの保守派のラジオ・ホストであるエディー・バークが、「ペイリン候補を拒否するアラスカの女性」大決起集会の主催者たちを「赤ん坊殺しの社会主義の悪魔連中」と呼んだとき、おそらく彼は、それが怒りをかき立てる言葉だと知っていた。極端な意見を述べて、注意を引くために扇動するような発言をし、結果として視聴率を上げようという評論家もいる。

もしあなたが、ある上院議員が妻以外の女性と性的な関係を持ったというニュースの見出しを書かなければならないとしたら、何と書くだろうか。どんなものであれば公正なのか。ある同じ出来事は、スキャンダル、個人的な問題、または異なったニュース・ソースからの見当はずれの情報ともラベル付けすることができる。私たちがそれについて**何かを**書き、言うべきだと信じていることが、まさに意見なのだ。あるストーリーについて、どこまでが人々が知る必要がある内容かを決めるには、かなり多くの判断の曖昧な領域がある。少なくとも社会心理学者である私から見ると、人々がどのようにストーリーを理解し、どのようにそのニュースに基づいて行動するかに、影響する決め手があることは確かである。

◆政治広告

選挙の年に、人々は多くの政治広告に触れる。そして否定的な、あるいは肯定的な広告ではどちらがより効果的なのかということがこれまで議論されてきた。グリアとグリア[*4]は、人は広告の内容を必ずしも覚えていないが、広告の内容に関する心の中での解釈は覚えていると強調する。たとえば彼らの研究では、共和党と民主党双方についての肯定的・否定的なラジオCMに関する記憶を調べた。その結果、人は肯定的なCMの情報の方を比較的よく覚えていることが明らかになった。一方、否定的なCMの内容の記憶では、人はそうしていることに気づかないまま、自分自身の意見を加えてしまう傾向があった。メディアでは、人々の注意を引くために感情的な内容が使われる。しかしこの研究が示すように、それは時に裏目に出る。実は、これはブラッド・ブッシュマンとコリーン・フィリップスの研究を思い起こさせる。彼らは、暴力的なテレビ番組が放送されている間に示され

訳註5：妊娠中絶の選択尊重という意味。
訳註6：妊娠中絶の選択反対という意味。
訳註7：一九七三年に米国で妊娠中絶が認められた裁判。

た商品のＣＭの記憶について調べ、「テレビ番組で血が流れると、広告の記憶が薄れる」[*5]と題する論文に掲載した結果を見出した。暴力的な番組を見ることは、その番組の放送時間に宣伝された商品の記憶を低下させる。著者らは、これが起こる原因の一つは、暴力が怒りや怒りの抑制を誘発し、それらが記憶と干渉したからだと示唆している。おそらく政治広告でも同じことが起こるだろう。確かに中傷キャンペーンの広告には、私を怒らせるものがある！

興味深いことに、今日ではデジタルビデオレコーダーを使えば、ＣＭを見なくて済む。しかしテレビやインターネットのニュースでは、実際にその日の政治広告の上位のものが報道され、分析されるので、結局それらを避けることはできない。ありがたいことに、時には政治コメディ番組がその広告を厳しく批判して、私たちが広告で感じた怒りを笑い飛ばさせてくれる。たとえば二〇〇八年の民主党予備選の競争の際、ヒラリー・クリントン上院議員が、国民にはホワイトハウスに夜中の三時にかかってくる電話のような緊急連絡に対応できる経験と判断力を持った大統領が必要だ、とほのめかすＣＭを放送した。『サタデー・ナイト・ライブ』という番組が、そのクリントンのＣＭを茶化して、クリントン上院議員が頭にカーラーを巻いて、顔にナイトクリームを塗り、老婆が着るような寝間着を着て電話に応えているところを再現した。同じようなパロディで、オバマ大統領が、夜中の三時にクリントン上院議員に電話をかけ、緊急事態にはどうしたらよいかと聞いているものもあった。

◆当選するために使われる不適切な表現

二〇〇八年の大統領選予備選の間、報道機関はオバマ支持者を「ラッテ・シッパー（ラッテをすする気取ったリベラル派の）」集団、クリントン支持者を「ビール飲みの」集団と呼び、それについて議論が交わされた。後に共和党の副大統領候補だったサラ・ペイリン知事は、自分を「ホッケー・ママ（子どもをアイスホッケー場に送り迎えする母親）」だと言い、ＣＮＮのジョン・キングは、有権者分布を地図に示す際にその言葉を用いた。「ホッケー・ママ」、「ラッテ・シッパーの集団」、そして「ブティック（富裕層の）」有権者対「ジョー・シックス・パック（一パック六本入りのビールが好きな普通のアメリカ人男性）」層などの表現は、人の認知を変えかねない特徴づけである。人間は親しみやすさと一貫性を好む。有権者は自分にこう尋ねる。「自分はビール飲みか、それともラッテ・シッパーか。どちらの集団がより社会的に影響力があり、受け入れられていて、優れているのか。自分のような人間はこの候補者に投票するだろうか」。そして、それは彼らの意見に影響する力を秘めている。

◆一面のニュース？

認知に影響するもう一つの要因は、どのストーリーが取り上げられ、どの程度それぞれのストーリーに注目が集まるかということが関係している。「一面のニュース」とは、文字通りあるストーリーが新聞の一面に載っているから重要であるということを意味し、一方「葬られた」ストーリーは、新聞の端の方に追いやられ、あまり詳しく取り上げられていない可能性がある。あるストーリーが葬られるか、一面の記事として取り上げられるかは、ジャーナリストたち（記者や編集者、そして新聞社の他のスタッフたち）にかかっている。テレビニュースで成り立つ同じ基本的前提は、ある問題を「トップニュース」にすることでその重要性を強調する、または「ニュース速報」と書いた、赤い大きな文字のテロップをつけることで示される。赤い「ニュース速報」というテロップは、これはあなたが知らなければならないニュースだと暗に伝えている。これはアジェンダ・セッティングのもう一つの形だ。

報道機関があるストーリーに焦点を当てすぎているか、十分に当てていないかを問うのは理にかなっている。そのうえ、ニュース・ソースが公平なやり方でフレーミングしているかを問うことも賢明だ。たとえば、オーストラリアにおける親密な関係者間暴力に関する報道の研究では、加害者が男性の場合は、大見出しに「殺人」という言葉は用いられていなかったが、女性が加害者の場合は、唯一「殺人」という言葉が使われた例があることが明らかになった。[*6] これは心理学的、社会学的、コミュニケーションのどの分野の視点からでも、ニュースメディアの問題へのフレームの当てはめ方や、問題を報道するときの偏りなどに注目することで、どのようにメディア心理学者が市民への手助けができるかを示す良い例である。

メディア漬けの文化に生きる私たちにとっては、メディアの使い方に熟練することが最善の策だということを、他の章で学んできた。視聴者は、政治報道が公開討論をフレーミングするさまざまなやり方を理解すべきである。結局のところ、ここで述べているのは政府のリーダーたちと市民の関係だ。リーダーたちは選挙で選ばれ、法律は議会で審議されて通過し、市民の税金が使われる。だから政治報道は誰にでも関係する。これらの問題に対して無知でいると、リーダーたちの都合のいいように操作されやすくなってしまう。

ジャーナリストや彼らのストーリーの報道の仕方が、一般の市民の考えの方向づけに大きな影響を及ぼすことを指摘することは、ジャーナリズムへの批判ではない。確かに政治報道の世界では、多くの説得的な宣伝文句がうたわれているように見える。しかし本章の初めで、ティム・ラサートが視聴者と国のためにした貢献を称賛したことを思い出してほしい。最高のジャーナリストとは、とんでもなく頭が良くて、ものすごく雄弁でなければならない。同時に彼らは博識で、微妙な差異を理解する考え方を持つ必要がある。そして理解したことを、単純だがインパクトのある言葉に翻訳する能力を持っていなければならない。

全体像の中の政党的な部分

政党報道の概念の背後を探ることは、社会心理学的に大変意味深い。テレビをつけ、インターネットにログインするときには、政治的な情報を得るためにどのチャンネルやサイトを選ぶかという選択肢がある。現代のニュースメディアはそのことによく気づいていて、しばしばお互いの報道についてコメントし合う。あるメディアはある政党寄りだと考えられている。あなたの政治的指向がどのようなものであっても、これらすべてのことは、興味深い疑問を含んだ、本当に刺激的な議論を呼び起こす。テレビ番組やすべてのネットワークテレビ局が、ある政党を支持しているとみなされたら、視聴者に与える影響は何だろうか。もしネットワーク局や番組がある特定の政党寄りの場合、彼らは視聴率を上げるためにそのような立場をとっているのだろうか。すべての答えが得られることは期待していないが、このようなことをよく考えるだけで、メディア・リテラシー能力を高めるための素晴らしい訓練になる。

まず第一に、社会心理学者たちは長い間、人は世界を「私たち」対「彼ら」（それらは順に内集団、外集団と呼ばれている）に分けて考える基本的な傾向があるということと、その分けることによる結果について多くの研究を行ってきた。研究の結果、私たちは無作為に二つのグループに分けられた場合でさえ、たまたま一緒になっただけの、自分と同じ集団のメンバーにより好意を持ち、機会があれば彼らをより多く助けることが明らかになった。それは「私」を守る泡のような空間を拡張して、「私の側」の人々をより大事に扱うようなものだ。その人たちに好意を持つと、彼らが言うことも好ましく思える。社会心理学のある古典的な研究では、同じ引用文であっても、エイブラハム・リンカーンのような好感の持てる政治家が言ったとされると、あまり好かれていない人が言ったとされる場合と比べて、より好まれることが明らかになっている。だから「自分とは別の立場」だと考えている番組やネットワーク局のジャーナリストが何か正しいことを言ったとしても、あなたはそれを受け入れることを拒否してしまうだろう。なぜなら、それは別の立場の人の言葉であるため、否定的で馬鹿らしく聞こえてしまうのだ。この研究では、敵意的なメディアの偏り（メディアが「自分の立場」とは反対に偏っていると考える認知）についても明らかにされている。

社会心理学は、ニュース報道が共和党、民主党にかかわらず、そのどちらかに肩入れしていると思われるときに、その現象をより深く掘り下げるのに役立つ。ニュースに見られる「私たち」と「彼ら」という二分法は、社会心理学のちゃんとした理論で説明することができる。一例を挙げると、信念や価値観を含め、人は自分と同じ態度を持つ人により好意を持つ。ある集団の人々を選んで彼らの態度を測ると、彼らは同じような態度を共有する他者を好むということが確実に予測できる。その結果は、その他者と会う前であっても後であっても変わらない。この現象はかなり一貫して見られる。そしてどの程度他者と意見が似ているかの程度により、その相手への好意の程度が予測できる。そうすると、ニュース報道に関していえば、もしあるジャーナリストが好きで、彼と自分にかなり共通する点があると思っていたら、その人の出る番組を見たいと思うだろう。そしてそのジャーナリストたちといわば「一緒に過ごしたい」と思うだろう。なぜならその番組を見れば心地よくなり、そして自分の態度への自信が強化されるからだ。これが起こる理由は、自分の考え方と一致するジャーナリストや番組、あるいはウェブサイトを見ると、私たちは自分の正当性を確認できるからだ。頭の良い成功した人々が自分と同じ意見を持つことが示されると、自分が良い判断をしている、現実をきちんと把握しているに違いない、または少なくとも自分の結論は「標準」に違いないと思えるのである。

私たちが自分とは異なる態度に反発するということも、また真である。言い換えれば、相手に対する好意の度合いは、考えの相違が増すほど低下する。つまり、自分と同じことを考えているジャーナリストを探し求めるのと同様、自分と異なった態度や信念、価値観を持つ人々には嫌悪感を抱く。理論家たちの中には、相違によって生み出された強い否定的な感情は、人間が狩猟採集民だった時代への進化的な逆行だと考える者もいる。後に自分に害を与える可能性のある相手に先制攻撃までしながら、敵になる可能性のある相手に注目することは、基本的には得になるのだ。

「アメリカを誘惑する――テレビはどのように現代の有権者を魅惑するか」[*7]において、ロデリック・ハートは、テレビで政治報道を見ることは、私たちの感情的な欲望を満たすと論じている。そのなかには、自分が賢くて重要だと感じたいという欲望が含まれる。テレビを見ると、情報を得ていると感じ、時代遅れになるという恐れから逃れられる。そして自分が社会の一部であると心理的に感じさせる。ハートはまた、テレビでの政治報道における言葉の基本はシニシズム（不信感）であるため、テレビを見ることは視聴者の政治不信を促進すると考えている。政治報道を見ることが不信感を高め、それが現実の政治参加を低めるのではと彼は危惧している。

マスメディアのさまざまな伝達手段の合計が、おそらく実際の収支の合計になるだろう。ネットワーク局が「ニッチな視聴者」、すなわち特定の利益集団を探し求めている現在のメディアにおいて、共和党支持者や民主党支持者よりも大きい「ニュースのニッチな視聴者集団」は存在しうるのだろうか。このようにお金儲けの視点で考えると、ある集団寄りの報道を提供することは賢明なのかもしれない。

政党所属の心理を利用する

世界にはたった二種類の人々、共和党支持者と民主党支持者（そう、無党派層を入れればおそらく三種類）しかいない、というのは嫌な前提だと私は常々思ってきた。間違いなく、世界はもっと複雑である！　とにかく、このことに関する研究は、どちらかというと私の感覚には合わない。さまざまな領域において、政治的な党派所属に基づいた相違が見られることに関しては、これまで非常に多くの強固な根拠が積み重ねられてきた。性格研究では、リベラル派の人は、「安定性よりも柔軟性を好み、伝統よりも進歩を好む」傾向があるとされている。[*8] 共和党支持者対民主党支持者の区別は有効である、とする研究の数はさらに増えている。その中には身体的なレベルに関するものもある。さて、あなたはどう考えるだろう。

◆あなたの身体がどちらかの側につく

ある政治学者ら[*9]は、政党所属によってある人の身体的特徴が予測できると信じている。これらの研究者たちは、クモや蛆虫などの恐ろしい写真を、（自己申告による）共和党支持者と民主党支持者の人々に見せた。彼らは攻撃や逃避反応の値となる肌の汗の量を測定し、共和党支持者の方が民主党支持者よりも、明白な驚きの反応を示したことを見出した。また、大きな音で実験参加者を驚かせて、瞬きの回数を測った（こちらも驚きの反応である）。彼らは、共和党支持者は民主党支持者よりも、その音に対して多く瞬きをしたことを明らかにした。驚きの反応の高い人は、イラク戦争や移民などの政治的で感情的な問題に関して、より保守的な考え方を持つ傾向があったという。

その学者たちは、身体的な脅威に対してより敏感な人は、同様に心理的な脅威にもより敏感なため、政治的に特に防衛的でリスク回避的な立場をとるという結論を出した。彼らはその研究に関するインタビュー[*10]において、保守派の人々の脅威に対する反応を、リベラル派の人の反応との対比によって良し悪しで特徴づけようとするつもりはなかったと述べた。脅威に怯えすぎることは弱いことだと主張するのと同じぐらい簡単に、脅威を無視することは危険を伴うと言うことができる。言い方を変えれば、ある人々はより危険性に注目し、他の人よりも危険回避を行う。もしあなたが何かにリスクがあるという考えを持っていたら、他の要因に注目してそのリスクにあまり注目しない人々と比べると、おそらく異なった反応をするだろう。たとえば移民についてリスクの観点から考える人は、社会的正義の観点から考える人とは異なった決断をするだろう。政治家たちは恐怖感を煽って、あなたをこの災難から救えるのは彼らだけだとほのめかすことで、この知識を利用することができる。

◆死の恐怖を操作すると政治的な立場が変わる

ある研究では、自分の死について考えることで、どの政党所属かにかかわらず、ある候補者への見方が変わりうるということを明らかにした。社会心理学者のソロモン、グリーンバーグ、ペチンスキーとその共同研究者たちは、死について考えることが政治に関わる判断結果に与える影響を研究した。研究では、百人の研究参加者はテレビについて考え、別の百人の参加者は二〇〇一年九月十一日のテロリストの攻撃について考えた。そしてその後、研究者は参加者に当時の大統領であるジョージ・W・ブッシュについての意見を尋ねた。中立的なことについて考えた場合、参加者はブッシュや彼のイラク政策に賛成していなかったが、9・11テロについて考えた場合は、それとはまったく逆に、ブッシュや彼のイラク政策に対する賛成度が高かった。この研究者たちは、死について考えると、二〇〇四年の大統領選挙でジョン・ケリーでなくブッシュに投票したくなったという結果も明らかにした。公的報告書にもあるように、それは人々に9・11のテロの恐怖と国内の不安定さを思い起こさせた、ブッシュのキャンペーン戦略だったと彼らは記している。

「9・11の後で──恐怖の心理学」[*11]において、その著者であるペチンスキー、ソロモンとグリーンバーグは、自分自身の死について考えた結果生じる反応のパターンを、恐怖管理理論を用いて説明した。自分の死について考えると「死の顕現性」が高まる。人間は死を予測して自分の死の不安に怯える唯一の動物であるため、私たちはこの恐怖に立ち向かうための対処方法を発達させている。死への恐怖は、人をよりカリスマ的なリーダーに執着させがちである。そのリーダーたちは、立派で正しい自分たちの国が、邪悪な相手に対して「壮大な戦い」を挑むという世界観を強める。このような特徴づけが、自分は永続する意味のある何かの一部であると感じさせ、恐怖を鎮めて自尊心を高める。しかも、高い自尊心を持つ人々は、自分を高く評価するために他者を見下す必要はない。そのような候補者の立場が国家統治の視点から考えて意味を成すかどうかはさておき、心理的な観点から見ると、このような立場は選挙での勝利を可能にするだろう。

恐怖管理理論のもう一つの極めて重要な心理的側面は、その本質上、意識的なものではないことだ。ここでは無意識のメディア操作というテーマに立ち戻る。政治的な戦略によって市民が死に注目するとき、彼らはそのときに感じている感情や、感情喚起のレベルが変化したとは気づいていない。実際にその効果は、時間を置いて測定した方が強くなった。ここで強調すべきは、この理論では、私たちが強いリーダーとしてより能力がある候補者に理性的に期待するのではなく、どちらかというと、説得力のある言葉で不安を鎮めてくれる候補者に期待すると説明していることだ。良い例として、ブッシュ大統領のイラク政策が挙げられる。これは民主党議員のみならず共和党議員からも広く批判され、それを反映して国民からもかなり賛成率が低かった。ブッシュ大統領がうまくリーダーシップをとれなかったことで、ほぼ間違いなく、世界はよりテロの攻撃を受けやすくなった。そして彼が国のためにしたことが本当に良かったから人々の同意が得られたのではなく、むしろ恐怖の心理に基づいたとても巧妙なレトリックに人々は影響されたのだ。メディア・リテラシーを進化させることに興味を持つ人間として一番はっきりいえるのは、政治家やジャーナリストが、ターゲットとする視聴者が一番熱心に反応するのは何かと迷ったときに、この心理的な情報を巧みに利用しているのは間違いないということだ。

引き金を引くこと——感情対理性

心理学者たちは長い間、感情について研究してきた。その結果、感情は人の動機をかなり高めることが明らかになっている。実際に心理学者は、感情と動機づけの間には、切り離せない結びつきがあるとみなしている。不安感はこれまで見てきたように最も基本的な感情の一つであり、メディアや政治家によって操作されてきた。社会心理学者のジャック・ブレーム[*12]は、感情の有効性について研究し、たとえば怒りは挑発の反応を動機づけ、悲しみは撤退や引きこもりを動機づける傾向があるという点に言及している。

政治心理学の研究では、政治的意見の形成における感情と知識の影響を相対的に比較してきた。エモリー大学のドリュー・ウェステンらは、クリントンとルウィンスキーのスキャンダルに対する評価で、感情と意見のどちらが優位だったか知りたいと考えた。このスキャンダルは、当時大統領だったクリントンとホワイトハウスの若いインターンであったモニカ・ルウィンスキーとの性的な関係と、クリントンがそれについて嘘をついたかどうかに関するものだった。研究者らはクリントン大統領、民主党、共和党、そして不倫関係一般への人々の感情的な反応を測定した。数カ月後、その研究者たちは同じ人々に対して、クリントンがアメリカ合衆国憲法によって定められた弾劾の基準に当てはまるかという事実評価をしてもらった。そのとき研究者たちは、有権者が感情的にどう感じていたかを知ることで、その事実に関する回答の八五％を正確に予測できた。彼らは、事実ではなくどのように**感じているか**によって、有権者の政治的な信念や行動を予測できると結論づけた。

◆事実は感情に勝てない

時に私たちの態度は主として事実に基づく。たとえば私たちが買う車を燃費の低さだけで選ぶ場合である。前述したクリントン-ルウィンスキー研究で参加者が示していたのは、感情に基づいた態度である。クリントンが弾劾に値すると信じていた人の評価は、弾劾の基準の知識ではなく、クリントンへの嫌悪に基づいていた。説得を研究する社会心理学者たちはこれまで長い間、感情に基づいた態度は、事実では変えられないという研究結果を得てきた。研究では実際に、人にある候補者に対する感情に反する事実を示すと、彼らはその候補者への自分の態度を正当化するよう動機づけられることがわかっている。その認知的不協和と正当化が、今度は彼らが元々持っていた感情をさらに強めるのだ。

その著書「政治的脳——国家の運命を決める感情の役割」[*13]において、ウェステンは彼らが行った研究について述べている。その研究では、二〇〇四年の大統領選挙の少し前にジョン・ケリーとジョージ・W・ブッシュが言ったとされる矛盾した供述を、民主党支持者と共和党支持者に読ませ、そのときの脳をスキャンした。それぞれの政党支持者は、対立する政党の供述の矛盾点を見つけることができた。しかし自分の支持する政党のリーダーの一貫しない供述を読んでも、彼らはその矛盾に気がつかなかった。脳のスキャン結果では、実験参加者は矛盾した情報によって脅威を受けてから、感情を調整して矛盾の解決を試みていたことがわかった。「政治的脳」に書かれている主要な主張の一つは、私たちは人間を理性的な意思決定者だと考えているが、本来は、感情が私たちの意思決定プロセスの中心にあるという点である。つまり人間は「理性的」であるというより、「正当化する」と言った方がより正確だろう。私たちは何か自分の考えに脅威となることを聞くと、それが間違っていると気づかないうちに自分の考えを正当化する。さてそろそろ、これには聞き覚えがあると皆さんが気づいているといいのだが。

◆決断の中には感情の役割がある

これらすべてのことは、感情は意思決定において正当な役割を持たないと言ってはいない。感情的知性を研究する心理学者は、最良の決定は純粋に理性的に行われる、という広く信じられている立場に反して、高い客観性を持つ決定は、感情と理性のバランスがとれている傾向があるということを明らかにしている。たとえばすべての「事実」のリスト（追突テストの結果、燃費など）を作って買う車を選ぼうとしても、あなたが自分にとって一番ふさわしい車を選ぶという結果はまったく保証されないだろう。しかし、メディアの説得的なメッセージは、感情の力を駆使して意思決定に影響を与えようとする。たとえば望ましくない誰かをある候補者に結びつければ、このような最も表面的な方法でも、周辺的な過程を経て人々のその候補者への見方を変化させることができる。中傷広告というのはとても基本的な方法で、ある候補者を否定的な感情反応を起こすものに結びつけようとする試みであり、一方肯定広告というのは、有権者とのより強いつながりを感じさせるような広告である。候補者が有権者とボウリングをしたり、ビールを飲んだりして一緒に付き合っているところを見せるビデオは、自分が普段することを好む、親しみやすくて「自分と似た」候補者を有権者が信頼する、という結果を最大限に活かそうとするものだ。大統領候補者が一般の平均的な有権者と似ているというのは（あるいは、実際にそうあるべきかについても）疑わしい考えではあるが、選挙の運動員たちは、これはすべての正しい感情の引き金をひくため、うまみのある幻想だということを知っているのだ。

ハーイ、カッコいい人、政治について話そう！

中身より見かけの心理については、人の感情と知性を惹きつける身体的な魅力の影響について分析すれば、一番明白な答えを得られるだろう。対人魅力の理論によると、私たちは自分を良い気持ちにさせてくれる人を好むという。もちろん人を良い気持ちにさせる方法はいろいろある。その中には、前に述べた、態度を共有することも含まれるが、身体的魅力は特に効き目のある要因である。実はこの議論は、選挙の候補者とジャーナリスト双方に当てはまる。たとえばＣＮＮのアンダーソン・クーパーは、二〇〇五年の『ピープル・マガジン』の「世界で一番セクシーな男性たち」のリストに入っていた。ＦＯＸニュースの女性記者や女性アンカー（ニュースキャスター兼制作者）たちも、身体的魅力で人目を引く特徴によっていろいろと議論を引き起こしている。ある人たちは彼女たちを「ニュー・ベイブズ（新たなカワイ子ちゃんたち）」、「アンカレッツ（アンカーの女性形）」、「フォクシー・レディーズ（セクシーな女性たち）」と呼び、その女性たちの髪色のほとんどがブロンドであることについて疑問を口にしている。信じられないような話だが、研究者たちはテレビの中のブロンドの人の割合について調べ、現実の世界よりもより多くのブロンドの人がテレビに登場していることを見出した。それはおそらく、ブロンドの髪色が若さや魅力と結びつきやすいからだと考えられる。ＦＯＸの「カワイ子ちゃん」たちの身体的魅力は、確かに視聴者獲得に役立つが、彼女たちの信頼性には疑問が残る。ステレオタイプ的な「カワイ子ちゃん」を代表するような人と、たとえばＭＳＮＢＣのノラ・オドネルのような、魅力的だがプロの職業人に見える人には違いがある。研究の結果によると、人々は頭が空っぽで浅はかな「カワイ子ちゃん」や、ノラ・オドネルやＭＳＮＢＣのアレックス・ワグナーのような有能で魅力的なプロの職業人の女性、といった「態度の型」によって身体的魅力に差をつけるという。一般的に魅力は役に立つが、ニュース・ソースとしての尊敬と信頼性を損なうように表現される場合は、マイナスに作用する可能性がある。

政治における身体的魅力の影響力についての議論を続けるために、歴史的な例として、一九六〇年のニクソンとケネディの大統領選討論会を取り上げよう。それはアメリカの歴史上、初めてテレビで放送された大統領選挙の討論会となった。おそらくテレビ放送される討論会の経験がなかったため、ニクソンは現代の候補者ほど自分の外見について重視していなかったのだろう。彼は病み上がりで二〇ポンド（約九キロ）体重が減っていて、メイクを勧められたが断った。彼の顔は青白く汗ばんでいて、不愛想な顔つきをしていたのに加え、ひげが濃かったという人もいる。一方ケネディは日焼けして健康的で、自信満々に見えた。もちろんケネディはニクソンに、ハンサムさと魅力の両方のジャンルで大きな差で勝っていた。その結果、最初の討論会をラジオで聞いた人はニクソンを勝ちと判断したが、一方テレビ（つまり、新しい方法）で討論会を見た人は、ケネディが勝ったと判断した。

現在のように政治家を常に目にする時代では、以上のようなことは想像し難い。現代の候補者の写真やビデオはあちこちで見られる。もし候補者のある日のあるコメントを見たり聞いたりしたいと思ったら、いろいろなメディアですぐに入手できる。たとえば大統領の一般教書演説を見たいと思ったら、ユーチューブや他のウェブサイトを見れば、簡単にその映像が見つかる。ニュースをデジタルビデオレコーダー（ＤＶＲ）に保存して、それをディスクに焼くこともできる。ブログやウェブサイト、雑誌、デジタルビデオレコーダーやｉＰｏｄを通して際限なく検索できるし、出来事それ自体のビデオを見て、その出来事に関する普通の市民からのものも含めた議論や解説のビデオを見ることもできる。政治に関するメディア報道の観点では、一九六〇年以前と比べ、今は完全に別世界になっている。

恋愛と同様、政治でも見かけは大事

私たちは外見は重要ではないと言うことを好むが、社会心理学の研究では、これまで長い間、それとはまったく逆の結果が示されてきた。たとえばマッチングされた相手とデートをした大学生は、その相手の身体的魅力が高い場合のみ、もう一度その相手とデートをしたいと望んだ。共通の興味などの他の特徴は無関係だった。同様に多くの研究で発表されているのは、人はほとんどの場合、「美しいものは良い」と信じていることだ。言い換えると、ある人が魅力的な場合は、他の多くの肯定的な特徴を持つと考える。その特徴はその人が素晴らしい社会的スキルを持ち、一緒にいて楽しいというものから、優れた知性を持つ素晴らしい人物だということにまでわたる。端的にいうと、私たちは外見に魅力を感じると、その人の内面もさらに良いと推測する。

魅力や候補者の他の身体的な特徴に関して、政治においてマスメディアの役割がもたらす結果は何だろうか。一九九二年十月発行の『タイム』の表紙には、ジョージ・W・ブッシュ、ビル・クリントンとロス・ペローという、その年の上位三位の大統領候補者が掲載された。そのイメージでは、比較的ハンサムで力強い風貌のクリントンとブッシュを、馬鹿げているほど耳の大きなペローのイメージと対比させていた。その表紙はペローの耳の大きさを馬鹿にしているだけでなく、彼の身長の低さも笑いものにしていた。というのも、クリントンとブッシュは向かい合っているのに対し、ペローは二人の間に何とか頭を持ち上げようとしており、比較すると小さく見える姿だったからだ。この表紙はペローがクリントンとブッシュに肉体的に劣っているという象徴的な表象になった。実際には、このペローの身長をからかったジョークは、政治的な現実も表現していた。(男性の）大統領候補の身長の高さと彼らの当選可能性には、これまで関連が見られており、三分の二の確率で背の高い候補が当選している。

今日では、情報通の政治家のスタッフは、彼らの担当する候補者の外見を最高に引き立てるよう努力している。二〇〇四年の大統領選テレビ討論会では、ジョン・ケリー候補がジョージ・W・ブッシュ候補より身長が高いために有利にならないよう、工夫がなされた（ケリーは六フィート四インチでブッシュは五フィート十一インチ）。皮膚がんを患ったことのあるジョン・マケインは、二〇〇八年の選挙キャンペーン中、メイクアップに年間五千ドルを費やしたといわれている。もちろん時には見かけにこだわりすぎても注意を引く。たとえばメディアがジョン・エドワーズ議員がヘアカットに四百ドルも使ったと報じ、からかって彼が髪の毛をめかしこむ「ブレック・ガール（シャンプー会社ブレックのCMの女性）」というあだ名をつけた例が挙げられる。そして共和党の副大統領候補のサラ・ペイリンは、アメリカ史上最悪の経済危機の最中に、高級店で自分と家族の服を買うのに十五万ドルを使ったとしてかなり批判された。その記事のおかげで選挙の票をだいぶ失ったことだろう。オバマ大統領は、彼の年齢にしては流行の先端すぎるジーンズや「マム・ジーンズ」[訳註8]を履いたこと、レイバー・デイ[訳註9]の三日前に黄褐色のスーツを着たことなどでいろいろとからかわれた。そしてヒラリー・クリントンは、選挙キャンペーン中に着ていたパンツスーツをからかわれた。もちろんリーダーたちに対してこのような浅はかな見方をすることに、時間をかける価値があるのかという正論を述べる人も多い。否が応でも候補者たちの外見は厳しくチェックされており、それが誰が当選するかの要因の一つとなっている。

人々の議論における政治コメディ番組の役割

コメディは単なる娯楽だろうか。コメディアンたちは、政治や政策に実際に関わるわけではない。実はレターマンやジェイ・レノ、ジョン・スチュワート、そしてスティーヴン・コルベアなどの有名なコメディアンたちには、根強い支持者やファンがいる。そして彼らは、政治家を鋭い機知でバッサリ斬ることで、人々を怒らせる力を持つ。最近では、政治コメディによるかなり現実的な政治的影響を明らかにした研究が多く行われるようになっている。たとえばある政治コメディアンがある候補者を馬鹿にすると、その候補者の支持率は低下してしまう。

これまで政治家たちは、政治コメディ番組で自分の立候補を表明してきた。たとえばジョン・エドワーズ上院議員は、『デイリー・ショー』で大統領選への立候補を表明し、マケインは『レイト・ショー・ウィズ・デイヴィッド・レターマン』で立候補を表明した。ヒラリー・クリントンは、二〇一四年に自著『困難な選択』を出版したとき、『ザ・コルベア・リポート』にサプライズで登場したが、それは近づきつつある二〇一六年の大統領選に彼女が立候補する兆候とみなされた。人気のある政治コメディ番組に登場することは、今や大統領選候補者にとって必要不可欠になり、好機を捉えて登場すれば、獲得票の急増に結びつけることができる。カリフォルニアで行われたある研究では、「コルベア上昇」現象が見出された。それは、『ザ・コルベア・リポート』に登場すると、登場しなかった人に比べ、一カ月後にその候補者のキャンペーン効果が著しく上昇したという現象である。このような番組に登場すると、ホストとのやり取りを見て視聴者がその候補者が好きになり、また信頼感を持ち、アメリカ人がその候補者を違った角度で見る機会を与えることになる。

政治コメディの世界では、ユニークで政治報道の社会心理学に関する好奇心を限りなくそそるケーススタディとして、ある番組が傑出している。それは『ザ・デイリー・ショー・ウィズ・ジョン・スチュワート』のことだ。『ザ・デイリー・ショー』は「フェイク・ニュース」とされ、ジャーナリズムとしての責任はまったく果たさないと主張しながらも、約百五十万人の常連の視聴者を持つ。『ザ・デイリー・ショー』のような政治コメディ番組や、そのスピンオフの『ザ・コルベア・リポート』の視聴者は、比較的若年で高学歴層に偏っているという。これらの番組は、最近の大衆文化に関する人や出来事、言葉などに関する実用的な知識を伝える役割を担う。大衆

訳註8：時代遅れのダサいジーンズ。
訳註9：九月の第一月曜日の祝日。

文化は多くの部分が若者文化なので、年上の視聴者に比べて、若い視聴者が政治コメディ番組から政治的な情報をより多く学ぶのは当然であろう。もし若者が大衆文化の情報源や言葉により親しんでいるなら、年齢の高い視聴者よりも、その番組で提示された情報をよりよく理解し、処理して記憶することができるはずである。

ある研究では、特に若年層において『ザ・デイリー・ショー』と『ポリティカリー・インコレクト・ウィズ・ビル・マー』という政治コメディ番組視聴量と政治的知識の量に、正の相関関係があることが明らかになっている。[*14] 二〇〇七年に、『ニューヨーク・タイムズ』[*15]は、ピュー・リサーチ・センターによる、人々と報道機関のための調査の結果、最近の社会での出来事について最も知識を持つ人々は『ザ・デイリー・ショー』や『ザ・コルベア・リポート』の視聴者であることが多く、最も無知な人たちは『FOXニュース』またはローカル・ニュースの視聴者であることが多かったと報道した。研究者によると、高学歴の人々は低学歴の人に比べて、政治コメディ番組からより多くのことを学ぶという。これは部分的には、高学歴の人々はすでにより多くの知識の基礎があり、情報を処理する能力もより高いことによる。

フェイク・ニュースか、それともフェイク・ニュースをねつ造したのか。あるいはそれも正しい質問なのか

ジョン・スチュワートはいろいろなインタビューで、『ザ・デイリー・ショー』はジョークを言うだけの番組であり、ジャーナリズム的な責任は果たしていないし、政治的な影響を与えることもまったく意図していないと断言している。一方『ザ・デイリー・ショー』の共同制作者であるリズ・ウィンステッドは、ナショナル・パブリック・ラジオ（NPR）で、大きな力を持つ政治家に対して懐疑的になり、ユーモアを交えながら彼らを抑制するのが皮肉屋（コメディアン）の仕事だと述べている。『ニューズウィーク』はスチュワートを、二〇〇四年の

大統領選での二十五人の最も影響力のある発言者の一人に選んだ。エミー賞とピーボディ賞を受賞した『ザ・デイリー・ショー』は、ニュースや情報の提供において際立った功績があったとして、テレビ批評家賞を受賞するなど、ジャーナリズムに関する賞も受賞している。

さてここからが、私がメディアの影響を研究する社会心理学者として、ワクワクする部分だ。それは私が『ザ・デイリー・ショー』や『ザ・コルベア・リポート』または『サタデー・ナイト・ライブ』といった番組の悪巧みを暴露したいからではない。とんでもない！　実は、私はこれらすべての番組の大ファンだ。私が興奮しているのは、これが最も素晴らしく、複雑なメディア・リテラシーの議論の一つだからだ。まず、番組のホストや脚本家たちの目的は何か、という問いから始めることができる。また目的のいかんにかかわらず、これらの番組は全国の人の政治的な考えや行動に実際に影響を与える、という意見についても議論できるだろう。とはいえ、私は政治修辞学者のアーロン・マッケイン[*16]の意見に賛成だ。彼は『ザ・デイリー・ショー』が事実かフェイク・ニュースのどちらなのかというのは、単純に白黒がつけられる問題ではないと述べている。むしろ彼は、これらの新たな政治コメディ番組が他のニュースの形態とどのように異なるのかについて論じ、その違いを解釈している。たとえば私たちはネットワーク局のニュースを真面目なものとして分類する傾向があるが、最近の内容分析によって、伝統的なネットワーク局のニュースは比較的内容が乏しく、政治的な「誇大宣伝」を強調しがちだということがわかっている。[*17]実際には逆転現象で、「本当の」ニュースは、フェイク・ニュースとされるものよりもっと「フェイク（ねつ造）」になっているのだろうか。私はスチュワートが嬉しそうに頬杖をついて、ニヤッと笑いながら「きれいはきたなくて、きたないはきれいか」[訳註10]と問いかける姿が目に浮かぶ。

公共放送（ＰＢＳ）のビル・モイヤーは、二〇〇三年と二〇〇七年にスチュワートにインタビューし、[*18]政治ジ

訳註10：シェイクスピアの『マクベス』の中の有名なせりふ。

ャーナリズムと『ザ・デイリー・ショー』のジャーナリズムでの位置づけについて、彼の考えを尋ねた。スチュワートは、ニクソン対ケネディの討論会の時代には、メディアは政治家に対して優位な立場にいたが、現在では政治家たちが優位に立っていると説明した。彼によると、二十四時間放送のケーブルテレビのニュース・ネットワーク番組は、「ジャーナリズムとして報道するにはその時間の余裕がなく」[*19]、政府からもらった情報をただ読み上げることになってしまった。大手のマスメディアは政府にカメラを向けているだけで、ニュースの制作者は自分でよく考えてニュースを探さずに、ただ与えられた情報を報告しているだけだと言う人たちもいる。スチュワートは、『ザ・デイリー・ショー』が本質的に持っているジャーナリズムの自由は、客観的であるふりをする必要がないことだ、と引き続き述べている。

信頼性が重要だ

さて、客観性に関する主張がないことで『ザ・デイリー・ショー』を批判する人もいるかもしれないが、それがこの番組の一番の持ち味を物語っていると思う。その持ち味とは、スチュワートと彼のチームが人を惹きつける信頼性である。興味深いことに、コメディ・セントラル・チャンネルは、『デイリー・ショー／コルベア・リポート』のウェブサイトに、「ほぼ選挙ニュースに近いものを、ほぼ正直に」という番組のキャッチフレーズを載せている。社会的視点から考えるととても奇妙なことだが、ストレート・ニュースのレポーターが話すのを聞いても、彼らがその内容について何を考え感じているかはわからない。レポーターたちはロボットのようで、冷たくて、よそよそしく感じられる。彼らは自分が伝えている内容に関して解釈し、分析し、反応する力を奪われている。これを、スチュワートが視聴者と一緒にニュース・ビデオを見て、びっくりした顔つきをした後、ビデオに向かって下品な言葉を叫んだりするのと対比してほしい。彼は、人が日常的に直面するレトリックに対する意見や感情の模範を、視聴者に示している。

ある特定の意見には、賛成するかしないかにかかわらず、それが本当のことだと感じられるが、その一方、「本当の」ニュースはしばしば偽物のように感じられる。人々はジャーナリストたちに、人間的な自然さで反応してほしいと考えていると思う。結局のところ、優れた記者は取材する人々をよく知っていて、経済や政府や政策について私たち普通の市民よりもよく理解している。一つには、それらのことを理解するのは彼らの仕事である。また一つには、テレビでの仕事を得るには、頭が良い賢さと人間としての賢さの両方の意味で、彼らはとても賢くなければならない。そこで私たちは、テレビの画面でこれらの賢くて有能な人々を見て、彼らが本当は何を考えているのかと思いを巡らし、それがジャーナリストと視聴者の間の相互作用となり、信頼性を生むのだ。人々がスチュワートにこんなに魅了されるのも当然である。

わかりやすい例として、二〇一四年の夏にミズーリ州ファーガソンで起こったマイケル・ブラウンの銃撃事件についてのスチュワートの反応について説明しよう。ブラウンは黒人のティーンエージャーの男性で丸腰だったが、ファーガソンの白人警官に銃で撃たれた。このファーガソンの悲劇についてのメディア報道を分析する際、『ザ・デイリー・ショー』はすべてを「人種問題」にするのは残念だと語り手が嘆くモンタージュ動画を流した。そのメッセージは、アンカーたちがニュースの中での人種の役割についてもう聞き飽きたというものだった。スチュワートは熱のこもったスピーチをした。そのなかで彼は、今日においてもまだアフリカ系アメリカ人たちが直面する、極めて本質的な人種差別について強調した。彼は言った。「この国で、命が白人と黒人にとって本質的に異なっているということがわからないのか」。そして続けた。「この国では、有色人種の人は誰でも、馬鹿げたものからおぞましいもの、そして時には命に関わるような屈辱を体験してきたことは間違いない。ただ単に肌の色が違うというだけで」。

スチュワートは続けて、例として彼の仲間の記者とプロデューサーが、彼らの住む「リベラルの要塞」、ニューヨークで撮影した話を引き合いに出した。彼は、プロデューサー（白人男性）が「ホームレスの妖精の服装」をして、アンカー（黒人男性）が「オーダーメイドのスーツを華麗に」着こなしていたと説明した。どちらが警察に止められて質問されただろうか。スチュワートは続けた。「どちらが警察に止められたか。ヒントをあげよう。黒人男性だ。そして、こんなくだらないことが常に起きている。人種は常に存在し、それは変わらない。もう聞き飽きたって？　こんな風に生きていくことがどんなにいまいましく疲れ果てるか想像してみろ」このスピーチの全部分（RACE/OFF というタイトル）は、以下のサイト（https://www.youtube.com/watch?v=T_98ojjIZDI）で見ることができる。

信頼性は、売れっ子の評論家が視聴者を惹きつける要因の一つでもある。公平性のためにいうと、それはおそらく、ラッシュ・リンボーのような極端な見方にも、惹きつけられる人々がいる要因となっているのだろう。彼が言うことが好きでなくても、彼が本気で言っているように見えることは認めざるをえない。ますます多くの人（特に若い高学歴の人々）が、政治コメディ番組からニュースを得るようになっていると批判されてきたが、『本当の』ニュースを確認し定義するのもさらに難しくなっている状況[*20]」では、信頼性をもたらすニュース・ソースを選ぶことは、実に洞察力のある社会的判断だと思う。複雑な政治報道をかき分けて調べ始めるのに必要とされるメディア・リテラシーのレベルを考えても、私たちが求める最低限の信頼性は、何とかして私たちを助けてくれる誰かの正直な意見だ。以下はモイヤーによるインタビューでの、この問題についてのスチュワートの発言の抜粋である。

モイヤー　私にはどちらかわからないのですが、あなたがされているのは、古い形のパロディや風刺なのでしょうか、それとも新しい形のジャーナリズムなのでしょうか。

スチュワート　そうですね、そのどちらもコメディの嘆くべき状態か、ニュースの嘆くべき状態を物語っていますね。私にはどちらかわかりません。正直にいうと、私たちがやっているのは新しい形の必死の試みです。メディアや政治家からの混乱させられるメッセージがあまりにも多くあふれかえっているので、私たち［番組の脚本家やキャスト］はそれを何とか自分たちで整理しようとしているだけなんです。[*21]

それは面白い――政治的ユーモアを分析する

さて、ここでは政治コメディの心理学的分析を行おう。心理学者の中には、人は笑うと緊張がほぐれると信じている人たちがいる。「本当の」ニュースは戦争、テロ、経済危機などの深刻な問題で私たちのストレスを増加させる一方、「フェイク」ニュースは笑いを通して私たちに緊張を解くチャンスを与えてくれる。時に政治家が重要な問題に話にならないほどひどい対応をしたのに苦笑するときでさえ、少なくとも私たちは笑っている。さらにユーモアは感情なので、事実の力を超えて、態度を変える特別の影響力を持っている。ある人をあざ笑うとき、あなたはユーモアで覆って攻撃の罪を逃れる。そのため「鋭い機知」、すなわち刃物で切るようなユーモアの攻撃と呼ばれるのだ。そのような鋭い機知には大きな力がある。それはこれまで私たちが見てきたように、感情に基づく態度というのは、事実による議論ではびくともしないが、感情に基づく説得によって変化することがあるからだ。それに加えて、ユーモアは感情のシステムにつながり、感情的な情報は記憶されやすいため、したがって私たちは伝統的なニュース報道よりも政治コメディで見たことをより記憶しやすくなる。もう一つの理由は、つまらないやり方で伝えられたことより、面白く伝えられた方がはるかに記憶に残りやすいということだ。

政治コメディと選挙報道

本書の初版を執筆していたときは、二〇〇八年の大統領選挙の時期だったため、政治コメディの社会心理学について語るのに完璧なタイミングだった。一つには、私たちが生きているのは政治報道の新しい世界である。ユーチューブが一日二十四時間、政治やメディア報道、一般の人の意見を提供してくれるのは、かなり最近始まったことだ。これは私たちの知る限り、前回の大統領選のときには存在しなかった。今日のブログも、メディア全体の仕組みの中では新しい。ローカルやネットワークニュースより、ケーブルニュースが台頭してきたのも、もう一つの新しい現象だ。そして私たちに提供されているすべての情報を解釈することに関する、ここまでに挙げたすべての問題を足し合わせただけでも、頭がくらくらするだろう。皆が必要とする笑いに加え、政治に関する見方を知る方法の一つが、政治コメディを見ることだ。

二〇〇八年の大統領選挙を振り返ってみると、メディアで見たことで多くの人が思い出すのは、『サタデー・ナイト・ライブ』で共和党の副大統領候補サラ・ペイリン知事を演じた、ティナ・フェイの的を得たパロディだろう。『サタデー・ナイト・ライブ』は、ジャーナリストや政治家の物まねを見せることで有名である。その中にはビル・クリントン大統領、*Hardball*[訳註11]（「ハードボール」）のホスト、クリス・マシューズのような人物を模したダレル・ハモンドの素晴らしい物まねも含まれる。二〇〇八年秋、『サタデー・ナイト・ライブ』の中のパロディ・ニュース「ウィークエンド・アップデート」で長い間「共同アンカー」を務めていた才能豊かなフェイは、運命の定めか、たまたま共和党の副大統領候補にそっくりだった。フェイはペイリンのスピーチや討論会の様子、そしてメディアでかなり批判されたケイティ・クーリックによるインタビューのいくつかの物まねをした。CNNのウルフ・ブリッツァーとジョン・キングがフェイの物まねについて議論したとき[*22]、ブリッツァーは、

『サタデー・ナイト・ライブ』が笑いを得るため、こんなに候補者の直接の真似に頼ったことはないとコメントした。キングは、舞台裏ではペイリンのキャンペーンスタッフでさえ、クーリックとのインタビューは悲惨だったと確信しているとリポートした。もちろん議論の裏を返せば、ペイリンの物まねが受けたのは、彼女自身に熱狂的なファンがいたからだというのが理由の一つでもある。

クーリックのインタビューとフェイの物まねの映像は、ユーチューブなどのサイトで拡散され、数百万人が視聴した。この例も、一つのニュース・ソースが他について語る、メディアを横断した報道のハイライトとなった。たとえそれがコメディ番組からの情報であっても。メディアを横断した報道の他の例としては、『ハードボール』の「サイドショー（余興）」のコーナーが挙げられる。そこでは『サタデー・ナイト・ライブ』でのコメディのコントを、クリス・マシューズとゲストがよく題材にして笑っている。「伝統的な」ニュース番組においても、常に政治コメディのコントが取り上げられていることが、それらに幅広い影響や訴える力があることを物語っている。二〇〇八年の選挙キャンペーンの間、『サタデー・ナイト・ライブ』の政治コメディのコントがとても好評だったため、NBCは『サタデー・ナイト・ライブ——ウィークエンド・アップデート』という新番組を始めた。それは二〇〇八年の大統領選の最後の一カ月間、木曜の夜に放送された。

『サタデー・ナイト・ライブ』の政治コントの影響力は、間違いなくとても大きい。選挙キャンペーンで働くスタッフたちは、そのコントを見てから、対立候補の否定的な特徴を拡散しなければならない。ユーモアの性質から、前に述べたように、政治コメディ番組のコントで候補者を間抜けに描くことは、ストレート・ニュースの報道で候補者の知的能力や素質が疑問視されることよりも大きな痛手となる。ジャーナリストの記事や論説を攻撃することはできるが、「お遊びの」コントで公然と侮辱されても、何もできない。マケインの選挙対策スタッフ

訳註11：MSNBC局のニュース・トーク番組。

図8－1　『サタデー・ナイト・ライブ』のジェイソン・サダイキスは，副大統領候補の討論会におけるバイデン上院議員の姿勢に内在する矛盾を笑いものにした。彼はジョン・マケインを個人的な友人と考えているが，大統領には不向きだと言った。サダイキスはバイデンの態度を，「オーケー，率直に言わせてもらおう。ジョン・マケインは，（繰り返すが，彼のためなら身代わりになって非難を受けてもいい）仕事はできないし，精神不安定だ」と言って茶化した。

は、ペイリンの悲惨なインタビューをジャーナリズムの「罠」と印象付けようとしたが、フェイの物まねにはほとんど打つ手がなかった。実際にペイリンは、フェイの物まねの映像を「見た」だけで、音声は「聞いて」いないと言った。おそらくそうすれば、内容についてのコメントを求められることはないと考えたのだろう。

『サタデー・ナイト・ライブ』は、バイデン対ペイリンの副大統領候補討論会を茶化した見事なパロディも放送した。実際の討論会でペイリンとバイデンが握手をしたときに、ペイリンがバイデン上院議員に、彼を「ジョー」と呼んでもいいかと尋ねたのが漏れ聞こえたのだろう。『サタデー・ナイト・ライブ』のパロディでは、ペイリンはバイデンに同じ質問をして、彼が肯定的な返事をしたとき、「よかった。私がジョーと呼ぶところで、気の利いた発言をいくつかするように練習していたの」と言った。討論会でバイデン上院議員は（図8－1参照）、競争相手であるジョン・マケインを個人的な友人だと考えていると言ったが、共和党の大統領選候補者を何度も繰り返して攻撃した。バイデンを演じたジェイソン・サダイキス[*23]は、次のように言った。「僕はジョン・マケインが大好きだ。彼は僕の大親友の一人だ。しかし、そうはいっても、彼は危険なほど精神的に不安定なんだ……僕の母さんだったら、『かわいそうに、でも彼はかなり狂っているわね』と言っただろう」。

◆パロディと風刺の力

現代版マスメディアの政治コメディは、文学的風刺作家たちの見事な業績の歴史的蓄積の上に成り立っている。一七二九年にジョナサン・スウィフトは、*A Modest Proposal: For Preventing the Children of Poor People in Ireland from Being a Burden to Their Parents or Country, and for Making Them Beneficial to the Public*（「穏当な提案――アイルランドの貧しい人々の子どもたちを両親や国の重荷にするのを防ぐために、そして彼らを人々の役に立つようにするために」）を出版した。そしてこの本は長い間、歴史上最も優れた政治的風刺作品の一つと考えられてきた。スウィフトの「穏当な提案」の核心は、貧しいアイルランド人に、食べ物を手に入れるために彼らの赤ん坊をお金持ちに売るよう奨励することで、アイルランドにおける貧困問題を非難している点だ。そうすることで、政策決定やその当時の考え方をあざ笑っている。スウィフトの「穏当な提案」は傑作である。それは、読者の感情的な反応を刺激する言い回しを見事に用いることで、政治的態度を変化させるように煽っているからだ。たとえばこの作品は、アイルランドの大地主たちへの怒りや、貧しい人への憐れみを引き起こし、著者が巧妙にしかけた罠に読者をはめてしまう。そんな風にされたら、誰が彼の考えに同意しないでいられるだろう。

今日の政治コメディ、たとえば『ザ・デイリー・ショー』や『ザ・コルベア・リポート』でのパロディ・インタビューは、同じようなレトリックの伝統に基づいている。コルベアが同性愛者の男性に、陰険で挑発的な質問でインタビューをして、彼に「異性愛者になるべき」理由を説明するとき、彼は極端な社会的立場の愚かさを強調しようとして、ニュースでのインタビューのパロディを行っている。もちろん『ザ・コルベア・リポート』は、それ自体が一つの偉大なパロディである。それはコルベアの手法が、思っていることと逆のことを言うという、「彼の師匠」であるビル・オーライリーの真似をしているからだ。風刺画家がある人の似顔絵を描くときには、その人の特徴を増幅させる。同じように政治コメディ番組で行われる風刺やパロディは、ある関心事の本質的な点を強調して示すのだ。

パロディと風刺の中に、ジョン・スチュワートは質の良い政治インタビューを組み入れる。最近彼は、イギリスの元首相であるトニー・ブレアにインタビューを行った。『ザ・ロンドン・ガーディアン』はそのインタビューを報道し、「彼（スチュワート）の影響力の大きい番組の構成が、あざけりと見せかけの親しさで、対話を煽り立てる」[*24]と指摘した。『ザ・ガーディアン』は、スチュワートが鋭い質問をし、ユーモアで緊張をほぐすのを、交互に行っていることに気づいていた。『ザ・ガーディアン』はまた、アメリカの政治報道の分野における、彼らのいうところの「風刺的ニュース番組」の役割について次のようにコメントしていた。「おそらくそれは、『ザ・デイリー・ショー』の良いところか、または、他のアメリカのテレビニュース・メディアの駄目なところを示しているのだろう。ブレアのイラク戦争参加への動機のような深い話題に、コメディ・トーク番組が切り込むことができるとは、誰が想像しただろうか[*25]」。

◆イメージ

ニュースと政治的情報を伝えるもう一つの重要な手段は、時事漫画やイメージを用いた方法である。時事漫画はメッセージを伝える影響力のある手法として豊かな歴史を持ち、ユーモアとドラマを用いて、一枚の絵の中に一つのアイディアを詰め込んだ芸術だ。今日、私たちはソーシャルメディアなどのサイトを通して、インターネ

図8-2　ビルとヒラリー・クリントンについて描かれた政治漫画。

ットでイメージを共有することに慣れている。時に見出しがついたこれらのイメージは、時事漫画の進化したものと考えることができるだろう。そこでの編集者は時に一般の人々であり、あるイメージが組み合わせて使われ、考えや感情を伝える見出しがつけられる。そこで次に最近の時事漫画を見て、これらさまざまな形のビジュアル・コミュニケーションの影響力について考えてみよう。

フェイスブックやインスタグラム、ピンタレストなどのソーシャルメディアを通して、人々はイメージを共有する。同様に短い動画はヴァインやユーチューブ、またはその他の動画共有サイトやアプリを用いて共有できる。このような方法で人の心を捉えて、友達から友達、そのまた友達へ共有されて、あるイメージや動画がネット上に「拡散する」。

図8-2は二つの伝統的な時事漫画であり、両方ともヒラリー・クリントンの大統領立候補に関連したものだ。一枚目の漫画はビル・クリントンの問題は女好きだということ、そして二枚目はヒラリー・クリントンの問題は嘘つきであること（彼女がピノキオを抱きしめている

ことで表されている）を描いている。芸術は私たちの興味を引き、その興味は持続する。イメージは強い感情を引き起こす。漫画や流行のイメージは問題をある意味単純化するので、刺激的で説得力がある。

新たなメディアと無礼な行為

さて、ここで市民参加の正の側面から負の側面に話を進めよう。私たちは皆、ブログがあるところにはコメントがあり、それらのコメントは無礼になりうるということを知っている。私たちは第五章で、フェミニストのVブロガーのアニタ・サーキシアンとビデオゲームの中の女性の表象について、彼女に賛同したゲーム開発者に向けられた手厳しいコメントからこれを見てきた。

ビデオゲーム・コミュニティにおけるオンライン・トローリング（インターネットでの問題行動）に関する最近の研究で、カスモヴィックとジェフリー・クズネコフがサーキシアン関連の問題行動の謎の世界に光を当てると思われる、いくつかの研究を実施した。[*26] サーキシアンは、女性のキャラクターの描写に関してゲーム業界を非難したことで、多くの殺人、そしてレイプの脅迫を受けた。私にとって謎なのは、なぜそれらの反応が不釣り合いなほど「犯罪」に近いもので、私の知るすべての温厚なゲーマーたちの中の誰が、このような突飛なコメントを実際に行うのかという点だ。さて、カスモヴィックとクズネコフは、その一つの答えを得たかもしれない。もちろんすべてのゲーマーたちがレイプをし、殺人の脅迫をするわけではない（それはよくわかっていた）。しかしそれでは誰がしているのだろうか。*Halo3*[訳註12]をプレイする人を対象とした研究で、この研究者たちは、実は一番ゲームが下手なプレイヤーが、他の男性に対して最も肯定的であり、女性に対しては最も否定的だということを発見した。『ワイアード』はこの研究に関する論文を「女性に問題行動を起こすゲーマーは文字通り負け犬だ」という記事で取り上げた。[*27]

ニュースや娯楽における無礼な行為の問題に関して、約四〇％の利用者は、ニュースサイトやファンサイトのような相互作用を行うサイトにはコメントに対する礼儀に問題があるので、アクセスしないよう決めていると答えている。フラヴァックとフライフォーゲル[*28]は、『シカゴ・トリビューン』の関連のオンライン・ニュース・フォーラムで短く報道された、三人が犠牲になった殺人事件へのコメントの件数を数えなおした。多くの無礼なコメントがその記事に対して投稿されていた。たとえば被害者の車を批判するコメントや、被害者の両親に対する「嘆き悲しむのはやめろ」というコメントなどである。とうとう家族の友人が、これ以上「不快な」コメントは投稿しないでほしいと投稿者に懇願した。フラヴァックとフライフォーゲルは、これらのひどいオンラインのコメントは、活字ジャーナリズムには決して掲載されないだろうと断言している。彼らはそのような二重基準を用いる理由を人々に尋ねた。これはたとえその中傷行為が正当化されていても、コメントのネガティブさ（トローリングとしても知られる）がその情報ソースの信頼性の知覚に影響を与えうるという最近の研究が示した事実に鑑《かんが》みても、良い質問だといえよう。

政治キャンペーンは（特に若い）有権者のテキスト・メッセージを送る習慣を巧みに活かしている。オバマは、自分の支持者たちにキャンペーンの主な進展の情報を、受け手が自分で指定したテキスト・メッセージや電子メールで送った最初の大統領候補だった。オバマのウェブサイトには、新しいメディアの情報源であるフェイスブック、ツイッター、リンクトインなどへのリンクが張ってあった。第三章で、若者たちはどこにいても友達に連絡できるため、電子メールよりテキスト・メッセージを好むと述べた。オバマの選挙キャンペーンでは、新たなメディア利用を巧みに取り入れ、支持者個人あてにテキスト・メッセージを送った。このような巧妙な新しいメディアの利用は、おそらく新しい投票者の登録や投票率の面でオバマを助け、選挙での勝利をもたらした。

訳註12：シューティング・ゲーム。

メディアの新たな形は急速に進化している。未来の選挙では、疑いなく新たなメディアを最も巧妙に利用する仕方を理解した候補者が有利な立場に立つだろう。ただし高いレベルのメディア・リテラシーを持つ有権者も、同様に有利な立場に立つと思われる。

第9章　助手席から運転席へ

我々は錯覚を見せている。それは何から何まで嘘ばかりだ。しかしあらゆる年齢、人種、宗教の人々は、毎日毎晩その前に座っている。我々が、皆が知っているすべてだ。我々が紡ぎだす錯覚を皆は信じ始めている。テレビが現実で自分の生活は想像だと考え始めている。テレビで言われたことをする。テレビと同じような格好をする。テレビと同じような物を食べる。テレビと同じように子どもを育てる。テレビと同じようにさえ考える。これは大衆の狂気だ。狂人たちめ！　神に誓って、あなた方は実在する。我々が錯覚なのだ。

映画『ネットワーク』に登場する架空のニュースキャスター、ハワード・ビール[*1]

アメリカでは、人々は目覚めている時間の三分の二において、マスメディアと接している。子どもたちは、学校で過ごすより長い時間を、メディアの画面を見ることに費やしている。本書を通して、私たちはどのようにマスメディアに影響され、どれだけその影響に気づいていないかについて、多くの例を見てきた。たとえば、ある物語の世界に夢中になった大学生は、その物語に組み込まれた虚偽の主張、たとえば運動は心臓や肺を弱めるといったことを信じてしまう。そして、最初はその新しい信念についての確信は弱いが、時間とともにその間違った情報をどこで得たのか忘れてしまい、その確信が普通のレベルにまで強まるのだ。

もちろんマスメディアの社会的影響は、良くも悪くも事実情報を学ぶことの範囲を超える。私たちはイメージや意見の集中砲火を浴び、常に学び、常に説得されている。人種やジェンダーの役割に関する見方は、私たちが毎日目にするテレビ画面、新聞のイメージやストーリーからの情報によって形成される。子どもたちは、トップアスリートがジャンクフードを食べ、少女たちが性の対象となる広告を見ている。雑誌は親密な関係者間暴力についての幻想を伝え、本当に深刻な問題に対して助けが必要な多くの読者の役に立っていない。暴力は魅力的にまたクリーンに描かれる。フィクションの世界に没入すると、私たちの態度や信念が変わり、ストーリーに登場する考え方や主張とより近くなる。私たちは疑念を保留し、そうすることで、フィクションの世界でドラマ化された信念の体系を無意識に取り入れ、[*2][*3]それらの信念や考え方に基づいて行動するようになる。私たちが何度も画面で見ているものが、変化や意識しない反応を引き起こす。

人々は、他の人はマスメディアにネガティブな影響を受ける危険にさらされているが、自分はそうでないと信じているかもしれない。さらにある特定のメディアのファンは、そのネガティブなコンテンツが有害な結果をもたらすと信じない傾向が最も高い。たとえば、暴力的なビデオゲームをより多くプレイする男性は、それらのゲームが有害だと信じない傾向が最も高かった。[*4]しかも、何十年にもわたる科学的な研究結果が、メディア暴力への接触は攻撃性、敵意、そして攻撃的な思考を植えつけると示してきたにもかかわらず、である。[*5]またロマンス小説を読むと、コンドームの利用に対する否定的な態度が強まる。

しかし、ドラマのストーリーの筋に組み込まれた健康に関するポジティブな情報に接することで、何らかの効果が見られるという研究結果も存在する。ある乳がんの専門家のチームが、乳がんについて視聴者を啓蒙するために企画されたスペイン語のテレノベラ[訳註1]制作のための助言を行った。[*6]その番組の放送後に行われた研究の結果、視聴者は乳がんに関してかなり知識を増やし、情報を得るために、1–800–4–Cancer[訳註2]に電話をかけるといった積極的な手段をとる傾向が高まったことが明らかになった。さらにそのテレノベラの登場人物と自分を同一視していた人たちは、そうでない人に比べてより大きな影響を受けていることがわかった。私たちはマスメディアで経験したことに感動する。時に私たちはポジティブな、またネガティブな方向に心を動かされるが、このようにメディアは私たちの心を深く捉えて、気持ちを変える大きな影響力を持つ。マーシャル・マクルーハンが言ったように、「すべてのメディアは我々を完全に支配している」[*7]のだ。

この章の冒頭では、パディ・チェイエフスキーによる、アカデミー賞を何部門も受賞した映画『ネットワーク』からの引用を示した。アメリカン・フィルム・インスティテュートは、この映画を最も優れたアメリカ映画百作品の一つに選び、アメリカ議会図書館もこの映画を文化的、歴史的あるいは芸術的な重要性によって選ばれる「アメリカ国立フィルム登録簿」に加えて永久保存している。

『ネットワーク』を見たことがなくても、おそらくあなたはこの映画の最も有名なシーンについて知っているかもしれない。ニュースキャスターのハワード・ビールは、直感的に真実を理解していた。彼は、本質的に良い内容を求めず、視聴率を上げるための陳腐な内容を重視するテレビ業界の愚かさがわかっている。彼には視聴者が、テレビ業界が与える物なら何でも従順に食べる羊に見える。ビールは視聴者に訴える。「私は不景気やインフレ、ロシア人たちや街の犯罪について何をしたらいいかわからない。私がわかっているのは、まずあなた方は怒るべきだということだ。あなた方は『くそっ！　私は人間だ！　私の人生には価値があるんだ！』と言うべきだ。だから今こそ立ち上がってほしい。すべての人々に椅子から立ち上がってほしい。今立ち上がって、窓のところへ行ってほしい。窓を開け、そこから頭を突き出して叫んでほしい。『私はすごく頭にきている。こんなことはもうたくさんだ！』と」[*8]。

『ネットワーク』は、一九七〇年代に初公開されたが、一九六〇年代に出版されたマクルーハンの『メディアはマッサージである』と同様、奇妙なほど今日の状況と通じるところがある。優れた芸術作品の特徴の一つは、そ

訳註1：ラテンアメリカで放送されているテレビのメロドラマのジャンル。
訳註2：がんについて情報が得られる無料電話の番号。

の普遍性にある。文学や映画の傑作はこの普遍性を持つ。メディアやテクノロジーの急激な変化にもかかわらず、チェイエフスキーとマクルーハンが、どちらもマスメディアについて書き、その内容が今でも古くならないのは、かなり驚くべきことだ。二人がそれを達成できた理由の一つは、彼らはそこに内在する心理や、人とマスメディアの基本的な関係について述べているからだろう。これらの要素は古くならないばかりか、どんなメディアに取り組む際にも、理解すべき基本的に重要なことを象徴している。

さてここで、意図しない皮肉に思えるかもしれないが、実は意図的に皮肉としている点について強調したい。本章で、私はあなたにマスメディアとの関係を考えなおすよう頼んでいる。その一方で映画と本という、二つのメディアを参照して取り上げている。これは間違いではない。チェイエフスキーとマクルーハンの考え方は、私に影響を与え、私を興奮させ、激励してくれた。彼らの考えに触れることで私は変わったし、それも良い方向へ変化したと思う。本書ではメディア・メッセージを悪いものとは定義していない。むしろ、肯定・否定的の両方を含む影響があるものとしている。本書では、この地球上であなたが自分の時間のどの程度を費やして、他の人のメッセージを受け取るためにメディアとつながり、どの程度の時間を自分自身のために使っているかについても目を向けている。ビールの言っていることを言い換えると、あなたの人生こそが現実なのだ。私は窓のところへ行って、外に向かって叫べと言うつもりはない（もちろん、やりたい方はどうぞ）。もしあなたの人生が走馬灯のように脳裏をよぎるなら、自分がメディアの画面を見つめている場面ばかりが続くのは見たくないだろう、とさりげなく助言したい。私たちはバスケットボールをし、友達とおしゃべりをし、またはもっと創造的なことをしている方がずっと幸せである。ギターを弾いたり、信じている大義のために自ら取り組んだり、公園でフリスビーを投げたり、犬を散歩させたりなど、大好きなことにのめりこんでいる方がより幸せである。

もちろん、マスメディアによって得られる喜びがあることも真実だ。私を感動させ、いろいろな事を教えてくれた映画、番組、歌の数々がある。私の生活をより幸せにし、豊かにしてくれるアプリケーションや機器が存在する。今日の技術の進歩は、メディアへのアクセスしやすさも高めた。そして、メディアは時に比類のない経験を提供してくれる。私の家族は任天堂のＷｉｉを一緒にプレイする。私は娘のレーガンが仮想のテニスラケットを振るのを見るのが好きだ。息子のジェイソンと私は「ギター・ヒーロー」を一緒にプレイしながら心を通わせてきた。ジェイソンが六歳のとき、彼が練習モードを使って苦労しながらもどんどんゲームがうまくなっていくのを私は誇りに思ったものだ。私はイタリアに行ったとき、友人のカルロとヒメーナの家のリビングルームで「ギター・ヒーロー」をプレイしたが、おそらくその経験をずっと忘れないと思う。私は教室で、いつ聞いても心が躍るDoes Age Quash our Spirit of Adventure?（「年齢は我々の冒険心を鎮めるか」）と題された科学者のロバート・サポルスキーのインタビューを、ナショナル・パブリック・ラジオ（ＮＰＲ）のポッドキャストで学生に聞かせた。このインタビューを聞かせるたびに、私は学生たちがそれについて何と言うか、聞くのが楽しみである。私は他にも心に残るポッドキャストDarwin and the Floating Asparagus（「ダーウィンと浮かぶアスパラガス」）を授業で聞かせている。学生たちは、その内容の面白さに笑いながら、歴史と心理学についても学ぶ。他の方法で同じように教えるのは難しい。

メディアのメッセージは、一様に悪くて厄介なものではない。繰り返すが、私が言いたいことは、メディアは効果的で、また説得的で影響力が大きく、私たちは自分の生活で積極的に過ごすよりも、つい受動的に画面に見入ってしまいがちだということだ。それが本当だと仮定したうえで、いくつかの提案がある。これらの考えは、あなたをマスメディアの消費者として、助手席から運転席に移すことを目的として考えられている。これらは特に、あなたをメディアの影響に関してより主導権を握り、影響されないようにすることに重点を置いている。これらをまず手始めとして用い、あなたの状況に合わせて調整してほしい。

筆者からの提案

◆メディアに接触する際は、その影響を受ける可能性を常に前提としよう

本書全体を通して、私たちはいかに気がつかないうちにメディアから影響を受けているかを見てきた。メディアは自動的で無意識の反応を引き起こしうる。これがおそらく私たちが、自分がメディアには影響を受けていないと感じ、他の人は受けていると感じる理由の一つであろう。またあるときには、自分がメディアからの影響を受けていると認識していても、認知的不協和を低減する必要からそれを否定してしまう。

食物の摂取を考えるのと同じように、メディアの摂取についても考えてほしい。それは取り入れたものがすべてあなたの一部分になり、どのように感じ、考え、そして行動するかに影響を及ぼすという意味で言っている。この考え方の転換は、大したことでないように思えるかもしれないが、この一見小さな変化はあなたの人生に重要な違いをもたらす可能性を持つと私自身は信じている。古代ギリシャの哲学者ヘラクレイトスは「物事の性質は、隠される傾向がある」と言った。テレビ番組、映画、ビデオゲームや音楽は取るに足りないことに思えるかもしれないが、そうではない。私たちの生活にマスメディアが占める割合が多いことは、メディアの影響について私たちが知る必要があることを示唆している。そのような影響について賢くなろう。

◆接触を制限しよう

メディアの影響の社会心理学を前提とすると、影響を減らす主な方法は、理屈からいってもまずメディア接触を制限することである。この目標を達成するためには多くのやり方がある。いくつかのヒントを示そう。広告協議会の「スモール・ステップ（小さな一歩）」アプローチ・モデルは、人は実行不可能に思える目標よりも、自分

で変えられる小さなことを示された方が、提言がより効果的になるという研究結果を基にしているが、私はそれに倣っていく。[*9][*10] たとえば、いつどんなメディアに接触したか、記録をとることから始めることもできる。たとえば、メディア接触時間を一週間ごとに合計して、どのような状況か見てみる。そこから計画を立てよう。最初は少し変えるだけでいい。たとえば、テレビを見る時間を一晩に三十分とか一時間短くすることが考えられる。ついでにいうと、アメリカ人は睡眠不足気味であるが、睡眠の欠乏は免疫機能や集中力の低下、そして肥満にさえ影響するという。単にテレビを一時間早く消して就寝すると決めることもできる。もしそれを実行したら、きっとすぐに気分が良くなるだろう。また寝るまでの一時間に他の雑用をする、または本を読むと決めることもできるだろう。

子どもたちに対しては、アメリカ小児科学会は画面を見る時間を一日に一～二時間以下に制限するよう提言している。専門家は、視聴時間を制限することだけで、社会全体で攻撃性の低下などのポジティブな効果が得られると確信している。[*11] これまで見てきたように、視聴時間が延びることは、健康に関する他の要因、たとえば肥満の増加や、子どもの集中力の持続時間の低下などにも結びつくと考えられている。明らかに、子どもたちの健康のためになる最も良いことの一つは、彼らのテレビ視聴時間全体を短くすることだ。同様に、子どもたちがテレビで見ている番組について親子で話し合うとき、親が暴力的な内容を批判すれば、子どもはメディアの暴力にあまり興味を持たなくなり、攻撃的な態度も少なくなる。

以前「テレビを消そうネットワーク」と呼ばれていた「スクリーン・タイム・アウェアネス・センター」(screentime.org 参照)は、健康促進とメディアの影響に関する啓蒙に取り組むため、毎年、メディアを消す運動週間を後援している。私は過去に、その取り組みに加っていた地元の学校の主導で、「テレビを消そう週間」に参加したことがある。この経験から、私は次の二つの点を最も強く感じたことを覚えている。それは、①若者は、最初はテレビの画面が見られないことに対して、どう対処したらいいかほとんどわからない、②最初のうちは文句を言っても、参加者は気分が良くなったことに驚き、もっとテレビを消したくなる、ということだ。つまりそれは、若者たちはマスメディアの『マトリックス』の世界にはまりすぎていて、実際のところメディアなしではどうしたらよいかわからない、ということを示してはいないだろうか。メディアを消そう週間の主催者たちは、子どもたちにメディアがない場合は何から始めたらいいかというアイディアを与えるために、テレビ視聴以外の活動リスト（犬を洗う、凧を揚げる、木登りをするなど）の本まで出している。

イタリア人は、夕食の後に散歩をするという楽しい習慣を持っている。イタリアはまた一般的に文化的で高尚な芸術と文学、美味しい食事で有名である。それが料理であろうと、ファッションであろうと、または会話でさえ、イタリア人は**ドルチェ・ヴィータ**（*la dolce vida*）、すなわち甘い生活にしてしまう。アメリカではアルコール中毒率が高いのに対して、イタリア人は人生を楽しむために、食事をしながらワインや食前酒を飲む。アメリカは、カウチポテト社会になっていると懸念される。イタリアには、**パッセジャータ**（*passeggiata*）、すなわち夕方の散歩という素敵な伝統がある。毎晩午後五時から七時の間に、イタリア人は軽い散歩をして近所を練り歩く。その目的は、見ることと見られること、そして**ファーレ・ラ・ベラ・フィギュラ**（*fare la bella fifura*）、イギリス風にいえば、格好よく見せることだ。それはしゃれた社交行事であり、外に出て歩道や公共広場を歩き、友達と集まって一緒に歩きながらおしゃべりをする。私にはローマで友人のカルロとヒメーナと散歩した素敵な思い出がある。夕暮れ時にスペイン階段から遠くを眺めて（もう少しでスペイン階段の下の噴水に落ちるところだった〈私はあまり「優雅」ではなかったが、**それは楽しい経験だった**〉）、そして近隣を散歩したことは、最も**甘い生活**に近い体験だった。

私がイタリア人の**パッセジャータ**の習慣、つまり「軽い散歩」について述べているのは、ある文化での習慣というのは、社会的・個人的な側面の両方で、他の文化と比べてかなり健康的でより豊かだと指摘するためだ。ここで、アメリカでは**メディア消費が**多くの人の生活となっているという本題に入る。メディアは、健康的なライフスタイルの一部になりうると私は考えるが、生活の至る所にメディアが紛れ込んでいるという、そのバランスの悪さには疑問を感じる。また私たちは、メディアに支配されていることに多くの場合気がついていないようである。このことに疑問を持ち始め、社会での私たちのライフスタイルにバランスを持たせるようにしてはどうだろうか。もちろん、アメリカ人全員がカウチポテトではない。興味深く活動的な意義深い生活を送っている人々もいる。しかし、不健康なバランスの悪い生活に陥っている人の数が多すぎる。バランスの悪さによって、私たちは活動や興味から遠ざかり、社会にとって価値を持つすべてのことにあまり関わらないようになるだけでなく、メディアの画面を見つめているときにその見ている内容に操作されやすくなってしまう。夕食後の散歩のような習慣は生活をもっと豊かにし、画面を見つめて時間を過ごすよりも健康的で思い出に残る。あなたが好きなことをしたらいいだろう。それは飼っている犬と遊んだり、近所の人とトランプのゲームをしたり、またあなたの幼い子どもと一緒に工作や庭いじりをすることかもしれない。

もう一つの取り組みは、週に一回、テレビを見る以外で、あなたが好きな活動をする計画を立てることだ。たとえば毎週木曜日には、テレビを見るとかビデオゲームをするのではなく、友達とバスケットボールをする。あなたが大好きなことをリストアップして、週間予定に加えよう。または、これから試したいことや学びたいことのリストを作ってもよい。ヨガや写真、その他何でも、あなたがこれまで学びたかったことを習おう。テレビを見る代わりに、週一回何かを実行しよう。もしそうしたら、今から五年後に、友達とバスケットボールをしたことや、写真を習ったことを、テレビで見たことよりもずっとよく覚えているに違いない。またきっとより多くの喜びも得られるだろう。

チクセントミハイは『フロー体験入門――楽しみと創造の心理学』で、研究の結果から、一般的な考えに反して、テレビを見ることや仕事から引退することが、私たちを幸福にするわけではないと述べている。私たちを幸せにするのは没頭することであり、夢中になれる何かをして、自分が生きていると感じることだという。ここで小休止して、以上のような私たちを幸福にさせてくれるものでなく、私たちがなぜテレビを見てしまうのか考えることは価値のあることだ。チクセントミハイは、彼の研究では次のようなことが明らかになったと説明している。

趣味は、テレビと比べて約二倍半、活動的な試合やスポーツはテレビと比べて三倍、強い喜びをもたらす傾向がある。それなのにこれらの同じ十代の若者（彼の研究対象者）は、彼らの自由な時間のうち、趣味やスポーツをする時間の少なくとも四倍をテレビを見ることに費やしている。大人の場合も同じである。なぜ私たちは自分を良い気分にする機会が半分以下の行動に、四倍も多くの時間を費やしているのだろうか。[*12]

その答えは、彼のデータによると、最も楽しい活動は、始めるのに時間や労力の点である程度の投資が必要となるからだという。あまり面白くないと思っても、受動的にテレビを見ることはより手軽だ。そして見れば見るほどテレビは面白くなくなってくる。受け身的な娯楽にふけるもう一つの動機は、私たちを不安にすることから逃げるためである。この動機に伴う問題点は、チクセントミハイによると、その娯楽の後にもまだ「終わりのない不満足感[*13]」が残るということだ。テレビを消そう週間に参加している若者たちが、メディアなしで過ごすことでどんなに気分が良くなるか思ってもみなかったのは、チクセントミハイの研究が私たちに伝えていることを明確に示している。直感に反して、メディアにより多くの時間を費やすことは、私たちを幸せにしない。実際にはより不幸せに、より不満足にさせる。メディア消費の中では、あなたの足を引っ張るようなものでなく、あなたを向上させるものを見つけることをお勧めする。

◆あなたが使うメディアについて賢い選択をしよう

マスメディアの内容には、本当に選択肢が多すぎる。本書で引用した研究が、避けた方がいい内容を示している。レイティングや内容の記述を見て選択をしよう。また、高い評価を得ている情報源を探そう。たとえばアメリカン・フィルム・インスティテュート（ＡＦＩ）が選んだ、最も優れたアメリカ映画百作品については前述した（AFI.com 参照）。ＡＦＩはまた、他の映画のジャンルについても、たとえば最も優れたコメディ映画百作品のリストを作っている。文学における古典的作品のように、素晴らしい映画作品は、良い意味での影響を与えることができる。もし興味があれば、映画制作の背景や、その映画制作のテクニックに関する議論について、さらに多くの内容を読むことができる。そうすることで、見ている映画にもっと積極的に関わることになる。

もちろん、楽しむためのものがすべて高評価を得たものである必要はない。時にはアカデミー賞にノミネートされた映画よりも、くだらないユーモアを見たい気分のときもある。また、高評価の映画の中には、あなた向きでないものもある（私はこれまで映画『三つ数えろ』を見ようとして、途中で眠ってしまったことが何度もある。ごめんなさい、ボギー！）[訳註3]。これらの選択には、あなた自身の性格と経験が影響する。もしこれまで、そのような習慣がなければ、経験するいろいろなメディア活動が、あなたをどのような気分にさせるかに注目してみよう。寝る前に刑事もののドラマを見たら、あなたはよく眠れなくなるか。仕事の合間の五分間に少しビデオゲームをプレイすると、元気が出るだろうか。しかし一方、もしあなたが寝る前に一時間ビデオゲームをしたら、集中力が切れて疲れるだろうか。あなたの身体の声に耳を傾けよう。

文学の古典作品については、映画で見るより、本で読むことをお勧めする。寝る前に本を読むことは、まだ試

訳註3：主演俳優ハンフリー・ボガードのこと。

していなくても、楽しめる習慣かもしれない。他にもたくさんの興味をそそる、そして豊かさをもたらす選択肢がある。古典文学や、『ニューヨーク・タイムズ』のベストセラー・リストの本や、好きなジャンルの新作を試しに読んでみよう。お勧めの本のリストの情報源はたくさんある。モダン・ライブラリー[訳註4]は、読者調査を基に、一九〇〇年以降に英語で出版された作品の中から、小説のベスト百作品と、ノンフィクションのベスト百作品のリストを作った。これらのリストについては、インターネットのサイト http://www.modernlibrary.com/ で詳しく見ることができる。Teachersfirst.com では、米国教育協会によってまとめられた、子どもや青少年に最も読ませたい本のリストを掲載している。また、ブック・クラブ[訳註5]に入るのはどうだろう。そうすれば良い本を読むことができるだけでなく、知的な良い刺激を与えてくれる人々と一緒にその本について議論することができる。

もう一つのお勧めは、テレビを見るときには、チャンネルをあれこれ変えて見るのではなく、事前に何を見るか選ぶことだ。そうすれば、テレビを視聴した時間を覚えておくことができ、どのぐらい見るかをやりくりしやすくなるからだ。ＴｉＶｏのような、デジタルビデオレコーダーのサービス[訳註6]が、これを行う助けになる。録画済みの番組を見るときは、ＣＭを早送りすることができるため、ＣＭからの直接の影響を避けることができる。ＣＭや興味のない部分を飛ばして見れば、テレビ視聴時間を短縮することもできる。事前に見る番組を選んでおけば、興味に合わせたテレビ視聴がよりしやすくなる。たとえば、私は家のインテリアや庭にいろいろと工夫して手を加えるのが大好きだ。私はその発想やアイディアを得るためにホーム・アンド・ガーデンに関する番組を見る。それらの番組には、ＤＩＹに関する商品を売る会社がスポンサーとなっていることは承知のうえではあるが。多分あなたも私のように、人が創造力を発揮している番組を見るのが好きで、自分でそのアイディアを試してみたり、自分のライフスタイルに応用したりするのではないだろうか。

◆別の視点を探そう

メディアでよく見る人や、メディアでいつも耳にしている考えには影響されやすいものだ。時には別の視点を探すことに挑戦しよう。たとえば、大統領候補討論会をテレビで見た後、いくつもの異なった報道で、どちらがディベートを制したと採点しているか比較しよう。オンライン・ブログや新聞記事を見よう。いろいろな人と討論会を見てどう思ったかについて話そう。物事をたった一つの見方で見ようとする衝動を抑えよう。

◆食べ物の摂取と同様にメディア摂取に取り組もう

映画を見たり、ゲームをプレイしたり、インターネットを検索することはあなたの生活の質を高めるが、それについては賢明になる必要がある。前に述べたように、食べ物について考えるのと同じように、メディア摂取について考えることは役に立つ。何を食べるか、そしてどのぐらいの量を食べるかは、長期的な健康と現在のあなたの身体の調子の良さの要因となる。もし多くのジャンクフードを食べれば、健康に良くない物を取りすぎ、健康に良い物を十分に取らないことになる。体調も悪くなり、さらに多くの問題を抱える危険にさらされる。適度な量の体に良い物を食べれば快調になり、問題を抱えるリスクも減る。メディア摂取も同様であり、同じような取り入れ方の選択をする必要がある。悪い物を摂取し、また摂取しすぎると、不健康になる危険がある。それらの結果には高い攻撃性や低い共感性、社会的・知的な能力の低下、そして肥満が含まれるだろう。

私が最初の子どもを妊娠したとき、産婦人科で看護師が私を座らせ、妊婦用のあるビデオを見せた。その後、

訳註４：一九二〇年代に創立されたアメリカの出版社。
訳註５：読書会。
訳註６：たとえば番組表で予約録画ができ、ユーザーの好みそうな番組を自動的に学習して録画するサービス。

私はこれを新米ママの「プロパガンダ・ビデオ」と呼ぶようになった。このビデオでは、妊娠した若い母親が、とても行儀よく座っている子どもたちに囲まれて、ゆでブロッコリーと味付けなしでグリルした鶏肉の食事を用意し、それを皆が喜んでいた。私は冗談でこのビデオを「プロパガンダ・ビデオ」と呼んでいるが、その理由は、あまりに現実的でないため役に立たなかったからである。さて、私がジェイソンを妊娠していたときは、ブロッコリーや健康的に料理した鶏肉や魚をいつもより多く食べたが、味付けなしでは食べなかったし、そのような食事を喜んで食べようとしているふりをした子どもたちに囲まれてもいなかった。そのビデオが説得力のある主張をしようとしていたのは理解できるが、親たち（や他の誰でも）の現実的な様子が見られたら、このビデオももっと役立つのではと思う。たとえば、あなたがブロッコリーと豆腐**しか**食べないというつもりがないのと同様、とても優れた映画やテレビ番組**のみ**を見ようとはしないことはわかる。そのことが、あなたが健康的な、または単に**今より健康的な**メディア摂取ができないことを意味するのではない。私は時々くだらないテレビを見ていることを告白する。そのテレビの一番良い例は、参加者が障害物コースを走っている間、アナウンサーが、十四歳の男の子が大笑いするような解説をする日本の番組である。私のメディア摂取全体のなかで、このような番組の存在は、水の代わりにソーダを飲み、人参スティックの代わりにチーズスナックを食べるようなものだ。体の中にいくらか脂肪があっても大丈夫だろう。しかし、全体的に見れば、健康になるためには摂取量全体を減らして、摂取するものをより良い質のものに改善していくべきだと思われる。ここでもまた、あなたがあるものを摂取した後、それにかけた時間も含めてどのように感じるかに気をつけよう。あなたが食べた物によってできているのであれば、メディアの画面で摂取したものによってもできているのだ。

◆メディア・リテラシーのスキルを高めよう

本書を読んだのであれば、あなたのメディア・リテラシーの能力はすでに高まっている。他にも役に立つ本やウェブサイト、映画がある。また自分で、友達とまたは子どもと一緒にできる活動、すなわちマスメディア摂取のコントロールやメディアがあなたに与える影響の理解を促進させ、あなたを助手席から運転席に移す多くの活動がある。テレビを見ているときには、常に疑問点を考えよう。「彼らはどのような考え方を私に押し付けようとしているのだろうか。この番組はどのような信念、価値観や考えを奨励しているのだろう。自分はどの点で賛同し、どの点で賛同しないのか」という疑問を持とう。

子どもたちと子ども向けのメディアについて話すこともできる。登場人物はどんな人だろうか。この登場人物にとって、大切なことは何だろうか。この登場人物は、あなたの知っている実在の人物とどこが似ていて、どこが違っているのだろうか。どんな登場人物やブランドがどこにでもよく見られていて、この現象はなぜ起きているのだろうか。私はマスメディアについて人々に多く話す機会があるが、子どもをきちんと育てれば、彼らは大丈夫だという話をよく聞く。私たちが理解する必要があるのは、次のようなことだと考える。現在のメディア漬けの文化において子どもたちをきちんと育てることには、私たちに影響を及ぼすメディアの力について何らかの知識を持つように育てることが含まれているのだ。

◆あなたの「毎日」のメディア・リテラシーの服用

メディア・リテラシー教育の素晴らしいお手本を、ノースカロライナ大学チャペルヒル校のメディア研究者であるジェームス・トリアーが提案している。[*14] トリアーは『ザ・デイリー・ショー』を使って、メディアの批判的な見方を教えることを勧めている。ここで彼のお勧めの概要を紹介しよう。トリアーの取り組みでは、『ザ・デイリー・ショー』の番組開始後にホストのジョン・スチュワートが話すお決まりの最初のモノローグの後に続く、風刺ニュースの最新情報の部分に注目している。風刺ニュースの最新情報から得られる重要なメディア・リテラシーの教訓は、『ザ・デイリー・ショー』の表現方法が、どのように他の主流メディアの表現方法と異なるかによって得られる。厳密にいえば、主流メディアは、文法的に正しいとかあまり長い間《ま》を置かないなどの特別の基準に準拠した十秒間のサウンドバイト（引用された短い発言）を用いて、できるだけ感情を含めず公平になるようにしている。『ザ・デイリー・ショー』は、これらの表現手法のルールを守らない。そのうえスチュワートは、「デトゥールモン」（detourmment）、または「ある見方の裏返し」という手法を使い、異議を唱えるため、または意味を変えるためにサウンドバイトに対して言い返す。たとえばトリアーは、「プログレス・ディファインド（定義された進捗状況）」と呼ばれる『ザ・デイリー・ショー』の映像の一部分を引用している。それは、ブッシュ元大統領がイラク戦争について話す一連のニュース映像で構成されている。この映像は、二〇〇七年にアメリカの戦争が進展し始めたとき、議会が自分を妨害しているとブッシュが文句を言っている引用から始まる。スチュワートは、戦局は始まったばかりだと思う、と映像のブッシュに対して指摘し、そしてこの映像は、ブッシュが戦局は好転していると話す映像で中断され、最後にブッシュが二〇〇三年に言った悪名高い「任務完了」という戦争に関する声明で終わっていた。

これを使えば、あなた自身で、子どもたちと、または幅広い年齢の学生たちと、授業でさまざまな取り組みを行うことができる。トリアーはまず、なぜこのビデオは面白いか尋ねることから始めることを勧めている。彼はまた授業の始めに、まず「デトゥールモン」を定義し、それから学生たちに同じ手法を用いた他の映像を探させることを勧めている。その後、彼は同じ人や同じ出来事についての『ナイトリー・ニュース・ウィズ・ブライアン・ウィリアムズ』の報道を、『ザ・デイリー・ショー』の報道と比較することを勧めている。

政治的・風刺的コメディと主流メディアの政治報道を比較するメディア・リテラシーを学ぶ取り組みで、他のものが思いつくだろうか。このトピックや、他の問題に関する取り組みの可能性には限りがない。たとえば、いろいろな点で説得力のある言葉を見つけるため、主流ニュースメディアの記事を分析することができる。主流メディアは、二〇〇八年の大統領選挙でマケインよりもオバマに好意的な報道をしていたといわれる。ある候補者に対して好意的な記事かどうかの見解は、偏ったあるいは特定の候補者の側に立った事実を報道しているかによる。報道は、視聴者を喜ばせるために、勝つと予想されている候補者に好意的になるのだろうか。他にも疑問点を考えよう。たとえば誰がこの番組を制作していて、誰がターゲットとなる視聴者なのか。信頼できる情報源を探して、彼らの見解を見出そう。たとえば、NPRは *On the Media* という、メディア報道を批評する番組を放送している。

◆メディア・リテラシー能力の高い市民の国家を育てる

私たちが、大きな違いをもたらすために取れる最も重要な手段の一つは、学校でメディア・リテラシーのスキルを教え始めることだ。授業にメディア・リテラシーの内容を入れる余裕などないという人もいる。その結果が、アメリカの子どもたちが、彼らの時間のほとんどをメディア接触に使っているのに、まだ彼らに賢いメディアの消費者になるよう教える対処が行われていない現状だ。このままだと、子どもたちを儲け主義の人々に影響されやすい状態にしてしまう。このような弱い立場の例はこれまでも見てきた。たとえば子どもたちへの広告の規制緩和はかなり悪い影響をもたらしているため、政府機関は緊急に対応して変化させる必要性を感じている。本書は教育改革についての本ではないが、実際に、子どもたちに人生で成功するための最善の能力を身につけさせる時間はまだあるといえる。彼らがどっぷり浸かっている文化の海でどのように舵を取ればよいか、教える機会をみすみす失うことは過ちとなるだろう。

あなたが教師なら、センター・フォー・メディア・リテラシーやチルドレン・ナウ、メディア教育基金なども、素晴らしい情報源となる。たとえばセンター・フォー・メディア・リテラシーは、*Beyond Blame: Challenging Violence in the Media*（「ビヨンド・ブレイム――メディア暴力に挑む」）と呼ばれるビデオとカリキュラム（共通コア科目に対応するように作られたもの）を提供している（詳細はウェブサイト、medialit.org を参照）。

私たちは皆利害関係者である

メディア心理学者として議会で専門家証言を二回行った後、私は経済協力開発機構（ＯＥＣＤ）と韓国教育研究情報サービス（ＫＥＲＩＳ）に招かれ、韓国に行って専門家会議に参加した。私の役割は、科学者と政策決定者がどのようにコミュニケーションを行っているかについて話すことだった。私はその招待に興奮した。私が心躍らせたのは、その招待が地球の半分を旅して、初めて韓国を訪れる冒険を意味したからだ。それは期待を裏切らなかった。その旅行は刺激的であり、素晴らしく満足のいくものだった。しかし私が特に感動したのは、本当に重要だと思っているが、それまで一度も正式に話すよう頼まれたことがない内容について話すよう依頼されたからだ。私は科学について他の利害関係者に伝えることを話す機会を得た。これは私にとって楽しいことだった。なぜならこのテーマが扱っているのは、基本的には社会心理の社会心理学だからだ！

私は勝手にテーマを広げ、科学者と政策決定者がどのようにコミュニケーションを行うかだけでなく、マスメディア研究の理解に関して利害を持つ四つの集団の人々が、どのようにコミュニケーションを行っているかについても取り上げた。それらの四つの集団とは科学者、一般の人々、政策決定者、そして企業である（図9-1参照）。

これらの四つの集団は異なる言葉を話し、異なる動機を持っているため、その間のコミュニケーションは現実的な課題である。これらの利害関係者は、あまりお互いのことを理解してもいないが、相手のことをよく知らないでどうやって互いにコミュニケーションがとれるのだろうか。「メディア暴力の十一の神話」でジェームス・ポッター[*15]は、五十年以上にわたってメディア暴力に関する公聴会が行われた結果、私たちは時間を浪費しただけで、その問題についてほとんど何もしていないと述べた。関心や議論は引き続き存在しているが、実質的な効果は何もない。私たちが行き詰まって前に進めない大きな理由は、当事者間の効果的なコミュニケーション不足だ

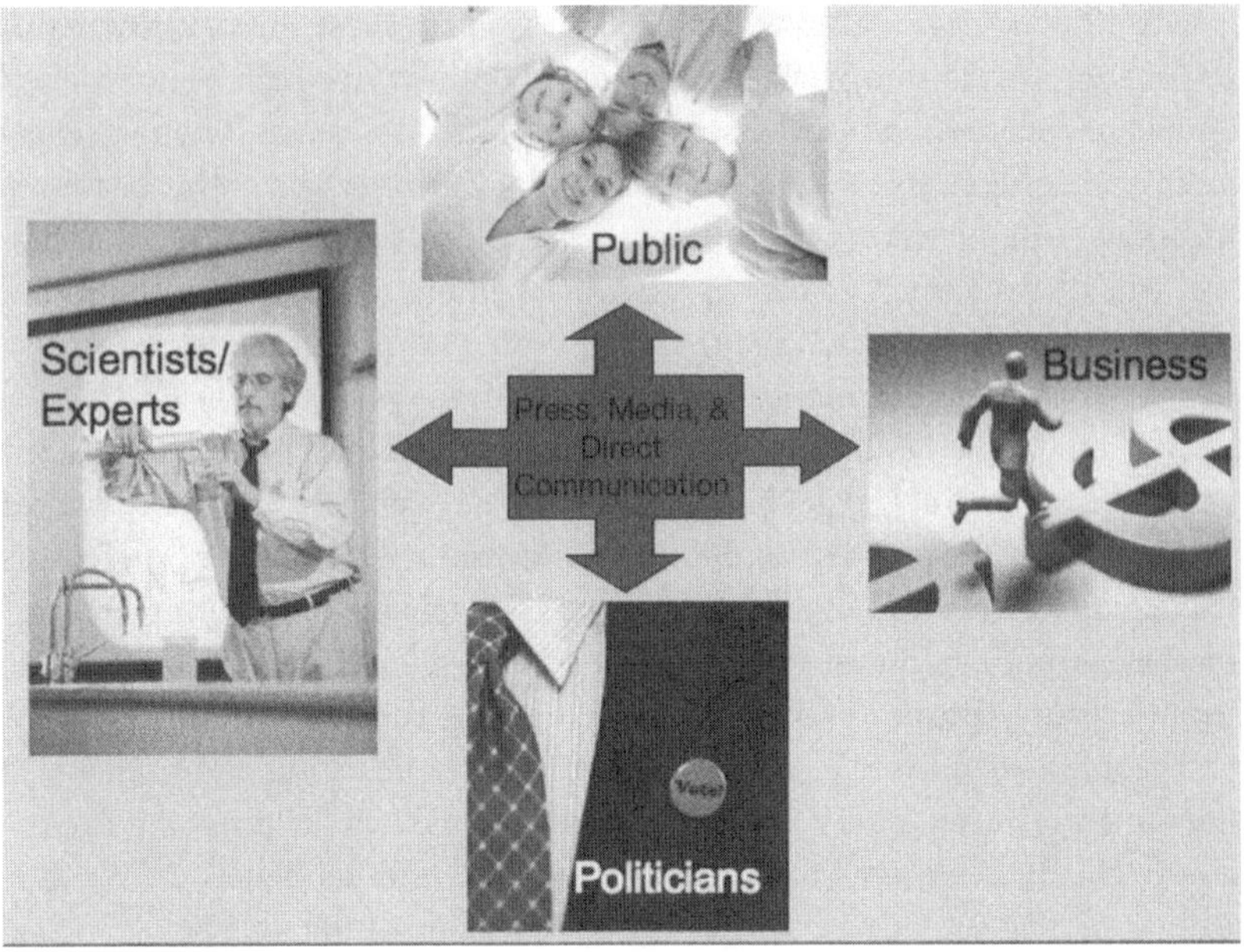

図9－1　一般の人々（上），科学者と専門家（左），政策決定者（下），そしてビジネス関係者（右）は，すべてマスメディアとその影響に関心を持つ利害関係者である。科学者とその他の専門家たちは，彼らの仕事をもっと役立てるために，すべての利害関係者たちともっと効果的にコミュニケーションをする方法を学ぶべきである。
（With permission from Family Huddle（*8421366*）：©Katrina Brown－Fotolia.com, VOTE（*7502670*）：©Michael Flippo－Fotolia.com, Scientist（*1468559*）: ©Yuri Arcurs－Fotolia.com, Business（*1538103*）:©Iryna Petrenko－Fotolia.com）

と思う。そこで私はいくつかの提案をしたい。車の運転の比喩を広げて、私たちがはまってしまった轍から抜け出すために、けん引をしてもらう方法をお勧めしたい。そのために、科学についてよく知っているあるアーティストの助けを借りたいと思う。

本書で私はすでに、質の高いメディアで、異なったものの見方にも触れるように勧めた。このアドバイスを取り入れたとき、何が見つかるかはわからない。私は仕事への興味深い関連をあらゆるところで見出した。長い飛行機の旅の途中、私はiPodのスイッチを入れ、アラン・アルダによる「私が独り言を言っている間に小耳に挟んだこと」[*16]のオーディオ版を聴いた。この本で彼は、これまで行った卒業式の演説や他のスピーチについて語っている。私は始めこれを楽しみのために聴くつもりだったが、思いがけず知的な意味でとても重要な内容だったため、この本について論じることを本書の結びとしたい。

アルダはテレビドラマ *M★A★S★H*（マッシュ）でホークアイ・ピアス役を演じたことでよく知られている。私はある登場人物が俳優によってこれほど見事に演じられた例を他に思いつかない。ついでにいうと、実際に私がアマゾンドットコムで「私が独り言を言っている間に小耳に挟んだこと」のレビューを読んだとき、ある評価者は、三十歳以上の人は**無意識のうちに**（強調付き）アラン・アルダはホークアイ・ピアス**である**と信じていると述べていた。その通りだ。

私たちが共有する想像以上のホークアイ・ピアスを現実の人間にしたことに加え、十一年の間アルダは公共放送ＰＢＳのテレビ番組 *Scientific American Frontiers* のホストを務め、さまざまな発見をした著名な科学者たちをインタビューした。この番組は、科学を科学者以外の人々にわかりやすく伝えるのに貢献した。たとえば何が唐辛子を辛くするかを知ったときも、夢を見ているときには何が起こるかについて見出したときにも、アルダの好奇心や熱意が視聴者に伝わってきた。そして、科学者が自分の仕事について明快に話す手助けをしてきた経験が、科学そのものや、科学を一般の人々により上手に伝えることの必要性についての彼の考え方を形作った。

それが、彼がカリフォルニア工科大学の若い科学者や技術者たちに話した、卒業式でのスピーチの内容である。このスピーチで、彼はなぜ科学者と非科学者を仲直りさせる真の必要性があるかを説明している。アルダは芸術と科学を脳の二つの領域として比較し、芸術は温かくて人間的だというのに対し、科学は冷たいものだという評価がされてきたと言っている。人々は科学的な証拠よりも、摩訶不思議な考えに頼ってしまいがちである。そして人々は科学者が異を唱えたら、科学は意見であるから、科学界が心を決めかねているだけだと考えて混乱してしまうことが多い。「私たちは、科学が一つの信念にすぎないという考えが、ますます信じられている文化に生きています。……証拠を検討することは、ある信念を受け入れることとは異なることを、私たちはあまり理解していません」[*17]。彼はまた、一般の人々が科学者の考え方について理解していなければ、そのことが、きちんとした研究をジャンク・サイエンス（根拠の乏しい科学）と呼んではねつけてしまう可能性をもたらすことになると言っている。もし人々が科学は単にもう一つの意見だと考えれば、政治家たちが作り上げたこの意味づけが、科学そのものであると受け入れられてしまう。

前に述べたように、ブッシュマンとアンダーソン[*18]は、メディア暴力と攻撃性の結びつきの科学的な証拠が増えれば増えるほど、その結びつきはより弱いとメディアが報道し始めた実例について示した。この欠陥のある報道が行われた理由の一つは、ジャーナリズムの公正に関する原則を、誤って適用していることだった。報道では通常、科学者と業界の代表者を議論の二つの側として平等に扱い、科学とビジネス関係者の利権の性質の違いを無視している。アルダが適切に表現しているように、これは科学が意見ではなく、証拠に基づいていることについての理解の大きな欠如を示している。不備のある報道が行われるもう一つの理由は、ブッシュマンとアンダーソンによると、新聞やニュース雑誌を売る大企業が、同時に暴力的なビデオゲームやＤＶＤを売る商売をしているからかもしれない。前述したように、現在本書を書いている時点では、ＢＢＣはすでに公的に上記のような誤った報道を行っていることを認めており、今後は行わないという方針をはっきりと立てている。他のメディアが後に続けば、それは私たちが受け取る科学報道の質が、意味のある変化を遂げることを意味するだろう。

ところで、科学者に対する一般の人々の見方はどうだろうか。アメリカ科学振興協会（ＡＡＡＳ）は、映画制作者に対して、ステレオタイプ的でない現実の人間としての科学者を描くよう奨励するために、助成金を提供している[*19]。それはなぜか。人々の科学者に関する見方は、実際の科学者と接する体験ではなく、むしろマスメディアによって形成されているからである。そしてマスメディアで描かれる科学者は、がり勉タイプや冷たい人、またはマッド・サイエンティスト（気の狂った科学者）などのステレオタイプで描かれがちである（そして、私もこのなかのいくつかに当てはまるが、でもそれは単なる偶然だ）。ＡＡＡＳは、科学者が現実にいる人間で、釣りに行くこともあり、家族がいる人々で、時には魅力的で、そして女性の科学者もいるのだと映画で示してほしいだけなのだ。これは、科学は冷たくて人間的でないという評価を受けている、とアルダが言ったことを明確に示している。人々は、象牙の塔から話している、自分とは遠く離れたロボットのような科学者を信用しない。科学は独りよがりの理解し難い意見だという烙印を押され始めている。

それでは、人々に科学を理解してもらい、価値あるものと思ってもらうためにはどうしたらいいだろうか。人々に、科学者は人間的で時には温かい人だとさえ思ってもらうには、どのようにしたらいいだろうか。アルダはカリフォルニア工科大学での卒業式のスピーチで、科学者たちは、人々との間のコミュニケーションの経路を開いて、自分の仕事を、人々が恋に落ちるようなやり方で伝えなければならないと言っている。もっと正確にいえば、研究について語るとき、科学者は次のように定義される恋愛の発達の三つの段階、①欲望、②夢中、③関与を通して人々を導くべきだという。

「科学への欲望？」あなたが考え込むのがわかる。「それって正確にはどんなことなの」科学への欲望とは、驚嘆するような科学の進歩について聞いたとき、湧き上がる興奮のことだ。それは、科学が私たちを長生きさせ、もっと良く生きられるようにしてくれる世界に存在している気にさせる。私たちの脈は速くなり、世界は新鮮に、刺激的に感じられる。受け手を科学への欲望で魅惑するためには、アルダ曰く、すぐに惹きつけなければならない。科学者は声の調子や仕草に気を使うところから始めるべきである。うまく会話し、興味深く話すことで、素人の視聴者は理解できる。講義モードになるのは避けよう。そして使う言葉に気をつけよう。人間的な温かさと感情を見せよう。そして、顔の表情を豊かにしよう。もしあなたが、れっきとした人間の声で話したら、聞き手はあなたが本物の人間で、オリンポス山[訳註7]から来た神様ではないと感じとるだろう。ほとんどの大学教授は教え方を学んだことがないことを、そしてほとんどの科学者は一般の人々とのコミュニケーションの仕方を研究したことがないことをご存知だろうか。これは驚くべきことだ。私が想像するに、頭の良い人々は、人とどのようにコミュニケーションをとるか自ずとわかるだろうというのが一般的な通念なのだろう。しかしもちろん頭の良さにもいろいろある。ある人は生まれながらコミュニケーションに長けているが、重要なコミュニケーション法は科学者にも教えうるし、また教えられるべきだろう。

科学と恋に落ちる次の段階は、夢中になることである。物語を感情的にすることで、私たちは内容を覚えやすくなる。アルダは、科学者に彼らの仕事を探偵小説の枠組みで伝えるよう勧めている。ミステリー小説はワクワクさせてくれる。その物語は行き詰まったり、浮き沈みがあったり、突破口が求められたりする。過ちも省略しないことが大切だ。なぜなら、物語をより人間的にしてくれるからだ。

私はアルダの言うことはもっともだと思う。科学者はうまくいかなかった研究を発表しないことがよくある。これについては実際に、「ファイル用引き出し問題」という言葉がある。それは、目立った結果が出なかった研究は、ファイル用の引き出しに入ったままで、出版されないことが多いという意味である。とはいえ、うまくいかなかった研究について話さなければ、科学者はエリートで欠点がないように、ここでもまた人間的でなく思えてしまう。受け手は、聞いている研究がうまくいった研究だから、科学者がワクワクするのだとは知らない。彼らはおそらく、研究の多くが良い結果を出しているわけではないということも知らないだろう。データを分析して有意な結果を得たとき（これは多くの思考の後、やっと研究が軌道に乗った後であるとつけ加えておくが）、自分が予想した通りのデータが得られたときには、喜びはいうまでもなく、畏怖と驚嘆の明白な感覚が感じられる。これらは、いきなり最後まで飛んでしまって戸惑うような不思議な感覚である。それまでとても困難に感じられたことが、とても簡単に思えるのだ。

訳註７：ギリシャ神話で神々の住む所。

最後に、科学と恋に落ちる最終段階には、科学者が受け手を関与させたときにたどり着く。人が何かに関わることは、個人にとってその何かに真の価値を見出したときに起こる。科学への関わりは、その価値を本当の意味で理解したときに起こる。ここでアルダは、コミュニケーションの簡潔さと明白さを提唱している。彼はレオナルド・ダ・ヴィンチが、簡潔さは洗練さの究極の形だと言った言葉を引用し、アルバート・アインシュタインが、科学は子どもにもわかるように説明されるべきだと言ったことを引用している。多分私のお気に入りは、物理学者のリチャード・ファインマンが言った、もし科学者が彼の仕事を説明できなかったら、彼はおそらく自分でそれを理解していないのだ、という言葉である。私の経験でも、それは多くの場合真実だ。

専門家によると、公共政策にメディアに関する心理学的な研究成果の情報がうまく提供されてこなかった理由の一つは、利害関係者たち、たとえば報道や裁判所、そして一般の人々が、基本的な科学的概念、たとえばどのように科学者が因果関係を理解するかについてわかっていないからだという。[*20] この問題を痛感したのは、二〇〇七年に私が議会で証言する前日の晩、政治家は科学的な因果関係の意味を理解していないと忠告されたときだ。国会議員は、研究の成果を投票結果と同じように扱っていると私は教えられた。またここでも、その考え方は、科学的な結果を意見と同様に扱い、科学的発見が証拠に基づいていて、推測ではないということを理解していないのだ。

科学を人間的にする

科学者が自分のデータを専門分野の雑誌に発表する場合、そこで行われるコミュニケーションは、既定の基準に則っていて人間味が感じられない。アルダが言うように、これは、科学界では個人礼賛が支配的になってはいけないと考えられているからだ。科学の基本的な原則は客観性である。そのため個性や感情といった主観的な内容は、科学的なコミュニケーションでは歓迎されない。客観性は重要で妥当な目標であるため、それは理解できる。しかしながら、それは科学者が科学界の外の人々とどのようにコミュニケーションをとるべきかに対しては、適切なモデルではない。

一般の人々は科学的な研究結果について、通常メディアを通して知る。たとえばもし科学者がインタビューや証言をして、それがテレビやラジオで放送されたら、人々は科学者が自分の言葉で話しているのを聴くことができる。科学者がメディアを通してメッセージを伝えるときは、常に、彼らが科学専門雑誌で言っているのと同じように話すべきではない。これが、アルダが提言していることを科学者が行える機会だ。感情を込めて話し、自分の個人的な情報を含める。そしてわかりやすく話して、子どもや少なくとも専門家でない人が理解できるようにする。これは、私が科学について語るときに心がけていることだ。私は事実を述べるが、感情を込めて文脈の中で伝える。これが、私が自分の人生のストーリーの一部分について語り、私がどこから来て、なぜ今の仕事をしているかについて語った理由だ。そして、本書の中で私が自分の間抜けな部分をさらけ出した理由だ。科学者も現実の人間であるということを知ってほしい。私たちは子どもを持つ親で、子どもたちがいつか大学へ行く日が来ることを夢見ながら、チャッキーチーズ[訳註8]での誕生日パーティに連れて行く。自分がしていることが重要だと信じていることも、一生懸命に働く理由の一つである。マスメディアについて研究する科学者には、私たちはさらにもっと頑張らなければいけないと言いたい。私たちは一般の人々に、研究成果をより明確に、より魅力的な方法で伝えることに集中しなければならない。

科学的な情報を受け取る側の人々に対しては、科学はもう一つの意見などではないと強調したい。科学はまた、冷たい人間味のない営みでもない。科学とは、真実を解読しながら、真実であることの証拠を集めることを

訳註8：アメリカで子どもに人気の、ゲームセンターがあるレストラン。

意味する。それはロボットや、冷酷で嫌な人によって行われているのではない。それは真実に飢えた、頭の良い人たちによって行われている。この人たちは、求める意味のある答えを探すことで世の中を良くしたいと思っている。そして企業の場合と違って、科学者はあなたからお金を取ろうとはしていない。

ここまで私と旅に付き合ってくれたことに、そしてマスメディアの社会心理学について多くを学んでくれたことに感謝したい。あなたがマスメディアとの関係を、より主体性を持って御する準備ができていることを期待している。私はまた、あなたがマスメディアの影響の背後にある科学について、より深く理解したことを期待している。もし、もっとメディアを消して自分が活動的に関わる何かをしたら、人生からより多くの喜びを見出し、自分の選択に対してより嬉しく思うだろう。さらにこんなに多くの時間を取られるメディアについて、さらに多くの教育を受けたことで、もっと幸せに、そして他の人の策略に引っかかりにくくなるだろう。『フロー体験入門――楽しみと創造の心理学』によると、「自分がすることをどのように選び、それにどのように取り組むかが、結局は私たちの毎日が形のないぼんやりとしたものになるか、あるいは芸術的に素晴らしいものになるかを決める」[*21]。人生は短く貴重である。比喩的にいうなら、これまで私たちは、メディアが決めた場所に車で連れて行かれながら、助手席に座ることに納得していることが多かった。今や運転席に飛び移って、自分の旅を自分で計画するときが来たのだ。どうかあなたの旅が楽しいことでいっぱいの冒険でありますように！

訳者あとがき

本書は、二〇一六年に出版された *How Fantasy Becomes Reality: Information and Entertainment Media in Everyday Life* の全訳である。本書はまた、二〇〇九年に出版された *How Fantasy Becomes Reality: Seeing through Media Influence* の第二版であるが、初版から大幅に加筆修正がなされており、サブタイトルも変わっている（付け加えると、序章にもあるように、初版が出た後、再婚によって著者の姓が変わったため、両書は著者名も異なっている）。近年、ソーシャルメディアの台頭により、メディアの変化は大変目まぐるしいものとなっているため、その変化に合わせた加筆が必要になったのであろう。しかしながら、全編を通して語られているメディアの社会心理は、いつの時代も変わらないと考えられる。

著者のカレン・E・ディル-シャックルフォードは、社会心理学およびメディア心理学の研究者で、現在フィールディング大学院大学の博士課程の教授を務めている。大学院生（博士課程）時代には、ビデオゲームの暴力的影響の研究で知られるアイオワ大学のクレイグ・アンダーソン教授（当時はミズーリ大学に在籍）の下で学び、博士論文を著名な専門ジャーナルに発表して、注目を集めた。その後もメディアの影響に関する社会心理学の論文・著作を精力的に発表し、二〇一三年に出版された「オックスフォード・メディア心理学ハンドブック」の編者を務めている。二〇〇〇年と二〇〇七年には、米国議会でメディア暴力やラップ音楽の歌詞の影響について専門家として証言をするなど、社会的にも活躍の場を広げている。さらに現在は、一般向け心理学専門誌 *Psychology Today*（「サイコロジー・トゥデイ」）のオンライン版ウェブサイトにおいて、*How Fantasy Becomes Reality*（本書と同じタイトル）というブログを担当し、メディアの心理的な影響について、本書の続きまたは番外編ともいえる内容を執筆している（https://www.psychologytoday.com/us/blog/how-fantasy-becomes-reality）。本書の中で著者は、自分の経験と専門知識を活かして社会をより良くしたい、そして自分のライフワークは、科学を一般の人々のために翻訳して伝えることだと述べている。同じ社会心理学者として、また同じくメディアと心理を研究対象とする研究者として、訳者は著者のこの姿勢に共感し、日本語に翻訳して出版することで、日本の読者にも著者の思いを伝えたいと考えた。

本書の特徴は、メディアの影響についての日常的な具体例が豊富に描かれ、それらが心理学的な専門知識、研究成果とともにわかりやすく解説されているところにある。専門書にありがちな難しい表現はほとんどなく、語りかけるような文章で読み手を引きつける。随所に著者自身や家族の話も登場する。著者は、自分が『ハリー・ポッター』の大ファンであることや、我が子とのコミュニケーション、また自分の失敗などをネタにしながら、メディアの心理的な影響についてわかりやすく説明している。そして、メディア研究にありがちな、メディア批判に終始してメディアを悪者としてのみ扱うのではなく、そのポジティブとネガティブな影響の双方をバランスよく説明している。まさに、メディア飽和状態の現代社会における、メディアとの賢い付き合い方を教えてくれる書だといえる。

本書は娯楽メディアの影響を中心に述べているが、そこが興味深いところでもある。日常的なメディア利用のなかでも、娯楽としてのテレビや映画、ゲームなどの影響は、ほとんどの人が自分で経験し、興味を持つテーマである。一方、日本ではあまり取り上げられていないが、アメリカでよく議論されている人種偏見や消費主義、肥満など健康の問題、そして政治とメディアとの関わりについても、本書では詳しく述べられている。これらの内容については、日本社会でもその教訓が役立てられるだろう。本書を読むことで私たちは、日本でも現在進行形の、また将来顕在化するであろうさまざまな問題について多くを学ぶことができる。

メディアを通して、私たちは架空の物語や人物に夢中になり、映画やドラマを見て人生を変える選択をすることがある。私たちはまた、メディアでよく目にする有名人や芸能人をまるで知り合いのように感じたりする。このように私たちは、メディアから日々さまざまな影響を受けている。もちろん、その影響はネガティブなものだけではない。メディアがあるからこそ、私たちの生活や人生が豊かになる、ポジティブな側面もある。さまざまなメディアが私たちにとって必要不可欠になっている今日、読者が本書を読むことで、その影響について理解し、悪い影響を避け、良い影響をさらに享受できるようになることを期待している。

最後に、本書を翻訳するきっかけを作ってくださった、東洋大学の山田一成教授に感謝したい。また、誠信書房の中澤美穂氏には、本書の企画から出版まで大変お世話になり、楠本龍一氏には、大変丁寧な編集作業をしていただいた。この場を借りてお礼を申し上げたい。そして、アメリカの文化・社会に関する多くの質問に答えてくれた夫にも感謝の気持ちを伝えたい。Wesley, I really appreciate your support！

川端美樹

二〇一九年八月

人名索引

ア行

アルダ（Alda, A.） *343-344, 346-348*
アロンソン（Aronson, E.） *93*
アンダーソン（Anderson, C.） *140, 144, 152, 155, 180, 286, 345*
イーロン（Eron, L.） *145-149*
ウルフ（Wolf, N.） *196, 237*
オーウェル（Orwell, G.） *37, 38*
オバマ（Obama, B.） *168-169, 308*

カ行

カシオッポ（Cacioppo, J.） *114*
カプチック（Cupchik, G.） *16*
ガーブナー（Gerbner, G.） *116, 166, 175*
カールスミス（Carlsmith, J. M.） *31*
キルボーン（Kilbourne, J.） *10, 253, 260*
キャンター（Cantor, J.） *104-106*
キング（King, M. L. Jr.） *21-22, 168-169, 204*

サ行

サーキシアン（Sarkeesian, A.） *166-167*
ジェームズ（James, W.） *16, 39, 161, 244*
ジェンキンス（Jenkins, H.） *70, 81*
ジェンティール（Gentile, D.） *140*
シンガー，ドロシー（Singer, D. G.） *106*
シンガー，ジェローム（Singer, J. L.） *106*
ジンバルド（Zimbardo, P.） *44*
スキナー（Skinner, B. F.） *141, 207*
スチュワート（Stewart, J.） *121, 308, 310-313, 320*

タ行

ダーウィン（Darwin, C. R.） *26, 28*
ターナー（Turner, T.） *77-79*
チクセントミハイ（Csikszentmihalyi, M.） *36, 96, 333-334*
デヴァイン（Devine, P.） *182*
ドナースタイン（Donnerstein, E.） *200*

ハ行

バーコヴィッツ（Berkowitz, L.） *162, 200*
ピカソ（Picasso, P.） *87*
ヒルトン（Hilton, P. W.） *219*
ファンク（Funk, J. B.） *137*
フェスティンガー（Festinger, L.） *31*
フスマン（Huesmann, L. R.） *146-147, 149*
フロイト（Freud, S.） *32, 139*
ペティ（Petty, R.） *114*
ポッター（Potter, J.） *107, 109-110, 139, 149-150, 208, 246, 342*

マ行

マクルーハン（McLuhan, M.） *4, 97, 285, 327-328*
マズロー（Maslow, A.） *93*

ワ行

ワトソン（Watson, J. B.） *207, 209-210, 215*

事項索引

サ行

タ行

ナ行

ハ行

マ行

ヤ行

ラ行

文献

日本語版への序文

1. Sakamoto, A. (2013). The Japanese approach to research on the psychological effects of media use, In K. E. Dill-Shackleford (Ed.), *The Oxford handbook of media psychology* (1 e). New York: Oxford University Press.

第1章　フィクションと現実

1. Kilbourne, J. (2000). *Killing us softly 3*. Northampton, MA: Media Education Foundation.
2. House Committee on Energy and Commerce, Subcommittee on Commerce, Trade and Consumer Protection. (2009). *From imus to industry: The business of stereotypes and degrading images, September 25, 2007.* Washington: U.S. G.P.O.
3. Brenick, A., Henning, A., Killen, M., O'Connor, A., & Collins, M. (2007). Social evaluations of stereotypic images in video games: Unfair, legitimate, or "Just Entertainment"? *Youth and Society*, *38*, 395–419.
4. Poll Says Games Are Safe. (1999). https://www.ign.com/articles/1999/05/24/poll-says-games-are-safe （2019年7月16日）
5. Glasser, I. (1988). Television and the construction of reality. *Applied Social Psychology Annual*, *8*, 44–51.
6. Craig, H. & Manzolatti, J. (1980). Television criminology: Network illusions of criminal justice realities. In E. Aronson (Eds.), *Readings on the social animal*. San Francisco: Freeman.
7. Appel, M., & Richter, T. (2007). Persuasive effects of fictional narratives increase over time. *Media Psychology, 10*, 113–134.
8. Dill-Shackleford, K. E., Green, M. C., Scharrer, E., Wetterer, C., and Shackleford, L. E., (2015). Setting the stage for social change: Using live theater to dispel myths about intimate partner violence. *Journal of Health Communication, 20*, 969–976. doi:10.1080/10810730.2015.1018622.
9. Green, M. C. (2007). Linking self and others through narrative. *Psychological Inquiry, 18*, 100–102.

10. Prentice, D. A., Gerrig, R. J. (1999). Exploring the boundary between fiction and reality.In S. Chaiken & Y. Trope (Eds.), *Dual-Process theories in social psychology* (pp. 529–546). New York: Guilford Press.
11. Smith, E., & Whiteside, J. (2004). TV sitcom so transforms use of English. *University of Toronto Magazine,* Spring. http://www.magazine.utoronto.ca/04spring/leadingedge.asp.
12. Deaux, K., & Hanna, R. (1984). Courtship in the personal column: The influence of gender and sexual orientation. *Sex Roles, 11*, 363–75.
13. Gutierres, S. E., Kenrick, D. T., & Partch, J. J. (1999). Beauty, dominance and the mating game: Contrast effects in self assessment reflect gender differences in mate selection. *Personality & Social Psychology Bulletin, 25*, 1126–1134.
14. Gutierres, S. E., Kenrick, D. T., & Partch, J. J. (1999). Beauty, dominance and the mating game: Contrast effects in self assessment reflect gender differences in mate selection. *Personality & Social Psychology Bulletin, 25*, 1126–1134.
15. Festinger, L., & Carlsmith, J.M. (1959). Cognitive consequences of forced compliance. *Journal of Abnormal and Social Psychology, 58*, 203–10.
16. Gosling, P., Denizeau, M., & Oberle, D. (2006). Denial of responsibility: A new mode of dissonance reduction. *Journal of Personality and Social Psychology*, *90*, 722–733.
17. Kubey, R., & Csikszentmihalyi, M. (2004). Television addiction is no mere metaphor. *Scientific American, Special Edition*, *14*, 48–55.
18. Kubey, R., & Csikszentmihalyi, M. (2004). Television addiction is no mere metaphor. *Scientific American, Special Edition*, *14*, 48–55.
19. Bushman, B. J., & Anderson, C. A. (2001). Media violence and the american public. *American Psychologist*, *56*, 477.
20. Great thanks to an anonymous peer reviewer for suggesting this historical perspective on manipulation.
21. Bargh, J. A., & Chartrand, T. L. (1999). The unbearable automaticity of being. *American Psychologist*, *54*, 462.
22. Chartrand, T. L., & Bargh, J. A. (1999). The chameleon effect: The perception-behavior link and social interaction. *Journal of Personality and Social Psychology*, *76*, 893–910.
23. Prentice, D. A., Gerrig, R. J. (1999). Exploring the boundary between fiction and reality.In S. Chaiken & Y. Trope (Eds.), *Dual-process theories in social psychology* (pp. 529–546). New York: Guilford Press.
24. Appel, M., & Richter, T. (2007). Persuasive effects of fictional narratives increase over time. *Media Psychology, 10*, 113–134.
25. Nisbett, R. E., & Wilson, T. D. (1977). Telling more than we can know: Verbal reports on mental processes. *Psychological Review*, *84*, 231–259.
26. Nisbett, R. E., & Wilson, T. D. (1977). Telling more than we can know: Verbal reports on mental processes. *Psychological Review*, *84*, 231–259.
27. The course was taught by Craig Anderson.
28. Zimbardo quote from the Discovering Psychology film series Constructing Social Realities,

Annenberg Center for Public Broadcasting.

第 2 章　ファンの世界，フィクションそして現実

1. Bielby, D., Harrington, C. L., & Bielby, W. T. (1999). Whose stories are they? Fans' engagement with soap opera narratives in three sites of fan activity. *Journal of Broadcast & Electronic Media*, *43*, 35–51. doi:10.1080/08838159909364473.
2. Pearson, R. (2010). Fandom in the digital era. *Popular Communication*. *8*, 84–95. doi:10.1080/15405700903502346.
3. Booth, P. (2008). Rereading fandom: MySpace character personas and narrative identification. *Critical Studies in Media Communication*, *25*, 514–536. doi:10.1080/15295030802468073.
4. Jenkins, H. (2011). Superpowered fans. *Boom: A Journal of California*, *2*, 22–37. doi:10.1525/ boom.2012.2.2.22.22.
5. Vorderer, P., Steen, F. F., & Chan, E. (2006). Motivation. In J. Bryant & P. Vorderer (Eds.), *Psychology of entertainment* (pp. 3–17). Mahwah, NJ: Lawrence Erlbaum.
6. Moyer-Guse, E. (2008). Toward a theory of entertainment persuasion: Explaining the persuasive effects of entertainment-education messages. *Communication Theory*, *18*, 407–425. doi:10.1111/j.1468-2885.2008.00328.x.
7. Igartua, J-J., & Barrios, I. (2012). Changing Real-World beliefs with controversial movies: Processes and mechanisms of narrative persuasion. *Journal of Communication*, *62*, 514–531. doi:10.1111/j.1460-2466.2012.01640.x.
8. Greenwood, D. N. (2007). Are female action heroes risky role models? Character identification, idealization, and viewer aggression. *Sex Roles*, *57*, 725–732. doi:10.1007/s11199-007-9290-5.
9. Igartua, J-J. (2010). Identification with characters and narrative. *Communications, 35*, 347–374. doi:10.1515/COMM.2010.019.
10. Green, M. C., & Brock, T. C. (2000). The role of transportation in the persuasiveness of public narratives. *Journal of Personality and Social Psychology*, *79*, 701–721. doi:10.1037//0022-3514.79.5.701.
11. Green, M. C., & Dill, K. E. (2013). Engaging with stories and characters: Learning, persuasion, and transportation into narrative worlds. In K. E. Dill (Ed.), *Oxford handbook of media psychology*. New York: Oxford University Press. doi:10.1093/oxfordhb/9780195398809.013.0025.
12. Green, M. C., Garst, J., Brock, T. C., & Chung, S. (2006). Fact versus fiction labeling: Persuasion parity despite heightened scrutiny of fact. *Journal of Media Psychology*, *8*, 267–285. doi:10.1207/s1532785xmep0803.
13. Mazzocco, P. J., Green, M. C., Sasota, J. A., & Jones, N. W. (2010). This story is not for everyone: Transportability and narrative persuasion. *Social Psychology and Personality Science*, *1*, 361–368. doi: 10.1207/s1532785xmep0803_4

14. Busselle, R., & Bilandzic, H. (2009). Measuring narrative engagement. *Media Psychology*, *12*, 321–347. doi:10.108 0/l 5213260903287259.
15. Brockmyer, J. H., Fox, C. M., Curtiss, K. A., McBroom, E., Burkhart, K. M., & Pidruzny, J. N. (2009). The development of the game engagement questionnaire: A measure of engagement in video game-playing. *Journal of Experimental Social Psychology*, *45*, 624–634. doi:10.1016/j. jesp.2009.02.016.
16. Nabi, R. L., & Moyer-Guse, E. (2013). The psychology underlying media-based persuasion. In K. E. Dill (Ed.), *Oxford handbook of media psychology.* New York: Oxford University Press. doi:10.1093/oxfordhb/9780195398809.013.0016.
17. Nabi, R. L., Moyer-Guse, E., & Byrne, S. (2007). All joking aside: A serious investigation into the persuasive effect of funny social issue messages. *Communication Monograph*, *74*, 29–54. doi:10.1080/03637750701196896.
18. Csikszenthihalyi, M. (1998). *Finding flow: The psychology of engagement with everyday life*. New York: Basic Books.（チクセントミハイ，M. 大森弘（訳）（2010）フロー体験入門——楽しみと創造の心理学——世界思想社）
19. Moyer-Guse, E., & Nabi, R. L. (2010). Explaining the effects of narrative in an entertainment television program: Overcoming resistance to persuasion. *Human Communication Research*, *36*, 26–52. doi:10.1111/j.1468–2958.2009.01367.x.
20. Holland, N. N. (2003). The willing suspension of disbelief: A neuro-psychoanalytic view. *PsyArt An Online Journal of Psychological Study of Arts*, 1–5.
21. Bourdage, M. (2014). Not just “another humourless bitch”: Feminist fans’ reception of Mad Men. *Continuum*, *28*, 164–175. doi:10.1080/10304312.2014.888038.
22. Scannell, P. (2014). *Television and the meaning of live.* Polity.
23. Kaufman, G. F., & Libby, L. K. (2012). Changing beliefs and behavior through experience-taking. *Journal of Personality and Social Psychology*, *103*, 1–19. doi:10.1037/a0027525.
24. Boucher, G., & Cameron, J. (2010). I want to compete with “Star Wars” and Tolkien. *L.A. Times*, August 25. http://herocomplex.latimes.com/movies/james-cameron-i-want-to-compete-with-star-wars-and-tolkien/. （2019年 6 月30日現在 URL 無効）
25. Piazza, J. (2010). Audiences experience ‘Avatar’ blues. CNN.com, January 11 http://edition.cnn.com/2010/SHOWBIZ/Movies/01/11/avatar.movie.blues/index.html （2019年 7 月16日）
26. Langton, S. (1995). *Pride and prejudice.* UK: BBC.
27. Blascovich, J., & McCall, C. (2013). Social influence in virtual environments. In K. E. Dill (Ed.), *Oxford handbook of media psychology*. New York: Oxford University Press. doi:10.1093/oxfordhb/9780195398809.013.0017.
28. Yee, N., & Bailenson, J. N. (2009). The difference between being and seeing: The relative contribution of self-perception and priming to behavioral chancres via digital self-representation. *Media Psychology*, *12*, 195–209. doi:10.1080/ 15213260902849943.
29. Blascovich, J., & Bailenson, J. N. (2012). *Infinite reality*. New York: William Morrow.
30. Bole, C. (1990). *Hollow pursuits*.
31. Hayakawa, S. I. (1990). *Language in thought and action*. New York: Harcourt Brace.

32. Oliver, M. B., & Bartsch, A. (2011). Appreciation of entertainment. *Journal of Media Psychology: Theories, Methods, and Applications*, *23*, 29–33. doi:10.1027/1864-1105/a000029.
33. Dill-Shackleford, K. E., Hopper-Losenicky, K., Vinney, C., Swain, L. F., & Hogg, J. L. (2015). Mad Men fans speak via social media: What fan voices reveal about the social construction of reality via dramatic fiction. *Journal of Fandom Studies*, *3*, 151–170. doi:10.1386/jfs.3.2.151_1.
34. Oatley, K. (1999). Why fiction may be twice as true as fact: Fiction as cognitive and emotional simulation. *Review of General Psychology*, *3*, 101–117. doi:10.1037/1089-2680.3.2.101.
35. Adalian, J., Bernardin, M., Buchanan, K. et al. (2012). The 25 most devoted fan bases. http://www.vulture.com/2012/10/25-most-devoted-fans.html#.
36. Pedicini, S. (2014). Mystery surrounds opening date of Universal's Harry Potter attraction. *Orlando Sentinel.* http://articles.orlandosentinel.com/2014-06-12/business/os-harry-potter-opening-date-20140612_1_universal-studios-japan-universal-orlando-wizarding-world. Published June 12, 2014.
37. Adams, R. G., Harrington, C. L., & Bielby, D. D. (1996). Soap fans: Pursuing pleasure and making meaning in everyday life. *Social Forces, 75*, 394. doi:10.2307/2580814.
38. Campbell, J. (2012). New book series from Intellect-Fan Phenomena. http://www.intellectbooks.co.uk/weblog/view-Post,id=51227/.
39. Zaidi, N. (2013). Top 15 richest YouTubers who make money by sharing videos. smart-earningmethods.com. https://www.smartearningmethods.com/richest-youtubers-who-make-money-by-sharing-videos/. （2019年７月16日）
40. Stanfill, M. (2013). "They're losers, but I know better": Intra-fandom stereotyping and the normalization of the fan subject. *Critical Studies in Media Communication. 30*, 117–134. doi:10.1080/15295036.2012.755053.
41. Larsen, K., & Zubernis, L. S., (2013). *Fangasm: Supernatural fangirls.* Des Moines, IA: University of Iowa Press.
42. Hills, M. (2005). Negative fan stereotypes ("Get a life!") and positive fan injunctions ("Everyone's got to be a fan of something!"): Returning to hegemony theory in fan studies. *Spectator. 1*, 35–47.
43. Jenkins, H. (208). *Convergence culture.* New York: NYU Press.
44. Sandvoss, C., Gray, J., & Harrington, C. L. (2009). The scale and scope of popular communication research. *Popular Communication, 7*, 61–62. doi:10.1080/15405700902776388.

第３章　日常生活における古いメディアと新しいメディア

1. Brenner, J. (2013). The first cell phone call: Excerpt from "Networked: The new social operating system." *Pew Internet American Life Project.* https://www.pewinternet.org/

2013/04/03/the-first-cell-phone-call-excerpt-from-networked-the-new-social-operating-system/.（2019年7月16日）
2. Aronson, E. (2004). *The social animal* (9th Ed.). New York, NY US: Worth Publishers, 2004.（アロンソン，E. 岡隆（訳）（2014）．ザ・ソーシャル・アニマル——人と世界を読み解く社会心理学への招待——サイエンス社）
3. Potter, W. J. (2008). *Media literacy.* Los Angeles: Sage.
4. Roberts, D., & U. Foehr. (2004). *Kids and media in America.* Cambridge, UK: Cambridge University Press. See also the report of this data released by the Kaiser Family Foundation called *Generation M: Media in the Lives of 8-18 year olds* https://www.kff.org/other/event/generation-m-media-in-the-lives-of/ （2019年7月16日）
5. Kubey, R., & Csikszentmihalyi, M. (2004). Television addiction is no mere metaphor. *Scientific American Special Edition, 14*, 48-55.
6. Csikszenthihalyi, M. (1998). *Finding flow: The psychology of engagement with everyday life.* New York: Basic Books.（チクセントミハイ，M. 大森弘（訳）（2010）フロー体験入門——楽しみと創造の心理学—— 世界思想社）
7. Ransford, M. (2005). Average person spends more time using media than anything else. *Ball State University Newsletter,* 9/23/2005 http://www.bsu.edu/news/article/0,1370,7273-850-36658,00.html. （2019年6月30日現在 URL 無効）
8. McLuhan, M., Fiore, Q. & Agel, J. (1967). *The Medium Is the Massage: An Inventory of Effects*(p. 126). Corte Madera, CA: Ginko Press.（マクルーハン，M. ・フィオーレ，Q. 門林岳史（訳）（2015）メディアはマッサージである——影響の目録—— 河出書房新社）
9. Yellowlees, P. M., & Marks, S. (2007). Problematic Internet use or Internet addiction? *Computers in Human Behavior, 23*, 1447-1453. doi:10.1016/j.chb.2005.05.004.
10. Cash, H., Rae, C. D., Steel, A. H., & Winkler, A. (2012). Internet addiction: A brief summary of research and practice. *Current Psychiatry Reviews. 8*, 292-298. doi:10.2174/157340012803520513.
11. Wilson, R. E., Gosling, S. D., & Graham, L. T. (2012). A Review of Facebook Research in the Social Sciences. *Perspectives on Psychological Science, 7*, 203-220. doi:10.1177/1745691612442904
12. Glassman, N. (2010). 39% of American Public Tuning Out of Social Networks Due to Incivility, According to New Weber Shandwick Survey. New York. https://www.adweek.com/digital/rtuning-out-of-social-networks-incivility/ （2019年7月16日）
13. Turan, Z., Tinmaz, H., & Goktas, Y. (2013). The Reasons for Non-Use of Social Networking Websites by University Students. *Comunicar, 21*, 137-14510.
14. Cantor, J. (2001). The Media and Children's Fears, Anxieties, and Perceptions of Danger. In D. G. Singer, & J. L. Singer (Eds.), *Handbook of Children and the Media* (pp. 207-221). Thousand Oaks, CA: Sage.
15. Gentile, D. A., & Walsh, D. (1999). Media-quotient: National survey of family media habits, knowledge, and attitudes. Minneapolis, MN: National Institute on Media and the Family.

16. Singer, D. G., Golinkoff, R. M. & Hirsh-Pasek, K. (2006). *Play = Learning: How play motivates and enhances children's cognitive and social-emotional growth*. New York, NY US: Oxford University Press.
17. Potter, W. J. (2008). *Media literacy.* Los Angeles: Sage.
18. Walsh, D. (2014). *Why do they act that way? A survival guide to the adolescent brain for you and your teen.* New York: Atria Books.
19. Petty, R. E., Cacioppo, J. T. (1996). *Attitudes and persuasion: Classic and contemporary approaches.* Boulder, CO: Westview Press.
20. Gerbner, G. (1999). The stories we tell. *Peace Rev, 11*, 9-15. doi:10.1080/10402659908426225.
21. Walsh, D. (2008) Mediawise columns. http://www.mediafamily.org/mediawisecolumns/index.shtml.（2019年6月30日現在 URL 無効）Some of Walsh's columns include: All too real: ADHD TV and MySpace for the Grade-School set.
22. Ostrow, N. Sex on TV linked to teen pregnancy in survey of U.S. Teenagers Bloomberg.com: Science, https://www.abc.net.au/science/articles/2008/11/04/2409814.htm （2019年7月16日）
23. Walsh, D., & Bennett, N. (2005). *Why do they act that way?: A survival guide to the adolescent brain for you and your Teen.* New York: Free Press.
24. Lenhart, A., Madden, M., Macgill, A. R. & Smith, A. (2007). Teens and social media. *Pew Internet and American Life Project*. https://www.pewinternet.org/wp-content/uploads/sites/9/media/Files/Reports/2007/PIP_Teens_Social_Media_Final.pdf.pdf （2019年7月16日）

第4章　メディアにおける暴力

1. Mystipaoniz. (2010). *Gta 4 Karin Dilettante Hybrid Commercial.* Grand Theft Auto 4 by Rockstar Games. https://www.youtube.com/watch?v=zdOZkHSon2Q （2019年7月16日）
2. Parentingteens.com. Violence & video games. https://www.facebook.com/parentingteenz/（2019年7月16日）
3. http://www.whattheyplay.com/features/why-doyoung-teens-like-grand-theft-auto/. Quote from teen boy, para. 9.（2011年ウェブサイト閉鎖）
4. AFP. Cheers and fears as Grand Theft Auto IV Revs at the starting line. http://news.smh.com.au/technology/cheers-and-fears-as-grand-theft-auto-ivrevs-at-starting-line-20080427-28sv.html, para. 4.（2019年6月30日現在 URL 無効）
5. http://www.whattheyplay.com/features/why-do-young-teens-like-grand-theft-auto/.（2011年ウェブサイト閉鎖）
6. Thomas, K. (2000). Study ties aggression to violence in games. *USA Today,* May 10, p. 3D.
7. Funk, J. B., Baldacci, H. B., Pasold, T. & Baumgardner, J. (2004). Violence exposure in real-life, video games, television, movies, and the Internet: Is there desensitization? *Journal of Adolescence, 27*, 23.
8. Singer, D. G., Golinkoff, R. M., & Hirsh-Pasek, K. (2006). *Play = Learning: How play*

motivates and enhances children's cognitive and social-emotional growth. New York: Oxford University Press.
9. Potter, W. J. (2002). *The eleven myths of media violence.* Thousand Oaks, CA: SAGE Publications.
10. Brenick, A., Henning, A., Killen, M., O'Connor, A., & Collins, M. (2007). Social evaluations of stereotypic images in video games: Unfair, legitimate, or "Just Entertainment"? *Youth and Society*, *38*, 395–319.
11. Funk, J. B., & Fox, C. M. (2008). The development of the game engagement questionnaire: A measure of levels of engagement in videogame playing. In *Meeting of the international society for research in aggression.* Budapest, Hungary.
12. Gentile, D. & Anderson, C. (2003). Violent video games: The newest media violence hazard. In D. Gentile (Eds.), *Media violence and children*. Westport, CT: Praeger.
13. Gentile, D., & Anderson, C. Violent video games (p. 147).
14. Gentile, D., & Sesma, A. (2003). Developmental approaches to understanding media effects on individuals. In D. Gentile (Eds.), *Media violence and children* (pp. 19–37). Westport, CT: Praeger.
15. Huesmann, R., & Dubow, E. (2008). Leonard D. Eron (1920–2007). *American psychologist, 63*, 131–132.
16. Huesmann, L. R., Eron, L., Lefkowitz, M., & Walder, L. (1973). Television violence and aggression: The causal effect remains. *American Psychologist, 28,* 617–620.
17. Huesmann, L. R., Moise-Titus, J., Podolski, C-L., & Eron, L. D. (2003). Longitudinal relations between children's exposure to TV violence and their aggressive and violent behavior in young adulthood: 1977–1992. *Developmental Psychology, 39*, 201.
18. See also the Web site for the University of Michigan's aggression research program http://www.rcgd.isr.umich.edu/aggr/ （2018年11月20日）
19. Schultz, D., & Schultz,D. (2004). *A history of modern psychology.* Belmont, CA: Wadsworth/Thompson Learning.
20. Huesmann, R., & Dubow, E. (2008). Leonard D. Eron (1920–2007). *American psychologist, 63*, 131–132.
21. Huesmann, L.R. (2003). Screen violence and real violence: Understanding the link! (p. 20). http://citeseerx.ist.psu.edu/viewdoc/download;jsessionid=39AA80DF0A2B8F3DEA22F0622963F040?doi=10.1.1.555.6009&rep=rep1&type=pdf （2019年 7 月16日）
22. Potter, W. J. (2002). *The eleven myths of media violence.* Thousand Oaks, CA: SAGE Publications.
23. Anderson, C. A., Berkowitz, L., Donnerstein, E., Huesmann, L. R., Johnson, J. D., Linz, D., Malamuth, N. M., & Wartella, E. (2003). The influence of media violence on youth. *Psychological Science in the Public Interest, 4*, 81–110.
24. Bartholow, B. D., Sestir, M. A., & Davis, E. B. (2005). Correlates and consequences of exposure to video game violence: Hostile personality, empathy, and aggressive behavior. *Personality and Social Psychology Bulletin, 31*, 1573–1586.

25. Anderson, C. A., & Dill, K.E. (2000). Video games and aggressive thoughts, feelings, and behavior in the laboratory and in life. *Journal of Personality and Social Psychology, 78,* 772–790.
26. Berkowitz, L., & Geen, R. G. (1967). Stimulus qualities of the target of aggression: A further study. *Journal of Personality and Social Psychology, 5*, 364–368.
27. Bushman, B. J. & Anderson, C. A. (2009). Comfortably numb: Desensitizing effects of violent media on helping others. *Psychological Science, 20*, 273–277.
28. Bartholow, B. D., Bushman, B. J., & Sestir, M. A. (2006). Chronic violent video game exposure and desensitization to violence: Behavioral and event-related brain potential data. *Journal of Experimental Social Psychology, 42*, 532–539.
29. Koepp, M. J., Gunn, R, N., Lawrence, A. D., Cunningham, V. J., Dagher, A., Jones, T., Brooks, D. J., Bench, C. J., & Grasby, P. M. (1998). Evidence for striatal dopamine release during a video game. *Nature, 393*, 266.
30. Murray, J. P., Liotti, M., Ingmundson, P. T., Mayberg, H. S., Pu, Y., Zamarripa, F, Liu, Y., Waldorff, M. G., Gao, Jia-Hong., & Fox, P. T. (2006). Children's brain activations while viewing televised violence revealed by fMRI. *Media Psychology, 8*, 25–37.
31. Hurley, S. (2004). Imitation, media violence and freedom of speech. *Philosophical Studies, 117*, 165–218.
32. Chartrand, T. L., & Bargh, J. A. (1999). The chameleon effect: Toe perception-behavior link and social interaction. *Journal of Personality and Social Psychology, 76*, 893–910.
33. Rizzolatti, G., & Fabbri-Destro, M. (2007). Understanding actions and the intentions of others: The basic neural mechanism. *European Review, 15*, 209–222.
34. Nash, J. M. (2007). The gift of mimicry. *Time,* January 29.
35. Berkowitz, L. (2008). On the consideration of automatic as well as controlled psychological processes in aggression. *Aggressive Behavior, 34*, 117–129.
36. Sacks, D. P., Bushman, B. J., & Anderson, C. A. (2011). Do violent video games harm children? comparing the scientific amicus curiae 'Experts' in Brown v. entertainment merchants association. *Northwestern University Law Review Colloquy*, *106*, 1–12

第5章　メディアにおける社会集団の描写

1. Gerbner, G. (1999). The stories we tell. *Peace Review, 11*, 9.
2. Saints Row Dev responds to feminist frequency critique. *Gamespot.com.* (2014). http://www.gamespot.com/articles/saints-row-dev-respondsto-feminist-frequency-crit/1100-6422014/（2018年11月20日）
3. Dill, K. E., & Burgess, M. C. (2012). Influence of black masculinity game exemplars on social judgments. *Simul Gaming, 44*, 562–585. doi:10.1177/1046878112449958.
4. Wilson, C. C., Gutierrez, F., & Chao, L. M. (2003). *Racism, sexism and the media: The rise of class communication in multicultural America*, 3rd ed (p. 327). Thousand Oaks, CA: SAGE.

5. Holtzman, L. (2000). *Media messages: What film, television and popular music teach us about race, class, gender and sexual orientation.* New York: M. E. Sharpe.
6. Burgess, M. C., Dill, K. E., Stermer, S. P., Burgess, S. R., Brown, B. P. (2011). Playing with prejudice: The prevalence and consequences of racial stereotypes in video games. *Media Psychology, 14*, 289-311. doi:10.1080/15213269.2011.596467.
7. Ostman, R. E. (2002). Handbook of visual analysis. *Journalism and mass communication quarterly, 79*, 770.
8. Cowan, G. (2002). Content analysis of visual materials. In M. W. Wiederman & B. E. Whitley(Eds.), *Handbook for conducting research on human sexuality* (p.345). London: Lawrence Erlbaum.
9. Slusher, M. P., & Anderson, C. A. (1987). When reality monitoring fails: The role of imagination in stereotype maintenance. *Journal of Personality and Social Psychology, 52*, 653-662.
10. Slusher, M. P., & Anderson, C. A. (1987). When reality monitoring fails: The role of imagination in stereotype maintenance. *Journal of Personality and Social Psychology, 52*, 654.
11. Appel, M., & Richter, T. (2007). Persuasive effects of fictional narratives increase over time. *Media Psychology, 10*, 113-134.
12. Slusher, M. P., & Anderson, C. A. (1987). When reality monitoring fails: The role of imagination in stereotype maintenance. *Journal of Personality and Social Psychology, 52*, 653-662
13. Fiske, S. T., Xu, J., Cuddy, A., & Glick, P. (1999). (Dis)respecting versus (dis)liking: Status and interdependence predict ambivalent stereotypes of competence and warmth. *Journal of Social Issues, 55*, 473-489.
14. Amodio, D. M., & Devine, P. G. (2006). Stereotyping and evaluation in implicit race bias: Evidence for independent constructs and unique effects on behavior. *Journal of Personality and Social Psychology, 91*, 652-661.
15. Devine, P. G., et al. (2002). The regulation of explicit and implicit race bias: The role of motivations to respond without prejudice. *Journal of Personality and Social Psychology, 82*, 835-848.
16. Glick, P., & Fiske, S. T. (1996). The ambivalent sexism inventory: Differentiating hostile and benevolent sexism. *Journal of Personality and Social Psychology, 70*, 491-512.
17. Glick, P., et al. (2004). Bad but bold: Ambivalent attitudes toward men predict gender inequality in 16 nations. *Journal of Personality and Social Psychology, 86*, 713-728.
18. Fiske, S. T., et al. (2002). A model of (often mixed) stereotype content: Competence and warmth respectively follow from perceived status and competition. *Journal of Personality and Social Psychology, 82*, 878-902.
19. Fiske, S. T., et al. (2002). A model of (often mixed) stereotype content: Competence and warmth respectively follow from perceived status and competition. *Journal of Personality and Social Psychology, 82*, 878-902.

20. Fiske, S. T., et al. (2002). A model of (often mixed) stereotype content: Competence and warmth respectively follow from perceived status and competition. *Journal of Personality and Social Psychology, 82*, 878-902.

21. Pohan, C. A., & Mathison, C. (2007). Television: Providing powerful multicultural lessons inside and outside of school. *Multicultural Perspectives, 9*, 25.

22. Berdahl, J. L. (2007). The sexual harassment of uppity women. *Journal of Applied Psychology, 92*, 425-437.

23. Das, E., Bushman, B. J., Bezemer, M. D., Kerkhof, P., & Vermeulen, I. E. (2009). How terrorism news reports increase prejudice against outgroups: A terror management account. *Journal of Experimental Social Psychology, 45*, 453-459.

24. Huesmann, L. R., Dubow, E. F., Boxer, P., Ginges, J., Souweidane, V., O'Brien, M., Moceri, D., & Hallman, S. (2008). Relations between Arab-American and Jewish-American adolescents' exposure to media depictions of Middle-Eastern violence and their ethnic stereotypes about the violent propensities of ethnic groups in America. In *Meeting of the International Society for Research in Aggression.* Budapest, Hungary.

25. Connell, R. W. (1987). *Gender and power.* Stanford, CA: Stanford University Press.（コンネル, R. W. 森重雄・加藤隆雄・菊地栄治・越智康詞（訳）(1993). ジェンダーと権力――セクシュアリティの社会学――　三交社）

26. Connell, R. W. (1987). *Gender and power*. Stanford, CA: Stanford University Press.（コンネル, R. W. 森重雄・加藤隆雄・菊地栄治・越智康詞（訳）(1993). ジェンダーと権力――セクシュアリティの社会学――　三交社）

27. Glick, P., & Fiske, S. T. (2001). An ambivalent alliance: Hostile and benevolent sexism as complementary justifications for gender inequality. *American Psychologist, 56*, 109-118.

28. Jost, J. T., Banaji, M. R., & Nosek, B. A. (2004). A decade of system justification theory: Accumulated evidence of conscious and unconscious bolstering of the status quo. *Political Psychology, 25*, 881-919.

29. Glick, P., et al. (2004). Bad but bold: Ambivalent attitudes toward men predict gender inequality in 16 nations. *Journal of Personality and Social Psychology, 86*, 713-728.

30. Scharrer, E. (2005). Hypermasculinity, aggression, and television violence: An experiment. *Media Psychology, 7*, 353

31. Scharrer, E. (2001). Tough guys: The portrayal of hypermasculinity and aggression in televised police dramas. *Journal of Broadcasting and Electronic Media, 45*, 615.

32. Huesmann, L. R., et al. (2003). Longitudinal relations between children's exposure to TV violence and their aggressive and violent behavior in young adulthood: 1977-1992. *Developmental Psychology, 39*, 201.

33. Huesmann, L. R., et al. (2003). Longitudinal relations between children's exposure to TV violence and their aggressive and violent behavior in young adulthood: 1977-1992. *Developmental Psychology, 39.*

34. Greenwood, D. N. (2007). Are female action heroes risky role models? Character identification, idealization and viewer aggression. *Sex Roles, 57*, 725-732.

35. Dietz, T. L. (1998). An examination of violence and gender role portrayals in video games: Implications for gender socialization and aggressive behavior. *Sex Roles, 38*, 425–442.
36. Dill, K. E., & Thill, K. P. (2007). Video game characters and the socialization of gender roles: Young people's perceptions mirror sexist media depictions. *Sex Roles, 57*, 851–864.
37. University of California, Santa Barbara. Center for Communication and Social Policy. (1998). *National television violence study.* SAGE Publications.
38. Dill, K. E., et al. (2005). Violence, sex, age and race in popular video games: A content analysis. In E. Cole & J. Henderson-Daniel (Eds.), *Featuring females: Feminist analyses of media*. Washington, DC: American Psychological Association.
39. Dill, K. E., Brown, B. P., & Collins, M. A. (2008). Effects of media stereotypes on sexual harassment judgments and rape supportive attitudes: Popular video game characters, gender, violence and power. *Journal of Experimental Social Psychology, 44*, 1402–1408.
40. Brenick, A., Henning, A., Killen, M., O'Connor, A., & Collins, M. (2007). Social evaluations of stereotypic images in video games: Unfair, legitimate, or "Just Entertainment"? *Youth and Society, 38*, 395–419.
41. Ferguson, T., et al. (2005). Variation in the application of the "Promiscuous Female" stereotype and the nature of the application domain: Influences on sexual harassment judgments after exposure to the *Jerry Springer Show. Sex Roles, 52*, 477–487.
42. Milburn, M. A., Mather, R., & Conrad, S. D. (2000). The effects of viewing R-rated movie scenes that objectify women on perceptions of date rape. *Sex Roles, 43*, 645–664.
43. Lanis, K., & Covell, K. (1995). Images of women in advertisements: Effects on attitudes related to sexual aggression. *Sex Roles, 32*, 639–649.
44. Donnerstein, E., & Berkowitz, L. (1981). Victim reactions in aggressive erotic films as a factor in violence against women. *Journal of Personality and Social Psychology, 41*, 710–724.
45. Martino, S. C., et al. (2006). Exposure to degrading versus nondegrading music lyrics and sexual behavior among youth. *Pediatrics, 118*, 782.
46. *Fetch! with Ruff Ruffman* Web site on pbskids.org. http://pbskids.org/fetch/parentsteachers/program/edu_philosophy.html. （2018年11月20日）
47. Wilson, C. C., Gutierrez, F., Chao, L. M. (2003). *Racism, sexism and the media: The rise of class communication in multicultural America.* 3rd ed (p. 134). Thousand Oaks, CA: SAGE Publications.

第 6 章　広告，消費主義と健康

1. Schultz, D, & Schultz, S. (2004). *A history of modern psychology.* Belmont, CA: Wadsworth/Thompson Learning.
2. Schultz, D, & Schultz, S. (2004). *A history of modern psychology.* Belmont, CA: Wadsworth/Thompson Learning.
3. Potter, W. J. (2002). *The eleven myths of media violence* (p. 8). Thousand Oaks, CA: SAGE

Publications.
4. Magazine Publishers of America. Magazines 24/7, the magazine industry's inaugural digital summit debuts to a sold-out audience. Magazine Publishers of America, http://www.magazine.org/Press_Room/MPA_Press_Releases/14503.cfm. （2019年 6 月30日現在 URL 無効）
5. Lisjak, M., Lee, A. Y., & Gardner, W. L. (2012). When a threat to the brand is a threat to the self: The importance of brand identification and implicit self-esteem in predicting defensiveness. *Personality and Social Psychology Bulletin, 38*, 1120–1132. doi:10.1177/0146167212445300.
6. Sutherland, M., & Galloway, J. (1981). Role of advertising: Persuasion or agenda setting? *Journal of Advertising Research, 21*, 27.
7. Wolf, N. (2002). *The beauty myth: How images of beauty are used against women.* New York: Harper Perennial.（ウルフ，N. 曽田和子（訳）(1994). 美の陰謀――女たちの見えない敵―― 阪急コミュニケーションズ）
8. The Lancet. (2005). Marketing food to children. *Lancet, 366*, 2064.
9. The Lancet. (2002). Selling to-and selling out-children. *Lancet, 360*, 959.
10. McLellan, F. (2002). Marketing and advertising: Harmful to children's health. *Lancet, 360*, 1001.
11. Hyde, R. (2008). Europe battles with obesity. *Lancet, 371*, 2160.
12. Federal Trade Commission. (2008). Marketing food to children and adolescents: A report to congress. Washington, DC: Federal Trade Commission.
13. Hancox, R., Milne, B., & Poulton, R. (2004). Association between child and adolescent television viewing and adult health: A longitudinal birth cohort study. *Lancet, 364*, 257.
14. Rhodes, A. (2008). Legislative efforts to combat childhood obesity. *Journal for Specialists in Pediatric Nursing, 13*, 223.
15. Rhodes, A. (2008). Legislative efforts to combat childhood obesity. *Journal for Specialists in Pediatric Nursing, 13*, 223.
16. Rhodes, A. (2008). Legislative efforts to combat childhood obesity. *Journal for Specialists in Pediatric Nursing, 13*, 223.
17. Federal Trade Commission. (2008). Marketing food to children and adolescents: A report to congress. Washington, DC: Federal Trade Commission.
18. Liverpool Set to Ban McDonald's Happy Meals in a Bid to Cut Childhood Obesity. *Daily Mail,* 2008, http://www.dailymail.co.uk/news/article-517955/Liverpool-set-ban-McDonalds-Happy-Meals-bid-cut-childhood-abesity.html. （2018年11月20日）
19. NEDIC. Statistics. http://www.nedic.ca/know-facts/statistics （2019年 7 月16日）
20. Anonymous. (2007). Are diet pills effective? Fat chance. *Consumer Reports on Health, 19*, 3.
21. Anonymous. (2007). Are Diet Pills Effective? Fat Chance. *Consumer Reports on Health, 19*, 3.
22. Minjeong, K., & Lennon, S. (2006). Content Analysis of Diet Advertisements: A Cross-

National Comparison of Korean and U.S. Women's Magazines. *Clothing and Textiles Research Journal, 24*, 345–362.
23. Wolf, N. (2002). *The beauty myth: How images of beauty are used against women.* New York: Harper Perennial.（ウルフ，N. 曽田和子（訳）(1994). 美の陰謀――女たちの見えない敵―― 阪急コミュニケーションズ）
24. Wolf, N. (2002). *The beauty myth: How images of beauty are used against women.* New York: Harper Perennial.（ウルフ，N. 曽田和子（訳）(1994). 美の陰謀――女たちの見えない敵―― 阪急コミュニケーションズ）
25. Taylor, P. S. (2006). Massaging the message. *Canadian Business, 79*, 12.
26. Ad council announces collaboration to combat childhood obesity: "Coalition for Healthy Children." *AdCouncil.org* (July 13, 2005), http://adcouncil.org/newsDetail.aspx?id=34.（2019年6月30日現在 URL 無効）
27. Vogt, Donna U. (2005). "Direct-to-Consumer Advertising of Prescription Drugs." Congressional Research Service, Web site: http//www.loc.gov/crsinfo/
28. Rhodes, "Legislative efforts," p. 223.
29. Zachry, W., Shepherd, M., Hinich, M., Wilson, J., Brown, C., & Lawson, K. (2002). Relationship between direct-to-consumer advertising and physician diagnosing and prescribing. *American Journal of Health System Pharmacists, 59*, 42.
30. Jaspen, B. (2007). Medical ads aim straight for the heart. *Chicago Tribune,* January 23.
31. Jaspen, B. (2007). Medical ads aim straight for the heart. *Chicago Tribune,* January 23.

第7章　メディアと社会的アイデンティティ

1. Lisjak, M., Lee, A. Y., & Gardner, W. L. (2012). When a threat to the brand is a threat to the self: The importance of brand identification and implicit self-esteem in predicting defensiveness. *Personality and Social Psychology Bulletin, 38*, 1120–1132. doi:10.1177/0146167212445300.
2. Potter, W. J. (2008). *Media literacy* (p. 8). Los Angeles: SAGE.
3. Potter, W. J. (2008). *Media literacy* (p. 8). Los Angeles: SAGE.
4. Lever, J., Frederick, D. A., & Peplau, L. A. (2006). Does size matter? Men's and women's views on penis size across the lifespan. *Psychology of Men and Masculinity* (p. 129)*, 7*, 129–143.
5. Lamb, S., & Brown, L. M. (2006). *Packaging girlhood: Rescuing our daughters from marketers' schemes* (p.16). New York: St. Martin's Press.
6. Lamb, S., & Brown, L. M. (2006). *Packaging girlhood: Rescuing our daughters from marketers' schemes* (p.16). New York: St. Martin's Press.
7. Levin, D., & Kilbourne, J. (2008) *So sexy so soon: The new sexualized childhood and what parents can do to protect their kids* (p. 226). New York: Ballantine.
8. Levin, D., & Kilbourne, J. (2008) *So sexy so soon: The new sexualized childhood and what parents can do to protect their kids* (p. 42). New York: Ballantine.

9. Lamb, S., & Brown, L. M. (2006). *Packaging girlhood: Rescuing our daughters from marketers' schemes* (pp. 2-3). New York: St. Martin's Press.
10. Lamb, S., & Brown, L. M. (2006). *Packaging girlhood: Rescuing our daughters from marketers' schemes* (p. 6). New York: St. Martin's Press.
11. Rivenbark, C. (2006). *Stop dressing your six-year-old like a skank* (p. 28). New York: St. Martin's Press.
12. The full mission statement of the APA is available at www.apa.org. （2019年 9 月 4 日）
13. APS, the Association for Psychological Science, is another large organization for psychologists whose mission also includes advancing human welfare. More information is available at www.psychologicalscience.org. （2019年 9 月 4 日）
14. Kilbourne, J, & Pipher, M. (2000). *Can't buy my love.* New York: Free Press.
15. Burgess, M. C. R., Dill, K. E., & Wright, B. A. (2009). You're my bitch: Crude and degrading treatment of women in hardcore rap through the eyes of the predominantly White target audience, *Journal of Current Issues in Media and Telecommunications, 1.* http://www.novapublishers.org/catalog/product_info.php?products_id=10552 （2019年 7 月16日）
16. Lena, J. (2006). Social context and musical content of rap music, 1979-1995. *Social Forces, 85*, 479-495.
17. Pizzey, E. (1974). *Scream quietly or the neighbors will hear.* New York: Enslow Publishing.
18. Stark, E. (2007). *Coercive control: How men entrap women in personal life (Interpersonal Violence)*. New York: Oxford University Press, USA. http://www.amazon.com/Coercive-Control-Personal-Interpersonal-Violence-ebook/dp/B000SMY0CO. （2019年 9 月 4 日）
19. Thill, K. P., & Dill, K. E. (2009). Chapter 4 domestic violence in American magazines. In E. Stark & E. S. Buzawa (Eds.), *Violence against women in families and relationships: Volume 4, the media and cultural attitudes* (pp. 81-104). Santa Barbara, Calif: Praeger/ABC-CLIO.
20. TaggleElgate. (2007). Farah Fawcett BBC Film '86 'Extremities' interview. http://youtube.com/watch?v=6LuX2vphPZw （2019年 9 月 4 日）
21. Jones, E. E., & Harris, V. (1967). The attribution of attitudes. *Journal of Experimental Social Psychology, 3*, 1-24.
22. Ball, A. L. (2004). She's come undone. *O, The Oprah Magazine, 5*, 300-330.
23. Durbin, K. (1974). Wife beating. *Ladies Home Journal*, June.
24. Esman, A., (2006). If I could close my eyes, *Diane: The Curves Magazine*.
25. Dill-Shackleford, K. E., Vitagliano, A. A., Burgess, M. C. R., Trivett, S. R., & Hadley, S. M. (2013). Influence of popular magazine articles and beliefs about interpersonal violence. Manuscript in preparation.
26. Albertson, E. R, Neff, K. D., & Dill-Shackleford, K. E. (2014). Self-compassion and body dissatisfaction in women: A randomized controlled trial of a brief meditation intervention. *Mindfulness* (NY). doi:10.1007/sl2671-014-0277-3.

第8章　政治報道の社会心理

1. Kantrowitz, A. (2013). John McCain unapologetic after playing iPhone poker during Syria hearing. Forbes. http://www.forbes.com/sites/alexkantrowitz/2013/09/03/john-mccain-unapologetic-after-playing-iphone-poker-during-syria-hearing/.（2018年11月21日）
2. Newsmax. (2013). The best of late night jokes. http://www.newsmax.com/Jokes/1013/.（2019年6月30日現在 URL 無効）
3. McLuhan, M., Fiore, Q., & Agel, J. (1967). *The medium is the massage: An inventory of effects*(p. 126). Corte Madera, CA: Ginko Press.（マクルーハン，M.・フィオーレ，Q. 門林岳史（訳）(2015) メディアはマッサージである――影響の目録――　河出書房新社）
4. Geer, J. G., & Geer, J. H. (2003). Remembering attack ads: An experimental investigation of radio. *Political Behavior, 25*, 69–95.
5. Bushman, B. J., & Phillips, C. M. (2001). If the television program bleeds, memory for the advertisement recedes. *Current Directions in Psychological Science, 10*, 43–47.
6. Evans, L. (2001). Desperate lovers and wanton women: Press representations of domestic violence, *Hectate, 27,* 147–173.
7. Hart, R. P. (1999). *Seducing America: How television charms the modern voter.* Thousand Oaks, CA: SAGE.
8. Herbert, I. (2008). This is your brain on politics. *APS Observer, 21.*
9. Oxley, D. R., Smith, K. B., Alford, J. R., Hibbing, M. V., Miller, J. L., Scalora, M., Hatemi, P. K., & Hibbibg, J. R. (2008). Political attitudes vary with physiological traits. *Science, 321*, 1667–1670.
10. Vedantam, S. (2008). Startle response linked to politics. *Washington Post,* September 19. http://www.washingtonpost.com/wp-dyn/content/article/2008/09/18/AR2008091802265.html?noredirect=on（2018年11月21日）
11. Pyszczynski, T. A., Solomon, S., & Greenberg, J. (2003). *In the wake of 9/11: The psychology of terror.* Washington, D.C.: American Psychological Assocation.
12. Brehm, J. W. (1999). The intensity of emotion. *Personality and Social Psychological Review, 3*, 2–22. doi:10.1207/s15327957pspr0301_1.
13. Westen, D. (2008). *The political brain.* New York: Public Affairs.
14. Cao, X. (2008). Political comedy shows and knowledge about primary campaigns: The moderating effects of age and education. *Mass Communication and Society, 11*, 43–61.
15. Seelye, K. Q. (2007). Best informed also view fake news, study says. *New York Times,* April 16.
16. McKain, A. (2005). Not necessarily not the news: Gatekeeping, remediation, and *The Daily Show*. *Journal of American Culture, 28*, 415–430.
17. Fox, J., Koloen, G., & Sahin, V. (2007). No joke: A comparison of substance in The Daily Show with Jon Stewart and broadcast network television coverage of the 2004 presidential

election campaign. *Journal of Broadcasting and Electronic Media, 51*, 15.
18. Trier, J. (2008). *The Daily Show* with Jon Stewart, Part l. *Journal of Adolescent and Adult Literacy, 51*, 424–427.
19. Trier, J. (2008). *The Daily Show* with Jon Stewart, Part l. *Journal of Adolescent and Adult Literacy, 51*, 424–427.
20. Trier, J. (2008). *The Daily Show* with Jon Stewart, Part l. *Journal of Adolescent and Adult Literacy, 51*, 424–427.
21. Trier, J. (2008). *The Daily Show* with Jon Stewart, Part l. *Journal of Adolescent and Adult Literacy, 51*, 424–427.
22. TPM TV. (2008). CNN laughs it up over Sarah Palin interview. http://www. youtube.com/watch?v=zeMypXCUWMw. （2018年11月21日）
23. Derfglouglou. (2008). Chris Matthews: *SNL* goes after Biden and Palin. http://www. youtube.com/watch?v=9Ykh93bCQt8. （2019年 9 月 4 日再生不可）
24. The Guardian. (2008). Iraq, Bush and cheering: Tony Blair on *The Daily Show* with Jon Stewart. *Guardian politics blog online.* http://www.guardian.co.uk/politics/blog/2008/sep/19/tony.blair.daily.show.jon.stewart. （2018年11月21日）
25. The Guardian. (2008). Iraq, Bush and cheering: Tony Blair on *The Daily Show* with Jon Stewart. *Guardian politics blog online.* http://www.guardian.co.uk/politics/blog/2008/sep/19/tony.blair.daily.show.jon.stewart. （2018年11月21日）
26. Kasumovic, M. M., & Kuznekoff, J. H. (2015). Insights into sexism: Male status and performance moderates female-directed hostile and amicable behaviour. *PLoS One, 10*, e0131613. doi:10.1371/journal.pone.0131613.
27. Greenberg, J. (2015). Gamers who troll women are literally losers. Wired.com. http://www.wired.com/2015/07/gamers-troll-women-literally-losers/. （2018年11月21日）
28. Hlavach, L., & Freivogel, W. H. (2011). Ethical implications of anonymous comments posted to online news stories. *Journal of Mass Media Ethics: Exploring Questions of Media Morality. 26*, 21–37.

第 9 章　助手席から運転席へ

1. Lumet, S. (1976). *Network.* Metro-Goldwyn-Mayer/United Artists.
2. Appel, M., & Richter, T. (2007). Persuasive effects of fictional narratives increase over time. *Media Psychology, 10*, 113–134.
3. Green, M. C. (2007). Linking self and others through narrative. *Psychological Inquiry, 18*, 100–102.
4. Brenick, A., Henning, A., Killen, M., O'Connor, A., & Collins, M. (2007). Social evaluations of stereotypic images in video games: Unfair, legitimate, or "Just Entertainment"? *Youth and Society, 38*, 395–419.
5. Anderson, C. A., Berkowitz, L., Donnerstein, E., Huesmann, L. R., Johnson, J. D., Linz, D., Malamuth, N. M., & Wartella, E. (2003). The influence of media violence on youth.

Psychological Science in the Public Interest, 4, 81–110.
6. Wilkin, H. W., Valente, T. W., Murphy, S., Cody, M. J., Huang, G., & Beck, V. (2007). Does entertainment-education work with Latinos in the United States? Identification and the effects of a telenovela breast cancer storyline. *Journal of Health Communication, 12*, 455–469.
7. McLuhan, M., Fiore, Q., & Agel, J. (1967). *The medium is the massage: An inventory of effects* (p. 126). Corte Madera, CA: Ginko Press.（マクルーハン，M. ・フィオーレ，Q. 門林岳史（訳）(2015) メディアはマッサージである――影響の目録―― 河出書房新社）
8. Lumet, S. (1976). *Network.* Metro-Goldwyn-Mayer/United Artists.
9. Coalition for Healthy Children. (2005). Ad council announces collaboration to combat childhood obesity. *AdCouncil.org,* July 13, http:// adcouncil.org/newsDetail.aspx?id=34.（2019年６月30日現在 URL 無効）
10. Taylor, P. S. (2006). Massaging the message. *Canadian Business, 79*, 12.
11. Gentile, S. M., & Anderson, C. A. (2007). Public policy and the effects of media violence on children. *Social Issues and Policy Review, 1*, 15–61.
12. Csikszenthihalyi, M. (1998). *Finding flow* (p. 67). New York: Basic Books.（チクセントミハイ，M. 大森弘（訳）(2010) フロー体験入門――楽しみと創造の心理学―― 世界思想社）
13. Csikszenthihalyi, M. (1998). *Finding flow*. (p. 65). New York: Basic Books.（チクセントミハイ，M. 大森弘（訳）(2010) フロー体験入門――楽しみと創造の心理学―― 世界思想社）
14. Trier, J. (2008). *The Daily Show with Jon Stewart,* Part 2. *Journal of Adolescent and Adult Literacy, 51*, 600–605.
15. Potter, W. J. (2002). *The eleven myths of media violence.* Thousand Oaks CA: Sage.
16. Alda, A. (2007). *Things I overheard while talking to myself* [Audio Edition] (chapter 14). New York: Random House.
17. Alda, A. (2007). *Things I overheard while talking to myself* [Audio Edition] (chapter 14). New York: Random House.
18. Bushman, B. J., & Anderson, C. A. (2001). Media violence and the American Public. *American Psychologist, 56*, 477.
19. Kaplan, K. (1998). Company town; Scientists say movie image not a pretty picture; film: Seeking to counter stereotypes, group offers grants to expose student filmmakers to professionals in the real world. *Los Angeles Times,* November 18, 5.
20. Gentile, S. M., & Anderson, C. A. (2007). Public policy and the effects of media violence on children. *Social Issues and Policy Review, 1*, 15–61
21. Csikszenthihalyi, M. (1998). *Finding flow*. (p. 65). New York: Basic Books.（チクセントミハイ，M. 大森弘（訳）(2010) フロー体験入門――楽しみと創造の心理学―― 世界思想社）

訳者紹介

川端　美樹（かわばた　みき）

目白大学メディア学部メディア学科教授，目白大学大学院心理学研究科教授

慶應義塾大学大学院社会学研究科後期博士課程単位取得満期退学。福島女子短期大学助教授，目白大学社会学部メディア表現学科教授等を経て現職。

著　書　『メディアと表現』（分担執筆）学文社 2014年，『誠信心理学辞典［新版］』（分担執筆）誠信書房 2014年，『よくわかる社会心理学』（分担執筆）ミネルヴァ書房 2007年，『変容するメディアとニュース報道』（分担執筆）丸善 2002年ほか

訳　書　『ニュースはどのように理解されるか』（監訳）慶応義塾大学出版会 2008年，『マス・オーディエンスの未来像』（分担訳）学文社 2002年

カレン・E・ディル－シャックルフォード著

フィクションが現実《げんじつ》となるとき
——日常生活《にちじょうせいかつ》にひそむメディアの影響《えいきょう》と心理《しんり》

2019年11月25日　第１刷発行

訳　者　川　端　美　樹
発行者　柴　田　敏　樹
印刷者　田　中　雅　博

発行所　株式会社　誠　信　書　房
〒112-0012　東京都文京区大塚 3-20-6
電話　03(3946)5666
http://www.seishinshobo.co.jp/

印刷／製本　創栄図書印刷㈱

ISBN 978-4-414-30426-8 C3011